高等教育城市轨道交通系列教材

交通政策法规

（第 3 版）

主　编　李宝文

副主编　武　旭　奇格奇　黄爱玲

北京交通大学出版社

·北京·

内 容 简 介

本书在对各种交通运输方式发展历史和技术经济特点进行概述的基础上，系统介绍了交通运输政策法规和交通运输业发展的理论基础。

全书共分为 10 章，内容包括：交通运输政策法规概论、交通运输发展历史概述、现代交通运输方式技术经济特点、交通运输政策制定的基本理论、交通运输经济性政策、交通运输管理体制、交通运输法规、交通运输可持续发展政策、我国交通运输政策的发展、国外交通运输政策法规借鉴。

本书可用作高等院校交通运输专业学生和远程教育学生的教材或教学参考书，也可供从事交通运输业的管理人员参考。

图书在版编目（CIP）数据

交通政策法规/李宝文等主编. —3 版 . —北京：北京交通大学出版社，2023. 12
ISBN 978-7-5121-4752-2

Ⅰ. ① 交… Ⅱ. ① 李… Ⅲ. ① 交通政策-中国-高等学校-教材 ② 交通法-中国-高等学校-教材 Ⅳ. ① F512. 0 ② D922. 14

中国版本图书馆 CIP 数据核字（2022）第 112690 号

交通政策法规
JIAOTONG ZHENGCE FAGUI

策划编辑：陈跃琴
责任编辑：解 坤
出版发行：北京交通大学出版社 电话：010-51686414 http://www.bjtup.com.cn
地 址：北京市海淀区高梁桥斜街 44 号 邮编：100044
印 刷 者：北京鑫海金澳胶印有限公司
经 销：全国新华书店
开 本：185 mm×260 mm 印张：18 字数：468 千字
版 印 次：2023 年 12 月第 3 版 2023 年 12 月第 1 次印刷
印 数：1～2 000 册 定价：49.80 元

本书如有质量问题，请向北京交通大学出版社质监组反映。对您的意见和批评，我们表示欢迎和感谢。
投诉电话：010-51686043，51686008；传真：010-62225406；E-mail：press@bjtu.edu.cn。

出 版 说 明

为促进城市轨道交通专业教材体系的建设，满足目前城市轨道交通专业人才培养的需要，北京交通大学交通运输学院、远程与继续教育学院和北京交通大学出版社组织以北京交通大学从事轨道交通研究教学的一线老师为主体，联合其他交通院校教师，并在北京地铁公司、广州市地下铁道总公司、南京地下铁道有限责任公司、北京市轨道交通建设管理有限公司、香港地铁公司等单位有关领导和专家的大力支持下，编写了本套"高等教育城市轨道交通系列教材"。

教材编写突出实用性，文字简洁明了。本着理论部分通俗易懂，实操部分图文并茂的原则，侧重实际工作岗位操作技能的培养。为方便读者，本系列教材采用"立体化"教学资源建设方式，配套有教学课件、习题库、自学指导书，并将陆续配备教学光盘。本系列教材可供相关专业的全日制或在职学习的本专科学生使用，也可供从事相关工作的工程技术人员参考。

本系列教材的出版受到施仲衡院士的关注和首肯，多年从事城市轨道交通研究的毛保华教授和朱晓宁教授对本系列教材的编写给予具体指导，《都市快轨交通》杂志社主办和协办单位的专家也给予本教材多方面的帮助和支持。在此一并致谢。

本系列教材从 2011 年 8 月起陆续推出，首批包括：《城市轨道交通设备》《列车运行计算与设计》《城市轨道交通系统运营管理》《城市规划》《轨道交通需求分析》《交通政策法规》《城市轨道交通规划与设计》《企业发展战略》《城市轨道交通土建工程》《城市轨道交通车辆概论》《城市轨道交通牵引电气化概论》《城市轨道交通通信信号概论》《城市轨道交通列车运行控制》《城市轨道交通信息技术》《城市轨道运营统计分析》《城市轨道交通安全管理》《交通运营统计分析》《城市轨道交通客流分析》《城市轨道交通服务质量管理》《轨道交通客运管理》。

希望该套教材的出版对城市轨道交通的发展、对城市轨道交通专业人才的培养有所贡献。

教材编写委员会
2011 年 6 月

总　序

近年来，中国经济飞速发展，城市化进程逐步加快。在大城市中，地面建筑越来越密集，人口越来越多，交通量越来越大，交通拥堵对社会效益和经济效益都产生了负面影响。据统计我国每年由于交通拥堵造成的损失将近一千多亿元。

解决交通拥堵，有各种各样的方法，其中城市轨道交通由于在土地利用、能源消耗、空气质量、景观质量、客运质量等方面具有优势，正逐步成为许多大城市交通发展战略中的骨干，并形成以地铁、城市快速铁路、高架轻轨等为主的多元化发展趋势。

我国城市轨道交通从 20 世纪 50 年代开始筹划。1965 年 7 月，北京市开始兴建中国第一条地下铁道。经过近 50 年，特别是近十年的发展，截至 2010 年底，我国已有 13 个城市拥有 49 条运营线路，总里程达 1 425.5 km。另有 16 个城市，总计 96 条、2 000 余 km 的线路正在建设中。目前已发展和规划发展城市轨道交通的城市总数已经接近 50 个，全部规划线路超过 300 条，总里程超过 10 000 km。

随着城市轨道交通在全国范围的迅猛发展，各地区均急需轨道交通建设、运营管理的大批技术人员和应用型人才。目前，全国有近百所高等院校和高等职业院校开设或准备开设城市轨道交通及相关专业，全国几十家相关企业也都设立自己的培训中心或培训部门。

从目前的情况来看，在今后几年，城市轨道交通人才培养应该处于各大专院校的学历教育与企业、社会的能力培训相结合的状态。但现实情况是，相关的教材特别是培养应用型人才的优质教材、教学指导书的建设和出版严重不足，落后于城市轨道交通发展的需要。

2011 年初，北京交通大学远程与继续教育学院、交通运输学院、北京交通大学出版社共同筹划出版了"高等教育城市轨道交通系列教材"。这套教材的出版，恰逢其时。首先，这套教材由国内该领域的学术界和企业界的知名专家执笔，他们的参与，既保证了对中国轨道交通探索与实践的传承，同时也突出了本套教材的实用性。其次，丰富、实用的内容和多样性的课程设置，为行业内"城市轨道交通"各类人才的培养，提供了专业的、实用的教材。

祝愿中国轨道交通事业蓬勃发展，也祝愿北京交通大学出版社这套"高等教育城市轨道交通系列教材"能够为促进我国城市轨道交通又好又快地发展提供支撑！

中国工程院院士　范仲淹

2011 年 5 月

前　言

交通运输政策法规是国家或国际组织对交通的规划、建设、养护和营运管理的指导原则和工作方针，具体体现在与交通运输有关的规划、法律、条例、规章或具体文件中，其目标在于维护公共利益和提高交通运输的投入产出效率。

世界各国政府都将交通运输业的发展放在极其重要的位置，并且通过交通政策法规的制定参与到交通运输业的发展中。各国政府之所以要制定各种交通运输政策来干预运输业的发展，除了交通运输业对国民经济和社会发展具有重要影响外，还在于交通运输业自身的特性，如准公共产品特性、自然垄断特性及外部性等，使得单靠市场的力量无法保证交通运输业合理、高效、有序地发展。因此学习交通运输政策法规对培养理论与实践并重的专业交通运输人才是十分必要的。

本书从5种运输方式的技术经济特点出发，广泛汲取国外交通运输政策领域的许多先进理念和成功经验，力图编写一本集不同运输方式于一体的兼顾理论与实际应用的教材。全书共分为10章，主要内容有：交通运输政策法规概论、交通运输发展历史概述、现代交通运输方式技术经济特点、交通运输政策制定的基本理论、交通运输经济性政策、交通运输管理体制、交通运输法规、交通运输可持续发展政策、我国交通运输政策的发展、国外交通运输政策法规借鉴。

本书第3版对各种交通运输方式的发展情况进行了系统更新，新增了关于新能源汽车的内涵、国内外发展情况、政策法规、未来发展趋势方面的内容；完善了部分交通运输相关政策理论的表述；更新了交通运输税收、融资、管理体制、法律规范等手段方面的内容；补充了我国近期交通运输可持续发展政策及实践的内容；系统性地重新梳理和重点介绍了我国"十三五""十四五"以来宏观层面的交通运输政策文件内容，如《交通强国建设纲要》《国家综合立体交通网规划纲要》《"十四五"现代综合交通运输体系发展规划》等纲领性政策文件，铁路、公路、民航、水运等各交通运输方式的发展规划，以及交通运输数字化、标准化、法制化等方面的政策文件。

在本书的编写和第2版、第3版的修订完善过程中，武旭老师、卫振林老师、黄爱玲老师、奇格奇老师参与了第1章、第4章、第5章、第6章、第7章、第8章的工作，孟令君、王杉、邱少婧同学参与了本书的编写，邢进元、赵鹏、杨倩、宁丽巧、康宁、王凡、赵紫珍、路珍珍等同学在资料收集、文档整理、文字校对等方面做了大量的工作，谢谢你们的辛勤付出。

本书的使用对象是交通运输专业本科生、高职生和远程教育学生，也可供交通运输业的管理人员参考。

在本书的编写过程中，参考了大量的文献著作，在此向原作者表示衷心的感谢，同时向对本书的编写、出版给予支持与帮助的单位及有关人员表示感谢。

由于编者水平所限，书中谬误与不足之处，敬请读者批评指正。

编者

2023 年 8 月

目　录

第10章 国外交通运输政策法规借鉴

1

第1章
交通运输政策法规概论

　　交通运输是国民经济发展的基础之一，在我们的日常生活中扮演着重要的角色。交通运输政策法规历来是世界各国政策法规体系中不可或缺的组成部分。随着我国经济的不断发展，交通运输水平的不断提高，交通运输政策法规的地位也越来越重要。

　　本章从交通运输政策法规的主体、客体、目的和手段4个方面阐述了其基本概念和内涵，从交通运输政策法规的目标和任务、交通运输政策法规的系统构架、交通运输政策法规的表现形式等方面介绍了交通运输政策法规的基本内容。通过本章的学习，对于交通运输政策法规有一个总体上的认识。

本章重点

- 交通运输政策法规的内涵；
- 交通运输政策法规的目标；
- 交通运输政策法规的任务；
- 交通运输政策法规的纵向结构；
- 交通运输政策法规的横向结构；
- 交通运输政策法规的表现形式。

由于交通运输在国民经济中的基础性地位以及在人们日常生活中所扮演的重要角色，交通运输政策历来就是世界各国政策体系中不可或缺的组成部分，而且越是经济发展成熟的国家，交通运输政策的地位就越重要。

交通运输法规是交通运输政策的具体表现。政策比较原则，常只规定行为的方向而不规定具体的行为规则，而法规具有规范的明确性，交通运输政策本身往往通过一系列的交通运输法规体现出来，而成文的交通运输政策有时也只是原则性的、抽象的决策，必须根据交通运输政策制定可以具体实施的交通运输法规，才能使交通运输政策得以贯彻落实。很多国家并无交通运输政策的正式文件，而是用法律的形式肯定一些重要的交通运输政策目标。

因此交通运输法规已成为各国交通运输政策的重要组成部分。一些国家目前已越来越明确地用立法的形式制定和颁布其交通运输政策，包括具体时间期限内的交通运输建设规模、投融资方式和数额、政府补贴方式以及专门负责机构等。本章中有些地方将交通运输政策和交通运输法规作为一个整体来综合考虑，使用"交通运输政策法规"这一名词来表达此含义。

现实生活中，交通运输所包含的内容极为广泛，交通运输政策法规也是一个较为复杂的系统，本章将针对交通运输政策法规的概念、内涵、目标、任务、系统构架以及表现形式等问题进行较为系统的论述。

1.1

交通运输政策法规的概念和内涵

按照《辞海》中的定义，政策是指国家或政党为实现一定历史时期的路线和任务而制定的行动准则。经济政策是指政府为实现一定时期内的目标而制定的鼓励或限制各经济主体活动、协调各个经济主体利益关系的行为准则。交通运输政策是经济政策的一部分，是指一国政府为实现一定时期的目标而制定的协调参与运输活动的各个经济主体之间利益关系的行为准则。作为国家宏观经济政策的一部分，交通运输政策不仅具有合理配置运输资源的作用，而且还与其他宏观经济政策共同影响和促进国民经济的合理产业布局及其他宏观总量的协调发展。交通运输法规是指国家立法机关为了加强交通运输管理而颁布的法律，以及国家行政机关依据宪法和法律的有关规定制定和发布的行政法规、规章，是集行政法、民法和经济法于一体的调整交通运输关系的法律规范的总称。

对于交通运输政策法规而言，由于交通运输本身所涉及的内容及其经济特性十分复杂，在不同的经济、社会、文化、制度背景下，对交通运输政策法规内涵的认识也各不相同，因此对交通运输政策法规进行明确的界定具有较大的难度。从理论角度上讲，当研究一个政策系统及政策过程时，首先碰到的问题是：政策由谁来制定和执行？政策作用的对象是什么？制定政策的目的是什么？政策的主要手段有哪些？这就是政策研究通常应包含的政策主体、政策客体、政策目的和政策手段4部分内容。对于交通运输政策法规来说，在界定其内涵之前同样也需要明确对这4部分内容的认识。

1. 交通运输政策的主体

交通运输政策的主体是指直接或间接地参与交通运输政策制定、执行、评估和监控的个人、团体或组织。交通运输具有准公共产品特征，政府作为公共利益的代表，它也就必然成为交通运输政策中最主要的主体。世界各国的政策主体由于社会政治制度、经济发展状况、文化传统和意识形态等方面的差异而不甚相同，但都体现出了多层次、多元化的特点。在西方发达国家，由于决策权力的分散性，政策主体较为多元化，政府内部的行政官员（总统、部长、州长、市长等）、咨询者、研究机构、议员及其助手，以及政府外部的利益团体和协会、委托人团体、公民团体和传播媒介都作为政策主体的一部分。交通运输政策的形成，主要是各种政策主体相互妥协权衡的结果，而行政机构作为政策制定和执行的主导机构，仍是政策建议的主要来源。在发展中国家，交通运输政策的决策权力则更加集中在交通运输行政部门，而且交通运输行政部门的权力和影响往往大于发达国家。

2. 交通运输政策的客体

交通运输政策的客体是指交通运输政策所作用的对象，包括政策所要处理的交通运输问题（事）和所要发生作用的交通运输相关参与者（人）两个方面。

从"事"的角度来看，交通运输政策问题是交通运输领域应达到的状态与观察到的状态的差距，这种差距导致社会上某一部分人的需要得不到满足，并为此寻求援助或补偿，这类问题就称为交通运输政策问题。在发达国家的成熟政策体系中，交通运输问题是与税收、教育、福利等政策问题相并列的，用于处理交通运输领域中的问题的措施或方法就称为交通运输政策。

从"人"的角度来看，交通运输政策所发生作用的对象是各种交通运输活动的参与者，因而包括这一领域的企业、个人、政府机构和各类组织。交通运输政策调整的核心主要是这些个体之间的利益关系，鼓励人们去从事某些活动，而禁止人们去从事另一些活动，引导人们朝向政府所期望的目标前进。

交通运输政策客体的识别具有重要意义。了解交通运输政策作用领域中的问题的性质和特点，了解政策涉及的社会成员（目标群体）的需要、利益和心态，有助于制定出适应具体情况、能被政策作用对象普遍接受或理解的政策，有助于交通运输政策的顺利执行，能充分发挥交通运输政策的作用，达到预期的政策效果。

3. 交通运输政策的目的

交通运输政策不是无意识或偶然性的行为，而是一种行为准则和行为规范，具有明确的目标取向，在特定的历史时期内明确指出交通运输发展的方向。就交通运输在经济系统中所扮演的角色而言，交通运输政策的最终目标就是满足经济社会活动对于交通运输的需要，创造最大的空间效用及时间效用。在特定的历史时期，受经济社会发展水平、资源要素的限制，以及国家或政党的任务与路线的影响，交通运输政策的目标取向也有不同的侧重点，具有时间动态性。

4. 交通运输政策的手段

政策是主体服务于特定目标而采取的一系列活动，是与谋略、措施、办法、规定密切相关的一系列政治行为。交通运输政策执行手段的恰当与否直接关系到交通运输政策目标能否顺利实现。研究交通运输政策手段，是为了更好地运用这些手段、更有效地完成政策执行任务。交通运输政策执行活动的复杂性，决定了交通运输政策手段的多样性。概括来说，交通运输政策手段主要分为以下几类。

1）行政手段

行政手段是指依靠行政组织的权威，采用行政命令、指示、规定及规章制度等行政方式，按照行政系统、行政层次和行政区划来实施政策的方法。交通运输政策的行政手段主要体现在行政管理的隶属关系上。行政手段有着权威性、强制性、对象的有限性和时效性等特征，是交通运输政策执行中必不可少的基本因素。行政手段具有较强的约束力，带有强制性，它要求：在政策规定的范围内，任何交通运输领域相关单位和个人都必须执行，否则就要承担一定的行政责任，受到一定的处罚。因此，在交通运输政策中使用行政手段容易做到协调统一、令行禁止。特别是用行政手段便于解决一些特殊的、紧迫的、爆发性的交通运输问题。但行政手段对行政机关的上级机关的要求甚高，上级机关如有失误将会导致一系列不良后果。另外，执行过程中的无偿性和行政机关的下级机关的被动地位都不利于充分发挥下级机关的积极性和创造性。鉴于此，要把行政手段限制在一定的范围内，谨慎使用。

2）法律手段

法律手段是指通过各种法律、法令、规范、司法、仲裁工作，特别是通过行政立法和司法方式来调整交通运输政策执行活动中各种关系的方法。在交通运输领域，法律手段除《中华人民共和国铁路法》《中华人民共和国公路法》《中华人民共和国港口法》《中华人民共和国民用航空法》等国家正式颁布的法律外，还包括国家各交通管理机构制定的具有法律效力的各种规章、制度等规范。法律手段除了与行政手段一样具有权威性和强制性外，它还具有稳定性和规范性的特点。法律手段是交通运输政策执行活动得以进行的根本保障，依法行政、依法管理不仅具有权威性，而且具有科学性和客观性。法律手段使用的范围比较广泛，尤其适用于解决那些共性的问题。但是，在处理特殊的、个性问题时，还需要与行政手段等相互补充。

3）经济手段

经济手段是指根据交通运输经济的一般规律和物质利益原则，利用各种经济杠杆，调节政策执行过程中的各种不同经济利益之间的关系，以促进交通运输政策顺利实施的方法。交通运输政策中的经济手段多运用价格、税收、投资、金融、利润、罚款以及经济责任、经济合同等来组织、调节和影响交通运输政策对象的活动。经济手段不同于行政手段和法律手段，它的主要特征在于间接性、有偿性和关联性。交通运输政策的经济手段往往会引发社会多方面经济关系的连锁反应，而且会导致其他各种政策手段的相应调整，往往影响十分深远。因此，必须深入研究交通运输经济运行的客观规律，调整各方面的经济利益，以责、权、利相统一的形式确定下来，充分调动人们按照交通运输政策目标来行事的积极性和主动性，增强政策的效力。同时，应注意把经济手段与行政手段、法律手段有机结合使用，这样可以取得更好的效果。

4）思想诱导手段

思想诱导手段是一种人本主义管理方法，它通过运用非强制性手段，诱使交通运输政策执行者和作用对象自觉自愿地贯彻执行政策，而不从事与政策相违背的活动。交通运输常用的思想诱导手段如下：

（1）制造舆论：交通运输政策形成之时就大力动员相关媒体宣传，使政策内容深入人心。

（2）说服教育：对少数不按交通运输政策执行或抵触交通运输政策的对象做深入细致的思想教育工作，做到以理服人。

（3）协商对话：在交通运输政策执行出现困难的情况下，决策者和执行者应就交通运输政策深层次问题商谈协议，通过听证会、座谈会等方式征询群众的意见，尽可能对交通运输政策做适当补充调整。

（4）奖功罚过：通过名誉、称号等精神奖励或惩罚手段来诱发人们的动机，激发人们的积极性。

思想诱导手段在对象上具有多元性，在方式上具有协调性，在作用上具有宏观控制性，对这种手段越来越多的运用，正在成为当今各国的一个共同趋势。

综合以上的讨论，交通运输政策法规应具有如下的内涵：在有限资源条件的制约下，为实现交通运输创造最大空间效用及时间效用的目标，政府作为社会公共利益的主要代表，按照一定时期内经济与社会发展对交通运输的需求，选择综合交通运输体系的目标和重点，综合运用行政、法律、经济以及思想诱导等手段，为调节交通运输参与者的行为而制定的前瞻性的决策方案。

1.2

交通运输政策法规的目标和任务

1.2.1　交通运输政策法规的目标

1. 交通运输政策法规的基本目标

交通运输政策法规是国家对交通运输业实施调控的重要手段。政府通过制定和实施交通运输政策法规，实现资源配置、产业布局、环境保护及运输业与其他产业的协调发展。交通运输政策法规是为实现政府的经济社会目标服务的，具有明确的倾向性。下面介绍交通运输政策法规的基本目标。

1）资源的合理配置

资源的布局是大自然赋予的，是无法人为改变的，有些国家自然资源匮乏，而有些国家的资源分布分散。资源的分布往往与国民经济的发展不相适应。由于自然和经济的原因，原材料产地不一定适合建立生产基地，而产品的生产地又往往不是消费者集中的所在地，这就需要通过运输来克服资源在生产和使用上的空间障碍。合理的交通运输政策，往往鼓励和支持在原材料产地和生产基地之间建立大型的运输干线，以保证资源配置的及时性和合理性。而对产品与消费者之间的联系，各国亦给予了高度的重视。为了使某些偏僻地区与外界联系起来，多数国家都不惜斥巨资建立公路或铁路等运输通道。这样做一方面是为了满足政治、社会和文化的需要，另一方面客观上也非常有利于促进资源在地区间的合理配置。

2）产业的合理布局

各国的产业布局往往优先考虑将重工业布置在原材料产地（或供应地），而将与人民生活密切相关的轻工业和服务业布置在城市或人口比较稠密的消费地区。这种布局经济上往往是合理可行的，但是有些国家由于某种资源的匮乏，一些工业原材料主要依靠进口，这种理想化的工业布局就无从谈起。然而，由于政府交通运输政策的作用，那些本来不能依靠本国（或本地区）原材料而建立的工业，在有些国家或地区却也得到了大力发展，如日本几乎没有铁矿石的蕴藏，但它之所以能够成为世界主要的钢铁出口国，完全得益于其贸易立国和海运立国的政策。

3）交通运输的合理化

交通运输合理化是各国交通运输政策追求的最主要目标之一。交通运输的合理化主要包括交通运输布局的合理化、交通运输结构的合理化和交通运输组织的合理化。

交通运输布局应服从于资源分布和服务于工业布局，但是多数交通运输方式（除航空以外）的运输线路均需依靠一定的自然地理条件，因而交通运输布局则又受到不同地形构成的影响。因此，为了满足工农业生产和国民经济发展的需要，以及广大人民群众出行的需要，交通运输布局就必须在给定的自然地形条件下合理地规划。

交通运输结构是指各种交通运输方式的运输能力和实际运输量在总运输能力和总运输量中所占的比重。交通运输结构的合理化，不仅是运输资源合理配置的要求，更是国家经济发展的要求。交通运输政策对交通运输结构在宏观上的管理，可以充分有效地利用各种交通运输方式的优势和地理地形优势，最经济地为国民经济和人民生活提供服务。

交通运输组织的合理化是指在现存的交通运输布局的基础上最有效地利用各种交通运输方式，减少或避免交通运输的不合理性，如对流运输、迂回运输、重复运输和过远运输。过去在计划经济体制下，我国曾经利用国家计划的手段来实现交通运输组织的合理化；而现在在社会主义市场经济机制下，政府对交通运输组织的合理化并不是无能为力，只是其手段转变到建立并利用合理、高效的市场机制和指导性政策上来，而不是唯一地借助行政命令和计划手段。

4）交通环境保护

随着交通运输业各种污染压力的增加及人们环保意识的普遍增强，各国政府在制定交通运输发展政策时制定了相应的环境保护政策。交通运输发展程度与各国经济发展水平有关，而在相当长的时间里交通运输带来的环境污染又与交通运输发展程度成正比，因而在经济发展程度不同的国家或同一国家在不同的经济发展阶段，对交通运输环境保护的重视程度是不同的，采取的政策也是不同的。一般来说，经济发展水平越高，交通运输就越发达，对环境保护的要求就越高，国家和民众对环境的重视程度也就越高，环保投入也越多；相反，经济发展水平越低，交通运输就越不发达，从而交通运输造成的环保压力就越小，政府对环境保护的要求也就越低，投入也越少。但另外一种情况也是比较普遍的，即在经济不发达的发展中国家，由于经济对交通运输的需求高，而经济和技术条件又差，因而被迫使用技术性能差、污染严重而价格便宜的交通运输方式和交通运输工具，由此造成的环境污染得不到及时有效的治理。

政府对交通运输环保政策的实施主要是通过一系列的环保法规来实现的。有些国家已经通过各种政策来限制某种交通运输方式在某些地区的发展，或引导企业和个人使用节能、无污染或少污染的交通运输方式，如欧盟现在出台的种种与交通运输相关的政策都相对有利于铁路运输和内河运输而不利于公路运输的发展，这在很大程度上是从环保的角度来考虑的。在城市交通中，为了减轻城市中心地区的环保压力，不少国家的市政府规定城市中心地区限制某些车辆的运行，为此不惜花费巨额财政资金来补贴城市公共交通，并且通过燃油税收等制度来促进能源节约。这一方面是为了能够向一般市民提供交通运输福利，另一方面也是为了抑制小汽车的发展，保护城市环境。

5）抑制交通运输业中垄断势力的形成和增长

交通运输业容易形成垄断，这种情况在经济发展的初期尤其明显。例如，从 1830 年至 1930 年，铁路几乎垄断了英国的主要交通运输业务。又如班轮公会为避免在同一航线上会员航运公司相互间的竞争或排除外来竞争，通过制定统一费率或最低费率，以及在经营活动方面签订协议等手段垄断国际航运。由于垄断会导致社会资源的不合理配置和社会净效益的损失，因而许多国家都制定了相应的交通运输政策法规来抑制交通运输业中垄断的形成和增长。

6）规范交通运输市场，减轻交通运输带来的社会公害

交通运输业在促进国民经济发展的同时，也具有污染、拥堵、易发生交通事故等严重的负外部性。这种负外部性造成的危害是巨大的，但早期往往不被交通运输业者或交通运输生产经营者所重视，造成的损失更是无法得到补偿。例如，汽车尾气的排放已经严重污染了众多大城市的空气，但却难以用准确的市场手段来解决，而且解决的办法往往也会造成社会财富的巨大浪费。因此，各国政府都把规范交通运输市场、减轻交通运输带来的社会公害作为政府干预交通运输的一个重要目标。

7）有利于体现交通运输业的公共服务性

交通运输业在很大程度上具有公共产品的性质，即个别消费者在进行这些产品的消费时无法阻止其他消费者的消费。道路、航道、引航设施等交通运输基础设施都具有明显的公共产品的性质，一般都需要极高的投资成本，因而在没有政府干预的情况下，这些基础设施无法由私人企业提供。因此，世界上大多数国家的政府都通过各种方式，不同程度地直接投资和提供这些交通运输基础设施，或者间接补贴这些基础设施和服务的提供者。

2. 我国交通运输政策法规的长期目标

根据国家宏观发展和战略，2020 年我国已经全面建成小康社会，从 2020 年到 2035 年，在全面建成小康社会的基础上，再奋斗十五年，基本实现社会主义现代化，国家经济实力、科技实力将大幅跃升，跻身创新型国家前列；……从 2035 年到本世纪中叶，在基本实现现代化的基础上，再奋斗十五年，把我国建成富强民主文明和谐美丽的社会主义现代化强国。未来我国交通运输发展的长期战略目标，要服务于我国经济社会发展的总体战略目标，与综合发展战略目标相协调，因此，我国交通运输总体要达到适应国民经济和社会发展需求的水平。按照这个总体标准，从交通运输政策法规的角度来讲，我国交通运输体系政策法规的长期目标可概括为以下几方面：

（1）基本形成健全的基础设施供给机制，网络系统基本形成，交通运输方式结构合理，基本实现高效率、高质量协调运转。交通运输系统整体得到快速发展，不仅各种交通运输方式基本实现通达、畅通，同时各方式的优势也得到发挥，交通运输结构合理，符合我国资源、环境的客观条件。

（2）交通运输体系布局基本实现区域协调与普遍服务。从空间布局来看，随着中国区域开发战略的实施，对跨区域通道、城市群交通运输系统将产生更大的需求，同时对边远地区、农村地区的普遍服务也将成为未来我国交通运输的战略重点之一。

（3）交通运输市场趋于成熟，交通运输业具备参与国际竞争的能力。交通运输为社会提供能力足够、质量良好的交通运输服务。除了良好的基础设施之外，还要有一大批能力足够、优质服务的交通运输企业群体提供相应的服务产品。

（4）交通运输自主创新能力大大增强，技术水平与国际接轨，部分领域装备技术水平国际领先，智能型综合体系基本建立。技术进步与创新是交通运输发展的不竭动力，也是实现交通运输现代化、提高效率与效益、提升服务水平的关键。高速化、物流化的交通运输系统是集先进的通信技术、计算机技术、信息技术、微电子技术、自动控制技术等于一体的系统，通过产、学、研体制的改革和融合，加快交通运输从传统产业向现代化产业的转变，形成智能化的全新综合交通运输体系。

（5）为进一步巩固和改善小康社会，适应人民群众的高质量出行需求和运输需求，提供更快速、更便捷、更安全、更舒适的交通条件。作为人类日常衣、食、住、行的重要一部分，交通运输的"以人为本"在未来将不仅定位于单纯地解决居民的位移问题，而且在于为使用者提供一种效用，在实现空间效用的基础上获得舒适性、方便性与安全性，将"以人为本"切实体现出来。

（6）综合交通运输体系基本满足可持续发展的要求。由于交通运输的可持续发展目标本身具有长期性特征，即使未来我国经济有了较快的发展，短时间内仍难以达到目前发达国家人均国民生产总值的平均水平，加上发展交通运输需要占用大量的土地、能源，还会破坏环境。因此，交通运输既要实现跨越式发展，又要循序渐进和保持可持续性战略的实施。

1.2.2 交通运输政策法规的主要任务

目前，我国交通运输业仍存在一定的问题，必须制定相应的交通运输政策法规来对其进行引导和规范。首先，运输能力尤其是通道运输能力不足，对国民经济的瓶颈制约作用突出，综合运输整体效率仍有待提高。其次，交通运输市场秩序有待完善，高效健全的监管体系尚未完全形成，大城市交通拥堵日益严重，主要经济圈城际交通运输系统尚在建设。下面介绍我国交通运输政策法规的主要任务。

1. 推动综合交通运输体系的协调发展

铁路、公路、水路和民航等的运输方式由各自的技术经济特征所决定，有其各自的适用范围。根据发达国家发展交通运输的先行经验，要想经济有效地满足经济社会的多种交通运输需求，一方面，必须在各种运输方式之间展开市场竞争，以充分发挥各自的优势；另一方面，还必须促进各种运输方式的合理分工和协调发展，以形成一个有机整体。

2. 促进交通运输系统的可持续发展

环境和发展是当今国际社会普遍关注的重大问题。保护生态环境，实现可持续发展，已经成为全世界共同面临的紧迫而艰巨的任务。保护环境和发展经济关系到人类的前途命运，影响着世界上每一个国家、每一个民族以至每一个人。全世界对此十分关心，我国政府对此也极为关注。

我国是发展中国家，要提高社会生产力、增强综合国力、不断提高人民的生活水平，就必须毫不动摇地把发展国民经济放在首位，各项工作都要紧紧围绕经济建设这个中心来展开。同时，我们也必须看到我国的基本国情——人口众多，资源相对不足，生态环境承载能力弱。特别是随着经济的快速发展，能源、水、土地、矿产等资源不足的问题越来越突出，生态环境恶化的形势日益严峻。因此，必须高度重视资源和生态环境问题，增强交通运输系统可持续发展的能力。

3. 适应社会经济发展的需求

交通运输作为国民经济的流动载体，沟通生产和消费，是经济发展诸多影响因素中非常重要的一个。考察交通运输的发展历程可以发现，交通的发展与经济的发展密不可分。所以，交通运输政策法规的制定必须适应社会经济发展的需求。

1.3

交通运输政策法规的体系构架

交通运输政策法规是由一系列政策要素所构成的具有一定内在结构的有机整体。由于交通运输政策法规涉及对象的复杂性以及交通运输与其他经济活动密不可分的性质，交通运输政策法规的政策元素之间、元素与结构之间以及结构与环境之间的复杂与协调特性十分明显，因此交通运输政策法规体系必然是由各单项政策所构成的一个有机整体。单项政策是构成交通运输政策法规体系的元素，在各自的范围内相对独立地发挥对交通运输的导向、约束和协调功能。各单项政策整体效果的发挥是以一定的结构为基础的。交通运输政策法规的体系构架即指各项政策在时间和空间上的排列顺序和组合方式，这种排列顺序和组合方式决定了各单项政策相互联系、相互作用，进而形成交通运输政策法规的整体合力。

1.3.1 交通运输政策法规的总体架构

交通运输政策法规的总体架构可以从纵向子系统和横向分系统两个角度划分，如图1-1所示。所谓子系统，是指构成交通运输政策法规体系的要素，包括总政策、基本政策、具体政策、法律规范4个等级，它说明了政策法规之间的纵向关系。所谓分系统，是指各交通运输政策法规子系统按具体内容划分的有关领域，包括投融资政策、有效供给政策、市场规制政策、技术促进政策、安全政策、可持续发展政策等，它说明了交通运输政策法规之间的横向关系。

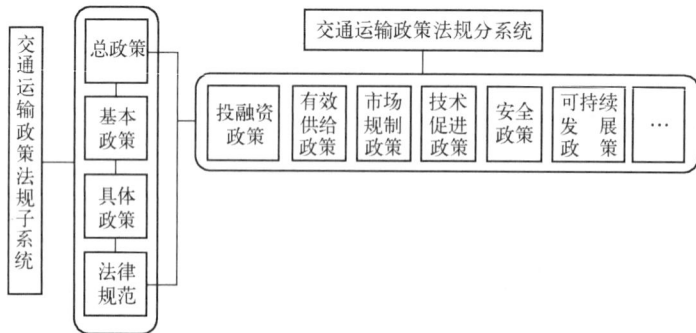

图1-1 交通运输政策法规的总体架构示意图

1.3.2　交通运输政策法规的纵向结构

交通运输政策法规的纵向结构为一种塔形结构，分为总政策、基本政策、具体政策、法律规范 4 个层次，它们构成交通运输政策法规体系的 4 级子系统。

1. 总政策

总政策是交通运输政策法规的制定主体在一定历史阶段为实现一定的交通发展任务而规定的指导全局的总原则，其构成要素主要包括总目标和实现总目标的途径与保证。总目标是政策主体在一定历史阶段总的发展方向，是对该历史阶段结束时整个交通运输发展状况的总体构想。总目标的内容不是单一的，而是表现为多个方面，这几个方面构成交通运输总政策的若干重心。总政策的内容具有高度的概括性和综合性，因此在实际贯彻过程中，需要把总政策的要素逐步分解，在空间上分解为各个方向的目标和原则，在时间上分解为不同发展阶段的目标和原则。总政策处于政策体系的最高层，是基本政策和具体政策制定及运行的基础，具有提纲挈领、总揽全局的指导地位和较长历史时期内的稳定性。

2. 基本政策

基本政策是政策主体用于指导某一领域或某一方面工作的指导原则，它是总政策在某一领域或某一方面的具体化，构成交通运输政策法规的主轴。基本政策与总政策的主要区别在于：总政策是跨领域的、指导全局的综合性政策，在一定历史阶段内是稳定不变的；基本政策则只具有局部性和阶段性的特点。所谓局部性，是指基本政策的效力领域仅限于某一方面，例如有效供给政策、技术促进政策只适用于解决交通供给问题和技术进步问题。所谓阶段性，是指基本政策的目标具有阶段性，各阶段的政策重点由总政策的目标和当时的条件共同决定。

基本政策在交通运输政策法规体系中位于总政策和具体政策之间，是承上启下的环节。一方面，基本政策是总政策的具体化，从属于总政策，是构成交通运输政策法规体系的基本要素；另一方面，基本政策又以若干具体政策为要素，构成从属于交通运输政策法规体系的分体系。

3. 具体政策

具体政策是交通运输政策法规主体针对某一具体问题而制定的具体措施、准则、界限性规定等。具体政策在交通运输政策法规体系中居于最低层次，它是基本政策的具体化。在本书的分析框架中，其基本形式体现为政策主体为实施某一基本政策而制定的实施细则或针对某一特殊问题而制定的行为准则等。在有关文献中，地方和部门的交通运输政策法规主体为实施上一级政策或为解决所属区域的具体交通问题而制定的具体规定、实施办法、政策界限等也纳入到具体政策的范畴内。

具体政策的地位也是十分重要的，总政策、基本政策的内容最终要靠具体政策得到体现、落实。在交通运输政策法规体系中，具体政策数量较多、涉及面广。由于它所涉及的都是较为具体的问题，因此在政策目标、政策对象、行为界限等方面的规定必须是明确、具体、易操作的。

4. 法律规范

交通运输方面的法律规范，是指通过国家的立法机关制定或者认可的，用以指导、约束人们交通运输行为的行动规范。交通运输法律规范包括立法部门直接针对各种交通运输方式制定的法律和其他间接相关的法规、管理规定等内容，它是交通运输政策确立和实施的保障。

1.3.3　交通运输政策法规的横向结构

交通运输政策法规的横向结构是指政策体系内的投融资政策、有效供给政策、市场规制政策、技术促进政策、安全政策、可持续发展政策等各分系统及其相互之间的关系。如前所述，政策体系内不同领域和方面的政策是相互联系、相互作用的分系统，每一个分系统内又有若干等级的子系统，它们各有不同的调控对象，功能各异，在实际运行过程中，应当彼此协调、相互配合，形成合力，才能促进整个综合交通运输体系的协调发展。各分系统之间的协调、配合关系主要表现在以下3个方面。

1. 政策目标的协调

各分系统政策目标应是按照交通运输政策法规的总目标在各个领域分解而形成的，分系统政策所规划问题的未来解决程度，必须从总目标出发而不能与之相悖。各分系统的政策目标之间也应彼此相互协调，并与更低等级的政策目标相互配合。

2. 政策功能的配合

政策功能是指由交通运输政策法规的行为规范性质所决定的解决问题的方式。各分系统的政策在实际运作过程中具有不同的功能，因此在解决某交通运输问题时，要根据问题的性质，使各分系统的政策功能相互配合，不仅各分系统的政策功能要相互配合，而且一个分系统内相关的政策功能也要相互配合。

3. 政策地位主次的配合

在一定时期内，各交通运输政策法规分系统必然存在当期解决的重点问题，当制定和实施主要政策时，也不能忽视相对次要政策的制定和实施。因此，在制定不同层次地位的交通运输政策法规时，必须统筹兼顾、综合平衡。

1.4

交通运输政策法规的表现形式

交通运输政策法规总体上属于上层建筑，它直接或间接地表达对当前或未来交通运输的某种意图，可以多种表现形式出现。例如，国家集团文件［国家集团（联盟）的议定书、内部协议、备忘录等］、国际会议文件（国际有关会议文件对交通政策做出的规定）、国家文件（国家的法律、法案、法规、国家综合开发计划等）、地方政府文件、交通部门文件（政府交通部门的律令、法案或白皮书等）、相关部委共同制定的文件（由政府各相关部门共同制定的文件，以方针、标准、措施、纲要、建议等形式出现）、专家组文件（政府决策部门委托的专家组的报告形式）等。

思考题

1. 交通运输政策法规的概念和内涵是什么？
2. 交通运输政策的手段主要有哪几类，各有何特点？
3. 交通运输政策法规的目标和任务是什么？
4. 如何理解交通运输政策法规的体系构架？
5. 交通运输政策法规的表现形式有哪些？

2 第2章
交通运输发展历史概述

　　发展交通运输具有重要的经济、社会、政治和国防意义。交通运输的发展历史源远流长，它与社会生产力的发展和科学技术的进步相辅相成，促进了社会、经济、政治和文化的发展与进步。

　　交通运输方式主要有铁路、公路、水路、航空、管道共5种。城市轨道交通是铁路的一种特殊形式，又有其自身的特殊性。新能源汽车作为公路运输的工具之一，正在经历革命性的产业发展阶段。各种交通运输方式相互影响、相互作用、相互协调，构成了综合交通运输系统。本章从国内和国外两个角度分别回顾了交通运输的发展历史，介绍了交通运输的现状及未来发展趋势。通过本章的学习，帮助读者更好地理解后面交通运输政策法规的制定、执行、实施等方面的内容。

本章重点

- 不同交通运输方式的发展历史；
- 不同交通运输方式的发展现状和未来发展趋势；
- 城市轨道交通的特点及其与其他交通运输方式的联系和区别；
- 综合交通运输体系的思想及政策演化；
- 新能源汽车的发展现状及未来发展趋势。

2.1

铁路运输发展历史概述

铁路运输是一种现代陆地运输方式。它是使用机车牵引车辆，用以载运旅客和货物，从而实现人和物的位移的一种运输方式。在现代运输系统中，铁路运输占有重要地位。

2.1.1　世界铁路发展历程

1825 年英国在斯托克顿和达灵顿之间修建了一条运输煤炭和旅客的铁路，用蒸汽机车牵引列车（见图 2-1），这就是世界上第一条公用铁路，也是陆地运输发展史上的一个里程碑。此后，美国、法国、俄国、德国也先后兴筑铁路。到 19 世纪 50 年代，欧洲和北美几乎所有国家都修建了铁路。亚洲、非洲、拉丁美洲和大洋洲的大多数国家在 19 世纪下半叶也都开始修建铁路。20 世纪 20 年代以后，世界铁路总长曾一度达 127 万 km，并长期稳定在 120 多万 km 的规模上。

图 2-1　世界第一条铁路通车盛况

一百多年来，世界铁路运输的发展，大致可以分为开创时期、发展时期、成熟时期和新发展时期。

1. 开创时期（1825—1860 年）

这个时期正值产业革命后期，钢铁工业、机器制造业等已达到一定水平，同时工业发展又有原材料和产品的输送问题需要解决，这就促使了铁路运输的迅速兴起。从 1825 年英国建成第一条铁路后，到 1860 年止，世界上共有 25 个国家建成铁路并开始营业，一共修建铁路 19.4 万 km。

2. 发展时期（1860—1920 年）

这个时期出现了持续半个多世纪的世界性筑路热潮，有 60 多个国家和地区建成铁路并开始营业。1860—1920 年全世界共修建铁路 84 万 km，平均每年增加新线近 1.4 万 km。其中又以 1881—1890 年和 1901—1910 年间发展最快，平均每年增加新线 2 万多 km。到 1910 年底，世界铁路总营运里程达到 110 万 km。在这一时期，工业发达国家的铁路已渐具规模，形成路网，铁路建筑技术和机车制造技术都获得了新的发展。如俄国修建的西伯利亚铁路和美国开发西部修建的铁路都长达数千公里；1872—1881 年建成的瑞士圣哥达隧道，长 15 km，首次采用上导坑先拱后墙法施工。在机车制造方面，蒸汽机车的性能日益完善，同时电力机车和内燃机车先后于 1879 年和 1892 年研制成功。

3. 成熟时期（1920—1960 年）

这个时期铁路运输经受住了新兴起来的其他现代化运输方式的竞争和挑战，不断更新技术，提高行车速度和客货运输的服务设施，逐步完成了用内燃机车和电力机车来代替落后的蒸汽机车的历史任务。在这一时期，又有 28 个国家和地区建成铁路并开始营业，这些新建铁路大部分建在非洲和中东地区，而且大多建于第二次世界大战以前。

4. 新发展时期（1960 年至今）

20 世纪 60 年代以来，世界铁路运输开始大规模复兴，一方面是由于能源危机引发了铁路运输振兴，更为重要的另一方面是铁路运输由于采用先进的科学技术而日趋完善，从而增添了新的活力，能够适应大量增长的运输需求。从 20 世纪 60 年代开始，工业发达国家铁路在运营管理方面开始采用电子计算机，先后建立了各种运营管理自动化系统和运输过程的自动控制系统。1964 年日本国营铁路开通了一条 515 km 长的现代化高速铁路——东京大阪新干线，最高速度达 210 km/h，成为铁路旅客运输新技术的代表。高速铁路是指通过改造原有线路，使营运速度达到 200 km/h 以上，或者专门修建新线路，使营运速度达到 250 km/h 以上的铁路系统。20 世纪 80—90 年代，法国、德国、瑞典、西班牙等国纷纷发展高铁新技术并开通高铁干线。1994 年英吉利海峡隧道把法国与英国连接在一起，开创了第一条高速铁路国际连接线。1997 年，从巴黎开出的"欧洲之星"又将法国、比利时、荷兰和德国连接在一起。2001 年开通的巴黎至马赛 740 km 长的 TGV 高速铁路，旅行时间只要 3 h。法国 TGV-LGV 东欧线在 2007 年 4 月 3 日创造了 574.8 km/h 的高速铁路试验速度纪录。德国的 ICE- LGV 东欧线营运速度最高达到 330 km/h。铁路货运方面，20 世纪 60 年代后期，加拿大、巴西、澳大利亚等国陆续修建适于行驶重载列车的重载铁路，美国也扩大了重载列车的运营。到 20 世纪 80 年代初，重载列车总质量已达到 2 万 t 以上。2001 年 6 月 21 日澳大利亚西部的 BHP 铁矿集团公司在纽曼山—海德兰重载铁路上创造了重载列车牵引总重 99 734 t 的世界纪录。2004 年巴西 CVRD 铁矿集团经营的卡拉齐重载铁路上开行重载列车的平均牵引质量已达 39 000 t。

高速铁路、重载铁路和常规铁路虽然基本形式相同，但在技术方面，包括机车和车辆、线路和轨道、列车的编组和运行都各不相同。因此，各国铁路根据各自的具体情况，采取不同的技术修建或改造本国的铁路，这也成为铁路新发展时期的突出特点。

2.1.2　中国早期的铁路

1876 年英商擅自修筑了从上海到吴淞码头长约 14.5 km 的吴淞铁路。1876 年 1 月，在上海苏州河北岸到江湾徐家花园的一段路基上铺轨，同年 7 月 3 日吴淞铁路正式全线通车营业，这是在我国境内第一条正式通车营业的铁路。其为一条窄轨铁路，轨距为 0.762 m，钢轨规格为 13 kg/m，其机车称作"先导号"，重 15 t，速度为 24～32 km/h，客货车辆也是小型的，吴淞铁路地理位置示意图如图 2-2 所示。1877 年 10 月 20 日，清政府赎回吴淞铁路并于当年 12 月 18 日将路轨全部拆除。1897 年清政府以官款基本按照吴淞铁路原线路走向再建了淞沪铁路，全长 16.09 km，采用 1.435 m 的标准轨距，于 1898 年建成通车，由盛宣怀亲自驻沪督办。

唐胥铁路是中国自建的第一条标准轨距运货铁路。为了把煤从开平煤矿区运到最近的海口，然后装船运出，当地商人于 1879 年请求建一条从唐山到北塘的铁路，清政府仅同意修建唐山到胥各庄一段。这条铁路长约 10 km，1881 年初开工修建，用中国制造的"龙号"机车拉运铺轨材料。同年 11 月 8 日通车，命名为唐胥铁路。唐胥铁路虽然采用 15 kg/m 的轻钢轨，但采用 1.435 m 的标准轨距，使用的机车和车辆也比吴淞铁路的大。这是我国铁路标准轨的开端。唐胥铁路是我国保留下来的最早的铁路，其地理位置示意图如图 2-3 所示。

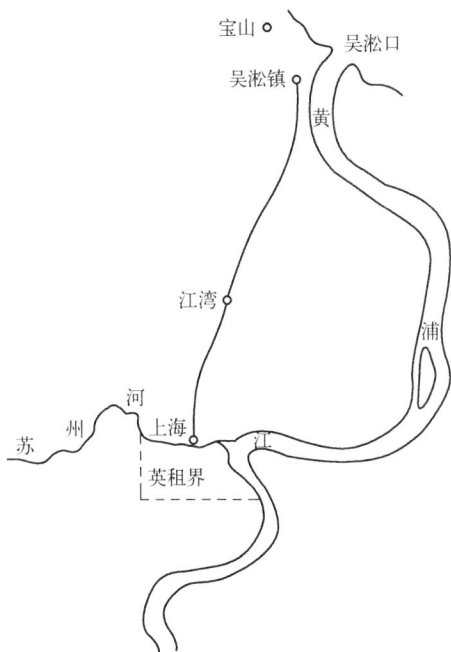

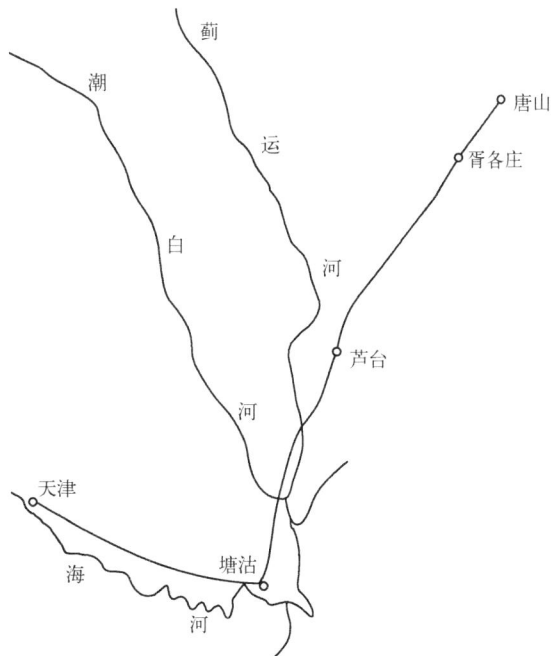

图 2-2　吴淞铁路地理位置示意图（1876 年）　图 2-3　唐胥铁路地理位置示意图（1881—1888 年）

2.1.3　中国现代铁路发展概况

进入 21 世纪，我国铁路事业不仅运营里程、运营网络有很大的增长和改善，而且科技水平、技术装备也发生了质的飞跃。《中华人民共和国 2019 年国民经济和社会发展统计公报》显示，我国铁路旅客运输总量达 36.6 亿人，比上年增长 8.4%；旅客运输周转量 14 706.6 亿人·km，比上年增长 4.0%；货物运输总量达 43.2 亿 t，比上年增长 7.2%，货物运输周转量 30 074.7 亿 t·km，比上年增长 4.4%。2020—2021 年铁路客货运量受新冠肺炎疫情冲击较大，但铁路仍然在保障我国正常的社会经济生活中发挥了重要的作用。

图 2-4 给出了 1997—2019 年间全国铁路旅客发送量；图 2-5 给出了 1997—2019 年间全国铁路货运发送量。

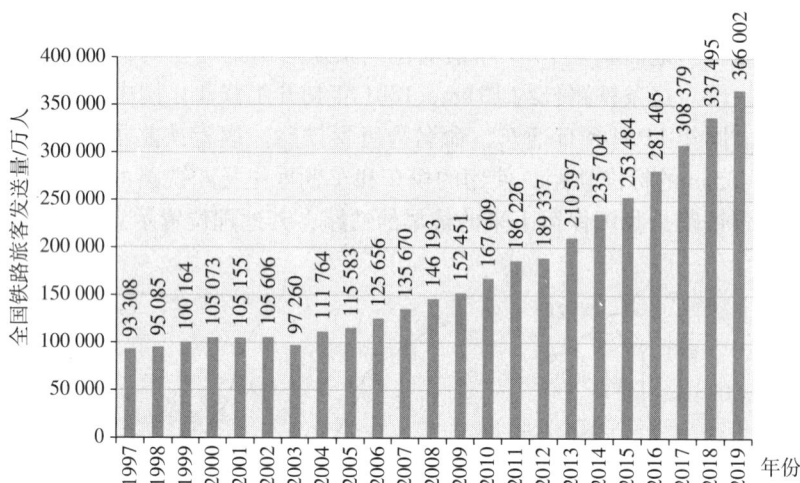

图 2-4　1997—2019 年间全国铁路旅客发送量

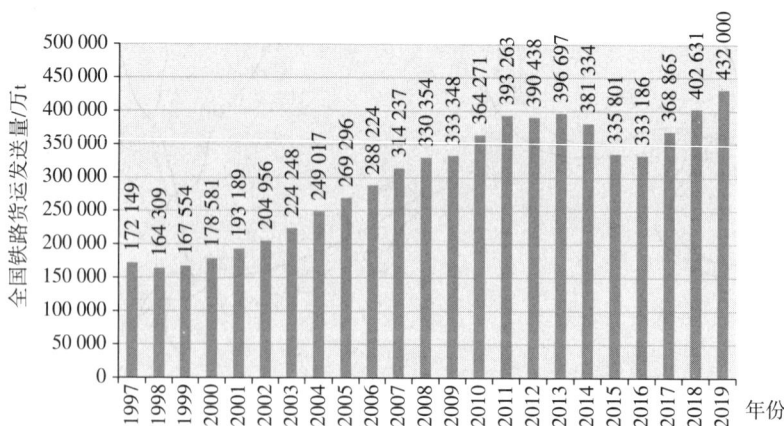

图 2-5　1997—2019 年间全国铁路货运发送量

资料来源：国家铁路局（http://www.nra.gov.cn/xwzx/zlzx/hytj/index.shtml）

最近几年，我国铁路运营里程大大增加，路网布局趋于平衡。2019 年全国铁路固定资产投资完成 8 029 亿元，投产新线 8 489 km，其中高速铁路 5 474 km。2020 年全国铁路固定资产投资完成 7 819 亿元，投产新线 4 933 km，其中高速铁路 2 521 km。全国铁路营业里程情况如表 2-1 所示。

表 2-1　全国铁路营业里程情况

单位：万 km

指标	年份								
	2012	2013	2014	2015	2016	2017	2018	2019	2020
运营里程	9.8	10.3	11.2	12.1	12.4	12.7	13.1	13.9	14.6
复线里程	4.4	4.8	5.7	6.5	6.8	7.2	7.6	8.3	8.7
电气化里程	5.1	5.6	6.5	7.5	8.0	8.7	9.2	10.0	10.65

资料来源：中国国家铁路集团有限公司 2020 年统计公报（http://www.china-railway.com.cn/wnfw/sjfw/202104/t20210429_114598.html）。

在路网规模扩大的同时，移动装备也不断发展。2020 年全国铁路机车拥有量达 2.2 万台。其中，内燃机车 0.80 万台，占 36.6%；电力机车 1.38 万台，占 63.3%。全国铁路客车拥有量为 7.6 万辆。其中，动车组 3 918 标准组、31 340 辆。全国铁路货车拥有量为 91.2 万辆。

从建设成果来看，自 2004 年《中长期铁路网规划》实施以来，我国铁路发展成效显著，对促进经济社会发展、保障和改善民生、支持国家重大战略实施、增强我国综合实力和国际影响力等发挥了重要作用。

（1）基础网络初步形成。中西部地区铁路加快建设，跨区域快速通道基本形成，高速铁路逐步成网，城际铁路起步发展，路网规模不断扩大，保障能力明显增强。

（2）服务水平明显提升。东部地区路网优化提升，中西部地区路网覆盖扩大，四大板块实现高速铁路连通，重点物资和快捷货运服务能力增强，综合枢纽有机衔接配套，技术装备水平大幅提高，建立了信息服务平台。

（3）创新能力显著增强。以高速、高原、重载铁路发展为依托，工程建造、装备制造、系统集成等创新成果显著，自主发展能力与核心竞争力不断增强，我国铁路总体技术水平进入世界先进行列，高铁成为我国走出去的名片。

（4）铁路改革实现突破。铁路实行了政企分开，出台了改革铁路投融资体制、实施土地综合开发、批准设立铁路发展基金、鼓励和扩大社会资本投资铁路建设等一系列政策措施，中央和地方支持铁路建设力度持续加大。

2.1.4　中国高速铁路发展概况

1. 发展历程

1994 年，我国第一条准高速铁路广州—深圳高速铁路建成并投入运营，其旅客列车速度为 160～200 km/h，不仅在技术上实现了质的飞跃，更主要的是通过科研与试验、引进和开发，为建设我国高速铁路做好了前期的准备，成为我国高速铁路的起点。

2003 年，我国第一条快速客运专线秦皇岛—沈阳（全长 404 km，总投资 164 亿元人民币）建成并投入运营。时速 300 km 的京津城际客运专线于 2008 年奥运会开幕前建成并投入运营，从北京到天津半小时即可到达；京沪高速铁路于 2008 年 4 月 18 日开工，从北京南站出发，止于上海虹桥站，总长度 1 318 km，总投资约 2 209 亿元人民币，2010 年 11 月 15 日铺轨完成，于 2011 年 6 月通车。世界上一次建成里程最长、运营速度最快的高速铁路——武汉—广州高速铁路，于 2009 年 12 月 26 日正式开通运营，高达 350 km 的时速，将武汉与广州之间的铁路旅行时间从 11 h 拉近为 4 h。2010 年 7 月 1 日上午 8 时，上海虹桥站和南京站同时相向发出首列动车，世界上标准最高、里程最长、运营速度最快的城际高速铁路——沪宁城际高铁正式开通运营。而作为中国最繁忙的客运专线之一，沪杭客运专线也于 2010 年 10 月通车运营，从杭州到上海只需要 38 min。2010 年 12 月 28 日哈大客运专线完成。2010 年 2 月 6 日，世界首条修建在湿陷性黄土地区，连接我国中部和西部的郑西高速铁路开通运营。2012 年 12 月 1 日，世界上第一条地处高寒地区的高速线路——哈大高铁正式通车运营，全程 921 km，将东北三省主要城市连为一线，从哈尔滨到大连冬季只需 5 h 40 min。2013 年，宁杭、杭甬、盘营高铁及向莆铁路相继开通。

经过多年的高速铁路建设和对既有铁路的高速化改造，我国目前已经拥有全世界最大规模和最高运营速度的高速铁路网。截至 2021 年底，我国高铁总运营里程达 4 万 km，"四纵"干线基本成形，高铁运营里程占世界高铁运营里程三分之二以上，居世界首位。"十三五"时期，"四纵四横"高速铁路主骨架全面建成，"八纵八横"高速铁路主通道和普速干线铁路加快建设，重点区域城际铁路快速推进。

根据 2004 年国务院批准实施的《中长期铁路网规划》，到 2020 年，我国将建立省会城市及中大城市间的快速客运通道，建成"四纵四横"铁路快速通道及四个城际快速客运系统，建设客运专线 1.2 万 km 以上，构成我国高速铁路的基本框架，以解决我国主要干线铁路运力不足问题，满足社会经济发展的需要。

2016 年国务院在深入总结原规划实施情况的基础上，结合发展新形势新要求，修编了《中长期铁路网规划》。规划期为 2016—2025 年，远期展望到 2030 年。文中提出高速铁路网长期规划目标和规划方案：在"四纵四横"高速铁路的基础上形成以"八纵八横"主通道为骨架、区域连接线衔接、城际铁路补充的高速铁路网，实现省会城市高速铁路通达、区际之间高效便捷相连。

1）八纵通道

（1）沿海通道。大连（丹东）—秦皇岛—天津—东营—潍坊—青岛（烟台）—连云港—盐城—南通—上海—宁波—福州—厦门—深圳—湛江—北海（防城港）高速铁路（其中青岛至连云港段利用青连、连盐铁路，南通至上海段利用沪通铁路），连接东部沿海地区，贯通京津冀、辽中南、山东半岛、东陇海、长三角、海峡西岸、珠三角、北部湾等城市群。

（2）京沪通道。北京—天津—济南—南京—上海（杭州）高速铁路，包括南京—杭州、蚌埠—合肥—杭州高速铁路，同时通过北京—天津—东营—潍坊—临沂—淮安—扬州—南通—上海高速铁路，连接华北、华东地区，贯通京津冀、长三角等城市群。

（3）京港（台）通道。北京—衡水—菏泽—商丘—阜阳—合肥（黄冈）—九江—

南昌—赣州—深圳—香港（九龙）高速铁路；另一支线为合肥—福州—台北高速铁路，包括南昌—福州（莆田）铁路，连接华北、华中、华东、华南地区，贯通京津冀、长江中游、海峡西岸、珠三角等城市群。

（4）京哈—京港澳通道。哈尔滨—长春—沈阳—北京—石家庄—郑州—武汉—长沙—广州—深圳—香港高速铁路，包括广州—珠海—澳门高速铁路，连接东北、华北、华中、华南、港澳地区，贯通哈长、辽中南、京津冀、中原、长江中游、珠三角等城市群。

（5）呼南通道。呼和浩特—大同—太原—长治—晋城—焦作—郑州—襄阳—常德—益阳—娄底—邵阳—永州—桂林—南宁高速铁路，连接华北、中原、华中、华南地区，贯通呼包鄂、山西中部、中原、长江中游、北部湾等城市群。

（6）京昆通道。北京—石家庄—太原—西安—成都（重庆）—昆明高速铁路，包括北京—张家口—大同—太原高速铁路，连接华北、西北、西南地区，贯通京津冀、太原、关中平原、成渝、滇中等城市群。

（7）包（银）海通道。包头—延安—西安—重庆—贵阳—南宁—湛江—海口（三亚）高速铁路，包括银川—西安以及海南环岛高速铁路，连接西北、西南、华南地区，贯通呼包鄂、宁夏沿黄、关中平原、成渝、黔中、北部湾等城市群。

（8）兰（西）广通道。兰州（西宁）—临夏市—合作市—绵阳市（安州区）—广汉市—成都市—眉山市—乐山市—宜宾市—毕节市—贵阳市—都匀市—桂林市—贺州市—佛山市—广州市高速铁路，连接西北、西南、华南地区，贯通兰西、成渝、黔中、珠三角等城市群。

2）八横通道

（1）绥满通道。绥芬河—牡丹江—哈尔滨—齐齐哈尔—海拉尔—满洲里高速铁路，连接黑龙江及蒙东地区。

（2）京兰通道。北京—呼和浩特—银川—兰州高速铁路，连接华北、西北地区，贯通京津冀、呼包鄂、宁夏沿黄、兰西等城市群。

（3）青银通道。青岛—济南—石家庄—太原—银川高速铁路（其中绥德至银川段利用太中银铁路），连接华东、华北、西北地区，贯通山东半岛、京津冀、太原、宁夏沿黄等城市群。

（4）陆桥通道。连云港—徐州—郑州—西安—兰州—西宁—乌鲁木齐高速铁路，连接华东、华中、西北地区，贯通东陇海、中原、关中平原、兰西、天山北坡等城市群。

（5）沿江通道。上海—南京—合肥—武汉—重庆—成都高速铁路，包括南京—安庆—九江—武汉—宜昌—重庆、万州—达州—遂宁—成都高速铁路（其中成都至遂宁段利用达成铁路），连接华东、华中、西南地区，贯通长三角、长江中游、成渝等城市群。

（6）沪昆通道。上海—杭州—南昌—长沙—贵阳—昆明高速铁路，连接华东、华中、西南地区，贯通长三角、长江中游、黔中、滇中等城市群。

（7）厦渝通道。厦门—龙岩—赣州—长沙—常德—张家界—黔江—重庆高速铁路（其中厦门至赣州段利用龙厦铁路、赣龙铁路，常德至黔江段利用黔张常铁路），连接海峡西岸、中南、西南地区，贯通海峡西岸、长江中游、成渝等城市群。

（8）广昆通道。广州—南宁—昆明高速铁路，连接华南、西南地区，贯通珠三角、北部湾、滇中等城市群。

2. 未来发展趋势

随着科学技术的进步和发展，铁路运输业采用的高新技术日益增加，在实现铁路运输现代化的过程中出现了大型化、高速化、自动化和信息化的趋势，表现在以下几方面：

（1）发展重载运输已是目前铁路大宗散装货物运输的重要特征。根据我国铁路运营特点和实际需要，把发展重载运输作为主攻方向。

（2）随着重载运输技术及装备水平的不断提高、牵引动力的加大，为满足货物运输的需要，发展大轴重、轻自重、低动力作用的大型化货车是铁路货车发展的方向；采用高强度重型钢轨，铺设无缝线路，加强道床基础和改进轨道结构以强化重载线路。

（3）利用计算机数据通信网的支持实现运营管理信息化，使运营管理自动化向综合化发展。

（4）高速是世界铁路的发展趋势之一，高速铁路代表了旅客运输的发展方向，也是经济和社会发展的需要，最能体现可持续发展的战略思想。

总的来说，今后铁路运输将向客运高速、货运重载、载运工具大型化、运营管理自动化、智能化的方向发展。

2.2

公路运输发展历史概述

现代交通运输方式中的公路运输，比水路运输和铁路运输起步晚。欧洲道路建设始于罗马帝国，罗马人所建道路已具有现代公路的特征，19世纪末有了第一批汽车。随着汽车的发明使用，道路的建筑亦随之改进，专供汽车行驶的道路也被改称为公路。这种新型交通工具问世后，在实践中显示出其突出的优越性，即机动、灵活、方便、快速、直达，因此为人们所广泛采用，它的发展速度远快于水路运输和铁路运输。现代公路已开始进入立体化高速公路时代。

2.2.1 世界公路发展历程

回顾历史，国外发达国家公路的发展大致经历了4个阶段：

（1）初始阶段（从19世纪末到20世纪30年代）：公共马车交通方式19世纪20年代在欧洲的法、英等国出现，这是现代公路运输诞生的标志。随着汽车的大量使用，新建的道路大多是在原有乡村大道的基础上，按照汽车行驶的要求进行改建并加铺路面，构成了基本的道路网，满足大部分城市都能通行汽车的要求。

（2）发展阶段（从20世纪30年代到50年代）：这期间由于汽车保有量迅速增加，公路交通需求增长很快，各国进一步改善公路条件，英、美、德、法等国都相继提出了以高速公路为主的干线公路发展规划，并通过交通政策立法，从法律和资金来源等方面给予保障。

（3）高速发展阶段（从 20 世纪 50 年代到 80 年代）：这期间各国大力推进高速公路和干线公路的规划、实施与建设，在投融资、交通财政上基本形成以道路使用者税费体系作为公路建设资金来源的筹资模式。日本等国还通过组建"建设公团"修建收费道路来促进高等级公路的发展。各国经过几十年的发展，已基本形成了以高速公路为骨架的干线公路网。

> **注意：**从 20 世纪 50 年代起，欧美诸国已开始认识到高速公路的巨大作用，制定了鼓励兴建高速公路的种种政策。目前，许多国家的高速公路已不再是互不连接的分散的线路，而是向高速公路网的方向发展，欧洲正将各国主要高速公路连接起来，逐步形成了国际高速公路网。

（4）综合发展阶段（从 20 世纪 90 年代至今）：这期间各国在已经建成的发达公路网的基础上，重点解决车流合理导向、车辆运行安全及环境保护等问题，在公路建设和运营过程中开始注重对环境和生态进行保护，如通过居民区的路段修建隔音屏障以减小汽车行驶噪声影响、设置动物专用通道等。

总之，当今世界公路基础设施的发展趋势是：发达国家以完善、维护和提高现有路网和通行能力为主，发展中国家则是普及与提高相结合，在增加公路通车里程的同时，着力提高干线公路的技术水平。

2.2.2　中国公路交通发展简介

作为国民经济的先导部分，追溯历史，我国早在夏朝（公元前 2070 年）已有了车辆和平坦的道路，秦朝的"车同轨"政策更使古代中国道路交通网变成了现实。但是由于历史因素的影响，近代中国直到 1908 年才动工修建中国第一条公路，即苏元春驻守广西南部边防时兴建的龙州—那堪公路，长 30 km，因工程艰巨，只修通 17 km。从此时起至 1949 年的41 年间，我国共修筑公路约 13 万 km。纵观我国公路发展，也大致经历了 4 个阶段：

（1）第一阶段（20 世纪上半叶，1906—1949 年）：这期间公路建设的发展进程极其缓慢，这与近代中国落后的经济与政治因素影响是分不开的。

（2）第二阶段（1949—1978 年）：这期间全国公路通车里程增长较快，达到 89 万 km，与当时国内汽车工业水平和缓慢的经济发展相比，总体上尚能适应。

（3）第三阶段（1978—1995 年）：这期间国民经济恢复较快，交通运力出现紧张，交通运输系统内结构不合理问题逐渐暴露。国家采取了加强以铁路为骨干的交通运输政策，对公路建设事业也给予了相应重视，提出交通运输是国民经济发展的"瓶颈"，在财政上批准设立公路建设专项基金，专门用于公路建设；明确提出汽车专用公路的概念，并较大规模地建设汽车专用公路。1988 年，上海至嘉定高速公路（18.5 km）建成，实现了我国高速公路零的突破。

（4）第四阶段（1995 年至今）：这是我国公路交通事业快速发展的时期。公路基础设施实现了跨越式发展，在统一规划的基础上，开始了有计划的全国公路基础设施建设。2010 年底，全国公路网总里程达到 395 万 km，比 2005 年增加 60.5 万 km，其中高速公路总里程由 4 万 km 增加到 7.3 万 km，到 2012 年底已达 9.56 万 km，国家高速公路网骨架基本形成。2017 年底，全国公路总里程达到 477.35 万 km，全国四级及以上等级公路里程 433.86 万 km，二级及以上等级公路里程 62.22 万 km，高速公路里程 13.65 万 km。2020 年底，全国公路总里程达到 519.81 万 km，公路密度 54.15 km/100 km^2，全国四级及以上等级公路里程 494.45 万 km，二级及以上等级公路里程 70.24 万 km，高速公路里程 16.10 万 km。

对比世界公路发展趋势可以看出，我国公路交通正处于提高质量、扩大规模的快速发展时期。但是，由于基础薄弱，公路建设总体上还不能适应国民经济和社会发展的需要，与发达国家的先进水平相比还有差距。因此，按照道路的使用功能、交通需求和国家西部大开发战略的需要，重点提高经济相对发达地区的公路技术等级，扶持西部地区基础设施建设，将是我国公路交通发展的战略重点。

应该强调指出，建立一个结构合理的综合交通运输网络是我国交通运输政策的重点。因此，在国家交通政策指导下，逐步摆正公路运输的位置，明确其在各种交通运输方式中的发展定位是非常重要的。应着重强调发展以铁路为骨干的综合交通运输体系，逐步形成铁路、公路、航空、水路和管道交织成网的大交通网络。

2.2.3　公路运输发展趋势

21 世纪，公路运输发展趋势主要体现在 4 个方面：

（1）加强公路建设，特别是高速公路的建设。广泛研究和应用道路建设新技术，如软土路基处理技术、土工合成材料及改性沥青材料的应用技术，使公路建设水平更加适应未来车辆及运输对道路的要求。

（2）大力开展汽车安全技术、节能和多种燃料技术、环保技术、舒适性技术和电子技术的研究和应用。提高车辆的使用性能，减少汽车带来的"公害"。在安全上，广泛采用安全气囊和侧向防护装置；防抱死制动系统成为标准装备。在节能与环保技术上，使用各种新能源车（如太阳能、电能、液化石油气、压缩天然气及甲醇燃料汽车等）。在舒适技术上，设置吸音材料减少车内噪声。在电子技术上，许多机械系统特别是在那些精密复杂的控制系统中将被电子技术取代，如车速控制、空燃比控制、防盗系统等。

（3）建立集约化经营的运输企业，广泛开展客货运输业务。从运营管理与技术的发展趋势来看，随着公路网的完善，特别是高速公路网的形成，公路运输将按规模化要求建立集约化经营的运输企业，行政区域的界限将趋于淡化；广泛开展公路快速客货运业务；大力开展集中运输、集装箱运输、专业化运输等业务，公路货运业将纳入物流服务业发展的系统中，更强调公路内部及不同运输方式之间的专业化合作；运输企业内部将广泛建立和运用运输信息管理系统，采用车轮运行动态监控系统以及车辆运行自动记录仪。

（4）发展公路智能运输系统。近几年来，智能运输系统将先进的信息技术、数据通信传输技术、电子控制技术及计算机处理技术等综合运用于整个地面运输管理体系，建立起一种实时、准确、高效的公路运输综合管理系统。此系统可以将汽车、驾驶员、道路及相关部门联结起来，并使汽车与道路的运行功能智能化。

2.3

水路运输发展历史概述

水路运输是利用船舶、排筏和其他浮运工具，在江、河、湖泊、人工水道以及海洋上运送旅客和货物的一种运输方式。水路运输是我国综合运输体系中的重要组成部分，并且正日益显示出它的作用。

2.3.1　世界早期海上交通运输

海运已有几千年的历史，它同航海技术的进步有着密切的关系。早在 15 世纪，航海技术已有很大的发展，其中有 1405 年开始的我国明朝的郑和七次下西洋，其后有 1492 年意大利人哥伦布、1497 年葡萄牙人达伽马、1519 年葡萄牙航海家麦哲伦的著名海上航行。

在这以后的几个世纪中，测定航位、绘制海图等航海技术也有长足进步。1569 年，墨卡托绘制出了一幅适用于航海的等距圆柱投影世界全图。16 世纪意大利人卡尔登制成平衡环，使指南针在船舶摇晃中也能保持水平。1735 年，英国人约翰·哈里森制造出了能够精确测定经度的天文钟。1757 年，坎贝尔发明了计算航船所处纬度的六分仪。

2.3.2　中国早期海外交通运输

在过去的漫长历史岁月中，中国曾经是一个航海大国、强国，中国人的航海活动为东西方"海上丝绸之路"的开辟和发展，为人类利用海洋的活动作出了许多重要贡献，在人类文明史上写下了不朽的篇章。

早在先秦时期，居住在我国沿海地区东夷和百越的先民就以船为车，以楫为马，从事海上活动，开始了对海洋世界的探索。秦朝统一中国后，秦始皇命徐福到海外寻药，这是最早见诸记载的中日海上交通活动。汉朝和南北朝时期进一步加强了海外交流活动。唐朝是我国历史上海外交通发展的兴盛时期。宋、元两朝是我国海外交通发展的巅峰时期，航海技术和造船工艺大幅提升，对于海外交通事业的开展具有巨大的推动作用。明初，郑和七下西洋是中国海外交通历史上最伟大的壮举，其规模之大、延续时间之长、所到地区之广，无论是在中国历史上还是在世界历史上都是空前的。然而郑和航海以后，中国的海外交通由盛转衰，日益萎缩。

2.3.3　近现代航海运输

现代海上运输是在 19 世纪随着资本主义发展而兴起的。1801 年英国人薛明敦（Syminton）以蒸汽机为动力，建成了世界上第一艘轮船卡洛登达斯号，1819 年美国帆船萨凡那（Savannah）号装置了 90 马力蒸汽机，自纽约经英国到达圣彼得堡，成为轮船远洋的先驱。19 世纪末受工业革命的影响，开始用钢铁制造大型船舶。20 世纪第二次世界产业革命中出现的内燃机船取代了蒸汽机船而进入了内燃机时代。1962 年美国建成了第一艘核动力商船——萨凡那号，轮船由此进入核动力时代。

20 世纪的两次世界大战以及发生的重大海难，加速了科技前进的步伐，其中对海上运输起到重要作用的有：从无线电通信到人造卫星通信，发展到全球海难安全系统；船用雷达和雷达自动标绘、船舶全球定位系统；电子海图显示与信息系统（ECDIS）成为一种新型的船舶导航系统和辅助决策系统；以计算机为基础的船舶综合导航和无人机舱等，以上种种使船舶自动化进入了崭新的阶段。

船舶设计制造也在大型化、高速化方面有很大进步，几十万吨的油船、散货船，每小时几十海里航速的快速客船，正在世界各地航行。尤其是出现了前所未有的集装箱船、液化气船、装载车辆上下的滚装船，以及以原子能为动力的破冰船、客船、潜水艇等，更具有划时代的意义。

由于海运的复杂性、国际性，需要有一个国际性的组织来协商处理有关海上安全、防治船舶造成污染、海上事故的法律责任和赔偿、促进出入国境的便利等事务，1958 年成立了一个属于联合国系统的政府间海事协商组织，1982 年改名为"国际海事组织（IMO）"。它的宗旨是促进海运安全和保护海洋环境。在各国参与下，制定了 10 多个国际公约，其中有《海上生命安全公约》（SOLAS）、《防止船舶造成污染公约》（MARPOI）、《海员培训、发证与值班标准公约》（STCW）等。

2.3.4　航海运输发展趋势

21 世纪，航海运输发展趋势主要表现在 5 个方面：

（1）海运在运输业中的地位仍然被看好。大量货物的洲际或沿海运输，船舶仍然是最经济的工具。从长远来看，海运的前途充满希望。

（2）海运中心正在向亚洲转移。20 世纪 50 年代后，随着亚洲各国经济的发展，特别是 1980 年之后中国经济的飞速发展，使得海运中心从北大西洋两岸向亚洲转移。

（3）船用能源会有变化。作为船用主要能源的石油，会由于长期大量开发消耗而日趋枯竭，须研究新的船用能源。

（4）科技将使水运发展更快。今天的海运科技有突飞猛进之势，特别是在计算机应用、通信导航等领域，使海上安全有很大改进。海运科技的发展将主要沿着安全和防污染的道路前进。

（5）船岸关系中，岸对船的管理会加强。长期以来，船上一切服从于船长，这在历史上通信不方便的情况下，是理所当然的。在通信工具和方法大大改进的今天，在掌握货源、船舶调度、运用《海商法》处理法律事务乃至在船员调配等方面，海运公司对船长的领导日益显出其可能性与重要性。

2.3.5　内河航运发展史

1. 世界内河航运的发展

内河运输是人类较早采用的一种运输方式，是水路运输的一个重要组成部分，早期的内河运输都是单一的船舶运输，尽管改进船舶结构、增大船舶吨位，但载重量受内河航道条件的制约仍有一定的限制。19 世纪中叶，开始采用拖带方法，内河运输量成倍增长，成为内河运输发展的一个重要里程碑。至 20 世纪，内河运输又发生了一个巨大的变化，传统的拖带方式逐渐减少，代之兴起的是顶推运输方式。北美洲第一大河——密西西比河，欧洲交通最繁忙的水上通道莱茵河、"国际航道"苏伊士运河，都是内河航运的典型事例。

2. 中国内河航运的发展

1）我国内河航道情况

自古以来，我国幅员辽阔，大江大河横贯东西，支流沟通南北，形成了天然水网，总长40 多万 km，并有近千个大小湖泊，具有发展内河航运的优越自然条件。内河航道主要分布在长江、珠江、黑龙江和松花江等水系。

（1）长江。在历史上，人们早就开始重视长江等江河航运。长江中上游从宜宾至宜昌为长 1 044 km 的山区河道，俗称川江。川江航运史，是一部人类与大自然较量的历史。自古以来，对川江航道的整治工程一直都没有中断过。1805 年清代湖北商人李本忠自费整治长江三峡航道滩险、礁石及修筑纤道共 54 处，历时 36 年，耗资 18 余万银两。这项工程成为川江航道上有史以来自费整治滩险最多、坚持时间最久的一段长江水运基础设施整治工程。三峡水电站 1992 年获得全国人民代表大会批准建设，1994 年正式动工兴建，2003 年开始蓄水发电，于 2009 年全部完工。三峡水利工程的建成极大地改善了长江航道的通航条件，提高了运输效率。

（2）京杭大运河。公元前 487 年吴王夫差开辟邗沟，608 年隋炀帝又开"永济渠"，引沁水南通黄河，自辉县至涿郡，长达 1 000 多 km，这就是现在所谓的京杭大运河。从历史上的"南粮北运""盐运"通道到现在的"北煤南运"干线、防洪灌溉干流，京杭大运河都在发挥着重要的作用。

2）我国近代内河航运发展回顾

20 世纪 50 年代以来，我国内河航运大致经历了以下 4 个发展阶段：

（1）20 世纪 50—60 年代，内河航运恢复时期。以较少的投入修复被战争破坏的航运基础设施，使内河航运得以恢复。

（2）20 世纪 60—70 年代，内河航运徘徊时期。这一时期社会经济整体较混乱，内河航运运量徘徊不前。

（3）20 世纪 70—80 年代，内河航运较快发展时期，这一时期实行"有水大家行船"的水运市场开放体制，同时投资体制有所改革。由以往港、航、船全由政府投资过渡到由政府重点投资，内河航运得到了较快发展，货运量以年均 4.3% 的速度递增。

（4）20 世纪 90 年代至今，加大内河航运基础设施建设、高等级航道网形成时期。这一时期计划经济逐步向社会主义市场经济体制转变，中央和地方都加大了内河航运基础设施建设的力度，交通部设立了内河航运建设基金。各级政府都制定了相应政策，建成了一批骨干航道。经过多年的发展，中国水运业已形成了布局合理、层次分明、功能齐全、优势互补的港口体系，全国高等级航道网基本形成。

国务院于 2007 年批准公布《全国内河航道与港口布局规划》（以下简称《规划》）。《规划》提出，在水资源较为丰富的长江水系、珠江水系、京杭运河与淮河水系、黑龙江和松辽水系及其他水系，形成长江干线、西江航运干线、京杭运河、长江三角洲高等级航道网、珠江三角洲高等级航道网、18 条主要干支流高等级航道（两横一纵两网十八线、简称 2-1-2-18）和 28 个主要港口布局。经过多年的发展，我国已初步实现上述规划布局，今后随着世界一体化的进程，国际贸易的快速发展，内河航运将以其低成本等优势在综合交通中继续发挥重要的作用。

至 2020 年末，全国内河航道通航里程 12.77 万 km。等级航道里程 6.73 万 km，占总里程的 52.7%。三级及以上航道里程 1.44 万 km，占总里程的 11.3%。各等级内河航道通航里程分别为：一级航道 1 840 km，二级航道 4 030 km，三级航道 8 514 km，四级航道 11 195 km，五级航道 7 622 km，六级航道 17 168 km，七级航道 16 901 km。等外航道里程 6.04 万 km。各水系内河航道通航里程分别为：长江水系 64 736 km，珠江水系 16 775 km，黄河水系 3 533 km，黑龙江水系 8 211 km，京杭运河 1 438 km，闽江水系 1 973 km，淮河水系 17 472 km。近年来，我国港口吞吐量规模稳居世界首位。2019 年全国港口完成货物吞吐量 139.51 亿 t，比上年增长 5.7%，其中，沿海港口完成 91.88 亿 t，内河港口完成 47.63 亿 t；全国港口货物周转量 10.40 万亿 t·km，增长 5.0%。其中，内河运输完成货运量 39.13 亿 t，货物周转量 1.63 万亿 t·km。全国港口完成集装箱吞吐量 2.61 亿 TEU，比上年增长 4.4%。其中，沿海港口完成 2.31 亿 TEU，内河港口完成 3 015 万 TEU。全国港口完成煤炭及制品吞吐量 26.26 亿 t，石油、天然气及制品吞吐量 12.14 亿 t，金属矿石吞吐量 22.20 亿 t。

经过 50 多年的发展，我国已初步形成了以长江、珠江、淮河、黑龙江、京杭运河等五大水系为骨干的内河航运体系，五大水系航道里程占全国可通航百吨以上船舶内河航道里程的 80% 以上。今后随着构建以国内大循环为主体，国内国际双循环相互促进的新发展格局逐步形成和完善，内河航运将以其低成本等优势在综合交通中继续发挥重要的作用。

2.3.6　水路运输发展趋势

21 世纪，水路运输发展趋势主要表现在 6 个方面：

（1）客运方面。发展中国家和一些岛国的水路客运仍将在现有水平上有所发展；发达国家的水路客运将以旅游为主。

（2）货运方面。大宗货物的散装运输，件杂货物的集装箱运输，将是水路货物运输发展的主要趋向。世界各国对石油、煤炭、矿石、粮食等大宗货物实行散装运输已很普遍，对件杂货物采用集装箱运输的比重日益增加。近年来，一些国家开始研究对煤炭、矿石实行浆化运输。

（3）船舶方面。海洋运输船舶今后仍将沿着专用和多用途并举的方向发展。内河运输船舶则视航道条件、货物种类和批量大小，发展分节驳顶推船队和机动货船，在一些地区拖带船队将继续使用。客运船舶除旅游客船外，高速的水翼客船和气垫客船将得到发展。

（4）港口方面。港口建设将同工业区的发展紧密结合，将建设大量深水专业化码头。装卸设备和工艺将向高效率和专用化方向发展。通过疏浚，进出港航道和码头前沿水深将获得改善，将开辟较宽广的船舶调头区和锚泊地。突堤码头将会拓宽，以保证有足够的仓库和堆场。顺岸码头后方将辟出足够的陆域。水陆联运、水水联运将得到发展，以增大港口的集疏运能力。

（5）航道方面。在通航河流上应以航运为主，结合发电、灌溉、防洪、供水、渔业等方面进行综合开发和利用。航运网的规划和建设会受到充分重视。将重视现场观测，采用河道港口工程模型试验，应用电子计算机来确定航道疏浚和整治及港口工程的设计和施工。

（6）经营管理方面。船舶选型、装卸工艺和设备选型及运输组织方案的确定，均将从全局出发，以提高经济效益为前提，通过技术经济论证进行分析比较，选出最优方案。应用系统工程、全面质量管理等方法进行科学管理，用现代化管理手段——电子计算机收集、储存、处理水运经济管理工作中的信息，进行水路运输计划的综合平衡和技术经济预测，力求在水路运输生产过程中以最少的物化劳动和活劳动的消耗获得良好的经济效益。

2.4

航空运输发展历史概述

航空运输是一种较铁路、水路、公路运输年轻的现代化运输方式，是在 20 世纪初才出现的一种新型运输方式，它是随着世界科学技术特别是发动机和空气动力学的发展而发展起来的。与其他运输方式相比，航空运输具有高速、安全、舒适、经济的优点，因而它在国民经济发展中具有独特的作用和地位，具有特殊的价值。航空运输以飞机的首次试飞成功为重要标志。

2.4.1　世界航空运输发展史

纵观航空运输的发展，可以分为 3 个阶段。

1. 初始阶段（1903 年以前）

人类像鸟一样翱翔于天空的梦想，萌发于相当久远的时代。4 000 多年前大舜进行"空降"试验，西汉王莽年间有最早的人力飞行试验，此后人们又从仿鸟转向仿烟雾的升空方法。1783 年 6 月，法国的蒙特戈菲尔兄弟用布和纸制造了最早的上天飞行器。同年 10 月，法国人路德泽尔乘蒙特戈菲尔的热气球升空，持续 4 min 之久，这是历史上人类第一次飞上天空。后来又出现了不能控制方向的氢气球。1852 年，法国人亨利制造了一条长 44 m 的飞艇，其飞行受人的意志控制，这是人类航空试验的一个大进步。1900 年，德国人齐伯林以轻金属为骨架，制造了一架长 130 m 的大型硬式飞艇，仍以氢气为升空浮力，于 7 月 2 日试飞成功。除驾驶员外，飞艇还携带了 5 名乘客。

2. 发展阶段（从飞机的发明到 20 世纪 40 年代）

1903 年 12 月 17 日，美国俄亥俄州的威尔伯·莱特和奥维尔·莱特兄弟俩研制的以内燃机为动力的双翼机"飞行者号"，在大西洋边的比卡罗里纳州基蒂霍的沙丘上试飞，这是人类在可操纵的重于空气的有动力的活塞飞机上所做的第一次持续成功的飞行试验。尽管升空飞行仅持续了 59 s，但却宣告了一个新时代的到来。在喷气式飞机出现之前，"飞行者号"的飞行原理一直被沿用，其双翼造型成了 20 世纪前 30 年飞机的典型特征。1909 年法国人柏莱欧（Boeriot）驾驶单翼机首次飞越英法海峡，世界上开始了航空交通的时代。在世界航空运输发展史上，以法国人创办的商业民航最早（1909 年），其次为德国（1910 年）。1911 年英国开辟了伦敦的邮件空运业务，1919 年又开辟了从伦敦到巴黎的国际航线。至 1930 年，航线已遍及欧洲大陆及其海外领地。

20 世纪 30 年代，是飞机实现现代化的重要时期。在这段时间里，单翼机对双翼机的替代取得了实质性的进展（1933 年，被称为世界第一架"现代"运输机——全金属的单翼波音 247 型飞机诞生）；莱特兄弟螺旋桨式飞机臻于完善；一系列先进的技术，如可收藏式起落架等装置开始采用；之后，航空设计和制造技术不断进步，喷气式飞机和直升机开始出现。

3. 快速发展阶段（从 20 世纪 40 年代至今）

战争的结束，使大量的军用飞机和飞行员转入民用航行，飞机逐渐被广泛地用作交通工具。从某种意义上说，航空作为一种普遍意义上的交通方式，应该是从这时才开始的。

1939 年，制造出了涡轮喷气发动机。世界上第一架喷气式飞机 1939 年诞生于德国。1941 年，英国 E28/39 型喷气式飞机也试飞成功。这种飞机的发动机是弗兰克·惠特制造的，他被人尊称为"喷气发动机之父"。喷气式飞机的出现是飞机制造史上的一次重大革新与进步，标志着航空事业进入了喷气机时代。以此为契机，世界航空运输业有了更迅速的发展。1942 年，推出了第一代喷气式飞机——贝尔 XP59A。1945 年世界航空运输客运量达到900 万人次。从 1945 年开始，航空运输机主要机型（如波音）的发展呈现系列化的趋势。客机的系列化为航空运输量的不断增长提供了有力的保证。1954 年夏天，美国波音公司制造的 707 型客机，运载一百多名乘客在大西洋上做不着陆飞行，横越太平洋时中间也只着陆一次。1958 年 10 月，波音 707 型飞机正式投入使用。新型波音 777 型飞机以其独特的设计、先进的性能被认为是 21 世纪的未来型飞机。

电子和信息技术的发展，使航空运输飞行安全保障能力不断提高。1920 年第一代空中交通管制员只能站在跑道两端用小旗和信号枪进行指挥。1930 年美国 Cleveland 机场建成了世界第一座装备无线电台的塔台。1935 年，世界第一个用于仪表飞行的空中交通管制中心在美国 Newark 机场建成。20 世纪 40 年代，能够监视飞行动态的雷达投入使用。20 世纪 50年代，用于导航的全向信标和测距仪投产。20 世纪 60 年代，出现计算机雷达数据和飞行计划处理系统以及自动转报网。20 世纪 70 年代，出现空地数据通信和卫星导航。20 世纪 80年代，国际民航组织提出新一代航行系统方案。20 世纪 90 年代，开始进入系统方案的实施阶段。

航空运输的国际化使航空运输业的运行和管理模式日趋成熟、完善。在国际民航组织成立后的 50 多年里，随着科学技术的不断进步和标准规范的逐步完善，全世界的航空运输事业得到了迅猛的发展。

2.4.2　中国航空业的发展

1910 年，清政府向法国买进一架"法曼"双翼机，并在北京南苑的操场开辟了飞机场，这是我国拥有的第一架飞机和首座机场。1913 年在南苑创建了我国第一所航空学校，买进了 10 架法国"高德隆"双翼教练机，这所学校前后四期培养的 100 多名飞行员，在我国航空史上起到了重要作用，有些人成为后来民航飞行的骨干。我国民航最早的航线是当时的北洋政府交通部航空事业处开辟的"京沪航线"北京—天津段，此后又增辟了北京—济南段，同时开办了航空邮政。

1918 年，北洋政府海军部在福州马尾海军船政局设立的海军飞机工程处（后改为海军制造飞机处）是我国历史上第一个正规的飞机制造厂。1929 年，"中国航空公司"成立，标志着中国航空运输业的开始。

1950 年 7 月 1 日，中苏民用航空股份公司正式成立，开辟北京—赤塔、北京—伊尔库茨克、北京—阿拉木图三条国际航线，这是新中国民航最先开辟的国际航线。同年 8 月 1日，天津—北京—汉口—重庆和天津—北京—汉口—广州航线正式开航，这是新中国民航最先开辟的国内航线。

我国的航空运输自改革开放后发展迅猛，运输总周转量成倍增长，国内、国际航线初步成网，有计划引进国外先进飞机充实了机队的实力，大大增加了运力，新建、扩建机场，加强航路建设，改善通信导航设施等一系列措施为航空运输的发展创造了有利的条件，航空运输在我国国民经济建设和国际交往中发挥着日益重要的作用。据 2001 年底资料，民航航线总数达到 1143 条，其中国内航线（含香港、澳门航线）1009 条，通航全国 135 个城市；国际航线 134 条，通航 34 个国家 60 个城市；航线总里程达 155.36 万 km。民航已形成了四通八达的国内航空运输网络，并形成了连接世界主要国家和地区的国际航空运输网络。

"十三五"以来，我国民航行业发展质量稳步提升，保障能力不断增强，国际影响力逐步扩大，行业管理能力不断提高。在疫情前的 2019 年，我国机场全年旅客吞吐量超过 13 亿人次，同比增长 6.9%；完成货邮吞吐量 1710.0 万 t，同比增长 2.1%。完成飞机起降 1166.0 万架次，同比增长 5.2%。各机场中，年旅客吞吐量 1000 万人次以上的机场达到 39 个，年旅客吞吐量 200 万～1000 万人次的机场有 35 个。首都机场旅客吞吐量超过 1 亿人次，北京、上海和广州三大城市机场旅客吞吐量占全部境内机场旅客吞吐量的 22.4%。京津冀、长三角、粤港澳大湾区珠三角九市、成渝四大机场群完成旅客吞吐量分别为 1.47 亿人次、2.66 亿人次、1.42 亿人次、1.10 亿人次，货邮吞吐量分别为 226.0 万 t、569.3 万 t、326.4 万 t、110.7 万 t。2019 年全年，在航班总量同比增长 5.57% 的情况下，全国航班正常率达到 81.65%。中国民航全年降低企业成本并直接转化成企业经营效益超 90 亿元，全行业营业收入 1.06 万亿元，同比增长 5.4%。

2.4.3　航空运输发展趋势

科技进步和社会经济的发展，为我国航空运输业提出了需求，也创造了条件。展望未来，航空运输业发展前景非常广阔，航空运输发展的趋势主要体现在 3 个方面：

（1）推出新一代航空运输载运工具。20 世纪的航空设计和制造技术决定了目前绝大部分民用飞机只能是亚音速客机，最大载客量不超过 500 人。21 世纪，在解决声爆、高升阻比、高温材料、一体化飞行推力控制系统等问题的基础上，将推出一批新机型。届时，超声速客机的飞行速度将达 2～3 倍声速，亚声速客机的最大载客量将达 800～1000 人，旋转翼垂直起降运输机载客可达 100 人左右。两栖运输船（又称地效飞机）是 21 世纪最看好的运输工具之一，可搭载 100 名左右的乘客，沿水面或较平坦的地面飞行。

（2）实施新一代通信、导航、监视的空中交通管理系统。现行的空管系统有三大缺陷，一是覆盖范围不足，对大洋和沙漠地区无法有效控制；二是运行标准不一致，跨国（地区）飞行安全难以保障；三是自动化程度不高，管制人员的负担过重。为解决这个问题，国际民航组织正在全球部署实施空中交管系统。

（3）信息技术在航空运输中得到更普遍的应用。从 20 世纪 50 年代起，计算机就开始应用于美国航空公司的航班订票系统。现在，计算机信息处理已渗透到商务、机务、航务、财务等各个领域。未来航空公司的生产组织和运行管理将进入系统化的动态控制时期，届时信息技术将广泛应用于航空运输的市场预测、机队规划、航班计划、价格决策、收益管理、订票系统、机务与航材管理、飞机运行管理、财务数据分析、运行统计评估等各个方面，机场生产自动化和管理信息化将成为现实，以信息化为核心的机场运作体系将涉及运行信息、现场管理、旅客服务信息、进离港系统、货运系统、保安系统以及航空公司和空管部门的信息接口等各个业务领域。

　　航空运输是一种科技含量高而密集的运输方式。高水平航空科技成果和大型、高速运输飞机的发展，先进通信、导航设备和技术的应用，新一代空中交通管理技术的实施，机场及其设施的现代化、自动化，以及运输管理系统的信息化等都是航空运输发展水平的体现，也是未来航空运输进一步发展的方向和目标。

2.5

管道运输发展历史概述

　　管道运输是使用管道输送流体货物的一种方式，是输送原油和成品油最主要的方式之一。管道是随着石油工业发展而兴起的，并随着石油、天然气等流体燃料需求的增加而发展，逐渐成为沟通石油、天然气资源与石油加工场地及消费者的输送工具。管道不仅修建在一国之内，还连接国之间，甚至达到洲之间，成为国际、洲际能源调剂的大动脉。如当时苏联修建的通往东欧的原油管道，向捷克斯洛伐克、波兰、匈牙利和民主德国供应原油。管道系双线总长 10 000 km，最大口径为 1 020 mm。一期工程输量为 5 000 万 t。二期复线建成后总输量达 1.2 亿 t。管道是流体能源非常突出的运输手段，可以与铁路、公路、水路、航空并列为主要运输方式之一。

2.5.1　世界管道运输史

　　管道运输是运输通道和运输工具合二为一的一种专门运输方式。管道运输兴起，改变了原油、成品油全靠铁路、水路运输的格局。

　　中国是世界上最早使用管道运输流体的国家，早在公元前 200 年前，古人已建造了用打通的竹管连接起来的管道，用于运送卤水，竹子可以就地取材，且耐卤水腐蚀。这可以说是现代管道运输的雏形。

　　现代管道运输起源于美国，至今已有一百多年的历史，其发展大致可划分为 3 个阶段。

1. 起步阶段（从 19 世纪 60 年代至 19 世纪末）

　　1861 年，美国宾夕法尼亚州使用木制油槽把原油从油矿输送至聚油塔，后因木制油槽易渗漏，改用铁制管道代替。1865 年 10 月，美国人锡克尔用管径 50 mm 的熟铁管修建了世界上第一条 9 km 长的管道，用于输送石油，他在沿线设了三台泵，每小时沿管道向前输油 13 m。世界上第一条天然气输送管道建成于 1880 年。

2. 迅速发展阶段（从 20 世纪初至 20 世纪 70 年代）

20 世纪初，管道运输得到了迅速发展。第二次世界大战期间，美国修建了当时称雄世界的两条长距离管道：一条是原油管道，从得克萨斯州到宾尼法尼亚州，全长 2 158 km，管径 600 mm，日输原油 47 770 m³；另一条是成品油管道，从得克萨斯州到新泽西州，全长 2 745 km，日输成品油 37 420 m³。为了保证运输的通畅并保持一定速度，在全线按一定距离设置泵站，并配有电动离心泵和程序启停及运量调节等设施。20 世纪 60 年代开始出现世界最大的成品油和原油管道。无论从工程规模、经济效益还是技术水平来看，管道运输都已与其他运输手段达到相同的水平。

管道运输固态物体首先是从运煤开始的，美国早在 1891 年就提出将煤捣碎放在管口用水冲运，并取得专利。20 世纪初，英国曾修建一条长 604 m 的管道为发电厂运煤。1951 年，法国在洛林矿区修建了 9 km 长的运煤管道。1957 年，美国在俄亥俄州修筑一条 173 km 长的运煤管道。

3. 成熟阶段（从 20 世纪 70 年代至今）

管道输送油气技术、管道施工建设技术以及配套的经营管理和自动化监控技术等，均已达到较成熟的阶段。管道运输成为能源运输的主要方式之一。

20 世纪 70 年代以后，随着科学技术的发展，一些大型管道相继问世，1972 年苏联与东欧各国建成"友谊"输油管道，总长 9 700 km，管径为 1 220 mm 和 820 mm，年输原油 1 亿 t。沿线每隔 80～110 km 设一个泵站，安装有离心式油泵和程序控制系统，保证输油管正常工作。1977 年，美国在阿拉斯加州建设了伸入北极圈的输油管道，全长 1 277 km，管径 1 220 mm，共设有 12 个中间泵站，每个泵站有 4 台专用的航空燃气轮机。整个管道年输油能力为 1 亿 t。世界最著名的输气管道当属横贯加拿大全境的管道，世界上输煤量最大的管道是美国里梅萨煤浆管道。

至 20 世纪 80 年代初期，大规模的原油、成品油和输气管道相继建成。大口径管道已能穿越数百米深的海域，年输送上百亿立方米的天然气；建成了长达 8 000 km 的双线管道，能顺序输送 118 种成品油；建成了能存储、接运和每日输送 54 万 m³ 原油的管道系统。截至 2020 年底，全球油气长输管道总里程约 191.9 万 km，其中天然气长输管道里程约 124.46 万 km，占比 64.8%，原油、成品油长输管道里程占比分别为 22%、13% 左右。

2.5.2　中国管道运输史

中国的管道运输起步较晚，发展缓慢。中国的管道建设始于 20 世纪 50 年代末期在新疆建成的全长 147 km、管径 150 mm 的克拉玛依独山子输油管道。1958 年建成克拉玛依—乌鲁木齐全长 295 km 的输油管道；1963 年建成第一条长距离天然气管道，将四川南部的天然气输送到重庆市，全长 54.7 km，为我国第一条穿越长江的管道。此后，随着石油工业的蓬勃发展和大庆、胜利等油田的建设，管道运输得到了较大发展，并形成了以（大）庆铁(岭)、铁(岭)大(连)、铁(岭)秦(皇岛)、东(营)黄(岛)和鲁(山东临邑)宁(江苏仪征)五大干线为主的原油长输管道系统，又相继兴建贯穿东北、华北和华东的原油输送管道网，这些管道把我国主要油田与东北、华北地区大炼油厂及大连、秦皇岛、黄岛等主要港口连成一体。进入 20 世纪 80 年代中期，由大气环境导致的对洁净能源天然气的需求上升，从而掀起了又一轮天然气长输管道建设高潮。目前，我国的管道运输已承担着全国近 80% 石油和 100% 天然气的运输，正在向成品油、煤浆、矿浆管道运输领域发展。随着我国油气资源的不断开发利用，管道运输在国民经济中发挥的作用会越来越显著。

我国原油管道与资源基本匹配，已基本形成体系。成品油运输基本实现了以管道运输替代铁路运输，使之与国际接轨，而随着天然气在我国能源消费中所占比例的增长速度已经超过了原油，天然气及其运输管道也获得大发展，天然气管道的发展在我国管道发展中将占主导地位。

西气东输工程于 2002 年 7 月 4 日开工建设，西起新疆轮南，经过戈壁沙漠、黄土高原、太行山脉、穿越黄河、淮河、长江，途经九个省、自治区、直辖市，最后到达上海，全长约 4 000 km，2004 年 12 月 30 日全线供气。该工程是目前我国管径最大、管壁最厚、压力等级最高、技术难度最大的管道工程，创造了世界管道建设史上的高速度。它的建成和运营，开通了横贯东西的一条能源大动脉，标志着我国天然气管道建设整体水平上了一个新台阶，对于推进西部大开发、加快中西部地区发展具有重大作用。2007 年 8 月 31 日开工的川气东送工程，于 2010 年 8 月 31 日正式投入商业运营，使中国管道运输能力进一步提高。根据《天然气管网布局及"十一五"发展规划》，2006—2010 年间，我国基本形成覆盖全国的天然气基干管网。据 2009 年统计，我国输气管道 32 545 km，输油管道 20 097 km，成品油管道 10 915 km。

"十二五"期间，我国油气主干管道里程从 7.3 万 km 增长到 11.2 万 km。西北、东北、西南和海上四大能源进口战略通道布局基本完成，油源供应、进口渠道和运输方式逐步实现多元化。"十二五"期间国内新投运原油长输管道总里程 5 000 km，新投运成品油管道总里程 3 000 km。截至 2015 年底，累计建成原油长输管道 2.7 万 km、成品油管道 2.1 万 km，基本满足国内原油、成品油资源调配需求。

2017 年国家发展改革委和国家能源局发布了《中长期油气管网规划》，截至 2020 年底，我国油气长输管线包括国内管线和国外管线在内总里程达到 16.5 万 km，其中原油管线 3.1 万 km，成品油管线 3.2 万 km，天然气管道 10.2 万 km，已基本形成网络。国内原油和成品油运输管网已实现西油东送、北油南下、海油上岸，天然气则实现了西气东输、川气出川、北气南下，对保障我国能源安全，促进我国经济社会发展发挥了重要作用。近年来，我国油气消费仍保持平稳增长，特别是天然气消费超预期快速上升，按照规划要求，需要持续推进油气管道建设，特别要侧重推进天然气管道和管网互联互通工程建设，这对我国能源消费转型升级，推动提升油气管道高质量发展具有重要意义。

管道运输因具有运量大、运输成本低、易于管理等特点而备受青睐，且呈快速发展的趋势。随着科学技术的发展，各国越来越重视管道运输的研究和应用。随着运营管理的自动化，管道运输将会发挥越来越大的作用。

2.5.3　管道运输的发展趋势

（1）目前输气管道运输正朝大口径（1 400 mm 以上）、高压力方向发展，并不断研制新材料、新技术、新工艺。采用大口径管线不仅可以增加运输能力，还能降低投资和输气成本。增大输气压力，既可以提高输气速度，还可以减少压气站数量，降低经营成本。不过，大口径、高压力管道的应用，需要有高强度的钢材作保证，这间接促进了冶金、制管、焊接、施工等工艺技术的发展。

（2）加强管道运输新技术研究。如管道运输条件下天然气密度的提高技术，着重研究在低温、高压下气态或液态输送天然气的技术，它可以大幅度提高输气能力。

（3）发展新型通信系统。通信系统是长输管道运行调度和指挥的重要工具，目前国内采用的大部分是有线载波通信。随着管理水平的提高，对通信系统的要求也越来越高，微波通信也开始得到应用。

（4）发展新的管道运输系统。近几十年来，国内外管道运输发展很快。迄今为止，尽管研究和开发的管道运输系统有水力管道、风动管道、集装胶囊管道和管道旅客运输系统，但应用最广泛的仍主要是液体输油管道及输气管道。

（5）从世界管道运输的发展来看，原油管道发展缓慢，成品油管道发展较快。这一趋势是因各国原油产量衰减，而转为进口中东和南美的原油。原油进口主要依靠海运，因此原油管道建设较少，而市场却对成品油的需求增加，这也促进成品油管道的建设。

2.6

城市轨道交通发展历史概述

城市轨道交通是指在城市中使用车辆在固定轨道上运行并主要用于城市客运的交通系统。当前实际运营中的城市轨道交通主要包括地铁、轻轨和现代有轨电车等。根据《城市公共交通分类标准》（CJJ/T 114—2007）中的定义，城市轨道交通为采用轨道结构进行承重和导向的车辆运输系统，依据城市交通总体规划的要求，设置全封闭或部分封闭的专用轨道线路，以列车或单车形式，运送相当规模客流量的公共交通方式。《城市公共交通分类标准》中还明确：城市轨道交通包括地铁系统、轻轨系统、单轨系统、有轨电车、磁浮系统、自动导向轨道系统、市域快速轨道系统。此外，随着交通系统技术和设备的发展，也出现了其他一些新交通系统，如虚拟轨道列车系统等。城市轨道交通是城市公共交通的骨干，具有节能、省地、运量大、全天候、无污染或少污染、安全性高等特点，属绿色环保交通体系，特别适用于大中城市。

2.6.1　世界城市轨道交通发展历史

城市轨道交通的产生与发展已经有 100 多年的历史。1843 年英国人皮尔逊为伦敦市设计了世界上最早的城市地铁系统,由于种种原因,10 年后,英国议会才批准在法林顿和主教路之间修一条长不足 6 km 的地铁。经过近 10 年的建设,地铁初具规模,1863 年 1 月正式开始营业,这是世界上第一条城市轨道交通,它开启了城市客运轨道交通发展的先河。伦敦地铁通车第一年运量就达到 950 万人次。1890 年前伦敦地铁采用蒸汽机车牵引,此后改为电力机车牵引。到 1915 年,伦敦的地铁开始成为一个大网络。其他城市也纷纷效仿伦敦,布达佩斯在 1896 年开通地铁,波士顿在 1897 年开通地铁,巴黎通往郊区的地铁在 1900 年开通,纽约在 1904 年也开通了地铁。

从 1863 年到 1949 年,世界上约有 20 多个城市修建了地铁。第二次世界大战后,伴随着各国城市的快速发展,地铁进入快速发展阶段。表 2-2 是世界主要城市地铁的通车时间和通车里程。

表 2-2　世界主要城市地铁的通车时间和通车里程

城市	始运年份	到 2011 年初运营里程/km	到 2017 年下半年运营里程/km	到 2020 年运营里程/km
伦敦	1863	402	402	436
芝加哥	1892	166	171	165.4
柏林	1902	147	173	173
纽约	1904	368	380	424
东京	1927	305	326	326
墨西哥城	1969	180	227	226.5
首尔	1974	314	332	357.9
莫斯科	1935	309	313	462.1
巴黎	1900	214	214	219.9
北京	1971	337	574	727
上海	1995	423	617	729

注:数据不包含所有城市的广泛意义的通勤线路运营里程。
资料来源:维基百科。

城市轨道交通在城市经济发展以及大城市化的过程中扮演了重要角色,因为城市轨道交通具有占地面积小、运能大、速度快、交通伤亡率低、环境污染少等优点。城市轨道交通的特点使得世界上各大城市纷纷采用这一系统来解决城市的交通问题,并且形成了以地下铁路为主体,多种轨道交通类型并存的城市轨道交通发展格局。截至 2019 年底,全球共有 75 个国家和地区的 520 座城市开通城市轨道交通,运营里程超过 28 198 km。其中,59 个国家和地区的 167 个城市开通地铁,总运营里程达 15 622.61 km;21 个国家和地区的 55 座城市开通轻轨,总运营里程达 1 396.21 km;58 个国家和地区的 416 座城市开通有轨电车,其中有运营里程数据来源的 240 座城市的有轨电车总运营里程达 1 117. 28 km。总体上看，欧亚大陆总运营里程占全球的 90. 11%，其中欧洲总运营里程最长，为 14 710. 962 km。从制式看，亚洲地铁和轻轨运营里程最长，各占全球地铁和轻轨里程的 60. 02% 和 65. 59%；欧洲有轨电车里程最长，占全球有轨电车里程的 96. 16%。

城市轨道交通的发展经历了一个曲折的过程，大致可以分为以下几个阶段。

1）探索和初始发展阶段（19 世纪 60 年代初至 20 世纪 50 年代）

这一时期，城市轨道交通处于探索、发展之中。其间共有 18 个城市建设了地铁。

2）城市发展引领下的快速增长阶段（20 世纪 50 年代至 20 世纪 80 年代初）

第二次世界大战之后，城市轨道交通的理念和技术开始从欧美扩展到其他一些国家的城市，这期间，一些后起的经济发达国家和地区开始修建地铁，城市轨道交通在世界不同国家的城市逐渐成为重要的交通工具。20 世纪 70 年代和 80 年代出现了地铁建设高峰，建设里程一路上升。虽然发达国家的主要大城市如纽约、华盛顿、芝加哥、伦敦、巴黎、柏林、东京、莫斯科等继续完善地铁网络的建设，后起的中等发达国家和地区修建地铁的速度也明显加快。这期间城市轨道交通的发展起因于各国经济的发展，特别是城市经济的发展，城市经济的发展催生了对城市交通的巨大需求。于是，很多城市开始着手发展大容量的以轨道交通为代表的公共交通方式。欧美等经济发达国家的城市继续扩大和完善既有的城市轨道交通系统，而一些转型经济国家由于经济发展以及城市化进程的加快，导致城市交通问题凸显，从而也加快了城市轨道交通的建设步伐。经济赶超型国家修建地铁的速度明显加快。

3）新兴市场经济国家快速发展阶段（20 世纪 90 年代至今）

20 世纪 90 年代，各国城市轨道交通的建设曾出现过一段沉寂，然而进入 21 世纪后，世界经济格局发生了巨大变化，新兴市场经济国家在城市交通基础设施建设上投入了更多的资金。一些国家的城市，特别是新兴市场经济国家的城市，城市轨道交通建设开始加快，其中以我国最为明显。

2. 6. 2　中国城市轨道交通现状与发展趋势

我国城市轨道交通建设始于 20 世纪 50 年代至 70 年代，直到 20 世纪 80 年代末，我国仅北京和天津有地铁 40 km。20 世纪 80 年代末 90 年代初期，以上海地铁一号线、北京地铁复八线、广州地铁一号线建设为标志，我国真正意义上开始了以交通为目的的城市轨道交通建设。

进入 21 世纪，北京、上海、广州三市共拥有地铁运营里程 105 km。2013 年末，全国 19 个城市开通城市轨道交通，运营里程 2 746 km；2016 年末，国内共 30 个城市开通城市轨道交通，共计 133 条线路，总运营里程达 4 152. 8 km。根据中国城市轨道交通协会的统计资料，2019 年末，国内共有 40 个城市开通城市轨道交通，运营线路 208 条，总运营里程 6 736. 2 km，其中地铁 5 180. 6 km，占比 76. 9%；其他制式城市轨道交通 1 555. 6 km，占比 23. 1%。上海城市轨道交通运营里程 809. 9 km，北京城市轨道交通运营里程 771. 8 km，均位居世界前列。2019 年我国城市轨道交通运营里程和在建里程均居世界第一。

随着我国经济迅速发展，城市化进程进一步加快，城市公共交通供需矛盾日益突出。城市轨道交通已经体现出比常规公交更高的运输效率，在缓解交通拥堵、节约土地资源、引导城市空间布局等方面具有重大作用。

表 2-3 为 2013 年末、2016 年末、2019 年末我国城市轨道交通运营里程排行表。

表 2-3 我国城市轨道交通 3 个时间点的运营里程排行表

排名	2013 年末		2016 年末		2019 年末	
	城市	运营里程/km	城市	运营里程/km	城市	运营里程/km
1	上海	627	上海	682.5	上海	809.9
2	北京	542	北京	650.4	北京	771.8
3	广州	239	深圳	286.5	广州	501.0
4	深圳	179	广州	276.3	成都	435.7
5	重庆	170	南京	232.4	南京	394.3
6	成都	144	重庆	213.4	武汉	387.5
7	天津	139	成都	199.7	重庆	328.5
8	大连	127	武汉	179.0	深圳	316.1
9	沈阳	114	天津	175.3	天津	238.8
10	南京	81	大连	167.0	苏州	210.1
11	武汉	72	沈阳	125.0	郑州	194.7
12	苏州	58	郑州	89.2	沈阳	184.6
13	长春	56	西安	89.0	青岛	184.0
14	杭州	48	苏州	85.6	大连	181.3
15	西安	46	杭州	81.5	西安	158.0
16	昆明	40	宁波	74.5	杭州	130.9
17	郑州	26	长沙	68.7	长春	117.7
18	佛山	21	昆明	63.4	长沙	100.4
19	哈尔滨	17	兰州	61.0	宁波	96.9
20			长春	60.0	合肥	89.5
21			无锡	55.7	昆明	88.7
22			东莞	37.8	兰州	86.5
23			青岛	33.5	南宁	80.9
24			佛山	33.5	厦门	71.9
25			南宁	32.1	南昌	60.4
26			南昌	28.8	无锡	58.8
27			合肥	24.6	温州	53.5
28			淮安	20.0	福州	53.4
29			哈尔滨	17.2	济南	47.7
30			福州	9.2	石家庄	38.4

续表

排名	2013 年末		2016 年末		2019 年末	
	城市	运营里程/km	城市	运营里程/km	城市	运营里程/km
31					东莞	37.8
32					贵阳	34.8
33					常州	34.2
34					哈尔滨	30.3
35					佛山	28.0
36					乌鲁木齐	26.8
37					徐州	21.8
38					呼和浩特	21.7
39					淮安	20.1
40					珠海	8.8

注：运营里程包含地铁、轻轨、单轨、市域快轨、有轨电车、磁浮线、捷运系统等。

来源：中国城市轨道交通协会。

据交通运输部发布的信息，截至 2022 年 12 月 31 日，31 个省（自治区、直辖市）和新疆建设兵团共有 53 个城市开通运营城市轨道交通线路 290 条，运营里程 9 584 km。

在轨道交通规划与建设方面，《国务院办公厅关于进一步加强城市轨道交通建设管理的通知》（国办发〔2018〕52 号）指出，城市轨道交通系统，除有轨电车外均应纳入城市轨道交通建设规划并履行报批程序。目前国务院批准轨道交通建设一般依据 3 项指标来衡量：申报建设地铁的城市一般公共财政预算收入应在 300 亿元以上，地区生产总值在 3 000 亿元以上，市区常住人口在 300 万人以上。申报建设轻轨的城市一般公共财政预算收入应在 150 亿元以上，地区生产总值在 1 500 亿元以上，市区常住人口在 150 万人以上。拟建地铁、轻轨线路初期客运强度分别不低于每日每公里 0.7 万人次、0.4 万人次，远期客流规模分别达到单向高峰小时 3 万人次以上、1 万人次以上。以上申报条件将根据经济社会发展情况按程序适时调整。

地铁主要服务于城市中心城区和城市总体规划确定的重点地区，有的特大城市不仅需要修建地铁，而且还需要修建轻轨、BRT 等加以辅助，形成多种交通方式结合的公交运输网络。具体到每个城市，是修建地铁还是轻轨，或者两者结合，要看城市的经济实力，也要结合其他相关因素，通过科学分析和评估来决定。

城市轨道发展规划显示，我国已成为世界最大的城市轨道交通建设市场，城市轨道交通建设也给众多企业带来了商机。"十二五"期间全国城市轨道交通累计完成固定资产投资 12 289 亿元，年均增长 22.64%。中国城市轨道交通发展用 15 年走过了发达国家 100 年的发展历程，根据国家经济和社会发展规划及交通发展规划，可以预见在未来几十年内我国城市轨道交通仍将继续保持高速发展的步伐。2019 年，温州、济南、常州、徐州、呼和浩特 5 个城市新开通城市轨道交通运营，另 27 个城市有新增线路（段）投运，全国一共新增运营线路 968.77 km，同比增长 32.94%。2019 年国家发展改革委共批复郑州、西安、成都 3 市新一轮的城市轨道交通建设规划，获批建设规划线路长度达到 486.25 km，总投资共计 3 425.78 亿元，获批线路全部为地铁；另有北京市城市轨道交通第二期建设规划方案调整获批，涉及线路长度共计 201.2 km，总投资额 1 222.12 亿元。2021 年国家发展改革委共批复佛山、青岛、无锡 3 市的新一轮城市轨道交通建设规划，系统制式全部为地铁，3 市新获批建设规划线路长度共计 314.6 km，其中地下线 286.2 km，高架线 28.4 km，计划总投资额 2 233.54 亿元。

在城市轨道交通规划与发展方面，以北京为例，2008 年城市轨道交通运营里程为 300 km，其中城区轨道交通以地铁为主，轻轨为辅。按照北京市的城市轨道交通线网规划，北京轨道交通蓝图将不仅考虑 360 km^2 的中心城区，而且通盘考虑全部 16 800 km^2 的广大城乡；轨道交通的范畴也不仅限于地铁和城市铁路，市郊铁路、有轨电车等均被纳入其中。2019 年北京市已有 12 个区开通城市轨道交通线路，运营里程达 771.8 km。根据北京市规划和自然资源委员会 2021 年 11 月发布的《北京市轨道交通线网规划（2020 年—2035 年）》草案公示稿，未来北京市轨道交通线网由区域快线（含市郊铁路）和城市轨道交通组成，规划线网总规模约 2 673 km；区域快线包含市郊铁路线路及新建区域快线，里程约 1 095 km；城市轨道交通包含地铁普线、地铁快线、中低运量线路、机场专线等，里程约 1 578 km。区域快线是提供北京都市区主要节点之间快速服务的轨道交通方式，规划的区域快线网由 15 条（段）线路构成，其中包括利用铁路资源线路和新建线路；规划的城市轨道交通线网由 38 条线路构成。地铁快线（R 线）是中心城区与副中心、多点新城与中心城区之间快速联系的主导轨道交通方式，线路以服务通勤客流为主，提供大站快车式服务，共计 6 条线路约 403 km。地铁普线（M 线）强调尽可能覆盖城市主要功能区，满足多样化出行需求，提高城市公共交通服务水平，共计 24 条线路约 985 km。机场专线计 2 条线路约 75 km，主要服务机场客流。中低运量线路计 6 条线路约 115 km，作为地铁普线辅助服务线路。通过轨道交通线网的建设和运营，实现中心城区内 45 min 可达，副中心内、主副中心之间及多点至中心城区 30 min 以内可达，一区及跨界组团至主副中心 1 h 以内可达。

2.7

新能源汽车发展概述

2.7.1　新能源汽车的概念及类别

目前对新能源汽车的概念，社会上缺乏统一的界定，众多学者说法不一，一个说法是新能源汽车是指除石油制燃料外，使用其他能源、或主要使用其他能源作为驱动能源的汽车。2009 年在《汽车调整振兴计划》的指导下，以中华人民共和国工业和信息部《新能源汽车生产企业及产品准入管理规则》为基础，中国新能源汽车的官方概念是：采用非常规车用燃料作为动力来源（或使用常规车用燃料、采用新型车载动力装置），综合车辆的动力控制和驱动方面的先进技术,形成的技术原理先进、具有新技术、新结构的汽车。2017 年 1 月 6 日中华人民共和国工业和信息化部发布《新能源汽车生产企业及产品准入管理规定》(2017 年 7 月 1 日起施行,2020 年 8 月 19 日发布了修订稿),明确指出:"新能源汽车,是指采用新型动力系统,完全或者主要依靠新型能源驱动的汽车,包括插电式混合动力(含增程式)汽车、纯电动汽车和燃料电池汽车等。"我国已经确立了现阶段重点发展和推广应用纯电动汽车、适当发展混合动力汽车、同步推进燃料电池汽车技术攻关和产业化发展的新能源汽车发展道路。

传统汽车的常规车用燃料主要是汽油和柴油,所以利用汽油和柴油以外的能源作为汽车主要动力来源的汽车在一定意义上都可称为新能源汽车。到目前为止,世界上已推出了燃气汽车、醇类燃料汽车、纯电动汽车、混合动力汽车、燃料电池汽车等多种新能源汽车。

(1)燃气汽车:指用压缩天然气(CNG)、液化石油气(LPG)或液化天然气(LNG)作为燃料的汽车。从世界能源消耗看,煤炭和石油分列前两位。如果按照 1 000 m³ 天然气相当于 1 t 石油计算,世界天然气储量和石油属于一个能量级水平。1950 年天然气占世界一次能源总消费量不到 10%,而到了 20 世纪末,该比重迅速增长至 25%。目前压缩天然气在我国使用比较广泛,它被广泛应用到公共汽车、出租车等服务车辆上。压缩天然气的优势在于减排效果好,化学性质稳定,抗爆性好,自然温度高于汽油,安全性较好,因而它是我国目前使用比较广泛的新能源之一。

(2)醇类燃料汽车:主要包括使用甲醇和乙醇的汽车。甲醇和乙醇均是无色透明、易挥发的可燃气体。醇类燃料与汽油相比,具有热值低、蒸发潜热大、抗爆性好、含氧量高等特点。醇类燃料的发展优势在于,其辛烷值比汽油高,是好的代用燃料,可作为提高汽油辛烷值的优良添加剂,采用高压缩比提高热效率;常温下为液体,存储操作方便;醇类燃料汽车继承了传统的引擎技术,尤其是使用汽油-乙醇混合燃料时,引擎不发生结构性的变化,可减少燃烧室表层沉积物,提高排放性能。

(3)纯电动汽车:指采用蓄电池(如锂离子电池、铅酸电池、镍镉电池或镍氢电池)作为动力源的汽车。纯电动汽车与传统汽车的区别主要在于动力源及其驱动系统。纯电动汽车的优点是使用过程中不产生排气污染,电动机的噪声也比内燃机小,同时可以回收制动能量,提高能量的利用效率。

(4)混合动力汽车:指应用混合动力系统驱动,具备电力单独驱动运行、汽油单独驱动运行以及两种动力组合在一起同时驱动运行的汽车。混合动力汽车的技术优点在于能发挥各种动力源的优势,以较低的油耗输出较高的功率;在低速行驶或者怠速时可以用电力驱动,在高速行驶过程中可以关闭电动机,用燃油驱动;在汽车制动时,可以回收能量。

(5)燃料电池汽车:主要由燃料箱、燃料电池发动机、蓄电池、电动机和其他汽车部件组成,其工作原理是使作为燃料的氢或其他物质在汽车搭载的燃料电池中与大气中的氧气发生化学反应,产生出电能,启动电动机,进而驱动汽车。以氢动力汽车为代表的燃料电池汽车被认为是现阶段电动汽车发展的终极方向。

2.7.2　世界新能源汽车发展历程

新能源汽车在世界范围内的发展道路是坎坷的。19 世纪末，法国工程师古斯塔夫·特鲁夫装配了一辆以铅酸电池为动力的电动三轮车，它标志着第一台电动车的诞生，电动车的发明比卡尔·本茨发明汽车还早 5 年。19 世纪末 20 世纪初，电动汽车、内燃机汽车和蒸汽机车并行发展，当时电动汽车以其噪声小、灵活性强一度处于市场领先地位。但是由于电池技术发展缓慢，逐渐不能满足人们的交通需求，而内燃机技术水平的快速提高使得电动汽车逐步失去了竞争优势，电动汽车逐步退出了市场。1915 年以后，随着全球公路建设的快速发展和内燃机汽车越来越被大家熟知，传统的内燃机汽车逐步占据了主导地位。

1973 年石油危机爆发，电动汽车再次受到高度关注，很多国家推出电动汽车发展计划，但是由于电池技术未取得重大突破，依然使用铅酸电池作为主要动力来源，整车的性能和成本都无法满足消费者的需求，各国推出的计划均未能实现。

在 1994 年至 2004 年，随着汽车保有量的增加，环保压力促使混合动力汽车技术取得了重大突破，在国际上达成广泛共识，电动汽车逐步实现局部产业化。

2005 年的石油短缺和全球变暖，为传统汽车产业的战略转型提供了压力和机遇。随着全球能源越来越紧张，传统汽车业受环境、能源的制约也越来越严重。汽车产业的可持续发展是各国必须要解决的问题，寻求新的能源以及开发新的汽车动力方式成为各国讨论的焦点，同时也让一些汽车制造商看到了新能源汽车产业发展的契机。

在此背景下，主要国家和经济体都在不同程度上增大对新能源汽车产业的投入，各国政府及汽车制造商纷纷制定新的汽车产业发展战略，积极应对挑战，新能源汽车进入了高速发展时期。新能源汽车在 21 世纪已经取得了突破性的进展，它不仅成为本轮新能源技术革命的核心内容，而且也强化了全球汽车产业格局的调整方向，世界汽车发展史就此翻开了崭新的篇章。

2.7.3　中国新能源汽车发展历程

中国新能源汽车产业始于 21 世纪初。2001 年，新能源汽车研究项目被列入国家"十五"期间的"863"重大科技课题，并规划了以汽油车为起点，发展燃气汽车，攻关和重点推广纯电动汽车，最终向氢动力燃料电池汽车目标挺进的战略。"十一五"以来，我国提出"节能和新能源汽车"战略，政府高度关注新能源汽车的研发和产业化。

2008 年，新能源汽车在国内已呈全面发展之势，该年成为我国"新能源汽车元年"。2008 年全年新能源乘用车销售 899 台。自 2009 年起，在密集的扶持政策出台背景下，我国新能源汽车驶入快速发展轨道。虽然当时新能源汽车在中国汽车市场的比重依然微乎其微，但它在中国商用车市场上的增长潜力已开始释放。2009 年新能源商用车，主要是液化石油气客车、液化天然气客车、混合动力客车等销量同比增长 178.98%，至 4 034 辆。2009 年 1

月，我国启动了世界规模最大的新能源汽车示范运行项目，即"十城千辆节能与新能源汽车示范推广应用工程"（简称"十城千辆"）。"十城千辆"工程由科技部、财政部、发展改革委、工业和信息化部共同启动，主要内容是：通过提供财政补贴，计划用 3 年左右的时间，每年发展 10 个城市，每个城市推出 1 000 辆新能源汽车示范运行，涉及这些大中城市的公交、出租、公务、市政、邮政等领域，力争使全国新能源汽车的运营规模到 2012 年占到汽车市场份额的 10%。根据 2009 年 2 月份财政部和科技部联合发布的《节能与新能源汽车示范推广财政补助资金管理暂行办法》，被纳入《节能与新能源汽车示范推广应用工程推荐车型目录》中的车型将按标准享受财政补贴。到 2010 年，共有 25 个城市参加"十城千辆"试点示范运行。首批确定的试点城市有 13 个，分别是北京、上海、重庆、长春、大连、杭州、济南、武汉、深圳、合肥、长沙、昆明、南昌；第二批确定的城市有 7 个，分别是天津、海口、郑州、厦门、苏州、唐山、广州；第三批确定的试点城市有成都、沈阳、南通、襄樊和呼和浩特。该工程的启动和实施，为我国新能源汽车发展积累了大量的运行数据和经验，推动我国新能源汽车整车和产业链初具规模。

2010 年，我国进一步加大对新能源汽车发展的扶持力度。为贯彻落实 2010 年国务院第 91 次常务会议的有关决定，加快汽车产业技术进步，着力培育战略性新兴产业，推进节能减排，根据国务院批准的《关于扩大节能与新能源汽车示范推广的请示》，财政部、科技部、工业和信息化部、发展改革委开展私人购买新能源汽车补贴试点工作。试点补助资金管理按照《私人购买新能源汽车试点财政补助资金管理暂行办法》执行。从 2010 年 6 月 1 日起，在上海、长春、深圳、杭州、合肥 5 个城市启动私人购买新能源汽车补贴试点工作，其后北京也成为获得国家新能源汽车补贴试点资格的城市，业界称之为"5+1"方案。新能源汽车进入全面政策扶持阶段。

2011—2015 年，我国新能源汽车开始进入产业化阶段，政府通过购车补贴、税费减免等方式在全社会助力推广新能源城市客车、混合动力轿车、纯电动轿车等。2013 年上半年，在一系列政策的支持下，我国新能源汽车产销快速增长，新能源汽车销售达到 0.59 万辆，比上年同期增长 42.7%，其中纯电动汽车 0.51 万辆。2014 年，我国新能源汽车全年生产 7.85 万辆，生产量同比增长近 3.5 倍，销售 7.48 万辆，销售量同比增长近 3.2 倍。

2016—2018 年，我国新能源汽车开始进入加速发展阶段。中国汽车工业协会统计数据显示，2017 年我国新能源汽车全年累计产销量分别为 79.4 万辆和 77.7 万辆，同比分别增长 53.8% 和 53.3%。2018 年全年我国新能源汽车产销量分别达到了 127 万辆和 125.6 万辆，分别同比增长 59.9% 和 61.7%。

为提高新能源汽车行业发展质量，完善市场化运行秩序，2019 年 3 月 26 日我国财政部、工业和信息化部、科技部、发展改革委发布《关于进一步完善新能源汽车推广应用财政补贴政策的通知》（财建〔2019〕138 号），决定 2019 年新能源汽车补贴标准在 2018 年的基础上退坡超过 50%，并取消"地补"，改为补贴充电基础设施。2019 年 3 月 26 日至 2019 年 6 月 25 日为过渡期，6 月 26 日新的补贴政策开始实施，补贴金额与电动汽车续航里程、电池能量密度等挂钩，逐步实现 2021 年补贴政策全部退出的制度安排。受补贴退坡影响，2019 年下半年新能源汽车产销量呈现大幅下降态势，全年新能源汽车产销分别完成 124.2 万辆和 120.6 万辆，同比分别下降 2.3% 和 4.0%。其中纯电动汽车生产完成 102 万辆，同比增长 3.4%；销售完成 97.2 万辆，同比下降 1.2%；插电式混合动力汽车产销分别完成 22.0 万辆和 23.2 万辆，同比分别下降 22.5% 和 14.5%。

为降低新冠疫情对行业的冲击，2020 年 3 月末国务院常务会议确立新能源汽车补贴延长两年，4 月 23 日财政部、工业和信息化部、科技部和发展改革委公布《关于完善新能源汽车推广应用财政补贴政策的通知》（财建〔2020〕86 号），除继续免征购置税外，通知明确在未来两年平缓新能源汽车补贴退坡力度和节奏，将新能源汽车推广应用财政补贴政策实施期限延长至 2022 年底，原则上 2020—2022 年补贴标准分别在上一年基础上退坡 10%、20%、30%；公务采购原则上选择新能源汽车；为加快公共交通等领域汽车电动化，城市公交、道路客运、出租（含网约车）、环卫、城市物流配送、邮政快递、民航机场以及党政机关公务领域的车辆 2020 年补贴标准不退坡，2021—2022 年分别在上一年基础上退坡 10%、20%；补贴前售价须在 30 万元或以下（“换电模式”车辆不受此规定影响），原则上每年补贴规模上限约 200 万辆。同时，通知支持“车电分离”等新型商业模式发展，鼓励企业研发、生产具有先进底层操作系统、电子电气系统架构和智能化网联化特征的新能源汽车产品。对于燃料电池汽车，通知将购置补贴调整为选择有基础、有积极性、有特色的城市或区域，重点围绕关键零部件的技术攻关和产业化应用开展示范，中央财政将采取“以奖代补”方式对示范城市给予奖励，争取通过 4 年左右时间，建立氢能和燃料电池汽车产业链，使关键核心技术取得突破。

2020 年 12 月 31 日，财政部、工业和信息化部、科技部和发展改革委公布《关于进一步完善新能源汽车推广应用财政补贴政策的通知》（财建〔2020〕593 号），除保持现行购置补贴技术指标体系框架及门槛要求不变以外，2021 年，新能源汽车补贴标准在 2020 年基础上退坡 20%；为推动公共交通等领域车辆电动化，城市公交、道路客运、出租（含网约车）、环卫、城市物流配送、邮政快递、民航机场以及党政机关公务领域符合要求的车辆，补贴标准在 2020 年基础上退坡 10%。为加快推动公共交通行业转型升级，地方可继续对新能源公交车给予购置补贴。新能源乘用车、商用车企业单次申报购置补贴清算车辆数量应分别达到 10 000 辆、1 000 辆。切实防止重复建设，推动提高产业集中度。通知的发布，解决了新能源汽车产业现存的一些问题，促使新能源汽车产业平稳健康发展。2020 年我国新能源汽车全年累计产销量分别为 136.6 万辆和 136.7 万辆，同比分别增长 7.5% 和 10.9%，增速较上年实现了由负转正。其中纯电动汽车产销分别完成 110.5 万辆和 111.5 万辆，同比分别增长 5.4% 和 11.6%；插电式混合动力汽车产销分别完成 26 万辆和 25.1 万辆，同比分别增长 18.5% 和 8.4%。

从近十几年来的发展实践来看，我国各项扶持政策有力地促进了我国新能源汽车的研发和产业化进程，但是随着新能源汽车产业规模迅速扩大，长期执行补贴政策也导致一些企业形成补贴依赖症，产业竞争力不强，甚至出现一些骗补等负面问题。从 2019 年开始的新能源汽车购置补贴政策的退出，短期内在一定程度上影响了新能源汽车的增长速度，但长期来看，将有利于竞争力强的企业更好发展，促进行业优胜劣汰，提高行业运行质量和技术水平，也将有利于资本“退烧”，有利于资本更多地集中投向更具优势和竞争力的企业。

2.7.4　新能源汽车发展趋势

1. 全球视角下的新能源汽车发展趋势

1）市场潜力无限巨大

2018 年，全球以插混、纯电动、燃料电池为主的狭义新能源汽车销量达到 237 万辆，累计销售突破 550 万辆；2021 年销量近 650 万辆，同比增长翻番；2022 年销量约 1 065 万辆，同比增长约 63.6%。随着国际上对于传统燃油汽车问题的日渐重视，部分国家和地区开始研究禁售燃油车时间表，挪威和荷兰计划在 2025 年、美国加州及德国计划在 2030 年、日本计划在 2035 年、法国计划在 2040 年禁售燃油车。可以预见，新能源汽车市场潜力巨大，新能源汽车拥有难以限量的发展空间。

2）政策支持力度将进一步增大

目前，新能源汽车与燃油汽车相比仍然有较高的制造成本，而各国政府都面临着如何实现可持续发展的问题。因此几乎可以肯定的是，包括我国政府在内的各国政府均进一步加大对新能源汽车的政策支持力度，如完善新能源汽车补贴制度、不断丰富政策扶持手段、完善补能基础设施体系，以保障新能源汽车的健康发展。

3）科技含量将进一步增加

除了特斯拉、比亚迪等新能源汽车生产企业不断加大研发投入、以提高新能源汽车科技含量外，世界上顶尖的高科技企业如谷歌、华为等都在大力投入汽车智能技术的研究。随着网络技术的升级、人工智能等技术的发展，未来人工智能+新能源、车联网+新能源所重构的智能新能源汽车将逐渐改变人们的出行方式和出行质量。

2. 中国新能源汽车的发展趋势

1）传统车企加速新能源领域转型，新能源汽车市场发展空间巨大

在"双碳"目标下，淘汰高污染、高排放的传统汽车类型，使用清洁燃料替代化石燃料，积极推动新能源汽车产业发展，是目前汽车工业高质量发展的方向。吉利汽车提出开发多款电动车型、混动车型和插电式混动车型计划。北汽新能源发布"擎天柱计划"，计划在北京、厦门、广州等城市辐射展开组建各城市公共出行运营平台和梯次储能运维平台，建成换电站 1 000 座，运营车辆 10 万台。北汽和长安汽车还提出了各自的到 2025 年逐步退出传统燃油车生产的时间表。比亚迪已经彻底转型，上汽、奇瑞、广汽、长城、长安、北汽等车企也开发上市了多款畅销的新能源车型，有的车企将旗下新能源汽车品牌独立运营或者成立独立的公司运营新能源汽车业务。预计到 2030 年，我国新能源乘用车年销量将突破 1 300 万辆。

2）新能源汽车"造车新势力"快速崛起

"造车新势力"是指我国 21 世纪 20 年代前后依托互联网服务和传统汽车制造业创立的新能源汽车品牌，它们的融资渠道、制造的产品、发展路线、商业模式等有别于传统汽车制

造商，注重对智能技术的大力研发、对用户导向的高度重视。美国的特斯拉是互联网造车的先行者，我国的互联网"造车新势力"从 2014 年开始迅速发展起来，投入大量资源进行技术研发和服务体系构建。2018 年开始有"造车新势力"车企批量交付新能源汽车，该年被认为是具有里程碑意义的造车新势力产品交付元年。经过数年的竞争与发展，到 2021 年已经有数家企业的新能源汽车年交付量接近 10 万辆，增长速度多家在 100% 以上，诸如蔚来、小鹏、理想、埃安、哪吒、零跑、问界、极氪等品牌开始快速崛起。2020—2022 年部分造车新势力品牌销售增长情况如表 2-4 所示。

表 2-4 2020—2022 年部分造车新势力品牌销售增长情况

品牌	2022 全年交付/辆	同比增长	2021 全年交付/辆	同比增长	2020 全年交付/辆
蔚来	122 486	34.0%	91 429	109.1%	43 728
小鹏	120 757	23.0%	98 155	263.0%	27 041
理想	133 246	47.2%	90 491	177.4%	32 624
埃安	273 757	115.6%	126 962	111.5%	60 033
哪吒	148 661	113.4%	69 674	361.7%	15 091
零跑	111 168	157.8%	43 121	278.6%	11 391

3) 全产业链逐步完善

当前以电动汽车为主的新能源汽车产业链主要包括上游关键原材料及核心零部件、中游整车制造、下游充电服务及后市场服务。上游原材料包括锂、钴、镍、稀土等矿产资源，正极材料、负极材料、电解液、隔膜、电芯及包装等动力电池制造材料和技术环节，智能座舱、自动驾驶等智能化技术应用，以及动力电池、驱动电机、电控三大系统，它们是构成整车的核心部件。中游新能源汽车整车制造，按照功能包括乘用车、商务车以及各种专用车。下游包括充电服务和后市场服务两大部分，充电服务包括充电设备、换电设备及电池回收，后市场服务包括汽车金融、汽车保险、汽车租赁、二手车交易、汽车维修养护及汽车拆解回收等。目前我国已经建成并且进一步完善全世界最全面的新能源汽车供应链和产业链。以在上海引进建设特斯拉超级工厂、提高国内新能源汽车企业竞争力为契机，在夯实强项的基础上，努力解决部分关键原材料短缺、充电基础设施建设滞后等短板，产业配套进一步优化。天眼查数据显示，2021 年我国新增注册新能源汽车产业相关企业约 17 万家，已有超过 42 万家新能源汽车相关企业。

4) 新能源汽车市场逐步由政策驱动型向市场驱动型转变

2018 年以来，我国新能源汽车领域正在发生一场深刻变革，消费结构由乘商并重向以乘用车为主转变，消费主体由公共领域向私人购买转变，私人消费区域由限购城市向非限购城市转变，私人消费生态由被动接受向主动选购转变。这四个趋势说明，市场因素对新能源汽车发展的推动作用越来越大，新能源汽车市场逐步由政策驱动型向市场驱动型转变。我国是全球最大的新能源汽车市场之一，2018 年我国新能源汽车销量 125.6 万辆，占全球销量的 53%；2021 年我国新能源汽车产销分别完成 354.5 万辆和 352.1 万辆，同比增长 1.6 倍；2022 年我国新能源汽车产销分别完成 705.8 万辆和 688.7 万辆，同比分别增长 96.9% 和 93.4%，连续 8 年保持全球第一。2022 年底全国新能源汽车保有量达 1 310 万辆，其中纯电动汽车保有量 1 045 万辆，新注册登记新能源汽车 535 万辆。作为我国新能源汽车龙头企业的比亚迪 2022 年全年累计销量达到 186.8 万多辆，同比增长达到 152.5%。随着未来新能源汽车技术工艺进步、规模经济效应、材料成本下降等因素的作用，随着智能化服务水平的提升，新能源汽车的市场竞争力将明显增强。

5）新能源汽车行业竞争将越来越激烈

国家发展改革委在 2018 年取消新能源汽车外资股比限制，同时国内越来越多的新兴造车势力也正在进入新能源汽车行业。随着 2019 年开始补贴政策的逐渐退出，新能源汽车行业竞争将越来越激烈，企业产品质量、科技含量、服务水平和研发能力的竞争将成为决定性因素，市场化机制下的优胜劣汰过程已经开始，未来行业竞争将愈发激烈。新能源汽车相关企业要想立足和更好地发展，除了要有资本支持或较强的融资能力外，更要努力研发和掌握核心技术，生产适销对路的产品，建立起完善、有特点的客户综合服务体系。

6）"新四化"成为大势所趋，新能源汽车向高级智能移动终端演变

汽车产业"新四化"主要指电动化、网联化、智能化、共享化，"新四化"已成为汽车行业公认的发展趋势。未来几十年中，我国"80 后""90 后""00 后""10 后"将成为新购车用户的主力军，这几代人是在互联网环境中成长起来的，伴随着我国 5G 网络加快建设和普及、物联网技术的发展，高科技水平的智能无人驾驶新能源汽车将逐渐成为现实，新能源汽车由于自身的优势将向高级智能移动终端演变，迎来高速发展。

2.8

综合交通运输体系发展历史概述

综合交通运输的概念产生于第二次世界大战后社会主义国家的计划经济背景，我国于 20 世纪 50 年代后期从苏联引入综合交通运输的概念。20 世纪中叶以来，交通运输业发展的一个重要趋势是从各种运输方式独立发展走向综合化发展，交通运输综合化不仅表现为多种交通运输方式相互协调共同完成运输服务的全过程，而且表现为交通运输系统与土地、能源、环境等外部环境的全面协调。交通运输的综合化要求综合利用多种政策、工具，实现各种运输资源的恰当配置，促使交通运输系统与经济社会的协调和可持续发展。交通运输综合化是交通运输业发展的一个重要过程与趋势，不同国家交通运输综合化的路径不一样，同一国家在不同时期交通运输综合化的重点也不同。交通运输综合化的发展趋势是从交通运输系统内部综合化走向外部综合化。

2.8.1 世界交通运输综合化的思想与发展

1. 交通运输综合化发展概况

交通运输综合化的思想可以追溯到 19 世纪下叶，但真正得到广泛发展则是在近几十年。早在 1887 年，美国颁布的州际商务法 10101 条款修正案的附加条款中就明确规定"充分认

识并保护每一种运输方式内在优势"。这里尽管没有明确提出综合运输的概念，但却是综合运输思想的起源。

20 世纪 20 年代末，随着汽车运输和航空运输的诞生与发展，英国政府提出了"使一切可能利用的交通工具协调发展"的交通政策课题，并在交通运输政策中首先出现了"运输协作"的提法，标志着综合运输思想的政策化。

20 世纪 40—50 年代，高速公路、航空、管道等新兴运输方式的相继崛起和持续快速发展，并与水路、铁路等传统运输方式展开激烈竞争，为防止过度的和近乎毁灭性的竞争以及随之而来的高度垄断造成运输资源的巨大浪费，综合运输在发达国家得到快速发展。美国在 1940 年的运输条例中提出"运输系统"这一名称，规定运输系统具有多种方式的性质，国家对各种运输方式实行公平待遇，承认和保护各种运输方式的内在优势，防止运输方式间的过度竞争。美国国家交通运输政策的目的是"保持水路、公路和铁路以及其他运输方式的发展，并使之协作成为一个国家运输体系，这个运输体系是以满足美国商业、邮政业务以及国防的需要为目标的"。

20 世纪 60—70 年代，欧美国家的政府文件和学术文献中越来越多地使用"一体化运输"或"综合运输"，这从一个侧面反映了交通运输领域发展的新趋势以及政府相关政策的动向。从政策角度看，这些概念表示综合利用多种政策、工具实现各种运输资源恰当配置，以便综合谋划、统一布局各种运输方式的资源。从交通运输领域发展的新趋势看，一体化运输反映了运输过程由单一方式向多方式协作发展。20 世纪 60 年代，"综合运输"已成为最高决策者的思考对象，美国时任总统肯尼迪 1962 年 4 月 5 日在给国会咨文《我们国家的综合运输系统》中，就多次使用了这一提法。从该文中看出，"综合"指的是综合运用税收、劳工、竞争等政策及费率、服务等管理机制，以保证各类运输活动同其在国家发展中的地位与作用相称。政策和法规的重点在于充分利用市场的竞争机制来调节各类运输的发展，以求在经济和社会成本最低的前提下，用户以最少的费用获得最满意的运输服务。

到了 20 世纪 80 年代，美国逐步放松了对各种运输方式的管制，比较重视通过市场机制促进各种运输方式在营销业务上的竞争、合作、发展。国家综合运输体系由统一且相互连接的各种运输方式，包括未来的各种运输方式组成，目标是降低能耗和空气污染，同时促进经济发展和支持对外贸易。

2. 世界各国综合运输的发展

国外的交通运输综合化政策一般都强调以下几点：
（1）各种运输方式的平等性和包容性；
（2）各种运输方式的合理分工和充分协作；
（3）运输过程的连续、无缝和全程性等；
（4）交通运输的可持续发展；
（5）综合运输体系通过市场机制和政府作用得以建立和发展。

从国外综合交通运输政策的演化，可以看出其一般性规律如下：

（1）早期强调各运输方式在充分发挥各自比较优势基础上的合理利用；

（2）中期强调各运输方式的基础设施、生产设备等硬件和经营管理等软件在物理和逻辑上的相互连接，以及配合的紧密性、融合性和一体性；

（3）后期强调运输发展中的资源节约和环境保护。

西欧各国对综合运输问题的研究和应用也比较重视。早在 1969 年建立了一个自由的运输市场体系，各成员国之间有互相开展运输业务的自由，并且建立了一整套规章制度，监督各成员国对运输市场设置的壁垒。近些年来，西欧各国对综合运输系统进行了大量研究。尽管目前有关交通运输的决策仍主要按各种运输方式分别做出，但形势正在发生重大变化。

日本把运输业的综合利用和发展称作"综合交通体系"。在 1955 年制订的经济五年计划和 1957 年制订的新长期经济计划中，对于各种运输方式的合理分工，使用了综合运输体系一词。不过，对综合交通理论的探讨则是在 20 世纪 60 年代以后。1961 年成立了综合交通体系的专门委员会进行"综合交通体系"研究，1964 年完成了日本关于综合交通政策的第一次大规模研究，发布《关于我国陆路交通的综合措施》的咨询报告。1981 年，交通运输政策审议会再次强调了以适应经济稳定增长时代之长期目的为基础的综合性交通政策的必要性。日本对综合交通体系的政策是：确定与经济发展、国土开发计划协调配合的运输系统，各种运输方式的合理分工，综合运输设施的建设，运价政策，税收、补贴及财源筹集，能源及环境保护对策等。

2.8.2　交通运输综合化的特点

交通运输的最基本功能是实现人或货物的空间位移。随着经济和社会的发展，以及科学技术的进步，运输过程由单一方式向多方式协作发展，运输工具由简单向现代化发展，而人流和物流的全过程往往要使用多种工具才能实现，因此运输生产本身就要求把多种运输方式组织起来，形成统一的运输过程。另外，综合运输是运输方式通过运输过程本身的要求联系起来的，这就要求各种运输方式在分工的基础上，有一种协作配合、优势互补的要求，即在运输生产过程中的有机结合，在各个运输环节上的连接贯通，以及各种交通运输网和其他运输手段的合理布局。从运输业发展的历史和现状看，各种运输方式一方面在运输生产过程中存在着协作配合、优势互补的要求，另一方面在运输市场和技术发展上又相互竞争。这两种要求交织在一起，使交通运输综合化呈现一个由低级向高级发展的长期趋势，具有明显的阶段性特点，如图 2-6 所示。

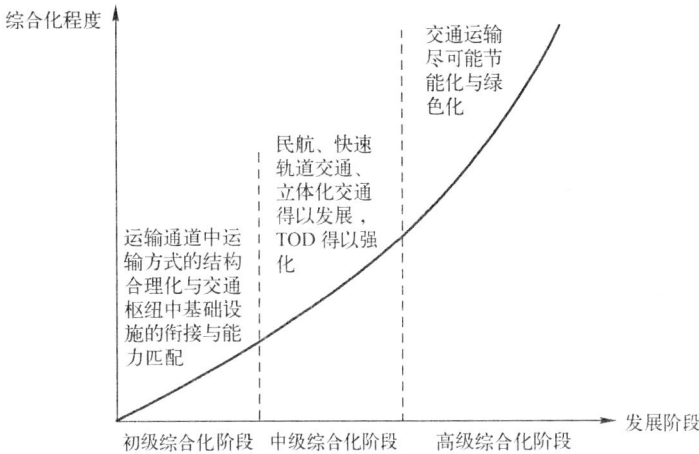

图 2-6　交通运输综合化的发展阶段与趋势

1. 初级综合化阶段

第一阶段是初级综合化阶段，即不同运输方式之间的综合以及城际交通与城市交通的综合发展阶段。在这一阶段，各种运输方式经过独立发展，基本网络加速形成，也具备较大的运输能力，运输方式之间的关系从简单走向复杂，开始存在竞争的现实和协作的要求。每一种运输方式的进一步发展，都必须更多地考虑与其他运输方式发展的竞争和协作关系，尤其是在运输通道和枢纽中这种关系表现得更明显。综合各种运输方式的特点，在综合运输通道内各种运输方式通过合理分工、优势互补，实现各种运输方式的综合；在综合交通枢纽中，各种运输方式通过设施衔接，并进行运输合作，实现城际交通与城市交通的综合。这一阶段，综合运输通道中不同运输方式的结构合理性、综合交通枢纽中不同运输方式的设施衔接和能力匹配成为综合交通运输发展的重点。

2. 中级综合化阶段

第二阶段是中级综合化阶段，即交通运输与土地利用的综合发展阶段。随着交通运输的发展，土地的制约越来越明显，交通运输发展，尤其是通道、枢纽、城市交通的发展，综合考虑土地的制约因素，在尽量节省土地资源的条件下，满足用户日益多样化、高级化的交通运输需求。在这一阶段，民航、快速轨道交通、交通基础设施立体化以及 TOD 成为综合交通运输发展的重点。

3. 高级综合化阶段

第三阶段是高级综合化阶段，即交通运输与能源和环境的综合发展阶段。这一阶段，交通运输发展使得环境的承受压力越来越大，以节省能源消耗和保护环境为主的可持续发展交通运输成为综合运输发展的重要内容，以节能化和绿色化为主的交通运输方式和技术创新成为综合交通运输发展的重点。

交通运输综合化的路径和重点受多种因素的影响而表现出层次性和阶段性的特点，交通运输业自身发展的客观要求，以及社会资源状况及发展水平决定了交通运输综合化的路径和重点。总体上看，交通运输综合化的发展趋势是从低级向高级，但从各国的实践看，由于各国国情不同，交通运输综合化的重点有一定差异，交通运输综合化的路径也不是千篇一律的。

2.8.3　中国的综合交通发展

改革开放以来，我国加大了交通建设的力度，五种运输方式都得到了长足的发展，但从总体上看，交通运输短缺的矛盾依然存在。我国正处于工业化、城市化加速时期，在今后较长时期，随着国民经济的持续增长和社会的进一步发展，运输需求仍会呈现出持续快速增长的趋势，同时我国交通运输的发展受资源、能源和环境的多重约束性强。所以，我国交通运输领域面临两大突出矛盾：一是交通运输需求增长与交通运输供给不足之间的矛盾；二是加快交通运输供给与环境资源承载能力有限之间的矛盾。为了解决这两大矛盾，综合化是我国交通运输发展的唯一道路。

20世纪90年代是我国交通运输逐步进入快速发展的时期，也是从之前以铁路发展为主、按传统的技术经济特征作为分工的主要依据，向各种运输方式共同发展、合理配置、建设综合运输体系，在观念和政策上实行转变的发展时期。这一时期的主要特点如下：

（1）对拓宽各种运输方式建设资金来源渠道以及调动各方面积极性的投资建设经营模式、支持政策、管理体制改革等进行大量的研究，包括公路经营权转让、利用国际金融组织贷款等，并积极探索综合发展、综合利用各种运输方式，实现优势互补、协调发展，形成科学、合理的交通运输综合能力等方面的理论和实施政策，对加快各种运输方式的发展和综合运输体系建设起到了非常积极的促进作用。

（2）发展综合运输、建设综合运输体系，对传统的交通运输建设思想、既有的比例结构产生了较大冲击，对不同运输方式的发展和部门地位产生了一定影响，引发了一些不同的观点和看法。通过各种学术争论，对形成综合发展，满足经济发展和人们生活水平提高对多层次、多样化交通运输的需求，在战略层面、建设规划实施层面、应用层面都有了更为统一的认识，在一定程度上也丰富了综合运输的理论基础。

（3）对构建运输大通道进行了理论研究，在《2000年全国综合运输网规划（纲要）》中首次提出了加强全国六大综合运输大通道的规划建议，即煤炭外运通道、南北运输通道、东西运输通道、进出关运输通道、西南地区运输通道、西北地区运输通道等，这一建议被国家计委及交通部门采纳，成为我国这一时期交通运输建设的重点。

（4）可持续发展和生态环境保护理念被逐步引入交通运输建设发展过程中。

结合我国综合交通运输体系理论研究的现状、交通运输现状及未来发展趋势，需要重点加强和深化研究的主要方面如下：

（1）应对资源与环境约束、工业化与城市化进程加快、经济全球化影响更深、私人机动化和运输总量需求继续快速增长等各种挑战，我国交通运输发展战略的制订，以及综合运输体系主体框架结构的构建与发展。

（2）综合运输大通道的运输模式组合和基础设施配置，现代化大城市的交通运输系统建设，城市群综合运输系统构建，城市内外交通有效衔接与运输枢纽建设。

（3）提高整体运输效率和服务水平的一体化运输组织与服务系统，一体化运输市场的构架与体制机制。

（4）交通运输信息化、智能化。

思考题

1. 我国高速铁路的基本框架是什么？

2. 简述公路运输的发展趋势。

3. 简述我国管道运输的发展情况。

4. 我国城市轨道交通的发展现状和未来趋势如何？

5. 简述我国新能源汽车的发展趋势。

6. 什么是综合交通？

3 第 3 章
现代交通运输方式技术经济特点

交通运输供给是由多种交通运输方式共同提供的。由于各种交通运输方式的技术性能（如运送速度、运输能力、通用性、连续性、机动性）和经济指标（如运输成本、运输能耗、资金占用）不同，对地理环境的适应程度不同，各自的优势领域和适用范围也有所差别。在现实生活中，正确地选择交通运输方式是很重要的事情，它有助于提高效率、节约成本。因此，充分认识各种交通运输方式的技术经济特征，对于制定合适的交通政策法规，有效地整合运输供给能力，从而使其发挥最大的作用是十分必要的。

本章从铁路、公路、水路、航空、管道、城市轨道交通六种交通运输方式入手，主要从优缺点两个方面系统性地介绍了它们的技术经济特点，旨在帮助读者更好地了解每种交通运输方式的基本特点。

本章重点

- 各种交通运输方式的优缺点和适用条件；
- 城市轨道交通的经济属性和特征；
- 各种交通运输方式技术经济特点的差别。

3.1

铁路运输的技术经济特点

铁路运输是指利用机车、车辆等技术设备沿铺设轨道运行的运输方式。铁路运输是一种现代化陆地运输方式，它是随着社会生产发展的需要而产生、发展和完善起来的。截至2022 年底，我国铁路营运里程 15.5 万 km，其中高铁营运里程 4.2 万 km。2022 年全年铁路完成旅客发送量 16.73 亿人，完成旅客周转量 6 577.53 亿人·km，完成货物总发送量 49.84 亿 t，完成货物总周转量 35 945.69 亿 t·km。

3.1.1　铁路运输的优点

1. 适应性强，准时性好

依靠现代科学技术，铁路几乎可以在任何需要的地方修建，可以全年全天候不间断地运营，受地理和气候条件的限制很少，具有较高的连续性和可靠性，而且适合于长短途旅客和各类不同质量和体积货物的双向运输。

2. 运输能力大，适合大批量商品的长距离运输

铁路能够负担大量的客货运输。铁路运输能力取决于列车载重量（旅客列车载运人数，货物列车载运吨数）和每昼夜线路通过的列车对数，每一列车载运货物和旅客的能力远比汽车和飞机大得多。

3. 安全程度高

随着先进技术的采用和发展，铁路运输的安全程度越来越高。特别是最近 20 年间，许多国家铁路广泛采用了电子计算机和自动控制等高新技术，安装了列车自动停车、列车自动控制、列车自动操纵、设备故障和道口故障报警、灾害防护报警等装置，有效地防止了列车冲突事故和旅客伤亡事故，大大减轻了行车事故的损害程度，铁路运输的安全性远比公路运输和航空运输高。众所周知，在各种现代化运输方式中，按所完成的旅客人公里和货物吨公里计算的事故率，铁路运输是最低的。

4. 运送速度高

常规铁路的列车运行速度一般为 60 ~ 80 km/h，少数常规铁路可高达 140 ~ 160 km/h。高速铁路上运行的旅客列车速度可达 200 ~ 350 km/h。1990 年 5 月 18 日法国铁路 TGV 高速

客车动车组试验时曾创造了时速 515.3 km 的世界纪录。2014 年 1 月我国 CIT500 型高速列车试验速度达到了 605 km/h。但是，速度过高，技术要求也高，能耗大，经济上不一定合算。

5. 能耗小

铁路运输轮轨之间的摩擦阻力小于汽车车轮和地面之间的摩擦阻力。铁路机车车辆单位功率所能牵引的质量约比汽车高 10 倍，从而铁路单位运量的能耗也就比汽车运输少得多。

6. 环境污染程度小

在工业发达国家，社会及其经济与自然环境之间的平衡遭到了严重的破坏，其中运输业在某些方面起了主要作用。对空气和地表污染最为明显的是汽车运输，喷气式飞机、超声速飞机等使噪声污染更加严重。相比之下，铁路运输对环境和生态平衡的影响程度较小，特别是电气化铁路的这种影响更小。

7. 运输成本较低

铁路运输成本中，固定资产折旧费所占比重较大，而且与运输距离长短、运量大小密切相关。运距越长，运量越大，单位成本就越低。一般地，铁路的单位运输成本比公路运输和航空运输要低得多，有的比内河航运还低。

另外，铁路运输可以方便地实现背驮运输、集装箱运输及多式联运。

3.1.2　铁路运输的缺点

铁路运输的缺点主要表现在以下几方面：

（1）铁路按列车组织运行，在运输过程中需要有列车的编组、解体和中转再编组等作业环节，占用时间较长，因而增加了货物的运输时间。

（2）铁路运输中的货损率比较高，而且由于装卸次数多，部分种类货物毁损或丢失事故通常也比其他运输方式多。

（3）除了托运人和收货人均有铁路专用线的条件外，铁路运输一般不能实现"门到门"运输，通常要依靠其他运输方式配合，才能完成运输任务。

（4）铁路运输的投资较大，固定成本较高，建设周期长，占用土地较多。

3.1.3　铁路运输适合承担的运输任务

铁路运输主要适合承担以下运输任务：大宗货物的中长距离运输，散装货物（如煤炭、金属、矿石、谷物等）、罐装货物（如化工产品、石油产品等）；大批量旅客的中长途运输；货物的集装箱运输。

3.2

公路运输的技术经济特点

公路运输是继铁路运输和水路运输之后发展起来的运输方式，公路运输在 20 世纪 60 年代之后的发展使世界上一些经济发达国家改变了一个多世纪以铁路运输为中心的局面，公路运输在各种运输方式中的地位日益增强。公路运输的迅速发展，与公路运输的技术经济特点密不可分。截至 2022 年底，我国公路里程 535.48 万 km，其中高速公路里程 17.73 万 km。2022 年全年公路完成营业性客运量 35.46 亿人，完成旅客周转量 2 407.54 亿人 · km；完成营业性货运量 371.19 亿 t，完成货物周转量 68 958.04 亿 t · km。

3.2.1　公路运输的优点

1. 运输速度快

公路运输在途中一般不需要中转。据国外资料统计，运输距离在 200 km 以下时，公路运输的运送速度平均比铁路快 4 ～ 6 倍，比水运快 10 倍。汽车除了可以沿公路网运行之外，还可以深入工厂、矿山、车站、码头、农村、山区、城镇街道及居民区，空间活动领域大，在直达性上有明显的优势。

2. 灵活方便

汽车运输既可以成为其他运输方式的接运方式，又可以自成体系，进行直达运输，减少中转环节及装卸次数，在经济运距之内可以深入到城镇和农村，在无水路或铁路运输的地区更是如此。汽车运输机动灵活，可以满足多方面的运输需求。汽车的载重量适应范围很大，小的只有 250 kg，大的有几十吨、上百吨，汽车运输对客货批量的大小具有很强的适应性。

3. 原始投资少，经济效益高

据相关资料介绍，一般公路运输的投资每年可以周转 1 ～ 2 次，而铁路运输 3 ～ 4 年才周转一次。尽管高速公路的造价高，原始投资要比普通公路高出 10 余倍，但由于可以节省时间、燃料、维修等费用，高昂的造价可以在短期内得到补偿。

4. 驾驶技术容易掌握

培训汽车驾驶员一般只需要半年左右的时间，而培养火车、轮船及飞机驾驶员需要几年时间。相比较而言，汽车驾驶技术比较容易掌握。

5. 货损货差小，安全性、舒适性不断提高

随着人民生活水平的提高，货物结构中高价值的生活用品，如家用电器、日用百货、鲜活易腐货物比重增加，这些货物使用汽车运输能保证质量，及时送达。对于高价值的货物来说，汽车运价虽高，但在其总成本中所占的比重较小，而且可以从减小货损、货差、及时供应市场中得到补偿。

随着公路运输网的发展和建设，公路的等级不断提高，混合行驶的车道将会越来越少。科学技术的发展也使汽车的技术性能不断提高。因此，公路运输的安全性也有了较大的改善。

由于近年来长途公共汽车不断改进结构，大大减少了行驶中的振动与颠簸，普遍安装了空气调节设备及有助于减少旅客疲劳的设备，如音乐、电视等，乘坐也比较合适。

6. 技术改造容易

汽车运输的出现还不到 100 年，但在载重量、载货品种、技术性能、专用车型等方面都有了很大的改进和提高，已能够较好地满足社会经济发展对运输的需要。

3.2.2　公路运输的缺点

公路运输的缺点如下：

（1）运输能力小。每辆普通载重汽车每次只能运送大约 5 t 货物，长途客车可送 50 位旅客，仅相当于铁路一列普通客车的 1/36 ～ 1/30。

（2）运输能耗高。分别是铁路运输能耗的 10.6 ～ 15.1 倍、沿海运输能耗的 11.2 ～ 15.9 倍、内河运输能耗的 13.5 ～ 19.1 倍，管道运输能耗的 4.8 ～ 6.9 倍，但比民航运输能耗低，只有民航运输的 6% ～ 87%。

（3）运输成本高。分别是铁路运输的 11.1 ～ 17.5 倍、沿海运输的 27.7 ～ 43.6 倍，管道运输的 13.7 ～ 21.5 倍，但比民航运输成本低，只有民航运输的 6.1% ～ 9.6%。由于汽车载重量小，行驶阻力比铁路大 9 ～ 14 倍，所消耗的燃料又是价格较高的液体汽油或柴油，因此，除了航空运输，就数汽车运输成本最高了。

（4）劳动生产率低。公路运输的劳动生产率分别是铁路运输的 10.6%、沿海运输的 1.5%、内河运输的 7.5%，但比民航运输劳动生产率高，是民航运输的 3 倍。

（5）运行持续性差。在各种现代运输方式中，公路的平均运距是最短的，运行持续性相对较差。

（6）安全性低，污染环境较大。自 20 世纪 90 年代开始，死于道路交通事故的人数急剧增加，1999 年达到约 100 万人。这个数字超过了艾滋病、战争和结核病人每年的死亡人数。印度公路运输和高速公路研究部门的报告显示，2019 年印度全国共发生了 48 万多起交通事故，造成超 15 万人死亡。2019 年美国报告道路交通事故最多，达 2 211 439 起，导致 37 461 人死亡。汽车所排出的尾气和引起的噪声也严重地威胁着人类的健康，是大城市环境

污染的最大污染源之一。

此外，汽车体积小，难以运送大件物资，不适宜运输大宗货物，不适宜长距离运输货物。公路建设占地多，随着人口的增长，占地多的矛盾将表现得更为突出。

3.2.3　公路运输适合承担的运输任务

公路运输的主要功能如下：

① 独立担负经济运距内的中短途运输任务。随着高速公路的快速发展，汽车运输从短途逐渐形成短、中、长途运输并举的局面。

② 补充和衔接其他运输方式，可以与铁路、水路联运，为铁路、港口疏运旅客和物资，可以深入山区及偏僻的农村进行旅客和货物运输，可以在远离铁路的区域从事干线运输。

3.3

水路运输的技术经济特点

水路运输是指利用船舶在江河、湖泊、人工水道以及海洋上运送旅客和货物的一种运输方式。水路运输按其航行的区域，大体可划分为海洋运输和内河运输两种类型。水路运输发展历史十分悠久，产业革命以后发展迅速，在现代运输中发挥着重要的作用。近年来，我国水路货运周转量总体保持较为稳定的增长，截至 2022 年底，我国内河航道通航里程 12.80 万 km，港口生产用码头泊位 21 323 个，拥有万吨级及以上泊位 2 751 个。2022 年全年水路完成营业性客运量 1.16 亿人次，完成旅客周转量 22.60 亿人·km；完成营业性货运量 85.54 亿 t，完成货物周转量 121 003.14 亿 t·km。

3.3.1　水路运输的优点

1. 投资省

水路运输利用天然航道，投资较省。海上运输航道的开发几乎不需要支付费用。内河虽然有时需要花费一定的开支疏通河道，但比修筑铁路的费用小得多，据测算，开发内河航道每千米投资仅为铁路旧线改造的 1/5，或铁路新线建设的 1/8，仅相当于公路建设和管道铺设所需投资的 1/10。与其他运输方式相比，水路运输对货物的载运和装卸要求不高，因而占用土地较少。航道的建设还可结合兴修水利和电站，收到综合效益。例如，建设千吨级航道的投资，西江的南宁—广州为 76 万元，汉江的襄樊—汉口为 28 万元，均大大低于铁路的造价。

2. 载运量大，航道通过能力强，发展潜力大

在海洋运输中，目前世界上最大的超巨型油船的载运量超过 55 万 t，矿石船载运量可达 35 万 t，集装箱船载运量已达 7 万 t，巨型客船载运量已超过 8 万 t。一艘万吨级轮船的载运量相当于 3～6 列火车的载运量。如马六甲海峡可供 20 万 t 级的巨轮通过。内河航道的通过能力虽然不及海运，但也十分巨大。在内河运输中，美国最大顶推船队运载能力超过 5 万～6 万 t。我国大型顶推船队的运载能力也已达 3 万 t，相当于铁路列车的 10 倍。在运输条件良好的航道，通过能力几乎不受限制。例如美国密西西比河年运量可达 6 亿～7 亿 t，德国莱茵河年运量可达 3 亿～4 亿 t。随着各种专用船、兼用船、多用途船、集装箱船和滚装船等新型船舶的出现和发展，使水路运输能力又有新的提高。2005 年我国长江干线货运量达 7.95 亿 t，超过欧洲的莱茵河和美国的密西西比河，成为世界上运量最大、航运最繁忙的通航河流。2020 年长江航道实现货物通过量高达 30.6 亿 t。

3. 运输成本低，节省能源

水运是各种运输方式中成本最低的一种，尤其是大宗货物的长距离运输，成本更低。水运消耗单位功率、单位燃料、单位材料、单位劳动力所获得的运量高于铁路、公路和航空。水运在完成较大运量的同时也节省了能源。水运的站场费用极高，这是因为港口建设项目繁多，费用高，向港口送取货物较不方便，水运成本之所以能低于其他运输方式，主要是因为其船舶的载运量大，运输距离较远，途中运行费用低。据美国测定，1 kg 燃料，柴油机船可运货 25 t·km，铁路可运货 93.4 t·km，而内河则可运货 218 t·km，美国沿海运输成本只及铁路的 1/8，密西西比河干流的运输成本只有铁路的 2/5。大型油船的成本则更低，一艘载重 20 万 t 的油船，其主机功率为 23 520 kW，比功率仅为 0.118 kW/t，货船比功率一般在 0.735 kW/t 左右，比机车低得多。

4. 劳动生产率高

水路运输由于载运量大，其劳动生产率较高，一艘 20 万吨级油船只需配备约 40 名船员，平均每人运送货物可达 5 000 t。在内河运输中，可采用顶推分节船队运输，也提高了劳动生产率。1988 年，直属水路运输企业的全员劳动生产率为 475.6 万 t·km/人，而全员劳动生产率第二高的铁路运输为 67.6 万 t·km/人。

5. 平均运距长

水路运输平均运距分别是铁路运输的 2.3 倍、公路运输的 59 倍、管道运输的 2.7 倍，民航运输的 68%。

6. 远洋运输在我国对外经济贸易方面占有重要地位

我国有超过 90% 的外贸货物采用远洋运输，远洋运输是发展国际贸易的强大支柱，这是其他任何运输方式都无法代替的。

3.3.2　水路运输的缺点

水路运输的主要缺点如下：

（1）船舶平均航行速度较低。船舶体积较大，水流阻力高，所以航速较低。因为低速行驶所需克服的阻力小，能够节约燃料。如果航速略微增大，则所需克服的阻力就直线上升，例如，船舶航速从 5 km/h 增加到 30 km/h，所受的阻力就会增加 35 倍。因此，一般船舶的航速只能达到 40 km/h，比铁路、汽车慢得多。由于上述原因，水运送达速度通常只有铁路的 1/4 ～ 1/2。

（2）水运生产过程受自然条件影响较大，特别受气候条件影响较大，因而呈现较大的波动性和不平衡性。

（3）水路运输直达性差，一般需要与其他运输方式配合才能完成运输全过程。

3.3.3　水路运输适合承担的运输任务

根据水路运输的上述特点，在综合运输供给体系中，水路运输的功能主要是：

（1）承担大批量货物运输，特别是集装箱运输。

（2）承担原料、半成品等散货运输，如建材、石油、煤炭、矿石、粮食等。

（3）承担国际贸易运输，是国际商品贸易的主要运输方式之一。

3.4

航空运输的技术经济特点

现代航空运输是社会生活和经济生活的一个重要组成部分，是目前最快的一种运输方式。航空运输的快速发展是和它自身的特点相关的。截至 2022 年底，我国颁证民用航空机场达 254 个。2022 年全年民航完成客运量 2.52 亿人次，完成旅客周转量 3 913.87 亿人·km；其中，国内航线完成客运量 2.50 亿人次，港澳台航线完成客运量 46.9 万人次。2022 年全年完成货邮运输量 607.6 万 t，完成货邮周转量 254.10 亿 t·km。

3.4.1　航空运输的优点

1. 速度快

航空运输在各种运输方式中运输速度最快，这已是众所周知的，也是航空运输的最大特点和优势，其速度为 1 000 km/h 左右，且距离越长，所能节省的时间越多，快速的优势也越显著。由于空中较少受到自然地理条件的限制，因而航空运输可以按直线飞行，达到两地之间运输距离最短，因而航空运输适用于中长距离的旅客运输、邮件运输，以及精密仪器、贵重物品或鲜活易腐物品的运输。

2. 机动性大

飞机在空中航行，受航线条件限制的程度相对较小，可跨越地理障碍将任何两地连接起来。航空运输的这一优点使其成为执行救援、急救等紧急任务中必不可少的手段。航空运输不受地形地貌、山川河流的影响，只要有机场并有航路设施保证，即可开辟航线，如果用直升机运输，机动性更大。航空运输的机动性特征，对于中央和地方甚至边远闭塞地区的联系，对于自然灾害的紧急救援，对于海上油田的联络、救援、后勤保证，对于国防建设、国防科学试验，对于保卫祖国安全和处理突发事变，均起着极其重要的作用，绝非其他运输方式所能替代的。

3. 舒适，安全

航空运输的舒适性表现在两个方面：一是航空运输时间短，旅途时间的缩短会给旅客带来舒适性；二是飞机的飞行高度高，一般在 10 km 左右，不受低空气流的影响，飞行平稳。新型客机客舱宽敞、噪声小，并配有娱乐设备，舒适程度大大提高。

航空运输诞生初期，安全性较低，随着技术的进步，航空运输的安全性已大幅度提高，虽然航空运输发生安全事故的后果很严重，但按单位客运周转量或单位飞行时间死亡率来衡量，航空运输的安全性是很高的。

4. 时效性强

航空运输的时间价值高，使航空运输显示出独特的经济价值，在各种运输方式中占有的市场份额将呈现提高的趋势。

5. 建设周期短，投资少，回收快

发展航空运输的设备条件是添置飞机和修建机场。一般来说，修建机场比修建铁路和公路周期短、占地少、投资省，如果经营效益好，投资回收也快。修建机场占地面积少，也是发展航空运输的一大优点。

3.4.2　航空运输的缺点

航空运输的缺点如下：

（1）运营成本高、运价高。从经济方面来讲，飞机机舱容积和载重量都比较小，航空运输的成本及运价均高于铁路、公路和水路，是一种价格较高的运输方式，因而在各种运输方式中占有的市场份额相对较小。

（2）受气候条件限制。因为在保证安全的前提下，航空运输对飞行条件的要求很高，在一定程度上受到气候条件的限制，从而影响运输的准时性和正常性。

（3）可达性差。在通常情况下，航空运输难以实现客货的"门到门"运输，必须借助其他运输方式转运。

（4）航空运输速度快的优点在短途运输中难以显示。

3.4.3　航空运输适合承担的运输任务

航空运输主要承担以下运输任务：

（1）鲜活易腐等特种货物及价值较高或紧急物资的运输；

（2）邮政运输；

（3）多式联运；

（4）中长途旅客运输。目前国际客运基本上依赖于航空运输，这对于对外开放，促进国际技术、经济合作与文化交流具有重要作用。

3.5

管道运输的技术经济特点

管道运输是利用管道，通过一定的压力差完成液体或气体货物运输的一种运输方式。2015 年底我国已建成的油气管道总里程达到 12 万 km（除台湾省外），其中天然气干线管道总里程达到 6.4 万 km。截至 2020 年底，我国油气长输管线包括国内管线和国外管线在内总里程达到 16.5 万 km，其中原油管线 3.1 万 km，成品油管线 3.2 万 km，天然气管道 10.2 万 km。

3.5.1　管道运输的优点

1. 运量大，劳动生产率高

一条输油管线可以源源不断地完成输送任务。根据其管径的大小不同，其每年的运输量可达数百万吨到几千万吨，甚至超过亿吨。例如，一条直径为 720 mm 的管道可年输送石油 200 万 t 以上，而一条直径为 1 220 mm 的输油管道，年输油量可达 1 亿 t 以上。

2. 占地少

运输管道通常埋于地下，由于受地形影响很小，一般不需要绕行，长度较铁路、公路均短，投资与施工周期是铁路的一半以下，占地只有铁路的 1/9。运输系统的建设实践证明，运输管道埋藏于地下的部分占管道总长度的 95% 以上，因而对土地的永久性占用很少，分别仅为公路的 3%、铁路的 10% 左右。

3. 建设周期短，费用低

国内外交通运输系统建设的大量实践表明，管道运输系统的建设周期与相同运量的铁路建设周期相比，一般来说要短 1/3 以上，建设费用比铁路低 40% 左右。历史上，中国建设大庆至秦皇岛全长 1 152 km 的输油管道，仅用了 23 个月的时间，而若要建设一条同样运输量的铁路，至少需要 3 年时间。特别是当地质地貌条件和气候条件相对较差时，大规模修建铁路或公路难度将更大，周期将更长。

4. 安全可靠，连续性强

由于石油、天然气具有易燃、易爆、易挥发、易泄漏的特点，采用管道运输方式，既安全，又可以大大减少挥发损耗，同时由于泄漏导致的对空气、水和土壤污染也可大大减少。由于管道埋藏在地下，其运输过程受气候条件影响小，可以确保运输系统长期稳定地运行。

5. 耗能少，成本低，效益好

管道运输在运输量大时的运输成本与水路运输接近。因此，在无水的条件下，管道运输是一种最节能的运输方式。管道运输是一种连续工程，运输系统不存在空载行程，因而系统的运输效率高，理论分析和实践经验已证明，管道口径越大，运输距离越远，运输量越大，运输成本就越低。管道输送流体能源，主要依靠每 60 ~ 70 km 设置的一座增压站提供压力能，设备运行比较简单，易于就地自动化和进行集中遥控。先进的管道增压站已能完全做到无人值守。由于节能和高度自动化，用人较少，使运输费用大大降低。

6. 沿线不产生噪声，有利于环境保护，漏失污染少

与其他运输方式相比，管道运输不产生噪声，有利于沿线环境保护。据 20 世纪末期 10 年欧洲石油管道统计，漏失污染量仅为输送量的 4%。近年来随着防泄漏实时检测、巡检技术的不断发展和完善，管道运输漏失污染进一步降低。

3. 5. 2　管道运输的缺点

管道运输的缺点如下：

（1）管道运输不如其他运输方式灵活，承运的货物品类比较单一，不容易随便扩展管线。

（2）除了专用管线外，一般要与铁路运输、公路运输和水路运输配合才能完成全程运输任务。

（3）只适用于定点、量大的流体单向运输。

·(4）经济输送量范围小，直径1 020 mm的管道最佳输送量为4 200万吨，增加或减少输送量均会造成成本增加。

（5）管道输送量的极限受泵的能力、增压站间距、管子强度及直径等限制，临时增减输送量较为困难，且不能停输、反输，而且管道运输起点输送量高，导致油田开发初期产量低而难以采用管道输送。

（6）一旦运输起点产量递减或干枯，则该段管道即报废，而不像其他运输工具可移往他处使用。

（7）自管道投产之日起，管内即充满所输送的货品，直到停止运行之日止，仍有一部分货品长期积存在管道中，这部分货品也占去部分运输成本。

3.5.3　管道运输适合承担的运输任务

管道运输的上述特点，使得管道运输主要担负单向、定点、量大的流体状货物运输。另外，在管道中利用容器包装运送固态货物（如粮食、砂石等），也具有良好的发展前景。

3.6

城市轨道交通的技术经济特点

城市轨道交通作为一种大运量、快速、准时、舒适的公共交通方式，对于人口高度密集的城市，尤其是特大城市，在缓解城市交通拥堵、优化城市交通布局体系方面都有着积极的作用。

3.6.1　城市轨道交通自身特点

综合相关技术指标看，城市轨道交通在各类城市交通工具中具有很强的比较优势：占地面积小，速度快，运能大，能源消耗少。不管是在可达性、经济性还是可持续性方面，它的优势都十分明显。各类交通工具相关技术经济指标如表3-1所示。

表3-1　各类交通工具相关技术经济指标

项　目	交通工具			
	自行车	小汽车	公共汽车	城市轨道交通
占地面积/（m²/人）	6～10	10～20	1～2	0～0.5
能源消耗/[kJ/（人·km）]	0	3 016.66～3 476.90	753.12～903.74	292.88～418.4

续表

项 目	交通工具			
	自行车	小汽车	公共汽车	城市轨道交通
运量/(人/h)	2 000	3 000	6 000～9 000	10 000～30 000
运输速度/(km/h)	10～15	20～50	20～40	0～60
二氧化碳排放量/[g/(人·km)]	0	44.6	19.4	0
死亡率/(人/亿 km)		1.17	0.082	0.005
适用范围	短途	较长	中距离	长距离

城市社会经济的快速发展客观上对城市轨道交通的发展提出了要求，也进一步加速了它的发展。城市轨道交通具有以下特点：

（1）城市社会经济的发展导致人们在交通需求方面有了更高和更具体的要求，其中很重要的就是方便、准时和快捷。城市轨道交通由于其具有相对独立的交通运输系统、受地面其他因素影响小等特点，决定了它具有准时和快捷的特点。当居住地和上班地距离城市轨道交通的站点不远时，城市轨道交通几乎是最好的出行选择，这也是城市轨道交通沿线房地产价格明显偏高的主要原因。

（2）城市轨道交通载运量大，是大城市输送大客流的良好的交通工具。城市轨道交通不仅单列列车的旅客载运量大，而且可以通过调整发车间隔来调整不同时间段内的载运能力，非常适合城市交通高峰时段和非高峰时段运输能力的调整。

（3）城市轨道交通具有较好的可持续发展特性。城市轨道交通完成单位交通运输量所排放的污染物以及所消耗的能源远低于其他交通方式，尤其是私人交通方式，因而城市轨道交通是资源节约和环境友好型的交通工具。

（4）城市轨道交通能提供更舒适的乘车环境，也具有更大的安全性。

目前，我国轨道交通正处于大规模建设发展时期，以北京、上海等为代表的特大城市的轨道交通建设速度明显加快，轨道交通网络逐渐形成并日渐完善。截至 2022 年底，上海开通运营线路 20 条，运营里程达 825 km，运营车站 407 座，2022 年全年完成客运量 227 926.1 万人次；北京开通运营线路 27 条，运营里程达 797.3 km，运营车站 383 座，2022 年全年完成客运量 226 192.4 万人次。

城市轨道交通能够明显提高旅客运量，因此有些国家按城市人口规模的多少决定是否建设轨道交通，也有一些国家根据客运需求状况以及城市发展的需要决定是否建设轨道交通，如欧洲很多国家的城市轻轨交通运输系统建设更多的是从环境保护的角度考虑而建设的，还有一些是为了观光游览等需要建设的。

3.6.2 城市轨道交通经济属性和特征

1. 城市轨道交通服务具有公共产品属性

城市公共交通是解决城市交通问题的主要方式。城市轨道交通是城市公共交通的重要组成部分，具有公共产品属性。首先，轨道交通运输在消费上具有一定程度的非竞争性，具有较强的公益性。城市居民在享受城市轨道交通带来的交通拥堵减轻、环境改善等好处时，其给城市轨道交通运营带来的边际成本为零或接近于零。其次，城市轨道交通运输是可分割的。每个消费者可以通过买票乘车的方式对城市轨道交通运输产品进行消费，因此其具有效用的可分性。最后，城市轨道交通的使用还具有一定的竞争性。当城市轨道交通达到拥挤点后，增加新的乘客无疑会增加对城市轨道交通使用的竞争性，当然，这种竞争不会通过票价等手段来解决，在秩序良好的情况下，人们需要通过排队来解决这一问题。城市轨道交通对使用者提供相同的服务，但当乘客越来越多的时候，会产生拥挤问题，乘客的个人效用将会下降。

城市轨道交通与其他公共交通方式均具有公共产品属性，但又存在相互协调、相互竞争的关系。相对于公共电（汽）车，城市轨道交通具有更大的运输能力，且不会受到地面交通状况的影响；相对于出租汽车，城市轨道交通也仍然具有快捷的优势，只是在直达性上稍差。大城市尤其是特大城市应当充分利用城市轨道交通大运量、便捷、准时的优点，最大限度地发挥城市轨道交通性价比高的优势，有效控制城市机动化的速度，使城市轨道交通在城市交通体系中起到骨干作用。

城市轨道交通公共产品属性决定了其主要由政府来提供，价格政策的制定由政府主导，在价格水平上不仅以消费者承受能力作为参考因素，还要兼顾投资者、运营者的利益。

2. 城市轨道交通设施具有明显的成本沉淀性和资产专用性

从技术经济特点看，城市轨道交通设施一旦建成，客观上就难以将其占有的土地、资金以及其他设施改作他用，因而这些资源极容易成为沉淀成本，即具有沉淀性。成本的沉淀性决定了投资城市轨道交通的资金很难移作他用，投资所形成的资产具有较强的专用性。

上述特性决定了城市轨道交通设施的建设投资大、建设周期长，其形成生产能力和投资回收的周期也很长，因此票制、票价的制定应当充分考虑城市轨道交通的技术经济特点。

3. 城市轨道交通运营具有网络型产业特征

城市轨道交通系统内的固定设施资源体现出显著的网络性，这表明了为特定运输需求提供服务的设施要想发挥其作用，必须作为一个整体提供服务。因此当由于某种原因出现部分设施的使用不畅时，往往会影响整个运输设施的使用，局部的问题将演变成整体的问题，带来较大的资源浪费和经济损失。反之，随着城市轨道交通网络结构的不断完善，以及与其他公共交通方式间有效衔接，不仅城市轨道交通自身的规模效应能够明显提高，而且也有助于整个城市公共交通系统运营效率的提高，有助于城市交通网络规模经济的实现。

随着城市轨道交通网络规模的扩大、节点数量的增加，其网络效应日益明显，吸引力也明显提高。在城市轨道交通网络形成的过程中，城市轨道交通与其他公共交通方式之间的匹配关系也随之发生变化。因此，当城市轨道交通网络规模达到一定程度后，制订合理的票制、票价会促进市民出行方式的调整，充分发挥城市轨道交通的优势，实现城市公共交通资源的有效配置。

4. 城市轨道交通具有明显的正外部性

城市轨道交通具有运量大、速度快、单位能耗低、安全性高、正点率高等特点，社会公众大多都能从其发展中受益，而不需要单个个体成员付出额外的成本，具有较为明显的正外部性。结合城市轨道交通的特点，其正外部性主要表现在以下几方面：

（1）减少城市污染；

（2）缓解交通拥堵；

（3）减少交通事故；

（4）推动沿线土地增值。

5. 城市轨道交通具有明显的规模经济特征

（1）城市轨道交通发挥作用以路网规模为前提，覆盖面越大，客流量越大，其社会价值就越大，效率就越高。

（2）城市轨道交通路网建设投资规模大，建设周期长，资产的流动性差，沉淀成本高。

（3）城市轨道交通的主要资产——土建部分使用时间长，具有一定的永久性。

（4）在任何服务点上，城市轨道交通所提供的服务都取决于路网的整体水平。

可见，城市轨道交通存在最低效率规模，具有非常明显的规模经济特征。

6. 城市轨道交通具有独特的成长周期

按照国家有关规定，城市轨道交通项目的资本金比例最低需达40%。按此测算，一般情况下城市轨道交通项目可以大致分为三个阶段：一是项目的建设期，一般为4年，投资强度大，建设期长。这一阶段项目自身没有收入，但对项目外部，即沿线的房地产、商贸行业的发展产生明显的促进，相关行业的销售收入开始增长。二是项目的成长期，即从项目投入运营到项目现金流的收支平衡年份，需要10年左右。这一阶段，由于运营成本、财务成本高，票款收入无法覆盖全部成本支出，项目自身无法维持运转，仍然需要现金流注入，但项目有力地促进了沿线区域的经济增长，沿线形成成熟繁荣的经济带。三是项目的成熟期，即从项目运营的收支平衡年份到收回投资，大约需要15年。在这一阶段项目客流稳定，随着路网的形成，规模效益增强，项目产生大量净现金流入，开始产生收益。

7. 城市轨道交通在环境保护和安全等方面有明显优势

与其他交通方式相比，城市轨道交通不仅具有运量大、速度快、正点率高等优点，而且在能源利用、尾气排放、交通安全等方面也具有明显的优势（见表3-2）。

表3-2 不同交通方式单位能源消耗对比 单位：千克标煤/百人公里

交通方式		座位容量	不同承载率下的能耗			
			25%	50%	75%	100%
小汽车	出租车	4	8.735	4.367	3.113	2.400
	私人小汽车	5	11.814	5.913	4.368	3.427

交通方式		座位容量	不同承载率下的能耗			
			25%	50%	75%	100%
地面公交	铰链公交车	80	1.487	0.813	0.592	0.476
	单节公交车	40	2.641	1.440	1.046	0.848
轨道交通	地铁	1440	0.59	0.358	0.259	0.24
	轻轨	1420	0.565	0.318	0.229	0.17

资料来源：张铁映. 城市不同交通方式能源消耗比较研究 [D]. 北京交通大学，2010.

可以看出，城市轨道交通能够减少环境污染，节约能源消耗，有利于环境保护，能促进城市社会、经济与环境的协调发展。公共汽车每乘客每公里 CO_2 排放量是小汽车的 1/3，而地铁和区域快速铁路的 CO_2 排放量只是小汽车的 1/20 左右。

从表 3-2 可以看出，在各种机动化交通工具中，城市轨道交通和公共汽车单位能耗是较低的。

土地是不可再生资源，土地是城市的宝贵财富。作为城市公共基础设施，城市交通占用土地是比较明显的，然而，不同交通方式对土地的占有和利用有比较明显的差别。与地面道路交通方式相比，城市轨道交通完成相同的客运量所占用的土地面积仅为前者的 1/8～1/3，采用电力驱动的地铁可以完全不占用城市地上空间。在比较各种交通方式单向通道宽度、容量、运送速度、单位动态占地面积（见表 3-3）后，可以看出城市轨道交通所具有的优势。

表 3-3　各种交通方式单向通道宽度、容量、运送速度、单位动态占地面积

交通方式	单向通道宽度/m	容量/[万人/(车道·h)]	运送速度/(km/h)	单位动态占地面积/(m²/人)
私人交通				
步行	0.8	0.1	4.5	1.2
自行车	1.0	0.1	10～12	2.0
摩托车	2.0	0.1	20～30	22
小汽车	3.25	0.15	20～30	32
公共交通				
公共汽车	3.5	1.0～1.2	15～20	1.0
轻轨	2.0（高架）～3.5（地面）	1.0～30	35	0.2
地铁	0（地下）～3.5（地面）	3.0～7.0	35	0～0.2
市郊铁路		4.0～8.0	50～60	0.2

资料来源：周干峙. 路在何方：纵谈城市交通 [M]. 北京：中国城市出版社，2002：155-203.

城市轨道交通所具有的技术经济特征表明它是符合城市可持续发展的交通工具，也是应当大力倡导的城市交通方式，发挥轨道交通在城市交通中的骨干作用是实现城市可持续发展的必然选择。

思考题

1. 简要分析铁路运输和公路运输的优缺点。
2. 相比于其他运输方式，水路运输有什么优点？
3. 管道运输的哪些特点决定了它的适用范围？
4. 城市轨道交通的技术经济特点是什么？

4

第 4 章
交通运输政策制定的基本理论

与其他产业相比，交通运输产业有其自身特殊的产业特性，交通运输政策法规的制定和执行要依据其产业特点，遵循科学的原则和方法来进行。公共产品理论、自然垄断理论、外部性理论及政府规制理论等为交通运输政策法规的制定提供了科学的理论依据。

本章分析了交通运输的产业特性，介绍了公共产品理论、自然垄断理论、外部性理论、政府规制理论和其他相关理论的基本内容，提出了对交通运输政策法规制定的指导方向和启示。

本章重点

- 交通运输的产业特性；
- 交通运输政策制定的基本原则；
- 公共产品理论；
- 自然垄断理论；
- 外部性理论；
- 政府规制理论。

4.1

交通运输的产业特性

4.1.1　交通运输业属于第三产业

交通运输业被列为第三产业，源于三次产业理论。三次产业是第一产业、第二产业和第三产业的总称。我国的产业划分标准是：第一产业包括种植业、畜牧业、林业、渔业和狩猎业等；第二产业包括采矿、制造业、煤气、供电、供水等；第三产业包括一、二产业以外的所有行业。鉴于第三产业行业多、范围广，根据我国的实际情况，又将其分为两大部门：一是流通部门，二是服务部门。具体又分为四个层次：第一层次为流通部门，包括交通运输业、邮电通信业、商业饮食业，以及物资供销和仓储业；第二层次为生产和生活服务部门，包括金融业、保险业、地质勘察业、房地产业、公用事业、居民服务业、旅游业、信息服务业和各类技术服务业；第三层次是为提高科学文化水平和居民素质服务的部门，包括教育、文化、广播电视、科学研究、体育和社会福利事业等；第四层次是为社会公共需要提供服务的部门，包括国家机关、政党机关、社会团体，以及军队和警察等。

作为第三产业的交通运输业，其劳动与第一、二产业有明显不同，表现出服务性的特点。这种"服务"是指以劳务活动形式而非实物形式提供某种使用价值以满足人们需要的经济活动过程。交通运输业所提供的劳动不是制造物质产品，而是通过提供服务直接去满足人们某种价值和货币价值的统一体，位移服务就是交通运输的产品。交通运输产品的使用价值是满足人们的空间位移需要，其价值也由提供服务产业所需要的社会平均必要劳动时间所决定。在一般情况下，运输服务与消费这种服务产品的过程同始同终，运输服务所创造的特殊使用价值和价值，也在消费过程中同时表现出来。

经济学上的"服务"又称为"劳务"，是指以劳务活动形式，而不是以实物形式提供某种使用价值以满足人们需要的经济活动过程。服务的劳动特殊性主要表现在以下几个方面：

（1）服务业中劳动者所提供的劳动不是去制造物质产品，而是通过提供服务直接满足人们的某种需要。正如马克思指出，"服务这个名词，一般地说，不过是指这种劳动所提供的特殊使用价值，就像其他一切商品也提供自己的特殊使用价值一样；但是，这种劳动的特殊使用价值在这里取得了服务这个特殊名称，是因为劳动不是作为物，而是作为活动提供服务的"。

（2）服务同样是价值和使用价值的统一物。马克思曾经论述过，服务劳动"以自己的物质规定性给自己的买者和消费者提供服务"，"对于提供这些服务的生产者来说，服务就是商品"，"服务有一定的使用价值（想象的或现实的）和一定的交换价值"。服务产品的使用价值同其他任何有形产品一样，是能够满足人们的某种需要的，其价值也是由生产服务产品所需要的劳务支出的社会必要劳动时间所决定的。因此，服务与商品交换，或不同种类的服务产品之间的相互交换，都要以商品交换的统一尺度和流通手段为前提。不过，其特殊性表现为提供的劳务活动与货币的交换。

（3）服务业劳动者付出的劳动，即形成服务产品的过程，在一般情况下，是与需要者消费这种服务产品的过程同始同终；服务劳动所创造的特殊使用价值和价值，是在消费过程中同时表现出来的。

4.1.2　交通运输业是网络型产业

网络这一概念目前应用很广，从其内涵与外延的角度可分为三类：第一类是实体网络，即以物质网络作为实体的社会基础设施，包括交通运输、电力、邮电、供气等以实际的点线连接组成的网络；第二类是虚拟网络，包括由信息、管理、组织、关系、营销、资金等组成的网络；第三类是因特网，它与完全实体网络和完全虚拟网络都不一样，形成了依靠实体但又超越实体的特定信息网络。

交通运输业是以交通运输网络为基础的产业。交通运输网络从组成来讲，可分为三部分，一是由交通运输固定设施组成的运输实体网络，也是通常所指的交通运输基础网络；二是由交通运输线路与运输移动设备共同组成的交通运输运营网络；三是由各种交通运输资源信息组成的交通运输信息网络。从空间分布来讲，交通运输网络是由以城市为中心的交通运输枢纽和各种交通运输线路共同布局连接构成的网络系统，为社会经济提供客货运输服务，属于双向网络系统，因此交通运输网络具有网络与运输系统赋予的双重特性，既具有网络自身的一般性，又具有交通运输网络的系统特性。

对于实体网络而言，交通运输无疑是最重要和最复杂的网络之一，它主要由各种交通运输工具及其所依附的基础设施在空间中通过各种组织方式而形成。从交通运输网络的服务对象来看，它是各种以实物形式存在的物质在空间内实现位移的载体。交通运输网络同时也包含了虚拟网络的一些重要特征，例如运输组织和管理上的协调。此外，交通运输网络服务对象众多，人员、原材料和制成品等都是运输的对象，这远远超过了诸如电力、通信、供水和供气等只是单一服务于一种或几种物质组织形式的实体网络，这就使得交通运输网络表现出很强的经济属性，这种经济属性使得交通运输网络的供给、组织和管理变得相当复杂。

4.1.3　交通运输业的特点

运输生产的特殊性主要表现在运输生产活动所处的领域、运输生产过程和运输产品都具有自己的特点，从而使交通运输业成为一个特殊的物质生产部门。

首先，运输生产是在流通过程中进行的。从整个社会再生产的角度来考察，运输业表现为生产过程在流通过程内的继续，并且为了流通过程而继续。也就是说，运输产业虽然具有物质生产的一般性质，直接同一般商品过程相联结，但它确实是在流通过程内进行的，即在实现商品实体从生产地向消费地转移的过程中完成的，所以运输也直接构成了流通过程中使生产得以进行的物质条件和重要组成部分，并且成为社会生产的一般共同条件，具有线性的特征，这是与其他物质生产部门不同的。

其次，运输生产过程和运输产品具有自己的特殊性。旅客和货物是和交通运输工具一起运行的，而交通运输工具的运行、其场所的变动同时也是它所进行的生产过程。无论是客运还是货运，运输结果都是场所的变动。运输对象空间的位移，是交通运输业的效用，也是交通运输业的产品。

交通运输业的具体特点是：形态的非实体性，生产和消费的同时性，效用的同一性，表现如下。

1. 交通运输不生产新的物质产品

货物作为劳动对象进入运输过程，它并不像一般商品生产那样使劳动对象经过物理或化学的变化取得新的使用价值形态，因为运输不会增加被运输的商品的量，而且丝毫不改变商品作为独立的使用价值所固有的属性，只是使运输对象发生空间位置的变化，从而改变了它的使用价值的状态，完成消费的准备。

2. 交通运输产品的生产和消费是同一过程

工农业产品的生产和消费，表现为在空间上和时间上相分离的两种行为：产品作为成品离开生产过程之后，作为和生产过程分离的商品转入流通，最后进入消费。而运输产品的生产和消费非常独特，交通运输业是特种产业，它不同于其他的产业，因为它的产品，即它创造的使用价值，不与它的生产过程相分离，因而不能像商品那样在整个生产过程本身之外流通，它只能在生产过程中被消费，在它被生产的同时被消费。换言之，交通运输业所创造的使用价值依附于它所运输的商品使用价值的固有形态，与交通运输过程同始同终。因此，交通运输产品的生产和消费这两种行为是合二为一的，在空间上和时间上是结合在一起的。

3. 交通运输业生产的是同一种产品

不同运输方式具有不同的技术经济特征，使用不同的运输工具承载运输对象，在不同的运输线路上运行，进行运输生产过程，不论运的对象是人还是物，也不论货物的种类如何繁杂，各种运输方式生产的是相同的产品——运输对象的位移，对社会具有同样的效用。而工农业生产部门则不同，其产品多种多样，千差万别，具有不同的效用。运输产品的同一性决定了在一定条件下各种运输方式的相互替代性。

此外，交通运输业还具有运输生产场所的广阔性、运输生产过程的波动性、运输对象的非选择性等特点。

4.2

交通运输政策制定的科学原理与基本原则

4.2.1 交通运输政策制定的科学原理

要保证交通运输政策制定的科学性，首先要对其准确定位，其次应该有合理的制定程序和科学的制定方法。

从产业的角度看，交通运输业是以交通运输网络为基础的、以提供位移服务为主的产业，因此，交通运输业属于重要的第三产业和网络型产业，制定交通运输政策须遵循以下科学原理。

1. 为交通运输政策科学定位

交通运输业是国民经济中的重要子系统，交通运输业的发展必须服从国民经济发展的总要求。交通运输业作为基础性产业和先导性产业，生产活动和内外贸易活动均会对其提出要求。在不同的经济发展阶段、不同的经济空间，不同的人流、物流活动会对交通运输提出不同的需求，交通运输业满足这种需求是国民经济正常运转的前提。为了实现国民经济发展战略，政府制定产业结构政策，旨在促进产业结构协调发展，提高产业结构升级和转换能力，从而实现经济的良性发展。产业结构政策通过对国家发展战略以及经济形势的分析，确定一定时期内扶植、保护、鼓励、限制的产业。在制定交通运输政策时，应该科学地分析国民经济发展战略对交通运输的需求，在国家整体产业结构政策框架下制定交通运输政策，使交通运输政策既服从国家整体发展战略，又服从国家产业结构政策。

2. 交通运输政策的制定应遵循一定的政策制定程序

交通运输政策的制定应该遵循一定的程序，并且应该将这种程序制度化、机制化，使交通运输政策的制定不因主管部门领导人的思维方式、价值观的改变而改变。因此，在政策制定过程中，应建立一个良性反馈机制，发挥学术研究机构在政策制定中的智囊作用，为政策制定提供独立、科学的建议；建立畅通的渠道，使广大人民群众的参与度增加，特别是让交通运输政策对其有负面影响的那部分人民群众有机会参与政策制定，在此基础上尊重这部分群众的利益，并以行之有效的办法减小负面影响。

3. 交通运输政策制定应采用科学的方法

首先，制定交通运输政策必须重视调查研究的方法。调查研究的方法是制定政策的基本方法，只有通过调查研究才可能了解问题的现状和历史，了解内部、外部环境，在调查的基础上，进行系统分析，掌握事情的真相和发展规律，才能识别出需要政策解决的问题。

其次，交通运输政策制定需要科学的理论基础。在识别出交通问题后，应该对这些问题做进一步分析，找出现象背后的真正原因。对交通问题的分析，需要有科学的理论工具，这样才能保证政策的初步方案的科学性和针对性，为政策预评估和政策的最终形成打下良好的基础。

最后，要有科学的政策评估方法。交通运输政策的制定涉及动辄数亿甚至数百亿的投资，并且其影响延续时间很长，达几十年甚至上百年，这要求对交通运输政策进行审慎研究，科学地分析其经济、社会效益。

4.2.2　交通运输政策制定的基本原则

交通运输活动与国家经济、国防、人民生活息息相关，因此，交通运输政策应与国家的发展战略相一致。交通运输政策制定应遵循以下原则。

1. 满足经济社会发展需要的原则

我国是发展中国家，发展是国家的第一要务，交通运输是经济社会发展的前提和基础条件，交通运输政策的制定应该遵循的一个原则是，要使交通满足经济社会发展的需求，并通过交通发展促进经济社会发展。

2. 配合国家发展战略，促进区域平衡发展的原则

我国建设和谐社会的发展战略要求逐步缩小区域差距，增强落后地区的发展能力。交通运输政策的制定必须服务于国家发展战略的需要，并在交通运输投资、布局方面向落后地区倾斜，以促进区域平衡发展。

3. 以市场化改革为导向的原则

以市场为资源配置的基本方式是我国改革的基本方向。交通运输行业中的运输方式、运输产品种类比较多，各自具有不同的自然、社会属性，可根据产品的公共性、自然垄断特性及外部性的不同，对不同的运输方式、运输产品使用不同的政策，但总的方向应以市场化改革为主。交通运输政策的制定，应顺应市场机制，反映供需特性。

4. 运输结构合理化的原则

不同交通运输方式的特性不同，优势也互不相同，交通运输政策制定应考虑整个系统的完整性，使各种交通运输方式发挥各自的优势，形成优势互补的交通运输结构。

5. 重视运输安全的原则

交通运输的发展归根结底是为了促进人的发展，交通运输政策必须坚持重视交通安全的原则。

6. 资源、环境可持续的原则

交通运输需要占用大量资源，并且对环境产生污染，按照建设和谐社会的发展要求，交通运输政策必须促进资源节约型交通方式的发展，同时还应促进技术进步，减少对环境的污染。

4.3

公共产品理论

4.3.1　公共产品的概念和类别

运输产品的准公共属性是运输业的核心属性，也是制定交通运输政策的重要理论基础。

1. 公共产品的定义和特征

1）公共产品的定义

依靠市场机制作用进行交易的普通商品在消费上具备两个基本特征。第一，消费的竞争性，即某消费者已经消费的给定数量的某种商品，不能同时被其他人消费，减少了其他人使用该商品的机会；第二，消费的排他性，即通过某种条件或手段可以阻止其他人使用该商品，例如商品归某位消费者或某类消费人群所拥有或控制，就可以把其他消费者排斥在获得该商品的利益之外。另外，普通商品还具有效用上的可分割性，商品可以分割为许多能够买卖的单位，其效用只对为其付款或通过其他手段获得控制权的人提供。经济学上把具备这些特征的商品称为私人产品，私人产品的特征使得其生产和消费可以分开，使明确界定产品的所有权有了可能，从而为市场经济的价格机制运行创造了条件。

与私人产品相对应，社会中还存在着公共产品，不论个人是否愿意购买，都能使整个群体成员获益，如国防、天花疫苗、公共基础设施、防洪堤坝等，公共产品也可以说是整个社会或某一范围内所有成员能够共同享用的各种服务和设施的总称。

早在 1739 年，英国哲学家大卫·休谟（David Hume）就给公共产品下了一个直观的定义。他认为，公共产品不会对任何人产生突出的利益，但对整个社会来讲则是必不可少的，因此公共产品的生产必须通过联合行动来实现。

美国经济学家保罗·萨缪尔森（Paul A. Samuelson）对公共产品进行了比较严格的经济学定义。他认为某种私人产品的总消费量等于消费者对该私人产品消费量的总和，用公式表示为：

$$X_j = \sum_{i \in I} x_j^i \qquad (j = 0, 1, 2, \cdots, J) \qquad (4-1)$$

式中：x_j^i 是第 i 个消费者消耗第 j 类私人产品的量，X_j 是第 j 类私人产品的总消费量，J 是私人产品种类。

而对于公共产品来说，其消费总量等于任何一位消费者的消费量，用公式表示为：

$$X_k = X_k^i \qquad (4-2)$$

式中：X_k 为第 k 类公共产品的消费量，X_k^i 为第 i 个消费者对第 k 类公共产品的消费量。

上述公式也意味着一个人对公共产品消费的增减并不会影响其他人消费量的变化。

因此，根据保罗·萨缪尔森的分析，公共产品可以定义为：所谓公共产品就是所有成员都可以免费享用的产品，社会全体成员可以同时享用该产品，而每个人对该产品的消费都不会减少其他人对该产品的消费，无论每个人是否愿意购买它们，它们带来的好处都会不可分割地散布到整个集体中。

2）公共产品的特性

公共产品的两大特性为非竞争性与非排他性。所谓的非竞争性是指一个人对公共产品消费不会影响其他人对该产品的消费；非排他性是指一个人无法维持对一个产品独享使用的控制。由于公共产品的非竞争性和非排他性，使得公共产品还具有不可分特性，即公共产品的产权难以界定，或者界定产权的交易成本很高。

公共产品的非排他性和非竞争性以及不可分性，使公共产品的供求很难通过价格机制来实现均衡。从理论上说，消费者根据支付能力，为公共产品支付一定的费用，就可以实现公共产品的有效供给。但是，一方面，由于公共产品没有既定的市场价格体系，消费者难以描述自己的需求曲线；另一方面，由于公共产品的非排他性，消费者可以搭便车。这两个原因使公共产品很难通过市场机制实现有效供给。

此外，公共产品的需求经常出现拥挤性。由于负外部性的存在，某个人对一种物品的消费可能会提高他人消费该物品的边际成本，从而使消费的边际成本超过私人边际成本。由于消费者根据私人边际成本等于边际收益的原理来决定消费水平，如果产品存在负外部性，消费的私人边际成本小于社会边际成本，就会造成私人对产品的过度需求。比较常见的拥挤型例子是道路的使用，由于每个人均是根据私人边际成本等于边际收益来决定对道路的使用，而不考虑自己对道路的使用对其他人的影响，致使道路经常出现拥挤现象。

2. 公共产品的分类和范围变化

满足非竞争性和非排他性两个特性的产品是纯粹的公共产品。实际上，纯粹的公共产品非常少，很多产品可能具有其中的一个特性，这也造成了公共产品分类的多样性。

1）公共产品的分类

按照日本经济学家植草益的观点，私人产品具有消费上的竞争性和排他性，公共产品具有消费上的非竞争性和非排他性，将上述两种产品的 4 个属性列成矩阵组合，可以得到如表 4-1 所示的分类结果。

表 4-1　公共产品的分类

排　他	竞　争	
	竞争性	非竞争性
排他性	私人产品	俱乐部型准公共产品
非排他性	拥挤型准公共产品	（纯）公共产品

从表中可以看出，准公共产品还可以再划分为两类：拥挤型准公共产品和俱乐部型准公共产品。

拥挤型准公共产品的消费具有非排他性，但当消费者的数量达到一定程度时便产生消费上的竞争性，也就是说这类产品是拥挤的。例如，不收费但拥挤的公路就是一种竞争性产品，一个人使用公路就会限制其他人对该公路的使用，同时，由于对这类公路没有收费，该公路又具有非排他性特征。

俱乐部型准公共产品的使用可以通过收费而将不愿付费者排除在对该产品的消费之外。同时，在该产品的使用者范围内，由于消费具有非竞争性，多增加一个使用者的边际成本是微不足道的。一些自然垄断行业的产品就具有这种性质。例如，有线电视就是这样的一种产品，拒绝为有线电视付费的人将不能收看其节目，但有线电视具有非竞争性，在其覆盖范围内为新增的一个用户提供节目的额外成本是很低的。

2）公共产品范围的变化趋势

公共产品的范围不是一成不变的，而是动态的，具有一定的灵活性和可选择性。某些物品因为具有公共产品、准公共产品的特性，可由私人产品加入到公共产品行列中来；相反，如果某公共产品失去了公共、准公共产品特性，也可能由公共产品变为私人产品。改变产品特性的影响因素主要包括以下几方面。

（1）科学技术。科学技术是公共产品范围变化的根本原因，科学技术水平的进步和提高可能会改变某些产品的消费方式，还可能扩大公共产品的容量，变拥挤型公共产品为非拥挤型公共产品。

（2）经济发展水平。经济发展水平是影响公共产品范围的重要实现因素，随着收入水平的提高，人们会改变消费方式，从而使公共产品的范围发生变化。例如，随着人们生活水平的提高，对公共浴池的需求会越来越小，甚至会完全消失。另外，随着经济发展，国家可能会加大某些行业的投入，扩大其供给能力，同时采取转移支付手段，使私人产品转变为公共产品，如某些福利国家推行的免费医疗服务，在经济不发达的国家就有可能是私人产品。

（3）政府和公众的公共选择。政府出于一些目的，对居民可选择的消费方式做出限制，这亦会对公共产品的范围产生一些影响，如冬季取暖，可以采取集中供热，这种政策就扩大了这个产品的范围。

（4）居民的文化素质和消费习惯。这也有可能改变公共产品的范围。

公共产品范围变化的动态性，要求我们在分析公共产品范围的时候，必须考虑上述因素，做出较为科学的分析。

3. 公共产品市场失灵分析

1）纯公共产品的市场失灵分析

纯公共产品由于具有非排他性和非竞争性，会产生"搭便车"现象，消费者不愿意单独为这类产品付费，从而使市场失去了提供这种产品的前提和基础。因此这类产品应该由政府提供，否则会造成社会福利损失。

在图4-1中，实线是生产可能性曲线，虚线是消费无差异曲线。如果没有政府干预，社会将把用于生产公共产品的资源全部用于私人产品生产，由此形成产品组合点 B，而社会最优的资源配置点在 E 点，B 点和 E 点处于同一生产可能性曲线上，由于从 B 点得到的社会福利低于从 E 点得到的社会福利，说明市场供应公共产品会造成社会福利损失。

由于公共产品的非排他性，导致公共产品的消费经常是过度消费，纯公共产品经常出现拥挤现象。当出现拥挤现象时，有可能导致使用非排他性技术是经济可行的，从而使拥挤型公共产品转变为拥挤状态的收费准公共产品。

2）非竞争性、排他性公共产品市场失灵分析

对于非竞争性、排他性的准公共产品，应该考虑由市场方式提供，即使用者只有购买才能对其消费。因为，如果这类产品采用公共方式提供，就会产生过度消费问题。但是，由市场方式提供这类产品，仍然会产生两个问题，一个是供给者不能有效地定价，二是产品供给一般不会使社会剩余价值最大化，如图4-2所示。

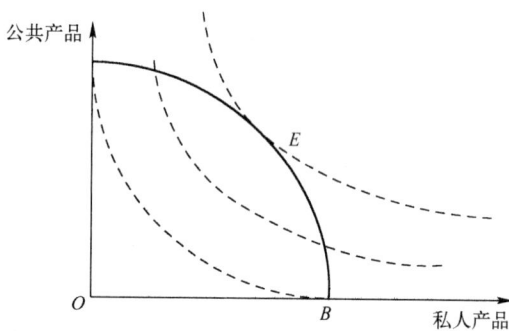

图4-1　市场提供公共产品的效率损失　　　图4-2　非拥挤型公共产品的效率损失

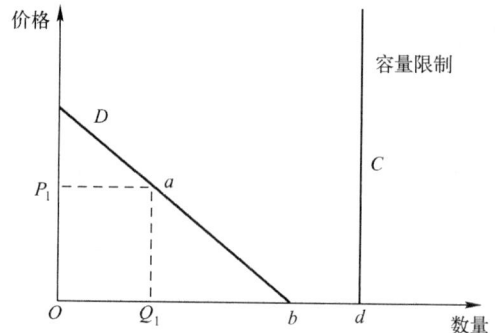

图4-2中，D 表示需求曲线，C 表示容量限制。在非拥挤状态下，即需求数量小于 d 情况下，由于消费的边际社会成本为0，任何一种正的价格都会抑制准公共产品的使用，使得社会福利不能达到最大化，例如，价格定为 $P_1 > 0$，这就限制了一些人使用，只有那些得到边际效益大于 P_1 的人才会使用，在价格 P_1 下，需求数量为 Q_1。而根据边际社会成本等于边际收益所决定的需求数量应该为 b，整个价格产生了 $\triangle abQ_1$ 面积的福利损失。

这种准公共产品如果由私人供给，由于他们追求利润最大化，企业的收费定价会高于边际社会成本，企业会把价格限制在 P_1，使得企业所得的租金最大，即正方形 P_1OQ_1a 的面积最大。

3) 竞争性、非排他性准公共产品市场失灵分析

由于任何人都可以使用这种准公共产品而不妨碍他人使用，因此，在非拥挤状态下，这种准公共产品则被称为开放性进入资源。

非排他性会导致竞争物品的过量消费，因为每个消费者都会意识到，如果自己不消费，则会被其他人消费掉。图 4-3 给出了开放性进入资源过量消费的有关效率损失情况。

当边际社会成本（MSC）等于边际社会收益（MSB）时，产生了消费量的经济有效水平 Q_0。然而，每个人在消费时，均只考虑个人直接承担的成本，即边际私人成本（MPC），如果边际社会成本由所有消费者平均分摊，该私人边际成本就是所有需求者的平均成本，但对于开放性进入资源来说，边际私人成本要小于平均成本，结果会出现均衡消费量 Q_{0A}，它会大于 Q_0，$\triangle abc$ 的面积就是由于过量消费造成的社会剩余损失。

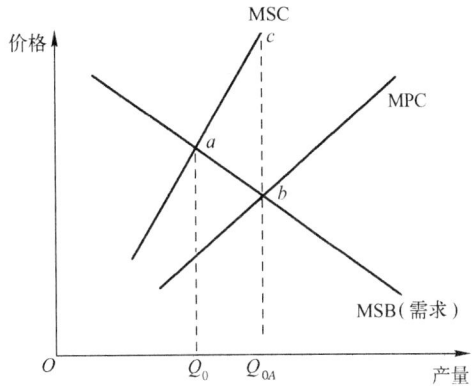

图 4-3　开放性进入资源过量消费的效率损失情况

4.3.2　交通运输产品的公共性分析

很多学者对交通运输产品的公共性进行了研究，普遍认为：运输产品的拥挤临界点对运输产品的私人性和公共性有重要影响。所谓的拥挤临界点有具体而明确的定义，对列车来说，是指定载重量或者额定载客量；而对运输线路来说，是指通行能力。运输产品未达到拥挤点之前，运输产品具有非竞争性、非排他性特点，是公共产品。运输产品在达到或者超过拥挤临界点时，运输产品的"公共性"开始弱化，私人产品的特性开始加强。因此，运输产品具有公共产品和私人产品的复合特性；运输产品的属性因需求函数的不同在公共产品和私人产品之间呈动态变化趋势。

世界银行在 1994 年的发展报告中对包括交通在内的基础设施的性质进行了详细分类。他们认为城市公交既具有排他性又具有竞争性，属于私人产品；农村道路属于公共产品；铁路货运和客运服务属于私人产品；港口与机场设施属于准公共产品；港口与机场服务属于私人产品。各类交通基础设施的公共性分析如表 4-2 所示。

表 4-2　各类交通基础设施的公共性分析

部门和子部门	竞争潜力	商品或服务特点	向用户收费补偿的可能性	公共服务的责任	外部环境性	市场化指数
铁路路基与火车站	低	俱乐部型准公共产品	高	中等	中等	2.0
铁路货运与客运	高	私人产品	高	中等	中等	2.6

续表

部门和子部门	竞争潜力	商品或服务特点	向用户收费补偿的可能性	公共服务的责任	外部环境性	市场化指数
城市公交	高	私人产品	高	中等	低	2.4
城市地铁	高	私人产品	中等	中等	中等	2.4
农村道路	低	公共产品	中等	很少	高	1.0
一级、二级公路	中等	俱乐部型准公共产品	中等	很少	低	2.4
城市道路	低	公共产品	中等	很少	高	1.8
港口与机场设施	低	俱乐部型准公共产品	高	很少	高	2.0
港口与机场服务	高	私人产品	高	很少	高	2.6

注：市场化指数是指各种设施的商品化程度：1.0——不适宜在市场出售；2.0——基本适宜在市场出售；3.0——最适宜在市场出售。

另外，还有一些学者针对具体的运输产业分析其特性，如我国的铁路运输业属于准公共产品。

4.3.3 公共产品理论对交通运输政策制定的启示

不同运输方式和不同设施的公共性是不同的，公共产品理论要求我们在分析交通运输业的特性时，要针对具体运输方式及我国的经济发展状况、技术发展状况，进行科学的分析。在制定交通运输政策时，应该针对具体产品的特性制定政策，做到既要消除市场失灵又要消除政府失灵，从而实现社会福利的最大化。

4.4

自然垄断理论

自然垄断是经济学中一个传统概念。早期的自然垄断概念与资源条件的集中有关，主要是指由于资源条件的分布集中而无法竞争或不适宜竞争所形成的垄断，现代这种情况引起的垄断已不多见。而一般意义上的自然垄断则与规模经济紧密相连。自然垄断理论是现代产业经济学理论中发展较为迅速的一个组成部分。自然垄断理论的发展演进导致20世纪70年代后西方发达国家对自然垄断产业的放松规制，许多过去被认为必须加以规制的产业部门都取消或放松了规制。在这一规制改革的背后，实质上隐含着自然垄断理论的革新与进步。

4.4.1　自然垄断理论的发展

总体来说，自然垄断理论的发展可以分为以下几个阶段。

1. 第一阶段：建立在自然条件下的规模经济自然垄断理论

英国古典经济学家约翰·穆勒（John Mill）最早提出自然垄断理论，他在《政治经济学原理》中提出"地租是自然垄断的结果"。显然，穆勒是从自然资源的稀缺性角度来理解自然垄断的，这和后来对自然垄断的说法大相径庭。穆勒将自然垄断定义为市场中形成的一家供应商对市场的独占，他最早从技术经济角度提出自然垄断的概念。亚当·斯密（Adam Smith）把自然垄断的定义简化为产业的规模技术经济状况，认为对规模收益递增的产业要实行政府规制。

法罗是最早从经济特征的角度来理解自然垄断的学者之一，他认为自然垄断是那些从来没有发生竞争，以及即使发生过竞争但最终走向垄断的产业，法罗从自然垄断产业中归纳出五个特征，其中就包括自然条件优势和规模经济特征。

伊利将自然垄断划分为三类：依赖独特的资源形成的自然垄断、依赖信息独占形成的自然垄断及依赖产业特殊性形成的垄断，并认为自然垄断源于生产的规模经济状况。

从早期的自然垄断理论来看，古典经济学家已经开始认识到规模经济性在决定自然垄断中的重要作用，但自然条件在自然垄断理论中仍占有重要的地位。

2. 第二阶段：从规模经济的角度来理解自然垄断理论

美国当代金融经济学家默顿·米勒（Merton H. Miller）认为：如果规模经济足够大，使得长期成本曲线在相应范围内向下倾斜，那么就只有一家工厂能够生存下来。这个幸存者就会把产出扩张到最大，并因而使平均总成本下降到最低，它可以用廉价出售的方法来竞争，最终把对手挤出该行业。这种情况形成的垄断就是自然垄断。

在《现代经济词典》中是这样定义自然垄断的：自然垄断是一种自然条件，它恰好使市场只能容纳一个有最适度规模的公司。自然垄断是否存在的决定性标志是：市场需求主要由一家成本不断降低的公司就能满足。其基本特征是生产的规模经济性，平均成本随产量的增加而递减，由一家企业来提供产品更有效率。

在图 4-4 中，产品在竞争条件下的市场供应曲线是众多企业的 $\sum$MC，它是这几家企业在其平均可变成本曲线最低点的水平加总线；P_c 是均衡价格；Q_c 是均衡产量。若假设这几家企业被一家垄断企业所替代，如果确实存在成本优势，新的边际曲线（垄断者的 MC）将全部

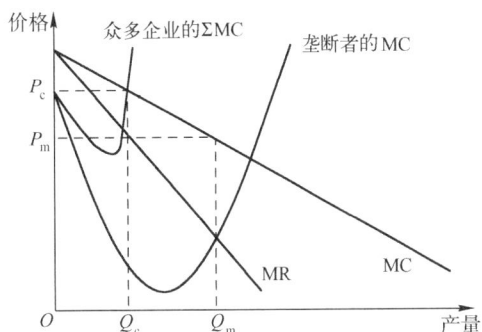

图 4-4　竞争和巨大成本优势的垄断

落在原来的产业供给曲线之下。垄断者若以边际收益等于边际成本的价格确定产量 Q_m，并制定相应的价格 P_m，就能以较低的价格提供更多的产品，从而增进社会福利。

2018 年诺贝尔经济学奖得主诺德豪斯认为，自然垄断最明显的特征是企业产出规模扩大到整个产业的产量时，平均成本仍在下降，因此由一个厂商垄断经营比多个厂商提供全部产品更有效率。

规模经济之所以导致自然垄断，还因为在边际成本递减条件下，一方面，原先进入该产业部门的企业，随生产规模扩大，边际成本持续下降，因而必然把生产规模扩大到独占市场的程度；另一方面，在垄断企业已经存在的情况下，任何新企业进入该产业，其初始成本必然很高，无法与垄断者展开竞争，即规模经济成为新企业进入该产业的壁垒。

从上述理论可以看出，现代经济学家主要是从经济特性角度来讨论自然垄断，并将自然垄断归结为规模经济的技术特征，但是这不能解释现实生活中很多自然垄断产业处于规模不经济阶段。

3. 第三阶段：以"成本劣加性"重新定义自然垄断

正是认识到上述规模经济角度定义自然垄断的缺陷，美国经济学家鲍莫尔等人重新定义了规模经济和范围经济，并用"成本劣加性"重新定义了自然垄断。

1）成本劣加性

为了便于分析，我们考虑单一产品的情况。用 q_i 表示第 i 个企业的产量；$C(q_i)$ 为 q_i 所需的总成本；假定所有企业均采用同样的技术，则成本函数适用于所有的企业；n 表示该产业中生产相同产品的企业数；Q 表示市场需求量，$C(Q)$ 表示所需总成本，则有：

$$Q=\sum_{i=1}^{n} q_i \tag{4-3}$$

如果 $C(Q)<\sum_{i=1}^{n} C(q_i)$ 成立，那么成本函数 $C(Q)$ 满足成本劣加性。也就是说，所谓"成本劣加性"是指由一家企业生产该产品市场需求量的成本低于由两家或两家以上的企业共同生产所花费的成本。显然，"成本劣加性"是自然垄断存在的条件。

2）规模经济性

规模经济性是指伴随产量增加而平均成本递减的状况。对于两个不同的产量 q_i 和 q_j（$q_i>q_j$），若平均成本成立的话，那么该产业存在规模经济，即：

$$C(q_i)/q_i<C(q_j)/q_j \tag{4-4}$$

由于 $q_i<Q=\sum_{i=1}^{n} q_i(i=1, 2, \cdots, n)$，则：

$$C(q_i)/q_i>C(Q)/Q \tag{4-5}$$

由此可见，当一个产业存在规模经济时，必然满足"成本劣加性"条件。即规模经济是自然垄断存在的充分条件。但需要指出的是，规模经济性不是自然垄断的必要条件。当一个产业规模经济性不成立时，仍然可能存在着"成本劣加性"。

如图 4-5 所示，AC_1 是一家企业独占市场时的平均成本曲线。当产量 $Q>Q_0$ 时，平均成本递增，规模不经济。而 AC_2 是两家企业共同分享市场时的平均成本曲线（两家企业各分担 $Q/2$

时，总成本最小）。从经济性角度出发，图中的 Q' 是由一家企业独占市场还是由两家企业共同分享市场的分界点。当市场需求 Q 大于 Q_0 小于 Q' 时，虽然平均成本递增，出现了规模不经济，但仍然是一家企业独占市场比两家企业共同分享市场成本要低，即存在着"成本劣加性"。

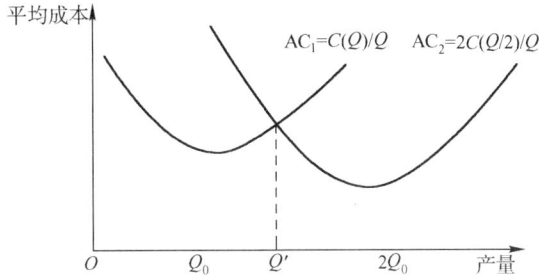

图 4-5　规模经济与成本弱增性

3）范围经济性

"成本劣加性"还可推广到传统的规模经济性观点所不能解释的存在联合生产的经济性，即范围经济性的多产品生产中。在多产品生产中，规模经济对于"成本劣加性"来说既不必要也不充分，其原因在于多产品生产中产品间的相互依赖非常重要。衡量这种相互依赖性的方法就是范围经济概念。

1981 年，鲍莫尔等人在《美国经济评论》上发表了《范围经济》一文，在"成本劣加性"基础上首次提出了范围经济的概念。他们认为产生范围经济的主要原因如下：

（1）生产技术设备具有多种功能，可以用来生产不同的产品；

（2）某些生产要素投入后可重复使用；

（3）零部件或中间产品具有多种组装性能；

（4）企业的无形资产，例如企业的经营管理知识和技术，在生产经营多种产品时同样可以使用，不会增加多少额外费用。

规模经济通常是按照不断下降的平均成本函数来定义的。而范围经济通常是以一个企业生产多种产品和多个企业生产同一种产品的相对总成本来定义的。因此，多产品自然垄断的"成本劣加性"主要表现为范围经济性，即在某一多产品的企业中，只要一家企业生产所有产品的总成本小于多家企业分别生产这些产品的成本之和，该产业就具备自然垄断性。

自然垄断的一个新的进展就是认识到自然垄断特性不是一成不变的。企业是否为自然垄断企业不是永久不变的，技术和需求是最基本的影响因素。当它们改变时，最适宜的产业组织形式也会改变，曾经在自然垄断名单中的产业也可能从中移除，新的产业也可以变为自然垄断产业。例如，当英国周围的低成本电力传送在技术上变得可行后，带有自然垄断特点的国家电力网概念就形成了，地区电力系统最终变为由国家控制。又如，如果两个地区间的航空服务需求大增，这类服务的提供就会从一个自然垄断产业转变出来（也许会变成寡头垄断）。

4.4.2　自然垄断的类型

建立在成本劣加性和范围经济基础上的自然垄断新定义扩大了自然垄断的范围。

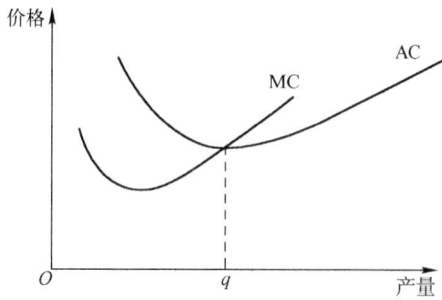

图4-6　自然垄断的范围

在图4-6中，产量 q 是边际成本 MC 和平均成本 AC 的交点，也是平均成本 AC 的最低点。传统定义的自然垄断中包括 q 点左边的平均成本持续下降的情况，而现代观点的自然垄断也包括了 q 点右边的平均成本上升的情况。但在 q 点的左、右两边，自然垄断的性质略有不同。位于 q 点左边的情况被称为强自然垄断，位于 q 点右边的情况则被称为弱自然垄断。

从自然垄断变迁的角度看，自然垄断分为永久自然垄断和暂时自然垄断。

1. 永久自然垄断

所谓永久自然垄断，关键在于其长期成本（LRAC）随产量的增加持续下降。不论市场需求有多大，单个企业都能以最低的成本生产出来，价格 P 与产量 Q 的关系如图4-7所示。

2. 暂时自然垄断

暂时自然垄断是指长期平均成本下降至产量某一点之后就变为常数。因此，随着需求增加，自然垄断就变成了完全竞争市场。图4-8阐释了暂时自然垄断。可以看到，LRAC 下降至某一产量（假设为 Q^* 点）之后变成常数。

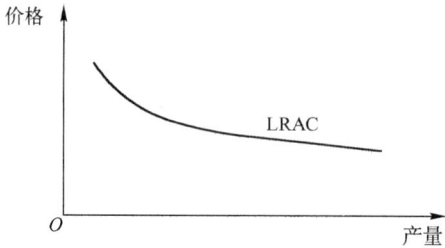

图4-7　永久自然垄断

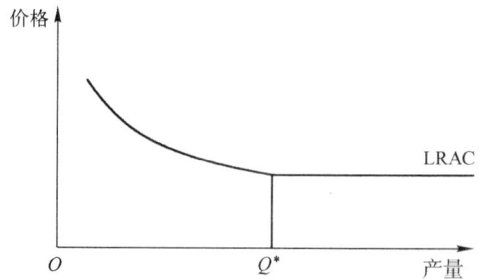

图4-8　暂时自然垄断

现实生活中这种情况很常见，如20世纪40年代纽约和费城间的长距离电话服务仅需要800条线路，在这种容量下，单位成本持续下降，形成自然垄断状态。到了20世纪60年代后期，线路的数目增至79 000条（很大程度上起因于对电话的需求增加），在这一使用量下，单位成本基本持平，暂时自然垄断消失。又如铁路运输在19世纪具有相当的成本优势，而到了20世纪20年代，这些优势随着卡车的使用而大量消失。这就说明，随着技术进步，在一段较长时间内，成本函数会因生产中新知识、新技术的引入而发生转变，从而产生自由竞争。从长期来看，永久自然垄断很可能越来越少。

4.4.3　自然垄断产业的特征——以铁路运输为例

下面以铁路运输为例介绍自然垄断产业的特征。

1. 具有传输产品或服务的传输网络系统

铁路运输具有传输产品或服务的传输网络系统，生产企业必须借助传输网络系统才能将其产品或服务传递给用户，用户也必须借助传输网络系统才能得到企业生产的产品或服务。

另外，自然垄断与规模经济是高度一致的。铁路行业是典型的网络系统，规模（使用者数量和距离）越大，需要的固定资本投入越大。这种固定成本在总成本中所占比重很大的基础设施产业，在一定程度内，其需求量越大，固定成本就越可能分散到每一需求，因而越能收到规模经济效益。

2. 存在大量沉淀性成本

自然垄断产业的固定资本具有很强的长期使用性质，同时又很难将这些固定资本转用于其他用途，因此，固定成本的沉淀性很大。

铁路路网的基本建设投资额巨大，往往私人企业无力承担，资金一旦投入就很难用于其他用途。如果有两家或两家以上的企业进行重复投资，不仅会浪费资源，而且会使每家企业的网络系统都不能得到充分利用。

3. 具有公共产品的特征

大多数自然垄断商品是公众所需要的基本服务，即商品和服务的需求弹性较小，且具有较强的公共性，因而普遍服务特征也是自然垄断产业的基本要求。

铁路具有公共产品特征，在达到拥挤点之前，明显符合公共产品的非竞争性的特征。对于一列尚未满员的火车来说，增加一位旅客并未减少其他旅客所得到的运输效用。另外，铁路运输的正外部性也使铁路表现出公共产品的特征，对经济发展具有巨大的促进作用，当某一地区的经济因交通便利程度的提高而繁荣起来的时候，要想使该地区的居民不享受运输促进经济繁荣所带来的好处，几乎是不可能的。

4. 生产具有极大的范围经济效益

在大部分自然垄断产业领域，存在着生产和配送方面的巨大规模经济效益。如果企业各自单独进行生产和销售的话，将会形成在生产设备和配送系统上的巨额重复投资，造成资源的巨大浪费。因此，只有通过联合生产或联合销售，才能使固定的生产设备和配送装置得到充分利用，从而极大地节省生产和销售费用。

5. 生产或服务的基本技术经济标准具有统一性

在大多数自然垄断产业领域内，存在着生产和配送方面的网络经济效益和范围经济效益，因此其产品和服务的基本技术经济标准必须实现统一，否则联合生产、联合销售、联合配送势必会遇到不可逾越的技术障碍。

铁路线路是列车运行最重要的基础设施，而且在一个时间段里只有一条运行线，因此线路构成了铁路运输系统的有线网络，线路的布局和管理对铁路的运输效率起着决定性的作用。铁路运输的这一特性客观上要求有一个权威的机构对铁路线网进行统一调度管理。

4.4.4　自然垄断理论对交通运输政策制定的启示

交通运输业具有规模经济性和范围经济性，同时运输业也存在大量的沉没成本。交通运输业必须先期在基础设施的建设上投入大量资本，而这些资本，如果退出经营，是无法抽回的。因此，交通运输业仍属于自然垄断产业。

尽管从总体上看，交通运输业是自然垄断产业，但并不是交通运输业中的所有业务都具有自然垄断性，因此需要对这些业务的具体特点进行细致分析，使自然垄断业务和非自然垄断业务分离，对不同业务分别核算，并使之成为交通运输政策制定的一种目标导向。表4-3给出了对各种自然垄断的管制对策。

表4-3　对各种自然垄断的管制对策

垄断类型	进入有障碍	进入无障碍	
弱自然垄断	管制，使价格高于边际成本以消除企业亏损，同时避免垄断价格	不管制，借助潜在竞争者的进入威胁，迫使垄断者制定盈亏相抵的价格	管制：（1）使价格高于边际成本以消灭亏损，同时避免垄断价格；（2）不允许潜在竞争者进入市场
强自然垄断	管制，使价格等于边际成本，允许企业盈利	不管制，借助潜在竞争者的进入威胁，迫使垄断者制定边际成本价格	管制：（1）使价格高于边际成本，允许企业盈利；（2）不允许潜在竞争者进入市场

4.5

外部性理论

4.5.1　外部性的概念与分类

外部性也称为外部效应或溢出效应。从经济学的角度来说，外部性的含义是指一个经济主体（生产者或消费者）在自己的经济活动中对旁观者的福利产生了一种有利影响或不利影响，这种有利影响带来的利益（或者说收益）或不利影响带来的损失（或者说成本），生产者或消费者主体都没有获得或承担，外部性是一种经济力量对另一种经济力量"非市场性"的影响。简单地说，外部性是指一个经济个体的行为对旁观者福利的无补偿的影响。

当一个个体从事一种影响旁观者福利，而对这种影响既不付报酬又得不到报酬的活动时，就产生了外部性。

外部性可以分为正外部性（或称外部经济、正外部经济效应）和负外部性（或称外部不经济、负外部经济效应）。正外部性是某个经济行为个体的生活或消费活动使他人或社会受益，而又没有向受益者收费的现象。负外部性是某个经济行为个体的生活或消费活动使他人或社会受损，而造成损失的个体却没有为此承担成本的现象。

4.5.2　外部性理论的演变

外部性理论始于 1890 年英国剑桥大学经济学家马歇尔在《经济学原理》中提出的"外部经济"概念：对于经济中出现的生产规模扩大，我们是否可以把它区分为两种类型，第一类，即生产的扩大依赖于产业的普遍发展；第二类，即生产的扩大来源于单个企业自身资源组织和管理的效率。我们把前一类称作"外部经济"，把后一类称作"内部经济"。但当时马歇尔并没有对外部性进行比较明确的定义。

1924 年，马歇尔的学生庇古在《福利经济学》中提出"内部不经济"和"外部不经济"的概念，并基于对社会资源进行最优配置这一角度，应用边际分析法，提出边际社会净产值和边际私人净产值的概念，最终形成外部性理论。他认为，经济活动中如果某厂商给其他厂商或整个社会造成无须付出代价的损失，这时该厂商的边际私人成本小于边际社会成本，那就存在负的外部性；如果该厂商的边际私人收益小于边际社会收益，这时存在正的外部性。不论是正的还是负的，外部经济性的存在，都不能使资源配置达到最优。针对这种情况，提出了著名的"庇古税"的外部效应内部化的政策建议，即对存在负外部经济的厂商征税，而对存在正外部经济的厂商给予奖励和津贴。

庇古曾经用外部不经济理论来论述"道路拥挤"的问题，美国经济学家弗兰克·奈特对庇古的意见进行了反驳，认为过度拥挤虽然与"外部不经济"有关，但产生"外部不经济"的原因是对资源的产权缺乏界定，若将稀缺资源界定为私人所有，"外部不经济"将得以克服。奈特对"外部不经济"的认识，已经注意到了其产权的原因，扩大了对"外部性"研究的视野。

20 世纪 60 年代，美国经济学家罗纳德·科斯于《社会成本问题》中将交易成本的概念与法律制度这一最为广泛的社会制度的选择相联系，分析了法律规则对资源配置的影响。他提出在交易成本为零的条件下，庇古是完全错误的，因为无论初始的权利如何分配，最终资源都会得到最优配置，理性主体总会将外溢成本和收益考虑在内，社会成本问题将不复存在。由此产生了著名的"科斯定理"：如果交易费用为零，无论产权如何界定，都可以通过市场交易和自愿协商达到资源的最优配置；如果交易费用不为零，那么制度安排与选择是重要的。这就是说，解决外部性问题可以用市场交易形式即自愿协商代替"庇古税"手段。但是，科斯定理也存在一定的局限性，产权界定本身是有成本的，特别是像环境资源这样的公共产品的产权很难界定，或者说界定成本很高，这就使科斯定理中的自愿协商失去了前提。

中国香港经济学家张五常认为外部性概念是模糊不清的，应该从交易费用和合约结构着手研究私人成本和社会成本问题。在张五常看来，所有的经济活动都可以看作是一种合约安排，问题的实质是交易费用，即界定产权节省的"交易费用"和因产权界定不清而引起的外部性之间的两难冲突问题。

4.5.3　解决负外部性的途径

对于正外部性来说，由于市场经济中的个体具有逐利的特征，经济主体愿意并且会积极推动其内部化，以获取收益。对于负外部性来说，则需要借助相关政策法规的手段来使其内部化，来解决由于负外部性的存在导致的资源配置偏离最优状态的影响。解决负外部性的途径一般有以下几个方面。

1. 科斯途径

根据前面关于科斯定理的描述，在经济活动中，只要产权是明确的，并且交易成本为零或者很小，那么无论在开始时将产权赋予谁，自由竞争市场里形成的市场均衡的最终结果都是有效率的，可以实现资源的最优配置。科斯定理认为，在某些条件下，经济的外部性或者说非效率可以通过当事人的谈判得到纠正，从而达到社会效益最大化。

科斯定理提供了一种通过市场机制解决外部性问题的思路和方法，即在产权明确和交易成本为零的前提下，通过市场机制来解决外部性问题。他提出了两种节约交易成本的方法：一是优化产权界定，二是建立企业制度。科斯途径存在一定的局限性：首先，它的假设条件太苛刻，在现实中交易成本不可能为零；其次，由于存在西方学者所说的策略性行为，在资源分配上不会出现帕累托最优状态；最后，它忽视了收入分配的效应。科斯途径指出了政策制定者在解决负外部性方面的努力方向，即一方面尽力明确产权，另一方面努力完善制度和法律体系来降低交易成本，以充分利用市场机制来实现资源的优化配置。

2. 庇古税

庇古税是由福利经济学家庇古所提出的控制负外部性行为的一种经济手段。按照庇古的观点，导致市场配置资源失效的原因是经济当事人的私人成本与社会成本不一致，使得私人采取最优配置方案时，整体的社会配置方案并非最优。因此，纠正外部性的方案是政府通过征税或者补贴来矫正经济当事人的私人成本，只要政府采取措施使得私人成本和私人利益与相应的社会成本和社会利益相等，资源配置就可以达到帕累托最优状态，这种解决外部性的途径称为"庇古税"方案。庇古税的优点主要体现在两个方面，一是提供了减少污染的持久的经济激励，具有进一步减少污染的动态效率与静态效率；二是对负外部性有矫正性的功效。通过征税，政府可获得一部分财政资金，用于防治环境污染、解决交通拥堵等负外部性问题的相关支出。但庇古税在实际施行中也存在着税率确定困难、公共政策的逆向效应、企业税负转嫁增加消费者负担等争议。

3. 政府管制

政府管制又称为政府规制，是指立法或政府部门对经济部门的活动进行的某种限制或规定，如市场进入、价格、数量限制或经营许可等。政府管制的宗旨是为市场运行及企业行为建立相应的规则，以纠正市场失灵，确保微观经济的有序运行，实现社会福利的最大化。经济学上把政府管制分为经济性管制和社会性管制两类。经济性管制是指对价格、市场进入和退出条件、特殊行业服务标准的控制，一般是对某一个特定行业、特定产业进行的一种纵向性管制；社会性管制主要用来保护环境以及劳工和消费者的健康和安全。通过政府管制，可以限制产生负外部性的行为。

政府管制具有很多优点，一是将人们的行为限定在不直接损害其他人利益的范围内或有助于社会发展的范围内；二是弥补市场缺陷，纠正市场失灵，使资源配置达到帕累托最优；三是可以对企业行为进行一定程度的控制，避免重复建设造成的资源浪费，规范经营者的行为，促进经济结构的合理化。

相比较于科斯途径和庇古税，政府管制的最大特点就是时效性强，可以在短时间内实现政策法规所希望达到的立竿见影的效果。但政府管制也有很多负面效应，如容易产生寻租行为、造成巨大的反腐败成本、信誉机制丧失、管制方案不完善、干扰市场竞争带来低效率等。

4.5.4　交通运输外部性

对交通运输外部性的研究主要有以经济实体即交通运输业为界、以系统即"运输交易活动"为界和以运输活动中的个体为界三种主要观点。比较系统地研究交通运输外部性的国外学者是德国的维尔纳·罗森加特，其 1993 年的研究结论是，交通运输外部性可以分为以下三个层次：

（1）运输与环境、人力资本等非再生资源相互作用产生的外部性，如环境污染、交通事故等。

（2）运输系统内部的相互作用而产生的外部性，如交通拥挤等。

（3）运输与政府、私人生产者和消费者相互作用而产生的外部性，如政府对运输业的价格管制，要求其以低价提供服务，使用户得到额外收益，这属于制度外部性。

其 1996 年的研究结论是，交通运输系统外部性效应有以下 4 种类型：

（1）消耗自然和人力资源而未支付任何费用。

（2）将运输设施延伸到边缘地区的项目所产生的协同效应。

（3）由于运输设施同时大量使用产生的拥挤效应，而这种相互作用的所有受影响方均在运输部门内部。

（4）运输对生产和消费模式的正影响。

而其 2000 年新的研究结论则是运输外部性包括以下 4 个层次：

（1）基础设施供给产生的正、负影响，这些影响无法通过市场发生。

（2）运输系统内部使用者之间的相互影响，即通过无意的交互作用导致的非效率。

（3）由不应该付费的群体错误地支付了基础设施费用而产生的"现金流"错置，即纳税人支付了比他们享有的公共服务价值多的费用，而私人使用者则多支付了比他们实际使用的基础设施能力价值多的费用。

（4）运输设施的行为影响到运输部门以外的第三群体，这在一定程度上产生错误信号，从而降低市场效率。

从交通运输设施供给和使用方面来看，交通运输设施供给的正外部性主要体现为交通运输基础设施的公共产品性质，包括消费的增加和生活水平的提高；收入效应和增加就业机会；拉动经济增长，优化产业结构；促进地区间商品流通；开发边远落后地区。交通基础设施的正外部性是政府供给运输设施的主要原因。而交通基础设施的负外部性则主要表现为：环境污染、生态破坏及人类沟通的隔离等。

交通运输设施使用的正外部性可以分为金钱正外部性和技术正外部性两种，金钱正外部性主要是由于运输成本降低所带来的一些额外收益，比如劳动力市场扩大、产品市场扩大等；技术正外部性主要是指由于运输设施提供了诸如便捷快速地运送病人的条件而使病人减少痛苦和伤残程度等。交通运输设施使用的负外部性主要包括 4 个层面：交通拥挤带来的额外时间和运营成本；交通运输设施供给中没有包含的费用，即纳税人与使用者的现金流错置；运输活动带来的对环境的影响；交通事故造成的人力损失。

正是由于交通运输基础设施的供给和使用具有比较明显的正外部性，使得交通运输基础设施具有社会公益性，很多国家对交通运输基础设施的供给并不仅仅是从经济效益方面来考虑，而是在项目评估时将其社会效益也计算在内，特别是一些带有区域开发性质的交通运输基础设施项目更偏重其社会效益。在一些国家的交通运输政策与发展战略、规划中也体现了对社会公益性的重视。例如，美国《交通运输部战略规划（2003—2008）》在战略目标中就提出，为人口和货物的流动提供可靠、高效、联合的交通运输，建设一个能够推动经济增长与发展的更有效的国内国际交通运输体系。在英国《交通运输政策白皮书》中提出的交通运输政策的方针包括促进郊区和边缘地带的经济发展，通过较好的交通规划来提高地方经济活力，促进地方经济复兴。

由于交通基础设施具有的社会公益性，一些发达国家对交通基础设施特别是公路实行政府投资、统一归国家所有、全社会无偿使用等政策，即使财力短缺也会实行管制比较严格的特许经营政策，即在"特许经营权"期间按政府核定的费用率收取费用，用以偿还建设投资本息和支付养护、管理费用，在特许经营期满后，不再收取费用而变为免费设施。

4.5.5　外部性理论对交通运输政策制定的启示

按照庇古的理论，通过征收"庇古税"即可解决外部性问题；按照科斯的外部性理论，在交易成本为零或交易成本很低的情况下，通过界定产权可以解决外部性问题。

中国交通运输外部性的主要原因之一是制度缺位。某些稀缺资源没有建立有效的产权制度，使得这些资源的使用价格难以确定，如运输设施，由于其是廉价的稀缺资源，这就造成了对运输设施的过度消费和供给不足。

其次，中国交通运输外部性产生的直接原因是没有建立合理的价格体系来反映外部性，造成私人净收益和社会净收益的背离，这种背离使资源无法得到有效配置和合理利用。

以上两点给我们的启示是：交通运输外部性问题必须通过组合政策来解决。首先要以市场化为导向，建立有效的产权制度；其次要利用市场机制的作用，建立合理的价格体系，并且通过征收燃油税、排污费以及许可证交易等经济手段来解决交通外部性问题。

4.6

政府规制理论

4.6.1 政府规制理论的内容

政府规制（管制），特指立法或政府部门对经济部门的活动进行的某种限制或规定，如市场进入、价格、数量限制或经营许可等。美国当代经济学家乔治·施蒂格勒于 1971 年发表了《经济规制论》，首次尝试用经济学的基本范畴和方法来分析规制的产生，从而开创了经济学的重要分支——规制经济学。但随其发展，规制经济学因观点不同而存在不同的分支，比较典型的分支有"社会公共利益"学说、"规制俘获"理论、信息不对称下的"规制失效"和规制的滞后效应等理论。在政府规制理论发展的早期，围绕规制目的的讨论分为两派，即公共利益理论和规制俘获理论。目前一般认为，政府规制理论主要包括规制公共利益理论、规制俘获理论、规制需求理论、利益集团理论、规制博弈理论等内容。

1. 规制公共利益理论

规制公共利益理论的实质是政府作为公共利益的代表者，当公众要求对市场失灵进行纠正时，政府就应该出面对相关经济领域进行干预。该理论认为，规制的目的是增加公众的福利，即弥补市场失灵带来的效率损失，并得到更为社会认可的收入分配状况。公共利益学说是一种规制的规范分析框架，主要解决应该怎样规制的问题。规制就是解决生产有效性和配置有效性的矛盾，这也是规制者追求的主要目标。虽然规制自身存在缺陷，但可以通过改进规制过程，增加规制者在法律上对垄断的监督程度，利用让消费者参与听证等手段提高规制水平，它主张政府规制对市场失灵的回应。

公共利益学说在一个很长的时间内一直以正统的理论在规制经济学中居于统治地位。这一理论假定政府规制的目的是通过提高资源配置效率、增进社会福利，并假定规制者专一地追求这一目标。它把政府规制看作是政府对一种公共需要的反应。它包含着这样一个前提，即市场是脆弱的。政府规制是对社会的公正需求所做出的无代价、有效和仁慈的反应。政府规制是针对私人行为的公共行政政策，是从公共利益出发而制定的规则，目的是防止受规制的企业对价格进行垄断或者对消费者滥用权力，具体表现为控制进入、决定价格、确定服务条件和质量及规定在合理条件下对市场作出一定理性的计算，使这一规制过程符合帕累托最优原则，这样，不仅能在经济上富有成效，而且能促进整个社会的完善。

作为一种经济规制理论，公共利益理论本身是不完善的，因此，一些学者对规制的公共利益理论提出了严厉批评。首先，它缺乏这样一种机制——无法清楚解释一旦市场失灵出现，是通过什么而成为修正性的对象的。曾有人指出，规制的公共利益理论缺乏对立法行动和规制完成机制的分析，且对规制发生的论断没有进行实证检验。其次，施蒂格勒等人通过对1912—1937年间美国电力事业价格规制的效果研究表明，规制仅有微小的导致价格下降的效应，并不像公共利益理论所宣称的那样规制对价格下降有较大的作用。最后，对该理论规范分析的最严厉批判来自现实世界的大量被规制的产业既不是自然垄断产业，也不具有外部性产业这一事实，因为在现实生活中存在大量能够驳斥公共利益理论的事实依据，如许多既非自然垄断也非外部性的产业一直存在价格与进入规制，规制并不必然与外部性和垄断市场结构相关。

2. 规制俘获理论

规制俘获理论认为，政府规制是为满足产业对规制的需要而产生的，即立法者被产业所俘获；而规制机构最终会被产业所控制，即执法者被产业所俘获。

规制俘获理论建立在以下3个假设基础上：

（1）所有的利益相关者都是纯粹的经纪人，都是效用最大化的追求者；

（2）所有利益相关者都具有理性的预期；

（3）规制是没有成本的。

该理论认为，政府进行规制仅代表社会的某一特殊利益集团，规制使整个过程最终将变成是为被规制产业服务，规制者被规制的对象所俘获。政府规制与其说是为了社会公共利益的目的，不如说是特殊的利益集团寻租的结果。

政府规制俘获理论的总体影响是增强了反政府规制的倾向。英美国家出现的放松规制运动，不能说与此无关，但这一理论也为政府科学地制定和实施规制政策敲响了警钟，因为在政府规制过程中确实存在着寻租与创租的情形。

实践证明：公共利益理论和规制俘获理论都不全面，都过于片面化，于是出现了其他的一些规制理论。

3. 规制需求理论

施蒂格勒于1971年提出了规制需求理论，他认为规制的存在是社会对规制有需求和供给，在这种关于是否规制的经济中，各个利益集团要求政府做出符合他们各自利益的选择，被规制的垄断企业与消费者集团争夺对政府的影响。施蒂格勒研究的中心思想是，作为一种制度，政府规制是产生所需并为其利益服务而设计和实施的。它使用标准的经济供求分析来解释政府规制的存在，确立了一个以工商企业或消费者为需求方、政府为供给方的供求分析框架，从供求条件的变化就可以观察到规制政策究竟是为谁服务的。他还观察到，在美国，政府规制在很多场合并不符合各个利益理论，许多产业总是试图谋求政府的强制力。

佩尔兹曼认为，施蒂格勒将规制上升到一个在一般政治运作过程框架下决定最优政治联合体的问题，规制不再是一个免费商品。佩尔兹曼对规制需求理论进行了发展，提出了施蒂格勒-佩尔兹曼模型，该模型可以用来预测哪个产业会受到规制，也就是说，立法者得到的民众和企业的支持，与市场价格和企业的利润相关。佩尔兹曼从以下 3 个方面阐释了对规制活动本质的认识：

（1）政府规制的实质，是将垄断利润的最终归属的决定权授予政府规制当局；

（2）政府规制条件下，受规制者往往能够对规制结果做出价位准确的预测，这只是一个理性的产业，显然会花光所有的垄断利润而只保留政府认可的利润；

（3）在政府规制条件下，较之不加以规制而言，真正发生明显变化的不是受规制产业的产量和价格，而是收入在各相关利益集团之间的分配。

佩尔兹曼最优规制理论的重要意义在于，最优规制政策是以立法或规制机构为中介的消费者和厂商利益调和的结果。

4. 利益集团理论

贝克尔从另一个角度探讨了规制经济理论。他的规制模型强调利益集团之间的竞争，由此得出的理论是规制倾向于增加具有较大影响力的利益集团的福利。

贝克尔在强调利益集团之间竞争的同时，取消了立法的中介在模型中的地位。贝克尔认为：政客、政党和选民无非是传递各利益集团的压力，而规制理论的根本所在，无非是规制被用来增加最有影响力的利益集团的福利。贝克尔模型的独特之处在于，它的结论更能解释经济规制的公共利益理论的合理性。

利益集团理论假定，政治家受到的激励是赢得选举。为此，他要采取迎合选民的政策，以赢得选民的选票，或争取到选民的捐助，以募集参加竞选所需要的资金。政治家面临的问题是，单个选举者事实上对选举几乎没有影响，所以鼓励一个选民去参加选举或了解一个官员拥护什么政策是困难的。但是，为了各种非政治目的组织起来的民间组织、贸易协会、工会和其他按照经济利益组织起来的组织，不仅对厂商有明显的影响，而且能够很轻易地与政治家们讨价还价。双方讨价还价的基础是：经济组织支持政治家，而政治家赞成经济组织所偏好的公共政策。对经济组织中的成员来说，个人的收入对个人生活是非常重要的，政府经济政策实际上影响着个人收入，所以，经济组织愿意参加政治选举。作为利益组织的成员，公民们不再是对政治无能为力的普通选民了，他们的选票和捐助有力地影响着选举。总之，所有关系集团利益和公民流动的因素都会影响公共政策，经济规制改变了市场规则，市场规则的改变给经济组织带来了利润，但不利于非经济组织，非经济组织对政策制定几乎没有影响力。受规制的服务和产品之间有交叉补贴，交叉补贴通常有利于组织起来的消费者，而不利于无组织的消费者。受到规制的寡头产业的厂商比垄断产业有更多的创造和重新分配利润的机会。所以，利益集团理论认为，确立政府规制的立法机关或政府规制机构代表的是某一特殊利益集团的利益，而非一般公众的利益。

由此可见，与公共利益理论不同，利益集团理论不认为规制仅产生于市场失灵之时，它认为规制决定于利益集团的相对影响，这种影响不仅由规制的福利效应所决定，而且由利益集团向立法者和规制者动用压力的相对效应所决定。而事实上，规制立法者不可能完全是利益集团的傀儡，规制立法者也不能完全控制规制者，所以该理论也在一定程度上受到了质疑。

5. 规制博弈理论

从博弈论的角度看待规制，可认为规制的产生是一个增值的博弈，在这个博弈中，各方都是赢家，因为具有强制性权力的政府能够迫使各方合作，监督合同的履行。因为政府具有特殊的法律权力和税收手段，可以用非常小的成本促成这个联盟的形成。这样，在这个博弈中，消费者因为价格降低获得了好处，而垄断厂商则因此避免了残酷的竞争，由国家保护了他的专营权，他所获得的利益远大于对消费者降低一点价格而带来的损失。该理论意味着由政府来监督私营法人之间的合同的执行，可以给他们节省非常多的成本。

4.6.2　政府规制类型、目标和执行机构

1. 政府规制的类型

政府规制可以分为直接规制和间接规制两种。

1）直接规制

直接规制是为了防止与自然垄断、信息不对称、外部性和"非价值物品"有关的经济活动而产生的，并且这些规制的特点是：依据由政府机构认可和许可的法律手段，直接由经济主体决策。直接规制又分为经济性规制和社会性规制两种。

（1）经济性规制是在存在自然垄断或信息不对称现象的行业，以保证服务供给的公平性和防止资源配置低效为主要目的，通过认可和许可等，对企业的进入、退出、价格、服务的质量和数量等方面的活动进行规制和限制。

（2）社会性规制是以保障劳动者和消费者的安全、健康、卫生，以及保护环境和防止灾害为目的，对产品和服务的质量及伴随着提供这些产品和服务过程而产生的各种活动制定一定的标准，并禁止、限制特定行为的规则。与经济性规制相比，社会性规制是一种较新的政府规制。

2）间接规制

间接规制不直接介入经济主体的决策，仅制约阻碍市场机制发挥职能的行为，并且是以有效地发挥市场机制职能而建立完善的制度为目的的规制。间接规制的主要内容包括：以反垄断为中心的竞争促进政策和以解决信息不对称为目的的政策，如保护消费者利益、公开信息等。

2. 政府规制的目标

在市场经济国家，由于市场机制存在着失灵现象，因此政府规制是必不可少的。一般来

说它主要包括以下 4 个目标：

（1）社会资源的有效配置：如果企业凭借其市场势力采取垄断价格、差别定价等措施，将会损害社会资源配置的帕累托最优配置。因此，政府通过价格规制手段去限制企业定价，就能实现资源的有效配置。

（2）保持企业财务状况稳定：政府必须采取各种规制手段为企业提供一个良好的发展环境，为企业募集外部资金和内部资金提供渠道，实现企业的健康发展，避免发生供给不足的情况。

（3）确保企业内部效率：垄断企业由于缺乏外部竞争压力，没有动力去提高内部效率，其积极进取的精神会逐步衰退。因此政府必须采取各种规制政策，以确保企业持久的经营动力。

（4）避免收入的再分配：垄断价格会将一部分利益从消费者转移到企业，从而损害消费者的利益。因此，垄断企业的差别定价行为、内部交叉补贴行为具有收入再分配的效果，所以政府规制对于保护消费者利益是不可或缺的。

3. 政府规制的执行机构

政府规制的执行机构拥有自己的特殊职责。首先，该机构存在与否取决于政府的法令，因此其组织具有时效性；其次，该机构是根据某项法规执行某些特殊领域的任务而存在，它的职能具有相对独立性和局限性；最后，该机构只拥有政府赋予的部分权利，规制力度取决于规制范围，因此它有很强的伸缩性。

政府规制的执行机构具有"半司法半立法"的功能，这表明它在一定程度上代替了法律系统对经济活动的监督职能。根据福利经济学的标准，该机构的目标应该是最大化社会福利，但现实中政府得到某些利益集团的支持，不可避免地会在一定程度上为这些利益集团服务。

4.6.3　自然垄断产业规制及其改革的理论基础

1. 自然垄断产业规制理论

传统的自然垄断理论认为，从整个社会的利益出发，政府有必要对自然垄断产业进行规制。一方面，自然垄断产业具有规模经济性，这是需要政府对市场的进入进行规制，以便让一家企业独家垄断经营，以获得规模经济效益；另一方面，由于企业处于垄断地位，如果政府对企业定价不加控制，企业就会按照边际成本等于边际收益的利润最大化原则将价格定在高于边际成本的水平上，以获得垄断利润。根据微观经济学理论，只有当价格等于边际成本时，社会资源才实现了最有效的配置，但是，由于自然垄断行业是成本递减行业，如果按边际成本定价，则价格低于平均成本，企业处于亏损状态。这就是自然垄断理论中的定价矛盾，该矛盾使得政府必须出面进行价格规制，以便在社会资源配置效率和企业效益之间取得均衡。

而现代自然垄断理论则认为，一方面，自然垄断产业具有"成本劣加性"，需要政府对市场实行进入规制，以保证整个产业以最低成本进行生产；另一方面，自然垄断理论中的定价矛盾不再成为必然。根据现代自然垄断理论，在平均生产成本上升的产业中，边际成本定价既保证了企业不亏损，又实现了资源的有效配置，定价矛盾不复存在，但企业垄断地位可能会受到潜在进入者的威胁。此时，潜在进入者会发现以稍低于该产业中企业的定价但高于最低成本点的某一个价格输出产品会获利，这样是否能够长期维持企业的垄断地位则成为新的问题。一般来说，此时仍需要政府进行规制。但对于平均生产成本下降的产业，定价矛盾依然存在，"价格规制"仍有存在的理由。

2. 自然垄断产业规制理论的改革

西方国家自 20 世纪 70 年代末开始了以"放松规制"为主要内容的规制改革运动，应该说这是当代规制理论不断创新推动的必然结果。这些理论主要有：规制失效理论、弹性规制理论。

1）规制失效理论

正如市场不是万能的，政府规制同样也有失效的时候。政府规制失效说明政府在推行改革规制政策时，经济效率未能完全改善，或规制实施后的经济效率低于实施规制前的效率。规制失效理论是一系列关于规制失效观点的总称，不同的学者从不同的角度论述了这一问题。其核心思想可总结为：在不完全竞争市场上，政府对企业规制的目的最终与实际结果偏离，政府的规制并没有提高市场效率、使消费者免受损害、增加社会福利，反而造成企业内部的低效率，配置效率和动态效率都低下。当不完全规制的成本高于不完全竞争的成本时，与其用政府"有形的手"进行干预，不如听任市场"无形的手"发挥作用，其含义是必须放松和取消政府对自然垄断产业的规制。在这种理论指导下，从 20 世纪 70 年代末开始，西方国家要求放松和取消规制的呼声越发强烈。

2）弹性规制理论

自然垄断分强自然垄断和弱自然垄断两种。强自然垄断边际成本低于平均成本，既没有达到社会福利最大化，又存在亏损；而弱自然垄断却不存在定价矛盾，但是其垄断地位可能会受到潜在进入企业的挑战，能否长期维持垄断地位是个问题，这就引出可维持力问题。因而新观点认为，由于平均成本可能上升，也可能下降，对自然垄断的规制就不能一概而论，需要根据自然垄断的强弱、进入市场有无障碍和企业的承受能力大小，分别采取不同的管理对策，例如当垄断价格减少社会福利，或当边际成本使企业亏损时，为了保护社会成本价格或以盈亏相抵价格维持生存，就需要对潜在竞争者的进入进行规制。

4.7

交通运输政策制定的其他理论基础

交通运输政策涉及交通领域经济活动的方方面面，问题复杂多样，即使是在某些细分领域，用单一的工具方法也往往难以解决所有问题，故常需要综合运用多种理论工具进行研究。已经发展得比较成熟的产业政策理论体系将为交通运输政策制定提供有力的理论支撑。同时，经济社会的发展战略要求交通运输以人为本，实现可持续发展，社会福利理论和可持续发展理论等也都将为交通运输政策制定提供理论支撑。

4.7.1　运输结构优化——系统协调发展理论

协调是指系统组成要素在系统发展演化过程中的彼此和谐一致，可称为系统协调。系统协调的基本思想是，通过某种方法来组织和调控所研究的系统，寻求解决矛盾或冲突的方案，使系统从无序转换到有序，达到协调的状态。系统协调的目的就是减少系统的负效应，提高系统的整体输出功能，优化资源配置。系统协调发展是一种强调整体性、综合性和内在性的发展，它不是单个系统或要素的"增长"，而是多系统或多要素在协调这一有益的约束和规定之下的综合发展。协调发展追求的是一种整体提高、全局优化、共同发展的系统优化状态。近年来，耗散结构理论、系统论和超循环理论在经济、管理、交通领域得到广泛的应用。在系统协调发展理论的指导下，采用系统分析的方法来研究综合交通体系的运输方式之间、区域之间及城乡之间的结构问题，是按照科学发展观要求提高综合交通体系整体效率的重要途径。

4.7.2　交通技术进步——产业技术创新理论

1912 年，熊彼特在《经济发展理论》一书中，首先提出了技术创新理论。熊彼特把"创新"定义为建立一种"新的生产函数"，并将其视为推动经济增长的主要动力，这一理论在二战以后受到广泛的重视。技术进步不仅是经济总量的重要增长要素，同时也是产业发展的重要源泉，交通运输业发展的关键取决于产业技术创新能力与国际竞争力。产业技术创新理论中关于技术创新的产生机理、创新的扩散机制、创新动力、创新集群、创新环境等理论为交通运输产业技术政策的制定提供了丰富的理论工具。

4.7.3　以人为本的实现——社会福利理论

社会福利理论的核心理念是：在资源配置过程中，应保障任何一个社会成员的福利。此处所说的社会福利理论包括了一系列以人为本的发展思想，结合我国现阶段的经济社会发展特点，社会福利理论在交通运输领域应用重点包括：对交通运输活动相关者生存权的保障，不同地区或不同收入使用者利益的公平，特殊用户与特殊时段中的使用权，参与各方的决策权，以及对人性化服务需求的满足等。

4.7.4 可持续交通体系——可持续发展理论

可持续发展问题已经成为当今世界各国所共同面临的重大课题。从经济学的角度看，可持续发展是发展和持续两个概念的有机结合，但又不是简单相加。可持续发展的核心是发展，而发展的前提则是保持可持续性。从世界范围看，可持续发展战略越来越受到各国政府的高度重视，特别是发达国家，已经将可持续发展思想纳入到具体的政策中。目前，我国交通运输发展的主要问题是能力短缺，但在土地资源有限、能源极为缺乏及生态环境脆弱的现实条件下，应该开始重视扩大能力与可持续发展之间的协调问题。因此，按照可持续发展的原则、指标与路径，设计实现综合交通体系的可持续发展，是交通运输发展政策的重要组成部分。

思考题

1. 如何理解交通运输的产业特性？
2. 公共产品理论的基本原理和主要内容是什么？
3. 外部性理论的基本原理和主要内容是什么？
4. 自然垄断理论的基本原理和主要内容是什么？
5. 政府规制理论的基本原理和主要内容是什么？

5 第5章
交通运输经济性政策

　　交通运输政策作为国家产业政策的一部分，它的目标也是产业政策的目标，交通运输政策最基本的目标是以社会资源的合理分配实现交通运输部门结构合理化，综合利用一切可以利用的政策内容实现交通运输系统运行的高效与安全。

　　本章介绍交通运输价格政策、交通运输税收政策、交通运输投融资政策等内容，并以城市轨道交通为例介绍了相关交通运输经济政策的制定机制及内容，最后对轨道交通经济补贴机制和应用形式进行了简要阐述。

本章重点

- 交通运输价格的职能与形成机制；
- 交通运输价格制定的依据与理论；
- 我国的交通运输价格政策；
- 交通运输税收职能；
- 我国交通运输税收的发展；
- 交通运输投融资方式；
- 我国交通运输投融资手段及其发展；
- 城市轨道交通的补贴机制。

5.1

交通运输价格

在市场经济条件下，交通运输资源的合理配置和生产要素的有效组合，是在国家宏观调控下，通过交通运输价格机制的作用来实现的。与一般商品价格相比，交通运输价格有其自身的特点。交通运输价格的制定取决于多种因素，而其中不同类型的交通运输市场模式对其形成有极其重要的影响。由此，交通运输价格制定理论主要有"交通运输价值决定论"和"市场竞争决定论"等。这些理论虽有实际应用，但尚待进一步研究，加以完善。交通运输价格的结构形式主要有距离运价和线路运价两种。从理论上看，采用线路运价形式更符合其形成规律。同时，为保证交通运输价格市场运行，国家必须十分重视对交通运输价格实施有效管理。

5.1.1　交通运输价格及其职能

1. 交通运输价格的定义

交通运输价格简称运价，是指交通运输企业对特定货物或旅客所提供的交通运输劳务的价格。

交通运输价格能有效地促进交通运输产业结构的优化配置。交通运输产业结构主要包括交通运输工具及其他与之相关的基础设施，如港口、码头、机场、车站及航道、道路设施等。无论是国家对交通运输产业结构进行统一规划，还是交通运输企业进行自行调整，运价都将起到至关重要的作用，交通运输企业对此尤为敏感。如果市场上交通运输价格上涨，交通运输企业认为有利可图，就会增加交通运输能力的投入；反之，则会减少交通运输能力的投入，甚至退出交通运输市场。交通运输产业结构通过交通运输价格进行调整，其结果将有利于促进各种交通运输方式之间的合理分工。

交通运输价格能有效地调节各种交通运输方式的运输需求，这主要体现在：在总体交通运输能力基本不变的情况下，交通运输价格的变动会导致交通运输需求的改变，而交通运输总需求一般取决于社会经济活动的总水平。交通运输价格对交通运输总需求的影响极其有限，但交通运输价格的变动对某一种交通运输方式的需求调节却是十分明显的。

2. 交通运输价格的特点

1）交通运输价格是一种劳务价格

交通运输企业为社会提供的效用不是实物形态的产品，而是通过交通运输工具实现的货物或旅客在空间位置上的移动。在交通运输产业化过程中，交通运输企业为货物或旅客提供了运输劳务，交通运输价格就是运输劳务产品的价格。劳务产品与有形商品最大的区别是，它是无形的，既不能储存，也不能调拨，只能满足一时一地发生的某种服务需求。交通运输企业产品的生产过程亦是其产品的消费过程。因此，交通运输价格就是一种销售价格。换言之，交通运输价格只有销售价格的一种表现形式，而不像其他有形商品那样有出厂价、批发价、零售价之分。同时，由于交通运输产品的不可储存性，所以当交通运输需求发生变化时，只能考虑调整交通运输能力来达到交通运输供需平衡。而在现实生活中，交通运输能力的调整一般具有滞后性，故在市场机制下交通运输价格因供求关系而产生波动的程度往往较一般有形的商品大。

2）货物运输价格是商品销售价格的组成部分

社会生产过程不仅表现为劳动对象形态的改变，也包括劳动对象空间的转移，这样才能使物质产品从生产领域最终进入到消费领域。在很大程度上，商品的生产地在空间上是与消费者相隔离的，必须经过交通运输才能满足消费者对商品的实际需要。在此过程中，又必须通过价格作为媒介来实现商品的交换。货物运价占商品价格的比例一般为 1%～30%，大宗货物的占比可达 30%～50%。货物运价的高低会直接影响商品销售价的高低，乃至实际成交与否。

3）交通运输价格具有因不同运输距离或不同航线（线路）而不同的特点

按货物或旅客运输距离的远近收取不同的价格，称为距离运价或里程运价，这是因为交通运输产品也就是运输对象的空间位置移动是以周转量来衡量的。货物周转量一般以吨公里（或吨海里）为计量单位，旅客周转量一般以人公里（或人海里）为计量单位。因此，运价不仅要考虑所运货物或旅客数量的多少，还要考虑运输距离的远近。这种按运输距离制定的价格，货物表示为吨公里（或吨海里）运价，客运则表示为人公里（或人海里）运价。距离运价是我国沿海、内河、铁路、公路运输中普遍采用的一种运价形式。

货物或旅客按不同航线规定不同的运价，称为航线运价或线路运价。采用这种运价是基于交通运输生产的地域性特点。交通运输工具在不同航线（或线路）上行驶，因线路自然条件、地理位置、方向不平衡性等有显著差别，即交通运输条件各不相同，即使货运（或客运）周转量相同，交通运输企业付出的劳务量也相差很大。因此，有必要按不同航线（或线路）采用不同的运价。目前，这种运价同样广泛地用于远洋运输和航空运输中。

4）交通运输价格具有比较复杂的比价关系

虽然货物或旅客运输可采用不同交通运输方式或交通运输工具来实现，但最终达到的效果却不同，具体表现为所运货物的种类、旅客舱位等级、运载数量、距离、方向、时间、速度等都会有所差别，而这些差别都会影响到交通运输成本和供求关系，在价格上必然会有相应的反映。例如，北京、上海两地的旅客运输，可供选择的运输方式主要为铁路和航空。京沪高铁二等坐席的舒适度与航空经济舱位相仿，但乘坐京沪高铁运行时间为 5 小时左右，而飞机飞行时间只要 2 小时。因此在一般情况下，飞机票价会高于铁路票价，若相反则会造成航空运输紧张而铁路运输空闲，而这时若铁路运输因运输成本高而无法降价以争取客源，最终只能退出这条线路的运输。

3. 交通运输价格的职能

价格是经济运行的重要杠杆，也是影响资源配置的重要因素。价格作为一种指路牌，能够指出哪里最需要资源，价格本身也决定了资源配置的效率。通常情况下，价格具有传递信息、引导资源供给和引导资源消费的功能。

很多经济活动中的无效率都与价格上的不适当有关。价格是引导消费者和供给者的最有效信号：过低的价格会导致某些产品或服务的需求过于旺盛，但生产者却没有兴趣增加供给；而过高的价格又会引起生产者在缺少足够社会需求的产品或服务上投入过多资源。

定价的重要性是由价格因素在交换中所处的重要地位决定的。在商品经济条件下，价格是实现再生产的重要因素之一，任何商品的交易都不可能没有价格。

定价水平往往成为商品交换成功与否的关键，交换条件由企业提供，由消费者进行选择。交换条件一般由商品功能、商品质量、商品类型、交货期限、售后服务、商品价格组成。从整体上看，不同的产品、不同的服务必然伴随不同的价格水平。交换条件各方面统一，才能增强交换条件的整体吸引力。

从消费者的购买行为考察，通常情况下，只要满足了消费者着重关心的主要方面，交易就能成功。不同的时间、地点，不同的购买对象，往往对各个因素的评价、取舍很不一致，但是价格作为影响交易成败的关键则是普遍的情况，与其他因素相比，价格的影响最为直接。

在我国社会主义市场经济条件下，交通运输价格具有以下几方面的职能。

1）交通运输收入分配

运价能够调节交通运输业与国民经济其他行业间的收入分配。运价是社会综合价格体系的重要组成部分，运价的变化会引起交通运输需求的相应变化，从而决定社会收入从交通运输消费者手中转向交通运输供给者手中的比例。也就是说，运价的高低决定了国内生产总值和国民收入在交通运输业与其他行业之间的分配比例。

运价能够调节交通运输业内不同交通运输方式、企业的收入分配比例。运价的任何一次变动，都会引起交通运输需求的相应变动，引起运量的变化。一种交通运输方式或一个交通运输企业改变运价，必然引起不同交通运输方式、不同交通运输企业间运量结构和运量比例的变化，从而引起各自运输收入的变动。因此，运价的局部调整就意味着运输收入在交通运输业内部的分配调整。

2）社会收入再分配

这里所说的社会收入再分配是指运价对不同的交通运输需求者收入分配的调节作用。每个交通运输需求者都要以运价为基础计算并向交通运输供给者支付费用。同样的运输，如果对不同的交通运输需求者制定不同的运价，就意味着对他们社会收入分配的调节，亦即对他们社会收入的再分配。比如，客运部门的各种优惠票价，货运部门对长期固定客户的运价优惠等。

3）交通运输资源配置

运价能够调节交通运输业与其他行业及交通运输业内部各种交通运输方式之间资源的配置。市场是调节资源分配的有效手段，市场调节资源分配的职能，在很大程度上取决于价格因素。经济资源是有限的，有限的资源在各生产部门之间的分配取决于投资收益率。投资收益率高，会导致较多经济资源的注入；反之，会使经济资源投入减少。交通运输业的投资收益率在很大程度上取决于运价与运输需求量的综合作用，运输需求量通常又随运价的变动而变动。因此，运价是配置和调节交通运输资源的重要杠杆。运价在一定程度上决定社会对交通运输业投资的积极性，决定各种交通运输设备的利用程度。

4）促进企业加强经济核算，提高经济效益

加强运价管理是强化经济核算的重要内容，也是提高经济效益的基础。在市场经济条件下，最高运价未必就是最优运价，运价本身也应随运输需求变化而变化，这就需要建立灵活的运价机制，使运价能够随市场的变化而变化，从而保证交通运输企业经济效益最大化。

运价是国民经济价格体系的重要组成部分，它在整个价格体系中占有重要的地位。运价与物价有着极为密切的关系，它们相互影响、相互制约。运价上升可能会导致物价上涨，又会带动成本上升，导致交通运输企业利润减少，甚至造成亏损，由此运价又必须做出相应调整。保持物价与运价的平衡关系，解决它们之间的联动，是一个十分重要的问题。

5.1.2　交通运输价格的形成机制

运价的形成机制，是指依据一定的价格形成原理，通过价值规律的作用而形成的价格决策制度。运价的形成机制主要包含两个方面的内容：一是运价形成的主体，即运价制定、运价调整及运价管理的主体；二是运价形成的方式。在这两方面中，运价形成的主体起着决定性作用。在交通运输市场不断完善的情况下，运价的形成机制决定着运价的发展与变化。

一定时期的运价管理体制决定于当期的宏观经济管理体制，经济体制的性质决定运价形成机制的性质。在市场经济条件下，市场是资源有效配置的主要手段，通过市场使资源达到最优配置，反映到价格上就要求以市场变化为基础制定运价，从而形成较为灵活的运价形成机制。

随着我国市场经济的发展，交通运输市场的建立与完善，运价的形成机制应当得到进一步的理顺与调整。运价的形成应更多地依据价值规律和市场运行原则。政府应放松对制定运价的管制，给交通运输企业比较多的、相对较为灵活的定价权利，使交通运输业在保证国民经济迅速发展的同时，自己也能得到长足的进步。具体来说，建立我国交通运输业新的运价形成机制，应解决好以下几方面问题：

（1）明确运价形成的基础。运价的形成，应当充分反映交通运输价值，反映市场供求关系，制定运价应以价值规律为基础。

（2）调整和改变运价形成主体。应改变过于集中的运价形成主体，给交通运输企业一定的定价权利，政府由对运价的直接管理变为依靠经济和法律手段实现对运价的宏观监控。

（3）转变运价形成方式。减少运价形成过程中的行政行为，增加经济行为，使运价的形成以市场为依托，以交通运输需求变化为依据，自觉遵循市场运行规则。

（4）完善运价形式。改变运价形式过于单一的状况，使运价向多元化、多层次化方向发展。

运价改革的目标是建立符合交通运输市场体制的运价形成机制，改革的思路是：以市场形成价格为主，与政府指导价格相结合，分类指导，分类管理。对于竞争性交通运输价格，由交通运输企业根据市场自行确定；对于垄断性交通运输价格，由政府价格部门发布指导运价或最高限价，具体价格水平又由企业根据市场确定。收费价格方面，如收费公路的收费标准等，由政府价格部门确定最高限价，允许企业向下浮动。交通运输企业要充分利用市场机制，建立由多种价格形式组成的价格结构。在客运价格方面，可以实行多种形式的浮动价、折扣价。

以市场形成为主的价格形成机制建立后，政府要减轻监督和管理力度，制定反不正当竞争的具体措施，创造公平竞争的环境。为了更好地发挥价格机制的作用和进行有效管理，政府可以把一些监督工作委托相应的行业协会等组织承担。

未来，随着我国交通运输业的发展，统一运输市场的建立，各交通运输方式之间及内部竞争格局的形成，必将使得交通运输价格管理及定价机制趋于市场化，政府定价的职能将弱化，企业定价的机制将进一步强化，推动我国交通运输的定价机制更趋完善。

在各种交通运输方式中，铁路运输的公共性较强，其价格受政府的管制较严格。目前，铁路运输价格在政府定价、政府指导价、市场定价三种运价情况下，逐步由政府定价向市场定价转变。我国将进一步扩大铁路企业自主权及进一步下放运价浮动权：各铁路局集团公司管内的运价浮动由各局自主决定，跨局运输实现方向别、品类别的部分浮动；根据货物品类实行不同定价，如对化肥、磷矿石、农机等实行政府定价，对煤炭、石油、棉花、木材等实行政府指导价，对其他货物实行市场定价；压缩合并项目，简化计算程序，取消绕路运输计费，使客户运输费用简单明了；采用多样化的运价模式，适应市场需要，如采用季节运价、多车运价、限制区段上浮运价、优质优价、浮动运价、合同运价、车种运价等模式。

5.1.3　制定交通运输价格的依据和理论

1. 制定交通运输价格的依据

运价指交通运输产品的价格，运价的制定既要体现交通运输产品的内在价值，同时也要考虑交通运输市场的供求状况、交通运输企业的盈利水平、不同交通运输方式间的比价关系、社会承受能力等因素。

交通运输价格作为交通运输价值的货币表现，可以划分为以下 3 个组成部分：

（1）物化劳动的消耗支出：表现为设备的磨耗（固定资产折旧），以及材料、燃料、油脂等方面的支出；

（2）劳动报酬（工资）支出：为员工劳动所创造价值的货币表现；

（3）盈利：为社会劳动所创造的价值的货币表现，如利润。

市场供求关系也会影响运价制定。根据经济学一般原理，通常情况下，交通运输需求增加，运价应相应提高，而交通运输需求减少，运价则相应降低。

2. 制定交通运输价格的基本理论

1）生产价格论

这种观点的主要依据是马克思的劳动价值论。它认为货物运输与其他有形商品一样，具有价值和使用价值的二重性。交通运输产品的价值表现为货物在发生位移过程中所消耗的社会必要劳动；它的使用价值则表现在货物发生位移后使商品潜在的使用价值转变为现实的使用价值，而交通运输价格的制定是对交通运输价值量的测算。由于当今社会生产力高度发展，各经济部门的利润平均化趋势已客观存在，这就为生产价格论提供了依据。作为社会必要劳动的货币表现，交通运输价格具体体现为交通运输成本与社会平均盈利之和。

交通运输价值是凝结在交通运输产品中的一般人类劳动，是交通运输劳动者在实现客货位移过程中所耗费的物化劳动和活动的总和。与这两部分劳动相适应，交通运输价值由两部分组成：一是过去创造的劳动价值，即已消耗的生产资料价值，也叫转移价值；二是劳动创造的价值，即新创造的价值。后者也包括两部分内容：一是生产者为个人所创造的劳动价值；二是生产者为社会所创造的劳动价值。因此，交通运输价值一般由以下 3 个部分组成：

（1）交通运输生产过程中转移的物化劳动价值 C；

（2）交通运输生产者为自己所创造的劳动价值 V；

（3）交通运输生产者为社会所创造的劳动价值 M。

交通运输价值是交通运输价格的基础，交通运输价格是交通运输价值的货币表现。由于市场供求关系的变化，交通运输价格并不总是等于交通运输价值，而是围绕交通运输价值上下波动。交通运输价格与交通运输价值之间在量上的不一致现象是客观存在的，因为在交通运输生产过程中，劳动耗费经常变动，而要求作为交通运输价值变现形态的运价随时变动是不可能的，同时运价的形成也受交通运输市场供求关系变化、国家宏观价格政策等因素的影响，所以在一段时间内运价与交通运输价值不等是正常的。当然，运价背离交通运输价值不应当是长期的，它应当是价值规律自觉作用的结果。交通运输业产品价值的构成和实现，与工农业生产相比有其特点：一是交通运输业的产品不具有实物形态，只是货物和人在空间位置上的转移，构成交通运输产品价值的材料，不是用于制造产品本身，而是用于设备的维修和养护；二是交通运输生产的特点决定了对交通运输设备的投资比较大，因此固定资产损耗的价值补偿对交通运输价值的影响较大；三是交通运输产品的生产过程同时也是消费过程，因此交通运输价值的存在过程也就是交通运输价值的实现过程。

2）边际成本论

所谓边际成本，是指市场过程中每增加或减少一个单位产量而引起的总成本的变动。以边际成本论定价是指在交通运输供求发生变动时，交通运输企业必须增加或减少交通运输能力，并以此增加或减少交通运输能力而引起的总成本的变动为基础确定交通运输价格。

成本边际与单位总成本、单位可变成本、单位固定成本之间的关系如图5-1所示。

图中横坐标表示货物运量 Q，纵坐标表示单位交通运输能力成本 C。交通运输成本按其是否随货物运量的变化而改变可分为固定成本与可变成本两部分。在一定条件下，因固定成本不受运量变化的影响，故交通运输成本的变化只受可变成本的影响，这时边际交通运输成本与单位可变成本相当，如图中运量为 Q_1 时；如果货物运量低于交通运输工具的交通运输能力，边际成本将低于单位总成本，如图中运量为 Q_2 以内时所示。反之，交通运输企业必须投入新的运输能力，这时的边际成本将高于单位总成本。

我国货物和旅客运输已经存在按边际成本论定价的例子。例如，有关部门规定，在新开辟的铁路和水运线路上采用"新线定价"。由于新的交通运输线路资本投入较原运输线路多得多，其边际成本超过原运输线路的单位总成本，而且一般都是在交通运输需求量大于交通运输能力供给的情况下开辟的交通运输线路。所以，目前采用的"新线定价"均高于其他交通运输线路的价格，这也符合交通运输市场价格对交通运输需求进行反向调节的客观规律。但从总体上看，交通运输需求的大小受到国民经济发展规模等因素的制约，因为它毕竟是一种派生需求。它在一定空间和时间内对交通运输价格的影响极其有限，因此不能过分高估这种定价理论的作用。另外，在交通运输需求严重不足的地区或航线，由于其边际成本长期低于单位总成本，以边际成本论定价，会导致交通运输企业长期大面积亏损。

3）均衡价格论

在货物运输中，交通运输企业和货主经过讨价还价，使交通运输供求数量达到一致时的价格称为均衡交通运输价格，如图 5-2 所示。

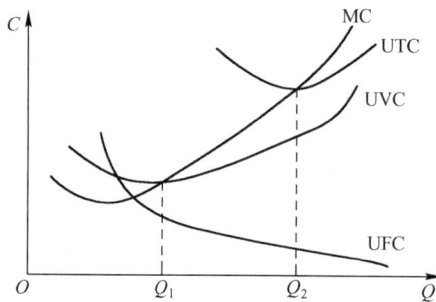

MC—边际成本；UTC—单位总成本；
UVC—单位可变成本；UFC—单位固定成本
图 5-1 各单位成本关系图

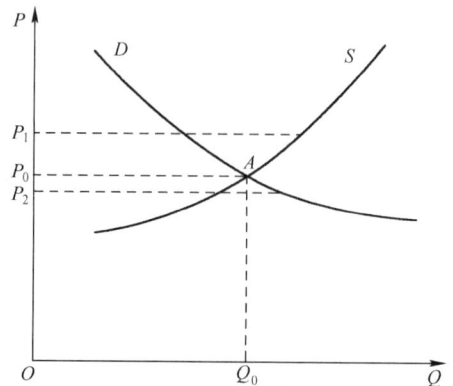

图 5-2 均衡交通运输价格

在图 5-2 中，D 为需求曲线，S 为供给曲线，供需平衡时货物运量为 Q_0，此时的均衡交通运输价格为 P_0，若价格偏高（如 P_1），会造成交通运输供给大于需求；相反，若价格偏低（如 P_2），则会造成交通运输供给小于需求。在供求关系的作用下，前者的价格逐步下降而后者的价格逐步上升，最终达到均衡点 A。

以均衡价格作为运价的制定理论，很显然只是注重交通运输供求关系对价格的决定因素，而没有考虑其他各种因素对价格的影响，因此，它只适宜在完全竞争的交通运输市场结构模式中采用。同时，需求和供给的价格弹性系数测算比较困难，又有较强的时间性，故在现实中，该理论尚无法得到广泛运用。

4）拉姆齐定价理论

拉姆齐定价理论也称为"从价理论""货物对运费的负担能力理论"或"服务价值定价

理论"，是指以所运货物本身的价值高低为基础确定运价。高价值商品制定较高运价，而低价值商品则制定较低运价。这种方法是以交通运输需求，而不是以交通运输成本为基础定价的。高价商品实行高运价的原因是价值高的商品对高运价的承受能力大，而且交通运输部门对它承担的责任也更大。

拉姆齐定价理论实质上是在货物交通运输供求双方进行价格竞争的条件下，按需求弹性来确定货物运价的一种转化模式。在一般情况下，本身价值较高的货物，其交通运输需求对运价的弹性较小，这时可提高运价；同样，本身价值较低的货物，其需求对价格的弹性较大，此时应降低运价。按拉姆齐定价理论定价，交通运输企业存在一个对货运价格的具体选择问题。其基本原则应该是：在考虑各种货物交通运输需求量的前提下，交通运输企业应该选择货主能提供更多抵偿固定费用的货物运价。

就价格形成而言，拉姆齐定价理论属于市场竞争决定论范畴；而从市场营销角度看，它又是一种需求差异定价模式。虽然该理论在国际海上货物运输中具有悠久的历史，而且从交通运输市场竞争规律及从市场营销的角度分析均有可取之处，但不可否认，该理论在实际应用中也遇到一定的困难，具体表现在以下两个方面。

（1）在高价值货物的运价与低价值货物的运价之间如何确定一种客观的合理比例关系，目前尚无规律可循。利用拉姆齐定价理论，交通运输企业应根据有关数学模型，结合不同航线货物运输需求交易弹性和市场商品销、产地价格差等因素，合理确定不同航线高、低价值货物之间的运价比例关系，这就为日后新辟航线的定价提供了一定的参考依据。

（2）持有高价值货物的货主对拉姆齐定价常有抵触情绪，交通运输企业在具体实施中会遇到阻力。货主会提出质疑，并认为这是对运输高价值货物的一种"歧视"，因为他们依据的恰恰是签署的生产价格定价理论，即无论什么货物，只要交通运输成本一样，就应该实行相同的运价。但我们应该看到，在同一航线上，若高、低价值货物实行同一运价，所谓的运价"歧视"并没有消除，而只不过将其转嫁到低价值货物上去罢了。因为持有低价值货物的货主会明显感到货物运价太高，不堪承受。如果货物运价超过其销售地与生产地价格之差，他们将陷入困境。因此，交通运输企业应认真分析研究并确定各类货主均能接受的交通运输价格。这样，既有利于拉姆齐定价理论在实际中的贯彻实施，也可促进交通运输业的发展。

5.1.4 我国交通运输价格政策

1. 交通运输价格政策的目标

交通运输价格政策是指政府对交通运输业价格制定的引导、限制和规范等方面的政策。制定交通运输价格政策的主要目标如下：

1）合理配置资源

价格是企业投资所参照的重要信号之一，价格的高低引导投资在各个不同产业间的分配。交通运输业是国民经济中最重要的部门之一，优先发展交通运输业不仅成为各国政府的共识，而且也是多数经济发达国家的成功经验。为了优先发展交通运输业，一方面，政府不能过多地限制交通运输价格，这是因为政府如果过多地干扰会导致交通运输企业的亏损和资源的不合理配置，进而影响到整个交通运输业的发展。另一方面，交通运输价格还是资源在各种不同交通运输方式之间合理配置的重要信号。由于多数交通运输方式之间存在一定的竞争性和可替代性，因此错误的价格信号会导致某种交通运输方式的过度发展或者过度萎缩。

2）稳定交通运输价格，维护消费者权益，促进经济和贸易的发展

由于交通运输业在国民经济中的特殊地位及其重要作用，政府和广大交通运输服务的消费者都迫切需要长期稳定和优质的交通运输服务，所以稳定市场价格就更具有重要的意义。然而稳定价格并不意味着政府必须要求企业降低价格，而是应要求交通运输企业将交通运输价格维持在一个合理且稳定的水平上。政府希望交通运输企业提供低价服务，如要求公共交通运输企业为居民提供最为便宜的价格，这种做法主要是为了达到政府的福利目标。然而，这种做法的结果往往比较复杂，一方面减少了交通运输企业的收入，造成了亏损；另一方面，政府为了维护这种交通运输服务又不得不对其进行长期的补贴，而长期的补贴又会造成很多国家公共交通所面临的最头疼的运输企业不作为问题。

2. 交通运输价格制定趋势

1）反对无序竞争和垄断

① 出现在交通运输市场中的无序和恶性竞争，会导致一些企业倒闭或转向其他产业，但由于交通运输业具有固定投入大、投资收益率低等特点，企业的倒闭和转向必然会导致社会资源的巨大浪费。同时，市场无序和不规范竞争也可能使消费者无法得到稳定和高质量的服务。因此，在市场出现价格战的情况下，政府往往会加以干涉，并对市场进行整顿，使之趋于平稳。

② 交通运输市场也有可能造成垄断。造成运输垄断的原因主要是运输投资规模巨大、运输生产过程中潜在的规模经济性等，加之有些交通运输部门如港口、机场、车站存在着地理位置的垄断，因而交通运输企业就有可能借机提高交通运输价格以实现超额利润。政府为防止这种状况发生，通常会制定一个指导价对其进行限制。

2）建立运价与物价联动机制

在市场经济条件下，每种商品的价格都不是孤立的，通过社会分工与商品交换的纽带，便会在不同的价格之间产生一定的联动作用，即价格运动的一系列相关性。实行运价与物价联动机制，实行以市场形成价格为主的价格形成体系，补偿因物价上涨而引起的成本增长，是建立我国市场经济体制的内在要求。在计划经济条件下，这种客观联系是通过国家物价主管部门审批，实行阶段性调价实现的。

制定运价必须遵循的基本原则是以市场经济为指导，合理规定运价水平。一个国家的价格管理，首先要考虑的是国民经济整体水平和市场的供需关系等重要因素。对一些关系国计民生的特殊行业和垄断行业，国家可通过实行政府定价或者政府指导价来平抑物价、稳定社会，满足老百姓的基本生活需求。

客运价格的制定，要在充分考虑经济发展水平和供求关系的基础上，由国家确定以交通运输成本、合理收益、税金等为主要内容的客运基准价；由国家根据不同地区的发展水平、

不同时期、不同供求关系和不同车次（航次、班次）的服务质量等为主要内容，制定一个上下浮动的范围作为政府指导价；交通运输企业根据不同时期、不同线路的供需关系和不同车次（航次、班次）的服务标准，在客运基准价和政府指导价的范围内，自主确定客运价格。政府指导价在制定的过程中，要使客运价格制定具有公开性和透明性。

要深化我国交通运输业运价改革，必须改变依靠国家进行系统性、周期性、一次性调价的做法，逐步建立运价与物价联动的科学体系，使运价与物价同升同降，从而使运价适应市场变动，促进我国市场经济的健康发展。

3）制定多层次的运价体系

随着管理体制改革的深化和转换经营机制的发展，多样化的交通运输企业管理体制与多样化的运价模式已经形成。多种模式的运价机制是社会主义市场经济条件下交通运输企业深入转换经营机制的产物。

4）实行地区性的区域运价政策

交通运输企业的运价改革正在孕育着一种新的运价模式——区域运价。这种从统一运价制度中分离出来的新运价模式将在我国一批先行改制的交通运输公司实行，因为这是公司自主经营、独立核算、自负盈亏、自我发展的必要条件。区域运价的制定原则是：使地方财政和企业基本上都能承受，同时在补偿运营成本的基础上能满足还贷与发展资金积累的需要。

5）推行协议运价政策

交通运输行业改革应坚持走向市场的目标取向，围绕这个目标已提出逐步开展协议运输的举措。协议运输是通过承托双方按照《中华人民共和国民法典》自愿缔结运输合同来体现的。运输合同中的运费条款要同双方的权责条款相适应。其形式可能采取统一运价，也可能另订双方都能接受的标准。交通运输企业推行协议运输与协议运价，需要在经营管理与运输组织方面做相应的改革，做好准备工作，并在实践过程中发现问题和解决问题，逐步完善实施办法。

6）贯彻优质优价原则

交通运输企业推行改革，必须把着眼点放在加强经营管理上，强调管理与改革的有机结合。经营管理的一个重点是要落实到提高客货运输服务质量上，提高客货运输服务质量是市场经济的客观要求，因此实行优质优价符合增进社会效益的原则。

7）实行财政补贴政策

从理论上讲，财政补贴是一种转移性支付，是影响经济活动的一种手段。从政府角度看，为了实现某一目标，通过转移性支付实现对某一经济活动或者某一经济主体的经济补偿或支持，这种支付是无偿的。从受补贴的角度看，这意味着实际收入的增加，也体现着受补贴经济活动的意义。一般来说，政府对那些涉及社会公共利益、无法获得足够收益的经济活动或者经济主体进行补贴。

财政补贴是政府调控经济的一种手段，它经常与某些产品、服务或资源价格的变动联系在一起，具有影响和改变资源配置结构、产品供需结构的作用，是一种影响相对价格结构，从而可以改变资源配置结构、产品或服务的供需结构的政府无偿支出。

5.2

交通运输税收

税收是国家对社会产品和国民收入进行的一种强制性分配,是国家财政政策的最主要工具。

交通运输业主要涉及的税种有增值税、城市维护建设税、教育费附加、企业所得税、个人所得税、印花税、车船使用税、车辆购置税、车辆消费税、使用牌照税、汽油消费税、船舶吨位税、土地增值税等。

5.2.1   交通运输税收职能

政府税收对经济的影响可以分为收入效应和替代效应。收入效应是指由于税收的增加降低了纳税人的实际收入,从而使其境况变坏的效应。替代效应是指由于增税影响了相对价格而使纳税人选择某种企业、交通运输工具的效应。税收有燃油税、购置税、车船税、增值税等。这些税种的增收不同程度地产生了收入效应和替代效应。例如,车船税的征收和税率的提高将会直接影响这些交通运输企业的收益;而燃油税税率的提高可能导致消费者由消耗汽油较多的私人小汽车的消费向公共交通消费转变,对高能耗车加大税收力度,可以引导资金转向节能减排、技术进步等有利于可持续发展的交通运输领域。

政府通过税收不仅可以增加财政收入,而且可以通过税收的增免及税目、税率、纳税人等税收政策主要变量的变化,实现资源在不同行业之间的分配。

不仅如此,有些国家还专门征税,用于交通运输的发展。如我国于1983年开始征收的能源交通基金,旨在集中资金,尽快改变我国能源和交通发展的落后状况,这充分体现了国家对交通能源发展的重视。

预期的税收作用,是借助于正确的税收政策、优化的税收制度及严格执行税法等具体措施得以实现的。税收的作用主要表现为:筹集财政资金,调节经济,反映与监督。

5.2.2   交通运输税收政策制定原则

在制定正确的税收政策时,必须考虑以下因素:

1)保证财政收入,有利于促进经济的发展

制定税收政策的出发点应当有利于生产的发展,促进经济的繁荣。在生产发展、经济繁荣的条件下，从实际出发，考虑到国家主体财力的可能及纳税人的纳税能力和心理承受能力，确定一个适度合理的主体税收负担水平。

2）要有利于建设和发展社会主义市场经济体制

税收政策的制定，要坚持公平税负的原则，同时要有利于平等竞争环境的形成；要结合财政政策的实施，有利于对经济宏观总量的调节，有利于多种经济成分和多种经营方式的公平竞争和发展；有利于产业结构的优化；等等。

3）要在政企分开的基础上制定税收政策

税收要有利于企业建立现代企业制度，要做到产权清晰、权责明确，使企业实现自主经营、自负盈亏、自我积累和自我发展，形成真正独立的经济实体，在竞争中求得生存和发展。

4）有利于调动中央和地方两个积极性

要理顺中央与地方的分配关系，通过税收政策的制定，逐步提高税收收入占国民生产总值的比重，合理确定中央财政收入与地方财政收入的分配比例，以便调动中央和地方的积极性，增强中央财政的宏观调控能力。

5）要与其他经济政策协调配合

税收政策是整个国家经济政策的一个重要组成部分，但不是全部。税收政策的制定必须与其他经济政策相配套、相衔接，才能更好地发挥其应有的功能。特别是在体制转换的过程中，情况复杂，政出多门，税收政策的制定和出台更要有步骤、有计划。

6）要适时地进行政策调整

税收政策作为一项重要的经济政策，必须根据国际政治、经济形势的变化，配合我国改革开放的需要，结合国际税收政策调整的趋势，对税收政策进行及时的修正，以利于促进对外开放和我国经济的发展。

5.2.3　我国税收政策的发展与完善

1. 新中国成立初期的税收政策

新中国成立之初，起临时宪法作用的《中国人民政治协商会议共同纲领》规定："国家的税收政策，应以保障革命战争的供给，照顾生产的恢复和发展及国际建设的需要为原则，简化税制，实行合理负担。"该税制总的政策是统一税政、平衡财政支出。这一政策是通过"多种税、多次征"的复税制来实现的。"多种税"是指在统一商品流转额的同时征收几种税，"多次征"是指有的税种要在商品流通过程中多次征收。"多种税，多次征"的税收制度，使国家从生产、流通各个环节取得财政收入。

2. 改革开放初期的税收政策

改革开放前，中国的税制经过"文化大革命"冲击已经支离破碎，极端简化，对国民经济主体的国有企业只征收一个工商税，对集体企业只征收工商税和工商所得税，和市场经济体制要求的税制大相径庭。改革开放后随即进行了局部性改革，特别是通过 20 世纪 80 年代初的两次"利改税"，基本上恢复了原有的税种，对国有企业开征了企业所得税，增加了涉外税种，进行增值税的试点。

但是随后不久，刚刚重建起来的税制实际上被全面的承包制所取代，对国有企业实行承包经营责任制，对地方财政实行财政包干制。承包制的基本原则是确定上缴基数、多收多留，一家一户通过协商签订承包合同，原本上的强制征税成为协商办税。承包制运行的后果，从微观的角度上说，是一户一率，企业的负担水平在相当程度上取决于企业的谈判能力，造成了企业负担不公，违背了市场经济的公平竞争原则；从宏观的角度上说，导致财政收入占 GDP 的比重逐年下降，中央财政收入占全部财政收入的比重逐年下降，社会财力和财权分散，政府财政收入低，财政赤字不断增加，这也是改革开放开始阶段长时间内通货膨胀难以治理的一个制度性原因。1992 年 10 月江泽民在中国共产党第十四次全国代表大会上的报告中正式提出"我国经济体制改革的目标是建立社会主义市场经济体制"。要建立和完善社会主义市场经济体制，税收体制也必须进行改革，及早结束承包制，代之以符合市场经济运行规律的新税收制度。

3. 1994 年分税制改革

针对改革开放十几年税收政策存在的问题，我国政府在 1994 年同时进行了税收制度与财政体制改革。税制改革的基本原则是：强化税收法制、公平税负、简化税制、合理分权、理顺分配关系。财政体制改革确定借鉴国际通行的分税制替代财政包干制，改革的基本指导思想是：合理调整中央与地方的利益关系，促进整体财政收入的正常增长；合理调节地区间的财力分配，既要保护发达地区快速发展的势头，也要扶持不发达地区的发展和老工业基地的改造；坚持统一政策和分级管理相结合、整体规划和逐步推进相结合的方针。1994 年的财政体制改革和分税制改革是新中国成立后的一次具有全面性、创新性和前瞻性的税制改革，奠定了市场经济税收体制和财政体制的基本模式，确立了我国的税收原则：统一税法、公平税负、简化税制、合理分权。1994 年的分税制改革的重要成果主要体现在以下几个方面：

（1）确立了社会主义市场经济税制的基本框架，形成了以流转税和所得税为主，辅之以若干辅助税种的较规范、较完整的税制体系。在流转税方面，以全面推行生产型增值税为核心，配之以消费税和营业税。在所得税方面，统一了内资企业所得税，不再执行企业承包制；对个人所得税，在总结历史经验和借鉴外国有益做法的基础上进行了重大改革，体现了公平税负、合理调节，高收入者多征、中低收入者少征或不征的原则。

（2）确立了具有中国特色的分税制，合理调整了中央与地方的分配关系。中央与地方收入划分改变过去的基数法，按税种划分中央固定收入、地方固定收入和中央地方共享收入，将税源最为广泛的增值税作为主要共享收入，采取"维持存量、调整增量"办法；将原税务机构一分为二，分设国税局和地税局；逐步完善转移支付制度，加大转移支付力度。这种分税制既保证了中央集中适当的财政收入，又有利于激励地方政府加强税收征管的积极性。

（3）避免了大幅度税制改革可能带来的负面影响。税制改革后，1993 年到 1995 年 3 年间，同比 GDP 分别增长 13.5%、12.6%、10.6%，固定资产投资分别增长 18.6%、36.8%、17.5%，零售物价指数分别上涨 13.2%、21.7%、18%，符合当时政府控制经济增长过热和通货膨胀的预期目标，税制改革没有产生扭曲效应，促进了国民经济按预期目标发展。

（4）实现了"两个比重"的回升和持续增长。我国自改革开放以后，财政收入占 GDP 的比重呈现出逐年下降的趋势，由 1978 年的 31.2% 下降到 1993 年的 12.6%。税制改革后，1994 年下降幅度减缓，1995 年开始回升，而后则持续上升。中央财政收入占全部财政收入的比重收到同样的效果，1993 年这一比重仅为 22%，改革的当年即上升为 55.7%，而后基本上维持在 50% 左右，中央财政掌握了更大的主动权和调控余地。

4. 营业税改征增值税改革

营业税和增值税是我国分税制改革后的两大主体税种。营业税改征增值税，简称营改增，是指以前缴纳营业税的应税项目改成缴纳增值税。分税制改革后，我国的税收体系经过了多次局部的调整，进行了具体内容的优化。为了进一步优化税制，提高税制效率，建立健全科学的税收制度，支持现代服务业发展，促进经济结构调整和国民经济健康协调发展，2011 年我国财政部、国家税务总局联合下发营改增试点方案，从 2012 年 1 月 1 日起在上海部分行业开展试点工作，我国营改增这一税制的结构性改革正式开始。

营改增的最大特点是减少重复征税，可以促使社会形成更好的良性循环，有利于企业降低税负。增值税只对产品或者服务的增值部分纳税，减少了重复纳税的环节，是党中央、国务院根据经济社会发展新形势，从深化改革的总体部署出发作出的重要决策。此次改革的目的是加快财税体制改革，进一步减轻企业赋税，调动各方积极性，推动服务业尤其是科技等高端服务业的发展，促进产业和消费升级，培育新动能，深化供给侧结构性改革。

我国营业税改征增值税主要经历了以下三个阶段：

（1）第一阶段：少数行业，开始试点。2011 年，经国务院批准，财政部、国家税务总局联合下发营业税改增值税试点方案，2012 年 1 月 1 日率先在上海交通运输业和部分现代服务业实施了"1+6"营改增试点；2012 年 9 月 1 日至 2012 年 12 月 1 日，营改增试点由上海市分 4 批次扩大至北京、江苏、安徽、福建、广东、天津、浙江、湖北 8 省市。

（2）第二阶段：多个行业，全国试点。2013 年 5 月 24 日，财政部、国家税务总局发布《关于在全国开展交通运输业和部分现代服务业营业税改征增值税试点税收政策的通知》，规定自 2013 年 8 月 1 日起，在全国范围内开展交通运输业和部分现代服务业营改增试点工作。交通运输业（不包括铁路运输）和部分现代服务业营改增试点在全国范围内推开，同时将广播影视服务纳入试点范围；2014 年 1 月 1 日，铁路运输业和邮政业在全国范围实施营改增试点；2014 年 6 月 1 日，电信业在全国范围实施营改增试点。

（3）第三阶段：所有行业，全国实行。2016 年 3 月 5 日，国务院政府工作报告中明确提出 2016 年全面实施营改增改革。同年 3 月 24 日，财政部、国家税务总局向社会公布了《营业税改征增值税试点实施办法》《营业税改征增值税试点有关事项的规定》《营业税改征增值税试点过渡政策的规定》《跨境应税行为适用增值税零税率和免税政策的规定》，营改增推广所有的实施细则及配套文件全部出台。2016 年 5 月 1 日起，建筑业、房地产业、金融业、生活服务业等全部营业税纳税人纳入试点范围，并将所有企业新增不动产所含增值税纳入抵扣范围，营业税改征增值税试点全面展开。这是自 1994 年分税制改革以来，财税体制的又一次深刻变革。

5.2.4　我国交通运输业营业税改征增值税改革实践

1. 营业税和增值税的内涵

1）基本概念

（1）营业税。

营业税是指对提供应税劳务、转让无形资产和销售不动产的单位和个人，就其所取得的营业额征收的一种税。营业税属于流转税制中的一个主要税种。我国从事水路运输、航空运输、管道运输或其他陆路运输业务并负有营业纳税义务的单位，为交通运输业的纳税人。计税营业额是指纳税人提供应税劳务、转让无形资产和销售不动产向对方收取的全部价款和价外费用，价外费用包括向对方收取的手续费、基金、集资费、代收款项及其他各种性质的价外收费。营业税税率按照行业、类别不同分别采用不同的比例税率。

营业税具有以下特点：

① 征税范围广。营业税的征税范围包括在境内提供应税劳务、转让无形资产和销售不动产的经营行为，涉及国民经济中第三产业这一广泛的领域。第三产业直接关系着城乡人民群众的日常生活，因而营业税的征税范围具有广泛性和普遍性。

② 计算方法简单。营业税的计税依据为各种应税营业额，税收收入不受成本、费用高低影响，收入比较稳定，营业税实行比例税率，计征方法简便。

③ 税率多样化。营业税与其他流转税税种不同，它不按商品或征税项目的种类、品种设置税目、税率，而是从应税劳务的综合性经营特点出发，按照不同经营行业设计不同的税目、税率。

（2）增值税。

增值税是以商品（含应税劳务）在流转过程中产生的增值额作为计税依据而征收的一种流转税。从计税原理上说，增值税是对商品生产、流通、劳务服务中多个环节的新增价值或商品的附加值征收的一种流转税。它是价外税，由消费者负担，有增值才征税，没增值不征税。按照我国增值税相关管理办法的规定，增值税是对在我国境内销售货物或者提供加工、修理修配劳务、应税服务及进口货物的企业单位和个人，就其货物销售或提供劳务的增值额和货物进口金额为计税依据而课征的一种流转税。

在实际当中，商品新增价值或附加值在生产和流通过程中是很难准确计算的。因此，我国也采用国际上普遍采用的税款抵扣的办法，即根据销售商品或劳务的销售额，按规定的税率计算出销售税额，然后扣除取得该商品或劳务时所支付的增值税款，也就是进项税额，其差额就是增值部分应交的税额，这种计算方法体现了按增值因素计税的原则。

根据对外购固定资产所含税金扣除方式的不同，增值税可以分为以下 3 种：

① 生产型增值税。生产型增值税指在征收增值税时，只能扣除属于非固定资产项目的那部分生产资料的税款，不允许扣除固定资产价值中所含有的税款。该类型增值税的征税对象大体上相当于国内生产总值，因此称为生产型增值税。

② 收入型增值税。收入型增值税指在征收增值税时，只允许扣除固定资产折旧部分所含的税款，未提折旧部分不得计入扣除项目金额。该类型增值税的征税对象大体上相当于国民收入，因此称为收入型增值税。

③ 消费型增值税。消费型增值税指在征收增值税时，允许将固定资产价值中所含的税款全部一次性扣除。这样，就整个社会而言，生产资料都排除在征税范围之外。该类型增值税的征税对象相当于社会消费资料的价值，因此称为消费型增值税。

2）营业税与增值税的区别

营改增的实质是将应缴纳营业税的部分行业或企业变为缴纳增值税进行税费征收。增值税和营业税都归于流转税，是我国重要的税收组成部分。但两者的征收依据不同，征税范围不同，征收税率也不同。两者相比较，用增值税进行抵扣更科学、更合理。

增值税自 20 世纪 50 年代在法国开征以来，迅速被世界其他国家采用。目前，已有 170 多个国家开征了增值税，主要原因是增值税有效地解决了营业税重复征税问题。营业税与增值税的区别可以从以下几个方面来分析：

（1）从计税依据上看，营业税以收入全额征税（部分差额计税的除外），没有成本费用的扣除，流转环节越多，税负就越重。改征增值税后，商品在以前生产流通环节所缴纳的税款允许抵扣，可以有效缓解重复征税问题，有利于增值税中性作用的发挥，促进企业的专业化分工和服务外包，避免企业的"大而全"和"小而全"。

（2）从对外贸易看，营业税与增值税的不同征税方式对我国服务性出口企业在国际竞争中的态势有一定影响。我国的服务业主要缴纳营业税，而营业税属于价内税，不能进行出口退税，从而导致服务含税出口，相比于那些对服务业征增值税的国家，我国的服务出口价格会比同类服务价格高，在国际竞争中没有价格优势，因而不利于第三产业的发展和产业结构的优化。

（3）从征收复杂性来看，随着经营形式的多样化，有时候难以判定一项复杂的经济业务是应适用增值税还是营业税。营业税改征增值税后，可以避免混合销售中该交营业税还是增值税的难题，这样有利于简化征管，实现税收的统一管理。在新形势下，逐步将增值税征税范围扩大至全部的商品和服务，将营业税改为增值税，符合国际惯例。

3）增值税的制度优势

传统的营业税对流转所有过程征收，流转环节越多，重复征税的程度越严重。增值税通过引入扣除机制，解决重复征税问题。增值税仅对商品（含应税劳务）在流转过程中产生的新增价值额征收税款，它的核心特征是抵扣机制，在本环节征收税款时，允许扣除上一环节购进货物或者接受加工修理修配劳务、应税服务已征税款。增值税消除了传统的间接税制在每一个环节按销售额全额征税所导致的对转移价值的重复征税问题。概括起来增值税具有以下几大制度优势：

（1）实行税款抵扣制度，避免重复征税。

在计算纳税人应纳税款时，要扣除商品在以前生产经营环节已负担的增值税税款，可以有效避免重复征税。世界上各国普遍实行凭购货发票抵扣制度。

（2）保持税收中性，有利于平衡税负。

根据增值税的计税原理，流转额中的非增值因素已经在计税时被扣除，因此，对于同一商品而言，无论流转环节的多与少，只要增值额相同，税负就相同，不会影响商品的生产结构、组织结构和产品结构，从制度上解决了同一种货物由全能厂生产和由非全能厂生产所产生的税负不平衡问题，为在市场经济下的公平竞争提供良好的外部条件。

（3）实行价外税制度，税收负担由最终消费者承担。

增值税为价外税，作为计税依据的销售额中是不含增值税税额的。增值税虽然是向纳税人征收，但是纳税人在销售商品的过程中会通过价格杠杆将税收负担转嫁其他人，只要商品实现销售，税收负担最后会由最终消费者负担，纳税企业只是代收代付性质，增值税不会构成其税收负担，只是影响其现金流和发生遵从成本。

2. 交通运输业营改增政策实施过程

2011 年 11 月 16 日，经国务院批准，财政部、国家税务总局联合印发了营业税改征增值税试点方案的相关文件《关于印发〈营业税改征增值税试点方案〉的通知》，提出了我国营业税改征增值税的指导思想、基本原则，之后又印发了《关于在上海市开展交通运输业和部分现代服务业营业税改征增值税试点的通知》，明确提出 2012 年 1 月 1 日起在上海市交通运输业和部分现代服务业开展营业税改征增值税试点改革。交通运输业主要包括陆路运输服务、水路运输服务、航空运输服务、管道运输服务。

2012 年 7 月，财政部和国家税务总局根据国务院第 212 次常务会议决定印发了《财政部　国家税务总局关于在北京等 8 省市开展交通运输业和部分现代服务业营业税改征增值税试点的通知》，明确将交通运输业和部分现代服务业营业税改征增值税试点范围由上海市分批扩大至北京市、天津市、江苏省、浙江省（含宁波市）、安徽省、福建省（含厦门市）、湖北省、广东省（含深圳市）等 8 个省（直辖市）。

2013 年 4 月 10 日，国务院常务会议决定，一方面扩大地区试点，自 2013 年 8 月 1 日起，将交通运输业（不包括铁路运输）和部分现代服务业营改增试点在全国范围内推开；另一方面，力争 2013 年下半年将铁路运输和邮电通信等行业纳入营改增试点范围。随后财政部和国家税务总局联合印发《关于将铁路运输和邮政业纳入营业税改征增值税试点的通知》，明确从 2014 年 1 月 1 日起，将铁路运输和邮政业纳入营改增试点范围。从区域试点到全国推进，铁路运输业被纳入进来，交通运输业营改增进入全国实施的新阶段。

2017 年 10 月 30 日，国务院第 191 次常务会议通过《国务院关于废止〈中华人民共和国营业税暂行条例〉和修改〈中华人民共和国增值税暂行条例〉的决定》，标志着实施 60 多年的营业税正式退出历史舞台。2019 年 3 月 5 日，国家税务总局发布《关于做好 2019 年深化增值税改革工作的通知》，要求提高认识，加强领导，汇集改革合力，突出重点，有序推进，做实改革举措，压实责任，严明纪律，确保改革成效，进一步深化推进增值税改革。

3. 交通运输业营改增政策的必要性

交通运输业作为国家基础服务行业，不仅对一个国家的经济起到推动作用，并且关系着一个国家的民生问题,它的发展对其他产业的发展有着不可替代的推动作用;交通运输业营改增的实施也会间接地影响到其他产业。交通运输业征收营业税的方式存在以下问题:重复征税,不利于公平税负;全环节税负高,不利于打通产业链形成规模化效益,不利于税收征管等。营改增不仅有效避免了营业税本身的一些弊端,而且也有利于完善税制建设,促进交通运输企业优化资产,促进经济发展方式的转变。当前,我国正处于加快转变经济发展方式的攻坚时期,大力发展第三产业,发展交通运输业,对推进经济结构调整和提高国家综合实力具有重要意义。营改增是深化财税体制改革的重要内容,是以结构性减税促进"稳增长、调结构、促转型"的关键点,既是重大的改革举措,也是有效的发展措施。

1) 征收营业税时存在着重复征税的现象

运输过程是生产过程在流通领域的继续,也是货物增值的过程。交通运输业被纳入营业税的征税范围,意味着就收入的全额来征收营业税,而不能抵扣外购材料和劳务等所含的进项增值税额,从而造成了重复征税,加重了交通运输业纳税人的负担。

2) 完善增值税,进一步消除重复征税

我国流转税税制在探索的实践中发现,增值税征税的范围越广,其税款征收的链条就越紧,进而就越有利于消除重复征税。增值税专用发票在交通运输业的使用,使其成为增值税链条中的一环,这样在运输中的上下游环节都得到了正常抵扣,完善了增值税链条,进一步消除了重复征税。

3) 促进社会分工的专业化,推动交通运输业发展

对交通运输业的征税由营业税改成征收增值税,一方面避免了企业重复征税的问题,有利于减轻企业的税收压力;另一方面,即使商品的生产形式、组织机构形式不同,征收增值税的税率还是一样的,不会因为商品流通增加一个环节就要增收一道营业税,使相关产业的运营越来越专业化,促进了产业的融合,这不仅可以提高企业竞争力,还促进了社会分工的专业化发展,适应我国经济结构调整的需要,加快了交通运输业发展的步伐。

4) 促使交通运输企业的财务核算规范,深化行业体制改革

对于不能正确核算进销项税额或不能按税法规定进行纳税申报、提供纳税资料的纳税人,税务机关有权取消其进项税额抵扣,并按销售收入全额征税。这样,必然会促使交通运输企业认真建账、设账,完善会计核算,加强财务管理,增强企业竞争力。

5) 有助于促进我国公共交通行业及民航业的发展

燃料价格的波动会使交通运输行业面临巨大的成本压力,特别是公共交通行业和民航业对燃料价格更加敏感。对交通运输行业征收营业税,就不能抵扣油价中已含的增值税进项税额。如果改征增值税,运输企业就可以抵扣燃料成本及新增固定资产所含的增值税进项税额,减轻企业税负,有利于企业发展。

6) 有助于促进交通运输业技术改造,减少能源消耗和环境污染

交通运输业隶属于营业税征税范围时,新增固定资产的增值税进项税额不能抵扣,大大降低了企业技术改造和设备更新的动力,在一定程度上造成了交通运输行业的设备陈旧、技术落后,造成了运输设备燃料消耗量大、污染物排放量高。所以,改征增值税不仅有利于交通运输业技术改造和设备更新升级,同时也可以减少能源消耗,降低环境污染,提高我国运输企业的国际竞争力。

5.3

交通运输投融资

　　交通运输企业是社会主义市场经济中从事交通运输服务活动的基本经济单位，是独立的交通运输服务经营者。交通运输企业按市场需求提供交通运输劳务，在满足社会需要的同时，维持自身生存和增强自我发展的能力。交通运输投融资是交通运输简单再生产和扩大再生产的一个重要环节，也是交通运输行业维持自身存在与发展的一个基本条件。

　　从宏观和微观两个方面来研究交通运输投融资，具有重要的意义。从宏观方面说，交通运输投融资对交通运输基础设施建设与发展水平的依赖性较大，因此必须密切关注我国投融资体制改革的进程、成效、存在的问题和未来发展。从微观方面说，交通运输企业经营的直接目标是价值增长，即盈利，因而必须实现投融资决策的科学性、系统性和效益性。由于交通运输需求属于派生性需求，导致交通运输投融资一般都有较大的不确定性和风险，因此必须对交通运输投融资项目评价的不确定性分析给予特别的重视。

5.3.1　交通运输投融资的概念与方式

1. 交通运输投融资的含义及分类

　　交通运输投融资政策是在交通建设领域投资、融资、补偿等政策与法规的总称，它可以分解成交通基础设施建设投资政策、融资政策和补偿政策 3 个方面。融资与投资总是相对而言的，投资的主体是融资的主要对象，而融资设施建设则是投资的对象。

　　1）投资的含义与分类

　　投资是经济主体为获取经济效益而垫付货币或其他资源用于某种事业的经济活动。实际上，投资的含义比较广泛，有形资产的建造和购买、无形资产的购买及对人力资本的投资都属于投资的范畴。

　　投资的分类如下：

　　（1）投资有不同的类型和用途。按照形成资产的性质，投资可以分为有形资产投资和无形资产投资。有形资产投资是指投资资本用于形成实物资产的投资。实物资产是企业生产经营活动的载体，如果没有它或者实物资产不足，企业的生产经营活动就没法进行。无形资产投资是指投资资本用于形成无形资产的投资。无形资产包括知识产权、契约权利、关系、商誉等。

　　（2）按照投资主体不同，投资可以分为政府公共投资与社会民间投资。政府公共投资是指政府作为投资主体进行的投资，资金主要投入公益性事业中。社会民间投资是指非政府经济组织或个人作为投资主体进行的投资，资金主要投向以经济效益为主的盈利性项目。

（3）按照投资者与生产经营者的关系，投资可分为直接投资和间接投资。直接投资是指投资者将资本直接用于企业的生产经营活动，以获得直接的生产经营收益的投资，它包括固定资产投资和流动资产投资。间接投资是指投资者通过购买有价证券，以获得企业生产经营活动间接收益的投资，它包括股票投资和债券投资。

2）融资的含义与分类

所谓融资，是指货币的借贷与资金的有偿筹集活动，具体表现为银行贷款、金融信托、融资租赁、有价证券的发行和转让等。融资是资本的投机与融通行为，是资金的需求者即融资主体通过某种方式，运用金融工具，从某些储蓄者手中获取资金的过程。

对于交通运输企业，融资是交通运输企业根据自身的资金运用状况和资信能力，经过科学的预测和决策，通过可能的渠道，采用一定的方式，适量、适时、适价地取得或筹集到生产经营所需的资金，从而保证企业正常运作，实现企业一定时期的经营目标的一种经济行为。

融资的分类如下：

（1）按照融资过程中形成的资本产权关系，融资可以分为股权性融资和债权性融资。股权性融资是企业向股东筹集资金的主要融资方式，它是企业创办或增资扩股时采用的融资方式；而债权性融资则是通过发行债券、银行贷款等方式向资金所有者筹集资金的融资方式。

（2）按照投资过程中企业是否借助金融中介机构（如银行），融资可以分为直接融资和间接融资。直接融资是指企业直接通过证券市场向金融投资者出售股票、债券等而获得资金的一种融资方式。间接融资是指企业通过金融中介获得资金的一种融资方式，主要是在证券市场不发达的情况下发挥作用。

（3）按照是否有追索权分为无追索权融资和有追索权融资。无追索权的项目融资称为纯粹的项目融资，在此种融资方式下，贷款的还本付息完全依靠项目的经营效益，贷款银行为保证自身的利益必须从项目拥有的资产中取得物权担保。如果该项目由于种种原因未能建成或经营失败，其资产或收益不足以清偿贷款时，贷款银行无权向项目的主办人追索。有追索权融资是指除了以贷款项目的经营收益作为还款来源和取得物权担保外，贷款银行还要求项目实体以外的第三方提供担保，在项目未能建成或失败的情况下，贷款银行有权向第三方担保人追索，但担保人承担债务的责任以他们各自提供的担保金额为限。

2. 交通运输业的投资方式

我国交通运输项目过去大多采用政府直接投资的方式，但这种投资方式存在许多弊端。改革开放以来，我国对原有的投资体制进行了一系列改革，打破了传统计划经济体制下高度集中的投资管理模式，初步形成了投资主体多元化、资金来源多渠道、投资方式多样化、项目建设市场化的新格局。

从投资形态上分，交通运输业的投资方式大致分为以下 3 种主要类型：

（1）企业投资。指交通运输企业进行的投资，这类企业投资又可以分为私营企业投资和国有企业投资。

（2）行政投资。指由中央政府或地方政府进行的投资，行政投资和国有企业投资两者之和就是公共交通投资。

（3）社会投资。指工商企业、社会团体、群众组织等各类组织和个人为满足自身的需要而进行的交通投资。

3. 交通运输业的融资方式

交通运输业的融资包括资本金筹措和债务资金筹措两个方面。资本金是指在交通运输业总投资中由投资者认缴的出资额，对建设方来说是非债务资金，企业法人不承担这部分资金的任何利息和债务。债务资金是交通运输业中以负债方式从金融机构、证券市场等资本市场取得的资金。两者之间最大的区别就是是否存在到期偿还的问题。

1）资本金筹措

（1）使用政府资金。

使用政府资金即争取政府财政方面的投资，包括国家和地方政府的财政拨款，这是各地在交通建设中积极争取的融资方式，具有使用条件优惠和安全性高的优点。这类资金根据建设项目的重要性、建设规模等由国家拨给建设运营方。目前，为了提高资金使用效果，国家除对重点项目进行必要的投资外，其余项目基本上只进行定额补助，其投入较小，周期较长，不能完全满足建设需要。

（2）开征建设基金及受益方集资。

开征建设基金是依靠政府，通过立法来筹集的资金。这种集资承担风险较小，但周期长，受政策影响较大。开征建设基金是铁路建设项目资金的主要来源之一。

受益方集资是当前交通建设中常用的一种筹资方式，既包括受益地方政府、企事业单位和个人共同集资，也包括在征用土地、拆迁房屋、工程土方和劳动力投入等方面的优惠政策。在筹资时，需要考虑地方的经济状况、群众承受能力以及社会影响等。

（3）发行股票。

用发行股票筹资是利用人们的投资增值心理，吸收社会闲置资金流向交通运输建设。股票筹资没有固定到期日，可长期使用，股息发送也没有硬性规定，在有通货膨胀的情况下，股票可以减少货币贬值造成的损失。但股息通常高于其他投资手段，且股票发行成本高，利息负担比银行贷款高，股息通常在税后利润中列支。在交通运输业中，一些大型的、条件较好的基础设施建设利用股票筹集资金较为有利。目前我国一些经营状况较好的高速公路和港口建设较多采取发行股票的方式进行资金筹措。

（4）转让公路收费权和港口车站收益权。

对于已修建的收费公路、港口和车站，可以对社会公开招商，一次性转让其收费权和收益权。通过转让，可以收回部分投资，用于新的公路、港口和车站建设，形成投入产出滚动发展的良性循环。收费公路、港口、车站的所有权归国家所有。根据交通行政主管部门决定，公路管理机构、港航管理机构和公路运管机构分别对收费公路、港口和车站行使行业管理和执法职能，特许经营公司在规定的经营期限内，按照交通行政主管部门规定的技术标准和操作规程运营，并负责收费公路、港口、车站的养护和维修工作。采取这一融资渠道时，应通过中介机构准确评估收费公路和港口车站的投资价值，按照合理的收益率计算出转让期限，防止作价过低而造成国有资产流失。

2）债务资金筹措

（1）国内银行贷款。

国内银行贷款对交通基础设施建设来说具有偿还期灵活、数量大、资金成本低、风险较小的特点。在目前我国的银行管理体制下，其贷款受国家政治、经济形势和政策，以及计划变化的影响。同时，贷款利率由中央银行决定，同建设单位有贷款协议的专业银行原则上不承担利率上升的利息费用，当贷款利率上调时，资本筹集成本相应提高。

（2）国际金融组织贷款。

交通运输基础设施建设可以向世界银行、亚洲开发银行等国际金融组织贷款，但这种贷款仅适用于这些金融组织赞同的特定项目。它具有使用年限和还款期长、利息低等特点，但使用要求严格，融资者必须向这些国际金融组织提供有关经济、财政以及与贷款项目有关情况的统计资料。向国际金融组织贷款的主要风险是汇率风险。

（3）国外商业银行贷款。

向国外商业银行贷款要考虑资金的安全性和流动性，对周期长、投资额大的交通建设项目贷款，国外商业银行一般不独家承担，往往采用银团贷款的方式，由多家银行共同承担，并在贷款前对项目投资环境等因素进行认真评估。

（4）发行债券。

发行债券的优点是能获得长期的、数额较大的资金来源，且利率固定。交通运输业项目发行债券带有政府信用的特点，债券期限较长，符合交通建设工期长、投资回收期长的特点。但债券利息一般比银行贷款高，也要承担一定风险，如是否能筹集到预期数额资金、能否按预先规定的期限还本付息等。

4. 交通运输业的项目融资

项目融资指以一个特定的建设项目作为融资对象，以项目的现金流量和收益作为偿还所筹资金的来源，以项目资产作为融资的安全屏障的一种融资方式。它依靠项目本身的资产和未来现金流量作为所筹资金的偿还保障，原则上发起人对项目之外的资产没有追索权或仅有有限追索权。

交通运输基础设施建设项目大多属于资金投入巨大、对社会大众影响深远、由政府牵头或主导的项目。交通运输基础设施建设项目融资的方式主要包括以下4种。

1）BOT 融资模式

BOT（bulid-operate-transfer，建设-运营-转让）融资模式指交通运输基础设施建设项目的直接投资者和经营者从项目主办方（主要是政府）获得基础设施建设的经营特许权，负责组织项目的建设和生产经营，提供建设和经营所需要的股本资金和技术，安排融资，承担风险，并从运营中获得利润，最后根据协议日期和内容将该基础设施经营权无偿转让给项目主办方的融资模式。采用这种融资形式的实质是项目主办方将基础设施的经营权有期限地抵押以获得项目融资。

BOT 融资模式作为政府基础设施项目融资的一种重要方式，其显著特点是政府赋予项目公司对某一项目的特许权，由该公司对项目的建设和经营全权负责，政府无须投资，通过特殊的方式，由项目的承包人完成一些重大基础设施的建设，达到吸引社会资金参与公共设施建设的目的。BOT 融资模式的另一个特点是有限追索权，它完全依靠 BOT 项目本身的优势而非项目主办人的信用能力，将归还借款的资金来源限定在项目收益上，贷款人针对特许权项目提供贷款，贷款清偿效果和保障依赖于项目产生的收益及其他股东和生产者在合同中约定的业务。一般情况下，BOT 融资模式及其风险应全部或大部分由投资人承担，但按照国际惯例，哪一方更有能力控制风险，就由哪一方承担，对于双方都无法控制或不适于任何一方控制的风险，就由双方共同承担。我国台湾地区高速铁路建设、深圳地铁 4 号线采用的就是政府主导的 BOT 融资模式。

2）TOT 融资模式

TOT（transfer-operate-transfer，移交-经营-移交）融资模式指项目主办方为了筹建更多的交通运输基础设施建设资金，将部分已经建好的基础设施经营权有限移交转让给选定的经营方公司，收回资金用于其他项目的建设和开发，经营期满后再将经营权无偿移交项目主办方的融资模式。这种融资模式与 BOT 融资模式相似，但移交转让的不是建设经营特许权，而是已建成项目的部分经营权。采用这种融资模式的实质是通过出售现有资产部分经营权以获得增量资金进行新建项目融资。

TOT 融资模式的特点是，项目所有人以已经建成并投入使用的基础设施为基础，与有关公司签订特许经营协议，把这一基础设施项目的经营权移交给公司，该公司根据协议对该基础设施进行经营；经营期满后，该公司再把这项设施无偿移交回项目所有人。产生 TOT 融资模式的动因在于：项目所有人可以凭借该设施在未来若干年内的收益，一次性地从经营者手中融得一笔资金，用于新的基础设施项目的建设。

3）PPP 融资模式

PPP（public private partnership，公共私营合作制）融资模式是公共政府部门与民营企业合作模式。其典型的结构为：政府部门通过政府采购形式与中标单位组成的特殊目的的公司（特殊目的的公司一般由中标的建筑公司、服务经营公司或对项目进行投资的第三方组成的股份有限公司）签订特许合同，由该公司负责筹资、建设及经营。政府通常与提供贷款的金融机构签订一个直接协议，这个直接协议不是对项目进行担保的协议，而是一个向借贷机构承诺将按照与特殊目的的公司签订的合同支付有关费用的协定，这个协议使特殊目的的公司能比较顺利地获得金融机构的贷款。采用这种融资模式的实质是：政府通过给予特殊目的的公司长期的特许经营权和收益权来换取基础设施加快建设及有效运营。

PPP 融资模式的一个最显著的特点就是政府或者所属机构与项目的投资者和经营者之间的相互协调及其在项目建设中发挥的作用。PPP 融资模式是公共基础设施建设中发展起来的一种优化的项目融资与实施模式，是一种以各参与方的"双赢"或"多赢"为合作理念的现代融资模式。北京地铁 4 号线建设在国内首次采用 PPP 融资模式。

4）ABS 融资模式

ABS（asset-backed securities，资产支持证券）融资模式是以项目资产可以带来的预期收益为保证，通过一套提高信用等级计划在资本市场发行债券等来募集资金的一种项目融资模式。资产收益证券化是将缺乏流动性但又能够产生可以预期的稳定现金流的资产汇集起来，通过一定的结构安排对资产中风险和收入要素进行分离与重组，再配以相应的信用担保和信用升级，将其转变成可以在金融市场上出售和流通的证券的过程。从技术上看，被证券化的资产必须达到一定的规模，如果规模较小，就需要找到预期性质相似的资产，共同组建一个可证券化的资产池。被证券化的资产收益率具有可拆分的经济价值，即资产必须具有可重组性，组合中的各种资产的期限、风险、收益水平等基本接近。能在未来产生稳定的现金流的资产比较适合以 ABS 模式进行融资，它既可以解决增量投资问题，也可以盘活存量资本。ABS 融资模式大体上可分为项目贷款资产证券化和项目收益资产证券化。

除了上述 4 种基本的融资模式以外，还有如 BT（build-transfer，建设-移交）融资模式、TBT（transfer-build-transfer，移交-建设-移交）融资模式等变形或组合形式。BT 融资模式是 BOT 融资模式的一种变形，项目主办方通过与投资者签订合同，由投资者负责项目的融资、建设，并在规定时限内将竣工后的项目移交项目主办方，项目主办方根据事先签订的回购协议分期向投资者支付项目总投资及确定的回报。TBT 融资模式是将 TOT 融资模式与 BOT 融资模式组合起来，以 BOT 融资模式为主的一种融资模式，其实施过程包括：项目主办方通过招标将已经运营一段时间的项目和未来若干年的经营权无偿转让给投资人，投资人负责组建项目公司去建设和经营新的待建项目，新项目建成开始经营后，政府从 BOT 融资模式项目公司获得与项目经营权等值的收益，后续按照协议投资人相继将项目经营权归还给项目主办方，其实质是主办方将一个已建项目和一个待建项目打包处理，获得逐年增加的来自待建项目的协议收入，最终收回待建项目的所有权益。

5.3.2　我国交通运输投融资的发展与创新

1. 我国投融资体制改革发展历程

我国投融资体制改革大体经历了以下 3 个阶段：

1）1979—1987 年，投资体制改革的探索阶段

改革首先是以提高政府投资建设的效益为目标而展开的，这一阶段的改革使得企业与政府开始初步分离。简政放权、缩小指令性计划和投资项目建设实施的市场化是这一阶段的基本特点。

2）1988—2003 年，市场经济型投资体制框架形成阶段

通过实行建设项目业主责任制、法人责任制，国有企业逐步成为市场投资主体。项目投资实施过程的组织管理权全部从政府行政部门分离出来，由政府行为变为企业行为。"拨改贷"资金转为资本金后，政府作为投资者由企业债权人变为企业所有人，并逐步演变为股东，从而演变为真正的金融投资主体。

3）2004 年至今

2004 年，国务院发布《国务院关于投资体制改革的决定》，此次改革的核心内容就是改革投资领域中的行政审批制度，对企业不再进行审批管理，代之以政府核准和登记备案制。这对于实现"谁投资，谁决策，谁受益，谁承担风险"的原则，建立"市场引导投资、企业自主决策、银行独立审贷、融资方式多样、中介服务规范、宏观调控有效的新型投资体制"具有重要的促进作用，使我国的投资体制改革进入了新阶段。

2. 21 世纪初期我国交通运输投融资的经验教训

1）交通运输投融资瓶颈没有完全消除

改革开放以来，尽管对交通运输投融资体制改革进行了诸多尝试性的探索，其主要目的是鼓励多元化投资、多渠道吸收各种资金，努力解决交通运输业发展中资金短缺的瓶颈问题，但总体上看仍然不能适应国民经济和社会发展的需要，交通基础设施覆盖面偏低，建设资金缺口巨大，直接导致主要交通运输大通道运输能力十分紧张。

2）投资单一

交通运输投融资的做法基本上还是传统的计划经济模式，国家交通建设项目大多数仍由国家各级政府部门直接负责筹措资金、组织建设，并承担还贷责任。企业的投融资主体地位尚未确立起来，长期计划经济体制造成的交通运输投融资决策权高度集中、造成亏损没有得到有效补偿，制约了国有资本对社会资本的引导和带动作用，影响到投融资渠道和方式。这种情况无疑造成了交通建设发展的财力紧张，致使交通运输投融资严重不足，制约着交通运输发展步伐，严重不适应"跨越式"发展要求。

3）筹资渠道单一

交通建设资金的来源主要依靠财政性资金和银行贷款。政府财政性投资为最重要的筹资渠道，国家开发银行贷款为次重要筹资渠道，满足不了加快交通建设的需要。尤其是各类交通建设贷款进入换本付息高峰期后，每年征收的交通建设基金已低于当年还本付息总额，还贷压力进一步增大。

4）融资方式单一

融资方式包括直接融资和间接融资两大类。我国交通运输业虽然在这两方面都进行了一些有益的探索，但力度不够，难以满足大规模建设的融资需求。尽管投融资体系已经打破了计划经济体制的束缚，经过事业投资、道路收费等一系列的制度尝试，直到出现了一些交通资本化、市场化等形式的创新和试点，但是从总体上看，目前交通建设除了银行贷款以外，国际上一些常用的金融工具和产品，如资产证券化、信托投资、企业债券等在我国都还不够成熟，可供融资主体选择的融资方式极其有限，这使得交通建设项目中的资金使用效率不高，且项目中存在的各种金融风险得不到有效的防范和管理。

5）投融资体制与经济发展的要求不协调

经过多年的改革实践，公路、水路、民航等行业都已不同程度地实行了政企分开的投融资管理体制，但铁路建设仍以政府投资为主，因此，在铁路建设速度不断加快、资金缺口较大的情况下，不但社会资金大规模进入铁路领域存在体制性障碍，而且从整体上看投融资体制也难以适应铁路持续、快速、健康发展的需要，资金"缺位、越位、错位"问题突出。

6）投融资管理方式落后

交通建设项目大多数仍由国家政府直接负责筹措资金、组织建设，并承担还贷责任，企业的投融资主体地位尚未确立起来，缺乏内在的投资控制机制和资金滚动发展机制，不能充分发挥国有资本对社会资金的引导和带动作用。此外，政府直接投入交通建设的弊端显而易见：其一，不利于调动市场、政府两个方面的积极性；其二，不利于吸引民间资金进入交通建设、经营领域，政府利用行政职权开征交通建设基金无偿投入交通建设，客观上制约了民间资本和外资的进入；其三，不利于交通多元化建设、运营步入良性循环的轨道；最后，不利于提高交通投融资的使用效率。由于交通建设基金作为政府财政性资金投入各类交通建设项目，建成运营后，在计算交通运输成本时，就不需要再计算这部分资本的本金和回报，这就从客观上导致了交通运输价格与实际运输生产成本的大幅度偏离，导致部分国企盈利水平低，无法吸引民间资本和外资进入交通建设、经营领域，交通建设所需资金又不得不由政府承担。

交通投融资体制改革必须分清政府与市场的责任，调动政府、市场两方面对铁路建设的积极性。政府不再投资营利性、竞争性线路的建设；政府财政性资金、国债应投入国土开发性、国防、少数民族地区、贫困地区、经济欠发达地区的线路和保证公益服务的线路。政府主要负责解决交通建设的公共问题，市场主要解决交通建设的效率问题，这样才能促进路网合理布局和资源优化配置。

3. 交通运输投融资手段的创新与发展

交通运输业是国民经济的基础产业，它的发展关乎其他产业的发展，且需要大量的资金投入。为了给交通运输业的发展提供充足的资金，必须进行金融创新。从国内可实施的环境来看，可供尝试借鉴的中国交通的投融资模式主要有以下几种：

1）股份制筹集

股份制改革和股票上市，既能转变经营机制，又是一种好的投融资方式。交通运输设施是高质量的资产，只要运价改革等措施跟上，对效益较好的交通运输企业包装上市，便可更新改造筹资渠道。中央政府在必要时可对某些国土规划型或社会效益型关键交通运输环节实行运价补贴政策，以放松对运价的管制，逐渐向市场定价的方向过渡。地方政府可以通过参股、控股、购买、租赁等方式参加国家允许的交通线路的建设和运营管理。同时，地方政府还要积极主导或支持地方铁路建设。

在利用股份制筹资的条件不成熟时，可通过发行可转换债券进行筹资。这些债券可以在一定的时候转换成股权。

2）发行政府贴息的交通建设债券

把政府财政用于交通建设投资中的部分资金，用作交通建设债券的贴息基金。选择一些投资回收期短的建设项目（如技术改造项目），政府以贴息的方式，鼓励企业发行债券向社会筹资。贴息期限根据建设进度或投资回报期来确定。本金和贴息期以后的利息由筹资企业偿还。通过这种投资方式，可使财政基金可起到引导作用。

3）实行资产证券化，组建投资公司

为对现有交通设施特别是铁路进行改造和资产证券化，建议组建交通资产证券化投融资公司，用现有交通资产进行投融资。从国际经验和我国的实践看，交通基础设施很适合资产证券化的投融资方式。ABS 通过发行和资产收益商品化的投融资产品筹资，是银行和企业有效和低成本进入国际资本市场的一个重要的投融资工具。ABS 是出售资产预期收入（应收账）而不是负债，因此获得了所需投融资，而未增加负债率，即通过 ABS 投融资获得了资本，但又不改变原有股东结构。

4）建立交通产业投融资基金

交通产业投融资基金，类似于美国资本市场上的共同基金。这种基金通过契约或公司的形式，将个人或机构投融资者的资金聚到一起，并委托专家进行投融资经营与管理，为投融资者获取相应的资本收益与增值。

目前，中国居民月存款高达数万亿元以上，并有大量资金闲置于社会，但是由于普通居民缺乏投资意识、专业知识和投资渠道，因而投资谨慎或投资盲目，致使资金闲置或投资失误，未能发挥其应有的效用。为聚集社会闲散资金，使分散资金的投向与国家政策相吻合，并能获得较可靠的投资收益，建立交通基础设施的产业投融资基金十分必要。

为提高基金效率，应成立专门的投资管理公司。一方面，国家赋予其必要的职能，实现完成国家赋予的筹集基金、加强建设的任务；另一方面，公司要严格按公司法运作、管理，确保资金的正确运用，对投融资者负责，即把政府的导向、规划与投融资者的收益结合起来。

交通建设项目建设是建设周期和投资回报期均较长的基础产业，发行短期债券尽管是一种筹集方式，但长期封闭式投融资基金可能是一种更好的选择。

5）合理利用外资

从国际经验来看，无论是发达国家还是发展中国家，在建立现代化的交通运输产业过程中无不借助于外资。当前利用外资的主要形式是中央人民政府对外借款、国际金融机构的转贷款和中央人民政府担保的对外债务，外国投资者对交通建设的直接投资数量很少。这主要是因为在这些领域还存在一些制度、制衡约束因素。为了吸引更多的国际资本进入中国的交通运输业，需要制定相关政策和进行相关的投资体制改革，国外常用的项目融资或 BOT、TOT 等融资模式，国外投资者容易接受，中国也取得了一定经验。项目融资中，涉及复杂的金融、法律、市场和行政管理方面的问题，需要经过反复磋商才可能达成协议，但相对风险比较小，成功率比较高。利用外资，要有一个合理的界限，一些重要交通干线的建设，国家或境内企业必须掌握控制权。

5.4

城市轨道交通补贴机制

对城市轨道交通的财政补贴需全面考虑社会公众对轨道交通票价的承受能力、企业对补贴的依赖程度和政府对财政补贴支出的承受能力。轨道交通在不同投融资模式下对投资回报的不同要求和在不同运营阶段的特点，均会对补贴机制的激励约束产生不同的影响。对于大型城市来说，城市公共交通体系的建设是缓解城市交通压力的重要途径，因而轨道交通是大城市公共交通运行的轴心，也是构建大城市公共交通体系的枢纽。目前国内许多大城市已经尝试通过轨道交通来构建整个城市公共交通网络，如上海、广州和北京等地。但由于城市轨道交通建设和维护需要大量的资本投入，在运营过程之中又承担了城市公共服务的任务，因此，城市轨道交通的运营企业面临着公益性和盈利性难以兼顾的难题。从各国的经验来看，在票价收入无法弥补经营成本的条件下，运营企业必然面临经营亏损问题，政府采用各种补贴政策使运营企业维持运营也具有某种意义上的必然。但如果政府长期补贴，运营企业将减少努力降低经营成本的动机，形成"逆向选择"行为。因此，改革政府对城市轨道交通运营企业的补贴方式和机制，提高运营企业的经营效率，就成为非常重要的课题。

5.4.1　补贴的必然性

由于城市轨道交通的投入资金巨大，资本回收周期非常长，甚至可能不能完全收回，所以长期以来政府承担了全部的投资，我国北京、上海和广州等城市最初的轨道线路建设资金都是通过政府筹集的。随着投资主体多元化，股东担保投资、银行贷款、国外投资等多种投资方式的介入，更多社会化投资进入城市轨道交通领域（见表5-1），社会化投资需要投资收益，如果城市轨道交通运营企业由于特定条件维持不了自身的经营活动，政府在运营期间补贴企业成为不可避免的事实。

表 5-1　国内主要城市轨道交通融资模式

城市	线路	投资总额	融资模式	建设资金来源
北京	地铁1、2号线	—	政府投融资	政府全额投资
	复八线	75.7 亿元	政府担保企业贷款	国家开发银行和中国建设银行贷款30 亿元
	城铁13号线	60.8 亿元	股东担保企业贷款	
	八通线	34 亿元	股东担保企业贷款	北京地铁集团投资5.9 亿元，北京城建集团投资4.5 亿元，通州区人民政府投资3.6 亿元，国家开发银行贷款19.97 亿元
上海	1号线	约52 亿元	政府投融资	政府投资、外资（原联邦德国4.6 亿马克；法国1.32 亿法郎；美国2 318 万美元）
	2号线	约94 亿元	市、区两级政府投资	政府投资（1/3）、外资（1/3）、城市建设投资公司（1/3）
	3号线	90 亿元	项目公司模式融资	外资19%、国内银行贷款49%、自筹32%
广州	1号线	127.15 亿元	政府投融资	政府投资、外国政府贷款（5.4 亿美元）、商业贷款
	2号线	预算131.1 亿元	政府投融资	广州市政府统筹投入95.98 亿元，约占总投资的60.35%；余下占39.65%的63.07 亿元则为商业银行贷款
深圳	4号线一期	115.53 亿元	政府投融资	政府投资（财政及国土基金）70%，银行贷款30%（国家开发银行贷款10 亿元、工商银行贷款10 亿元、中国银行贷款8.6 亿元）

运营企业是否应该由政府补贴取决于产业特征、市场结构和企业性质等客观因素。

（1）从产业特征看，城市轨道交通产业具有资本密集型、技术密集型特征。根据对北京市轨道交通投入-产出表的分析，该产业属于"低附加值、高带动力"产业，其对第二、三产业的直接消耗系数为0.301 9、0.095 3，完全消耗系数为0.868 9、0.355 2，中间投入率为71.89%；同时它也是个"消费型"产业，中间需求率为45.51%。这些数据都集中表明这样的事实：城市轨道交通产业自身的经济效益较低，但该产业对上下游的带动力很高，有较强的社会效益，具有正外部性经济特征。从城市经营的层面上，轨道交通应该属于城市基础设施部门。

（2）从城市轨道交通的市场结构来看，由于其线路具有唯一性，因此在具体经营过程中具有线路的独占性，但与其他交通方式也存在替代性竞争和协作，如私人汽车、公共汽车等地面线路工具。其他公共交通价格水平直接约束城市轨道交通的票价水平，城市轨道交通的线路运行又依赖于其他公共交通的协作，以此形成公共交通网络。从这一角度看，城市轨道交通运营企业的运营并非具有"完全意义"上的垄断性特征。

（3）城市轨道交通运营企业的性质则取决于其提供的产品和服务。由于城市轨道交通被视为城市公共交通的枢纽和核心，因此其所提供的产品和服务构成了大城市公共交通服务的必需品。根据价格波及效应分析，城市轨道交通票价对第一、二、三产业的价格波及效应分别为102.89、193.54、324.18，表明城市轨道交通票价波动对其他产业的影响程度很大。在这种条件下，企业的性质就发生了改变，即企业承担了城市公共产品的义务和责任。企业的经营目标就不再单纯地定为盈利性目标，而体现出公共福利性和盈利性双重性质。

从上述对于城市轨道交通的产业特征、市场结构和企业性质的分析可以看出，城市轨道交通运营企业具有很强的外部经济特征，企业体现出公共福利性和盈利性双重目标，属于城市的公用事业部门，其票价水平并不反映市场供求变化，应受到政府的严格监管和控制。根据上述分析，维持城市轨道交通票价收入无法弥补正常的运营成本已成为不可避免的事实。21世纪初期，我国主要城市轨道交通运营情况如表5-2所示。从世界各国城市轨道交通的经营经验来看，除了少数城市（如中国香港）能够获得盈利之外，其他大部分的票价收入仅仅占全部经营成本的50%左右，政府补贴占50%左右，几个国际大城市的地铁运营状况如表5-3所示。

表5-2 21世纪初我国主要城市轨道交通运营情况

城市名称	轨道运营线路网长度/km	客运总量/万人次	运营收入/万元	财政补贴/万元	利润总额/万元
北京	114	47 247.6	58 151	25 001	2 686
上海	109	40 604.1	97 065	—	2 658
广州	35	11 626	20 635	2 000	-4 953
大连	68	5 780	4 518	2 000	-314
长春	21	1 231.85	1 505	—	-1 082

资料来源：《中国城镇建设统计年报》，建设部综合财务司，2003年。（注：大连、长春的轨道交通统计数据包括轻轨和有轨电车；城市公交客运总量包括公共汽车、无轨电车、地铁、轻轨和有轨电车。）

表5-3 几个国际大城市地铁运营状况

国家	城市	票价收入/%	其他行业收入/%	政府补贴/%
墨西哥	墨西哥城	13.0	1.0	86.0
英国	格拉斯哥	35.5	1.0	63.5

续表

国家	城市	票价收入/%	其他行业收入/%	政府补贴/%
瑞典	斯德哥尔摩	34.1	3.2	62.7
法国	巴黎	36.0	10.6	54.0
西班牙	巴塞罗那	44.0	4.0	52.0
日本	札幌	43.0	9.5	47.5
德国	汉堡	55.0	10.0	35.0

从我国近几年来的城市轨道交通运营成本和收入情况来看，要维持正常运营，仍需要大量的政府补贴。根据中国城市轨道交通协会发布的《城市轨道交通 2022 年度统计和分析报告》，2022 年全国城市轨道交通平均每车公里运营成本为 23.49 元，平均每人次公里运营成本为 1.49 元，但平均每车公里运营收入仅 11.24 元，平均每人次公里运营收入仅 0.73 元，2022 年全国平均城市轨道交通运营收支比为 53.38%。

5.4.2　补贴方式及问题

城市轨道交通运营企业作为公用事业部门，在公益性和盈利性双重约束下，城市轨道交通运营企业面临着两难选择的困境。如果政府完全按照公益性目标制定价格政策，城市轨道交通运营企业就面临亏损局面；如果完全市场化，轨道交通企业尽管在垄断条件下具有市场潜力，但由于受到其他交通工具的竞争，在需求约束下，其价格也不能完全弥补其经营成本。因此，如果政府既要实现城市轨道交通产业持续发展，吸引投资进入，又要实现公共服务的目标，就需要政府提供一种补贴机制，促使轨道交通企业尽可能地在满足公共目标基础上，降低运营成本。目前我国轨道交通运营企业通常采用了类似"总额控制，分项考核，超亏不补，减亏分成"的补贴方式，这是一种直接补贴的方式，即对运营企业实际亏损发生额进行资金补助。这种直接补贴方式的优点在于操作简单，根据企业经营状况动态补贴，满足企业维持经营的需要，更重要的是，它使票价维持在边际成本的水平，使公共服务得到了完全实现。但缺陷也十分明显，首先，企业缺乏降低经营成本的动机，因为企业盈亏多少与企业的经营绩效没有关系。尽管目前的补贴政策也采取了分成的做法，但这种做法也难以从根本上解决动机不足的问题。其次，信息不对称造成补贴扭曲。由于企业的经营成本是企业内部的私人信息，政府很难从外部人层面对企业内部人的成本信息进行充分的掌握，由此导致补贴失灵。再次，政府承担了企业的全部经营成本风险，因此政府负担沉重。最后，补贴多少实际上由政府与企业之间讨价还价来决定。给定政府必然直接补贴的条件，企业就会采用一些对策性的措施来争取补贴。因此，如果补贴是建立在有效率的努力基础上的，补贴是一种正常的结果。但如果补贴对企业产生了低效率，则补贴本身就会出现问题。

5.4.3　补贴形式及其多样性

除了直接补贴之外，政府为了鼓励企业降低成本，还提供了多种补贴形式的选择。如间接补贴和交叉补贴等。

（1）间接补贴是政府通过价格调整、进入条件等工具，不直接给企业提供资金补助，而是提供一些政策性的补助，如城市轨道交通可以采取改变原有定价方式，使价格提高到平均成本水平，满足了企业正常运营的需要；可以采取限制进入的方式，允许一家企业独占经营权，用热线补贴冷线。

（2）交叉补贴是允许企业开展非主营业务，并在非主营业务方面给予一定的优惠政策。在主营业务下，企业按照边际成本原则定价，其边际成本定价产生的主营业务亏损通过非主营业务的盈利补贴，由此来维持企业的盈利水平。

香港和东京等城市铁路运营盈利的重要原因之一在于政府采取了交叉补贴的方式，用非主营业务的盈利来补贴票款收入亏损。

城市轨道交通运营企业各类补贴的特征及优缺点如表5-4所示。

表5-4　城市轨道交通运营企业的补贴模式比较

模式类型	主要特征	优势	缺陷
无补贴类型	政府不直接或者间接补贴企业，但给企业一定的定价空间，主营业务的价格水平能够满足企业合理的利润需要	政府不需要额外负担成本，企业有一定的定价权	① 由于价格比边际成本高，满足公共性的程度较低； ② 政府制定的定价政策必须建立在完善的监督机制条件下，存在监管成本； ③ 政府必须充分掌握被监管企业的信息，存在信息成本； ④ 由于需要保证企业的利润水平，被监管企业的生产努力积极性下降
直接补贴	政府通过转移支付直接向运营企业提供总额补助；补贴固定资产投入（折旧）或直接投资固定资产	价格建立在边际定价水平上，满足公共性程度高	① 企业没有定价权，政府有一定负担； ② 投资难以持续
间接补贴	政府不直接补贴给企业，但对企业主营业务采用歧视性定价（如两步定价和峰荷定价），控制企业进入条件，维持市场结构现状	政府不需要承担更多的成本	① 歧视性定价使得价格高于边际成本； ② 政府与被监管企业之间存在了监管成本和信息成本； ③ 在给定的定价条件下，企业的生产努力积极性下降
交叉补贴	以非主营业务的优惠政策吸引投资进入（如沿线的土地开发权和商业运营权等），通过非主营业务的利润补贴主营业务的亏损	价格维持在边际定价基础上，满足公共性程度较高	① 非主营业务的优惠条件实际上是对不同类型的企业施行的歧视性政策； ② 社会福利在一定程度上会受到损失

从表5-4中可以看出，在城市轨道交通补贴模式中，不存在唯一的最优模式，也不存在唯一的最优发展路径。各国（地区）根据自身的监管体制的完善程度、消费者接受水平、

本国城市轨道交通产业发展特征及本国的经济体制等因素，恰当地选择合适的模式，满足本国城市轨道交通发展的需要。

5.4.4 补贴机制的完善

我们所强调的政府补贴，前提是城市轨道交通运营的票价能够符合公共利益需要，满足普遍服务条件。在低价格条件下，政府采取各种补贴政策维持城市轨道交通运营企业的正常运营，显然这种补贴实际上就是政府用补贴向城市轨道交通运营企业购买"普遍服务"。

当前，公共事业的市场化改革呈现两个方向，一是价格改革，给企业一定的定价权；二是补贴改革，将企业降低成本的激励纳入到补贴方式设计之中，其目的就是在符合社会利益目标的同时，维持一个有效率的运营企业。由于城市轨道交通的票价波动是城市基础设施产品的价格浮动，对城市其他服务的影响很大，而且也影响到普遍服务的实现程度，不符合城市轨道交通的公共性定位。因此我们将政府的补贴视为一种激励，从政府补贴机制的层面来推动城市轨道交通运营企业提高效率。尽管目前的补贴方式在一定程度上可以维持城市轨道交通运营企业的经营，但这种事后补贴方式不能给企业提供长期降低成本的动机，不能给企业提供长期有效的激励方式。因此，设计长期持续稳定的、具有激励效应的补贴机制就成为企业提高效率的重要外部推动力之一。

从本质意义上看，政府的补贴就是政府在外部给企业提供一种长期承诺，企业在明确的长期承诺条件下，合理地设计运营策略。从目前各国的经验来看，采用事前补贴方式是一种有效的激励策略。关于事前补贴的方式，主要有以下两种形式：

1）事前长期直接补贴

政府根据业主经营绩效，确定在未来几年内的补贴额度（定额或者分成），一般 4～5 年，它避免了政府与企业每年都要为补贴多少讨价还价，也避免了每年都要核算企业的经营成本的真实程度，也避免了每年企业在降低成本之后要面临减少补贴的"鞭打快牛"现象，可以在合理经营周期条件下，给企业提供长期降低成本的激励动机。

2）事前长期交叉补贴或者间接补贴

间接补贴包括维护企业的线路独占权，推进城市轨道交通网络化规模，构建以城市轨道交通为核心的公共交通体系以保证足够的客流量，以及不同程度的调价权等；交叉补贴的核心就是用非主营业务的收益补贴主营业务，如赋予企业地面或地下的土地和商业开发权等，这种补贴的核心就是"给政策"，它不需要政府直接承担沉重的补贴压力，但它需要建立可置信的长期承诺。由于政策的制定、实现和维持都受到了政治周期的影响，因此，以合同的方式，明确政府与企业长期承诺关系是非常必要的。

上述两种方式的选择，取决于政府所提供的直接补贴给企业带来的收益与政府赋予企业的各种间接政策或交叉补贴能给企业带来的收益之间的比较。由于不同国家、地区、城市在决定如何补贴时所面临的经济、社会、制度和习惯的不同，所以只能根据"两利取其重，两害取其轻"的原则来权衡和选择。当然，从企业来说，如果外部经营环境不变，无限期的长期承诺能够为企业提供一种长期稳定的激励机制；但如果外部经营环境发生变化，在无限期承诺条件下，企业就有可能面临巨额利润或者巨额亏损的情况。因此，在某些条件下，需要在给定期限中添加修正条件：在企业获得巨额利润的条件下，适当严格承诺约束；在面临巨额亏损的条件下，适当放宽承诺条件，使企业维持正常的利润水平。在明确长期承诺的条件下，还需要解决"最后贷款人"的问题。由于城市轨道交通运营具有公共服务性质，盈利时可以保证投资人正常收益，吸引新投资人进入，但如果出现亏损，谁来承担？如果政府成为最终承担者，势必会导致前面的所有激励设计失效，因为企业在这种长期承诺下，就会失去降低成本的动机。因此，改革公司治理结构，转变国有企业单一主体体制，实现资本的多元化，通过市场的方式来解决公司进出的问题，就成为实现这一承诺激励机制的重要条件。

思考题

1. 交通运输政策实施的经济手段有哪几种？
2. 交通运输价格定义及职能各是什么？
3. 简述交通运输的投资方式与融资渠道。
4. 试进行城市轨道交通补贴机制举例。

6

第6章
交通运输管理体制

交通运输管理体制是指国家为发展交通运输业而建立的一种管理体制，是交通运输资源配置、组织机构、责权划分、利益分配、运行机制及相互间关系的总和。交通运输管理体制体现了国家对于交通运输行业的管理政策。

本章介绍了我国交通运输管理体制的现状和主要内容，总结了国外交通运输业的管理体制及对我国的启示，最后介绍了我国交通运输管理体制的发展趋势。

本章重点

- 我国交通运输管理体制现状；
- 国外交通运输业的管理体制；
- 国外交通运输管理改革方案对我国的借鉴作用；
- 我国交通运输管理体制的发展趋势。

6.1

交通运输管理体制的概念

管理体制是指管理系统的结构和组织方式，即采用怎样的组织形式，如何将这些组织形式结合成为一个合理的有机系统，并以怎样的手段、方法来实现管理的任务和目的。

交通运输管理体制是指国家为发展交通运输业而建立的一种管理体制，是交通运输资源配置、组织机构、责权划分、利益分配、运行机制及相互间关系的总和。管理体制实质上是生产关系的反映。我国是社会主义国家，经济制度是"以公有制为主体，多种所有制共同发展"，这也就决定了我国交通运输业始终要保持公有制的主导地位。随着我国社会主义市场经济体制的确立和逐步完善，在国家宏观调控下，市场对交通运输业资源配置和在组织交通运输经济活动中的作用将进一步增强。

在这样一个变革的时代，认真总结我国交通运输管理体制改革的经验，借鉴国外先进经验，研究我国交通运输业管理体制改革的方向和措施，建立适应和促进我国交通运输经济健康发展的管理体制，成为整个经济体制改革的一项重要任务。

6.2

我国交通运输管理体制的内容

新中国成立以来，我国交通运输管理体制经过多次改革，逐渐发展完善，交通运输部门管理职能得到了大幅度优化，无论是过去政企合一管理体制问题，还是与地方权责不明晰的问题，都得到了很大程度上的解决。同时也应看到，由于交通运输行业的复杂性，很多历史遗留问题仍然存在继续改革的空间。当前，我国经济发展形势进入了新的阶段，从原来的高速增长阶段进入了更注重发展质量的中速增长阶段，今后交通运输管理将逐渐由原来的以规划建设为重点发展到以行业规划运行管理职能为重点。另外，我国各地区发展仍然不平衡、不充分，对交通运输管理体制也提出了挑战，东部发达地区交通拥堵、尾气排放等问题日益凸显，西部地区还处在完善交通运输网络的阶段。同时，网约车、共享汽车、自动驾驶等新业态、新形态迅速发展，要求交通运输管理体制要深化改革，适应新的发展形势，不断与时俱进。

6.2.1　我国交通运输管理体制改革发展过程

改革开放后，我国交通运输行业快速发展，交通运输管理体制也相应发展变革，总体上可以分为 4 个阶段。

1. 第一阶段 (1978—1991 年)

从 1978 年 12 月中国共产党第十一届中央委员会第三次全体会议(简称十一届三中全会)确立改革开放政策开始,我国对于市场化的看法逐步改变。1984 年 10 月十二届三中全会通过了《中共中央关于经济体制改革的决定》,突破了把计划经济同商品经济对立起来的传统观念,明确指出社会主义经济是在公有制基础上的有计划的商品经济。在此基础上,交通运输行政管理职能以"简政放权、放权让利"为主要特征,开始向行业管理转变,逐步脱离微观管理和直接管理的职能。

(1)铁路方面,铁道部在试点放开部分路局自主经营权限的基础上,试水企业化运营模式。

(2)公路方面,人、财、物及生产经营管理权逐步下放企业,政府逐步减少直接干预。

(3)水运方面,对长江航道管理体制进行改革,在港航分管基础上实行政企分离。

(4)民航方面,组建民航管理地区局,在各省建立省局,承担管理地方机场职能。

在这一阶段,中央和地方在部分管理领域的关系得到进一步明晰。1987 年《中华人民共和国公路管理条例》正式颁布,将国、省干道修建管养职能下放到省,县道下放到县,乡道下放到乡,确立了公路管理"条块结合"的模式。同一阶段,港口确立了中央和地方政府双重领导、以地方管理为主的管理体制,除秦皇岛外的沿海和长江干线港口全部下放地方管理。

2. 第二阶段 (1992—2001 年)

这一阶段是社会主义市场经济体制环境下交通运输管理体制进一步改革的阶段。1992 年党的十四大提出了建设社会主义市场经济体制的重大方针,交通运输管理中行政对市场的干预进一步降低,中央和地方分工进一步明确,交通运输企业经营机制加快转换。

(1)铁路方面,1994 年铁道部确定了铁路市场化改革的基本框架,随后铁道部在部分路局实行管理体制创新试点,地区铁路局开始直接管理铁路站段。从 1998 年开始,14 个铁路局逐步实行资产经营责任制。2000 年,中铁工程总公司、中国铁道建筑总公司、中国中车股份有限公司、中铁通信信号总公司等从铁道部剥离。地方政府开始正式参与铁路投资。

(2)公路方面,从 1995 年开始,公路养护逐步推进"管养分离、事企分离"。1999 年交通部全部直属企业实现全面剥离,大部分省级层面交通运输主管部门实现了与直接管理企业的全面脱钩。从 2000 年开始,交通部将一部分行政直接管理职能下放到行业,由行业自行管理,进一步突出了交通部的行业管理功能。

(3)港口在上一轮下放的基础上,全面实现港口的地方管理,实行政企分离,地方政府承担属地港口的行政管理职能。航道管理方面,地方在交通部的指导下,开始航道管理事企分开试点,并在航道管养中探索引入市场化机制。在海事管理方面,合并原船舶检验局和安全监督局的水上安全监管职责,成立国家海事局,界定了中央和地方的水上监管界限,建立"一水一监、一港一监"的水上安全监管体系。

(4)民航管理方面,率先将上海虹桥机场下放至上海市直接管理。

在这一阶段，交通运输企业发展的束缚得到进一步解放，发展步伐进一步加快。

3. 第三阶段（2002—2013 年）

这一阶段，交通运输行政管理职能逐步向行业管理和公共服务职能聚焦。2003 年召开的十六届三中全会进一步强调了市场作用，加强市场在资源配置中的基础性作用，同时不断健全各级政府进行宏观管理的体制机制，不断完善各级政府的社会管理、公共服务职能。2008 年 3 月 11 日公布的国务院机构改革方案标志着我国大部制改革揭开了新的历史篇章，其中正式提出新组建交通运输部。在此次大部制改革中，交通运输部在原交通部的基础上组建，同时国家民用航空局、国家邮政局也纳入到交通运输部的管理之下，交通运输部还接手了原建设部的指导城市客运的职责。这一轮的改革不仅初步建立了"大交通"的格局，确立了交通运输部是国家综合交通运输管理的主要政府部门的地位，同时还在交通运输部的职责中明确了"由交通运输部牵头，会同国家发展和改革委员会、铁道部等部门建立综合运输体制协调配合机制"。由此，交通运输部作为"大交通"体系顶层设计者的重要地位进一步稳固。改革还对地方交通运输管理体制的建立起到了推动作用，各地方政府在机构改革过程中按照大部制改革的设计，推进落实一级政府仅设立一个交通运输管理部门。按照行政级别的划分，省、市、县三级行政管理体制逐渐形成"一省一厅""一市一局（委）""一县一局"的组织模式和管理模式。在各级交通主管部门的职能设定方面，将原来各个职能部门统筹结合在一起，从系统性的角度对交通运输进行统一规划，并在部分地区将城市交通的基础设施建设等职能移交给交通运输主管部门。随着"大部制"管理方式不断成熟，在这一阶段，我国交通运输管理体制已经能够适应综合交通运输发展的基本需求。在这一阶段：

（1）铁道部指导成立中国铁建投资集团有限公司，成为铁路投资的融资平台。2005 年，铁道部撤销了全部分局，全面实行直接管理站段的管理方式。

（2）公路方面，按照分级管理原则和事权统一的要求，对高速公路、国省干道、县乡道路等各类路网管理职责进行了更加精细、更加精准的界定。

（3）民航方面，从 2002 年开始推进机场属地化管理，中国民用航空总局直属机场全部转交地方管理，民航行政管理体制进行深度调整，形成了总局—地区管理局—省市区监管办的三级行政管理体系。民航企业的多种所有制发展开始起步，2004 年，国家出台政策，允许民营资本进入民航产业，多个民营航空公司正式成立，进入航空运输市场。

（4）2003 年，港口企业改制全面完成，全国各地港口开始按照市场经济规律自负盈亏。

> **提示：** 由于我国铁路建设政企合一的历史原因和部分现实原因，这一阶段的大部制改革没有将铁道部的有关职能划入"大交通"体制，但是民航、邮政以及城市客运的划入，使得交通运输部行业管理的职能更加完整。

4. 第四阶段（2013 年至今）

这一阶段，交通运输大部制改革深入推进，交通运输行政管理职能进一步向行业管理、监管功能集中，充分体现了尊重市场规律、改进审批制度、加强行政监管的改革方向。2013

年召开的十八届三中全会通过了具有划时代意义的《中共中央关于全面深化改革若干重大问题的决定》，继十一届三中全会后，党中央对全面深化各领域改革发展做出了新的部署。2013 年 3 月，中华人民共和国第十二届全国人民代表大会第一次会议通过了《国务院机构改革和职能转变方案》，按照建立中国特色社会主义行政体制目标的要求，以职能转变为核心，继续简政放权，推进机构改革，完善制度机制，提高行政效能，加快完善社会主义市场经济体制。《国务院机构改革和职能转变方案》中对铁路政企改革做出了明确的规定，要求铁路政企分开，完善综合交通运输体系。改革方案明确提出，撤销铁道部，组建国家铁路局、中国铁路总公司，将铁道部拟定铁路发展规划和政策的行政职责划入交通运输部；交通运输部统筹规划铁路、公路、水路、民航发展，加快推进综合交通运输体系建设；组建国家铁路局，由交通运输部管理，承担铁道部其他行政职责，负责拟定铁路技术标准，监督管理铁路安全生产、运输服务质量和铁路工程质量等；组建中国铁路总公司，承担铁道部的企业职责，负责铁路运输统一调度指挥，经营铁路客货运输业务，承担专运、特运任务，负责铁路建设，承担铁路安全生产主体责任等；国家继续支持铁路建设发展，加快推进铁路投融资体制改革和运价改革，建立健全规范的公益性线路和运输补贴机制，继续深化铁路企业改革。

在这一阶段，管理体制变化后，铁路经营改革的活力得到释放，中国铁路总公司也不断深化企业改革。根据中华人民共和国国家发展和改革委员会发布的《关于改革完善高铁动车组旅客票价政策的通知》，从 2016 年 1 月 1 日起，放开高铁动车票价，改由中国铁路总公司自行定价，并给予根据市场竞争状况和客流分布等因素实行一定的折扣票价的权力。这意味着市场化转型的铁路企业拿到了"高铁定价权"。中国铁路总公司股份制改造工作也快速推动，截至 2017 年 11 月 15 日，中国铁路总公司所属 18 个铁路局均已完成公司制改革工商变更登记，此后几天各自正式挂牌，各铁路局均更名为中国铁路××局集团有限公司，铁路企业开始从传统运输生产型企业向现代运输经营型企业转型发展；2019 年 6 月 18 日，经国务院批准同意，中国铁路总公司改制成立中国国家铁路集团有限公司。

管道运输方面，2019 年 3 月，中央全面深化改革委员会第七次正式会议通过了《石油天然气管网运营机制改革实施意见》，提出组建国有资本控股、投资主体多元化的国家石油天然气管道公司，推动油气管线独立，实现"输配分离"，这是对天然气管网和液化天然气接收站实施第三方公平准入的前提，也意味着我国油气体制改革向前迈出重要一步。

在从 2013 年开始的改革中，形成了由交通运输部负责管理国家铁路局、中国民用航空局、国家邮政局的交通运输大部门管理架构格局，初步建立起与综合交通运输体系相适应的大部门体制机制。新建立的交通运输部负责组织拟定综合交通运输战略、政策、法律法规草案、标准等职责，以及组织编制综合交通运输体系规划和统筹衔接平衡铁路、公路、水路、民航和邮政规划方面的职能，促进了各种交通运输方式的有效衔接和服务一体化。2013 年 11 月 26 日，经国务院和中央机构编制委员会办公室批准，《中央编办关于交通运输部有关职责和机构编制调整的通知》正式印发，明确了交通运输部有关调整和加强的职责，理顺了与有关部门单位的职责分工，调整优化了机构设置和人员编制。2014 年 3 月 12 日，交通运输部官网发布消息显示，交通运输部有关职责和机构编制调整已基本到位，标志着交通运输大部制顶层机构改革落实工作顺利完成。同时，地方交通运输大部门制体制机制改革也不断深化，兼顾地方特点，各省（区、市）逐步建立起综合交通运输协调机制。

6.2.2　我国交通运输管理体制改革经验

随着交通运输管理部门的几次机构改革，我国交通运输管理体制改革总体上呈现以下特点：不断聚焦行业管理，突出宏观性和整体性，与我国的经济社会发展水平相适应，与国民对交通运输事业发展的需求相适应。

1. 管理体制改革符合国家战略发展要求

交通运输管理体制服务国家战略发展的作用非常明显，特别突出的是民航和铁路行业的体制改革过程。

1954 年中国民用航空局（以下简称民航局）成立之后，隶属关系几经变更，这与民航发展战略在国家整体战略体制中的地位紧密相关。最初隶属人民革命军事委员会，受空军领导，是因为当时我国处于社会主义建设起步阶段，从大力整合资源、加快实现从无到有方面考虑，军管机制可以充分发挥部队管理体制下集中力量办大事的优势。随后于 1958 年划归交通部领导，1958 年后大段时间由国务院直接管理，则是为了统筹发展，实现从有到大的需要。在民航局将民用机场的建设和管理职能下放地方后，民航局的规划和监管职能更加突出，从各类交通运输手段协同发展的角度出发，由交通运输部统一领导也成了必然趋势。

铁路作为重要的战备设施，最早由铁道部军事管制委员会领导，其后随着军事职能逐步减弱，民用运输需求不断增长，管理关系由军委转入国务院。为适应社会主义市场经济发展，1994 年，国务院明确"铁道部兼负政府和企业双重职能"。后期的铁道部政企分开、铁路企业股份制改造等，也充分反映了铁路运输管理体制服务国家发展战略的规律。

2. 管理体制改革促进机构统筹能力不断增强

随着改革开放后各类运输方式的快速发展，交通运输的管理范畴也在不断变大，从最初的水、陆交通管理，到后期铁、公、水、航空和物流业的统筹管理，交通运输管理体制改革的总体趋势向"大部制"逐步迈进，实现"大交通"管理。从机构设置上看，已经基本上完成了对各类交通运输方式的协同管理，并且通过简政放权，下放行政审批职能，逐渐脱离具体事务，突出行业规划管理主要职能，实现了主责主业突出、监管职能全面。通过集中管理模式，我国交通运输发展已经从过去的低水平向目前的综合交通运输体系迈进，从单纯的建路建桥向枢纽建设迈进，整个行业发展更加注重体系化、科学化、精细化、协同化。同时，围绕新业态、新常态，比如共享单车、网约车等新时代的运输方式，也在不断跟进完善规划管理。2019 年 9 月，《交通强国建设纲要》印发，提出要统筹推进基础设施规模质量、技术装备、科技创新能力、交通智能化、安全化和绿色化等方面的建设，全面提升交通治理能力，建设人民共享的美好交通。

3. 管理体制改革激发了行业市场活力

计划经济年代，我国由政府主导的各领域的政企合一现象非常普遍，虽然政企合一最初加快了部分产业的孵化和初始发展速度，但是这与市场经济规律是相背离的，不利于长远发展。顺应社会主义市场经济发展趋势，从 20 世纪 90 年代开始交通主管部门不断推行政企职责分离制度，交通主管部门权力下放，将经营管理的主体责任交给企业，减少对企业市场行为的直接干预。

（1）水运和民航在 20 世纪 90 年代就初步实现了政企分离，港口和机场都已经实行比较成熟的企业化运营，并且大部分都在地方政府监管之下：中国国际航空公司等几大骨干航空公司从 20 世纪 90 年代开始实现自主经营、独立核算、自负盈亏；港口目前则是多种所有制并存，畅通了融资、经营渠道。

（2）公路方面，各地高速公路成立高速公路管理公司，采用市场化模式开展运营，自主融资，自主发展，通过经营偿还建设债务。

（3）铁路方面，市场化进度相对落后，但目前也已经实现了政企分开，规划和监管的功能与建设运营的功能也进行了分离。

> 提示：在管理体制改革的过程中，多种所有制经济逐步加入到交通运输行业发展中来，市场活力显著增强。

4. 管理体制改革促进了地方交通运输事业发展

在不断完善机构设置和职能分配的过程中，通过交通运输管理体制改革，中央和地方的管理关系得以理顺，中央重点转向对交通运输总体规划的统筹把握，地方的自主权利不断得到加强，地方的交通运输市场化水平也在不断提升，基础设施建设逐步发展完善，运营管理水平逐步提高，交通运输事业得到了质和量的双重飞跃发展。

6.2.3 我国交通运输管理体制存在的问题

1. 从纵向看，职权界限还存在模糊现象

现阶段我国交通管理体制仍然存在直线制、职能制等多种模式，在水运中多模式并存尤其突出。例如，国家层面有交通运输部水运局，各省设港口局、航道局（部分省一级为港航局），分别隶属本级交通运输主管部门，水上执法国家层面设国家海事局，并在部分省份设有省一级国家海事局，为直线管理，省以下设地方海事局，分别隶属各地交通运输部门管理。同时，交通运输部还单独设立了长江、珠江两个航务管理局，致使在长江上航行的船只将同时受水运局、长江航务管理局、国家海事局三家同等级别、互不隶属单位的管辖，一旦驶入相邻的地方水域，还要接受地方航道管理机构、海事部门的管理，这种管理方式会造成

交叉管理、交叉执法，导致管理效率低下。

在道路运输管理方面，地方交通运输部门负责路权路产的保护、运输安全的监管，在道路上有公安部门行使执法权，而在高速公路上则有公安、高速公路管理两支执法力量，普通国省干道存在公安、路政、运政三支执法力量，其中很多执法功能是交叉的，例如对于超载超限，既是公安执法内容，也是路政执法内容，缺少对于职权划分的顶层设计依据，可能造成实际操作过程中的混乱。

2. 从横向看，决策效率还不是很高

我国交通运输行政管理部门承担的重要决策职能是对全国交通运输行业发展的规划引领，从实际操作中看，这种决策职能受制于多方面因素，决策过程中包含大量的跨部门协调工作。例如，具体交通项目的规划审批，除交通运输部外，还涉及自然资源部、生态环境部、住房和城乡建设部等多个国家部委，最终决定权在国家发展和改革委员会手中。对具体项目的审批，往往交通运输管理部门不能在第一时间决断，需要横向协调因素较多，手续烦琐，时间冗长，提高了决策成本，降低了决策效率。虽然国家不断简政放权，将一些规划项目的审批权下放到省一级，但是地方交通运输主管部门操作决策程序同样要协调同级发展和改革、自然资源、生态环境等部门。从决策效率来看，需要改进决策模式。

3. 从内部看，机构职能整合还不够

经过"大部制"改革，交通运输部的"大交通"管理格局已经初步形成，但是部分职能整合还有待深入。在"大部制"改革前，国内铁路、民航运输管理分别由铁道部和民航总局管理，改革后，成立中国民用航空局、国家铁路局，隶属交通运输部，承担行业规划管理职责。但是，从运行来看，中国民用航空局独立性还很强，融合度不高；国家铁路局承担的工作有限，铁路企业承担了大部分工作，特别是地方上发展铁路事业，无论是规划制定还是具体建设，都要和国铁集团及各铁路局集团公司做大量的沟通协调。这种初级阶段的整合，难以从根本上解决长期以来各种运输方式各自为政、缺乏有效衔接的状况，各交通运输方式主管部门在长期发展规划中各自按照自身的资源状况制定单一运输方式的内容，缺乏对整体综合运输发展战略的全盘考虑，难以形成各种运输方式间的协调配合、设施的统筹规划及运营管理，交通运输管理机构职能整合优化仍有待完善。

4. 从外部看，发挥市场作用还不够

交通运输领域某些方面市场化程度仍较低。交通运输领域作为国家的重要战略行业，某些方面确实不适宜过于市场化，但是某些行业市场化程度低带来的问题是单一垄断市场，行业发展活力不够。从运输方式层面看，目前市场化程度相对较高的是公路运输和航空运输，特别是航空客运，近年来受到来自高铁发展和民营廉价航空的双重压力，航空客运越来越普遍化，市场化运行机制逐渐完善。而铁路运输目前还是一家独大，从安全等角度出发，铁路民营化短期内还不可能实现，但是，仍然可以逐步引入社会资本，推进市场化改革，也可以扩大地方铁路事业的发展，鼓励建设地方铁路，成立地方铁路管理公司，逐步改变一家独大的局面。

5. 从地方上看，改革推进还存在不平衡、不充分的情况

由于我国国土面积较大，各地发展情况差异较大，所面临的具体情况有所不同，因此在地方交通运输改革方面还存在着不平衡、不充分的情况。虽然大部分省份已经建立了比较集中的交通运输统一管理模式，但是仍然有部分省份、部分职能还是分散管理，有的公路、港口等部门独立性还很强。在城市交通方面，城市客运交通的指导职能已经划入交通运输部，相应的地方管理功能也基本都划入地方交通运输管理部门，但在具体执行层面，很多地方具体的城市客运站点建设等功能还分布在城市建设部门，也存在职能整合不充分的情况，因而有可能造成地方交通运输发展城乡不平衡、不协调。当前国家层面交通运输主管部门已经不承担具体工程建设工作，但是地方交通运输部门，特别是省以下交通运输部门在交通运输工程建设中有的仍占主导地位，一些应该交还给市场的功能还在地方政府行政职能中。

6.3

国外交通运输管理体制经验借鉴

发达国家目前交通运输管理体制大多是大交通体制，即中央政府对交通运输规划发展进行集中管理。由于发达国家经济发展起步早，交通运输业发达，所以他们在交通运输管理方面有很多创新之处，值得借鉴。了解发达国家交通运输管理体制，对我国交通运输管理体制改革具有重要的参考作用。

6.3.1　部分国家交通运输管理体制

1. 美国

美国作为发达国家在经历了罗斯福新政之后拥有了世界上规模最大的公路运输系统，之后凭借自身雄厚的经济和科技实力，航空、水路、铁路等交通运输方式也得到充分发展，实现了现代交通运输综合协调发展。美国交通运输管理对象分为两部分，一是对于各种交通运输的基础设施建设的管理，二是对于运输行业进行管理，两部分管理的权责分属于不同的部门，各自有监督和制约体系，法治化水平比较高。

1）交通运输管理机构

美国实行的是大交通管理体制，联邦运输部是综合管理水、陆、空交通的政府机构，在州政府层面均设有交通运输厅，在州以下地方政府层面也都有承担有关职能的交通运输主管部门。1966 年以《美国运输部法案》的形式正式确立了联邦运输部的法律地位，联邦运输部正式成立于 1967 年，是主管交通事务的最高行政机构。联邦运输部有 13 个职能机构，包括部长办公室、公路交通安全管理局、公路管理局、汽车运输安全管理局、公共交通管理

局、铁路管理局、海运管理局、航空管理局、管道和危险产品办公室、圣劳伦斯河道开发公司、地面运输委员会、监察办公室、研究与科技创新管理局。

运输部长是交通运输最高行政首长，负责规划、指导和管理运输部的全部活动。作为内阁成员，运输部长是美国总统在联邦运输管理的主要负责人。联邦运输部的各个专业行政机构分别管理不同的专业运输领域，专业管理机构在各大区设置办事机构，与地方政府联系，具有较大的独立性和自主性。同时，联邦运输部在六大区分别设有部长代表处，其任务就是代表联邦运输部在各州区的利益，保证联邦运输战略顺利实施。

2）独立运输管理机构

在完善的行政管理体系之外，美国还分设两个独立的运输管理机构，即联邦海事委员会和交通运输安全委员会，分别负责航运法规执行监督、交通运输事故调查、交通运输市场运行监督的职能。联邦海事委员会是独立的航运法律法规的执行部门，交通运输安全委员会负责交通安全事故及国际交通安全事故的调查，负责对交通运输市场进行经济和安全管理。

3）地方交通管理

美国各个州都有独立的立法、司法和行政管理制度，由于各州的管理制度不同，根据州行政管理制度制定的交通运输管理制度也有所不相同，各个州的交通运输管理模式也不完全一样。但是各州必须遵循联邦政府制定的对各州的管理规定，组织必要的交通运输机构来负责执行相关管理任务。各州的实际情况不同，对于交通运输方式的需求和管理也不尽相同，对于美国的大多数州而言，交通运输的管理职能主要体现在对于以公路为主的交通基础设施的建设和养护方面，对于实际的交通运输方式的管理不多，州以下的地方政府对交通运输的管理因地制宜，联邦政府没有规定明确的管理模式，对在州内从事运输的企业进行管理一般是由独立的管理委员会负责。

4）美国交通管理体制的特点

（1）实行综合管理体制，管理机构各司其职。

联邦运输部对交通运输实行综合管理体制，将五种交通运输方式统一协调管理。在实行综合管理的同时，针对各种运输方式设置专业管理机构，这些机构各司其职，相互配合，对于多种运输方式的协同发展起到了良好的推动作用。同时，通过专业管理机构对具体领域进行执行层面管理，再配合两个独立委员会，形成了决策、执行、监督相分离的成熟管理模式。

（2）实行中央和地方分级管理。

美国交通运输在纵向层级上实行联邦政府和地方政府分级管理。联邦运输部统一规划全国范围内的交通运输发展，对水、陆、空各种交通运输方式进行统一管理，实现由过去的分散管理转为集中管理。各州根据地方特点，主要负责以公路为主的交通运输基础设施的建设和养护，并可以结合本州需求制定相关法规。联邦运输部通过在大区设置部长代表处，一方面监督联邦层面有关工作的落实情况，另一方面充当了联通地方和联邦运输事务的桥梁。

（3）政企分开，政府只行使行业管理职能。

美国实行市场经济，自由竞争，交通管理部门的主要职能是创造良好的市场竞争环境及维护公平竞争，发挥宏观调控作用，对市场行为起引导、监督和协调作用，不直接管理交通企业，不干预交通企业的经营行为。

在交通运输管理方面，美国的各州具有的自主性非常高，虽然各州有建设和养护本州公路等交通基础设施的职能，但是联邦运输部和各州运输管理部门并没有直接的隶属关系，当联邦运输法律和各州地方法规相冲突的时候，需要联邦政府和州政府协商解决。同时，地方政府对于交通运输的发展重点不一样，各地区的发展均衡性相差很大，受限于中央政府和地方政府的明确界限，这种现象在美国仍将长期存在。

2. 日本

日本对交通运输的行政管理以中央部门管理为主，地方机构管理为辅。日本于 1943 年成立运输通信省，1945 年改为运输省，开始进行交通运输集中管理变革。最初的运输通信省组成部门主要包括铁道总局、海运总局、航空局、汽车局、港湾局等，对有关交通运输方式进行初步的集中管理，不同运输方式之间的管理并没有实现完全的协调统一。从 1955 年开始，日本开始提出综合交通运输体制的概念，进一步促成了交通运输体制改革向协同化方向转变。日本在 2001 年的政府机构改革中，将运输省、国土资源开发厅、北海道开发厅与建设省合并为国土交通省，对日本全国范围内的五种交通运输方式进行统一协调管理。

1）交通运输管理机构

国土交通省是日本主管交通运输的中央部门，在内阁 12 个省中规模最大，主要负责水陆空运输事务管理、国土整治开发和利用、建筑，以及旅游、气象等，大致相当于中国的交通运输部、住房和城乡建设部、文化和旅游部、生态环境部、海关总署、中国气象局等的全部或部分职能。国土交通省包括本省和外局，其中拥有行政管理职能的部局主要是本省内部局下设的 13 个部门和外局下设的 4 个部门。本省内部局下设的 13 个部门为：铁道局、道路局、道路运输局、航空局、海事局、北海道局、河川局、港湾局、土地和水资源局、城市和地区整备局、住宅局、国土规划局和综合政策局。外局下设的 4 个部门为海上保安厅、气象厅、海员劳动委员会、海难审判厅。本省和外局在内部又有各种部局。值得一提的是，本省内部的许多局也是合并而成，如综合政策局是由原运输通信省的运输政策局和建设省的建设经济局合并而来。

2）主要交通运输管理部门及其职能

（1）综合政策局。主要负责制定国土交通省的基本政策；负责生活环境和公共运输系统的畅通，采取各种措施提高公共运输系统的便利性，促进交通需求管理；促进居民住宅的供应；解决环境保护问题；发展旅游业；促进海事发展；负责国际事务，解决全球化带来的问题，帮助其他国家提高基础设施和运输水平。

（2）道路局。主要负责规划并建设主干道网络，建设信息社会的基础，重建城市，促进联合运输，建设一个畅通无阻的社会。

（3）铁道局。主要负责扩展城市铁路，改善城市基础设施建设，减少运输障碍。

（4）道路运输局。主要负责解决环保问题，提高安全性，建立安全、环保、有吸引力的运输系统。

（5）海事局。主要负责发展海洋运输，把日本创造为世界级船舶建造和海洋运输地区工业中心。

（6）港湾局。主要负责组建海洋运输效率和船舶交通安全并重的海上高速公路网络，形成有全球竞争力的物流网络；努力创建环保的港口环境。

（7）海上保安厅。主要职责是维护海洋秩序及安全、海难事故救助、防止海洋灾难、保护海洋环境、国内与国际协作。

（8）海难审判庭。专门处理海难事故的法律审判机构，通过法律审判澄清海难事故，预防海难事故的发生。海难审判厅由高等海难审判厅及八个地方海难审判厅、海难审判事务所及八个地方海难审判事务所组成。

3）日本交通管理体制的特点

（1）中央组织规模大，业务范围广。

日本的交通运输管理部门国土交通省是由运输省、北海道开发厅、国土资源开发厅、建设省合并而成的，在组织结构上组织规模大，在业务管理上管辖范围广，其业务覆盖面广，从国内外海陆空运输事务到国土整治开发和利用，以及气象服务、建筑、观光旅游等。

（2）对不同运输方式实施统一管理，注重相互协调。

日本在 2001 年政府机构改革中，对交通运输行政组织结构进行了调整，成立国土交通省，对各交通运输方式实行统一协调管理，使各交通运输专业管理机构之间相互协调，各运输方式之间相互衔接，共同发展。

（3）地方政府管理权限大，拥有较大的自主权。

日本是君主立宪制国家，实行集中管理，横向部门管理幅度大，纵向部门管理层级少，中央政府赋予地方政府很大的自主权。其交通运输管理体制与政治体制密切相关，地方交通运输管理部门拥有较大的管理权。

日本将交通、土地、住宅、水利、气象、旅游等多项政府管理职能都归由国土交通省来管理，这种集约式、扁平化的机构设置方式，能够较好地解决政府部门之间的沟通协调问题，降低管理成本，提高行政效率。不过，国土交通省是在 2001 年日本政府机构改革中由多个机构合并而成的，属于突变式改革，改革后所需要的配套政策、监督措施很难在短期内完善，整合难度更大。

3. 英国

英国在行政改革的各个领域推动实行中央"大部制"模式，管理交通运输事务的部门主要是运输部、地方政府和各事务部，同时下设多个执行机构及部分非政府组织机构。1970年，英国将原来的房屋与地方行政部、公共建筑部、交通部等合并，成立了环境部，负责统一领导、协调城乡规划、公共建筑、交通运输、土地规划与利用、污染防治与环境保护工作。2002 年 6 月，英国将交通运输管理、环境保护和地方事务三个部门合并为运输部，由运输国务大臣领导，专门负责交通运输事务，并主管健康与安全事务，其中包括道路交通、铁路运输、民用航空运输和航海运输的安全事务。运输部的宗旨是为每一个公民提供运输服务。在运输部下，英国政府设立了若干执行机构，专司行政执行之职，负责向社会提供高质量的服务。

1）交通运输管理机构

英国的交通运输管理机构主要是运输部、运输部资助的交通运输非政府机构和其他执行机构。各种非政府机构在英国交通运输管理中起着非常重要的作用。运输部制定了四个战略计划，专注于运输部的核心业务领域，分别是：通过发展可靠和高效率的交通运输网络来支持保障经济增长和提高劳动生产率；促进运输效率的提升，改善交通环境；完善交通运输安全保障系统的建设；扩大就业机会，提高服务水平和扩大服务社会网络，服务对象包括社会的最弱势群体。运输部下设七个执行机构，分别是车辆标准局、驾驶员和车辆牌照局、车辆认证局、车辆和运营服务局、高速公路局、海事和海岸警卫局、政府车辆和派遣局，它们都是运输部的核心运输管理机构。

2）运输部下的非政府公共管理机构

非政府管理机构的作用是为公民提供更具体、更便捷的交通运输服务，这类机构主要有英国综合运输委员会、运输警察管理局、民用航空管理局、主干道评估常设咨询委员会、城市交通委员会、残疾人士交通咨询委员会、客运委员会、铁路遗产保护委员会、铁路委员会（备用）有限公司、北部航标委员会、三项职能合一的航标服务局等。

3）英国交通运输管理体制的特点

（1）实行大部制，整合优化资源配置。

英国是在交通运输领域较早实现大部制改革的国家。实行大部制，有利于加快行政事务的处理效率，使得各部门之间减少沟通障碍，充分发挥行政资源的利用效益。英国将环境保护、交通运输管理、地方事务，以及健康与安全事务统一由运输部管理，能够及时有效地解决交通运输过程中出现的环境和安全问题，注重前期预防而不是后期治理。例如，交通运输过程中会产生温室气体，造成大气污染，也会出现交通事故，交通基础设施建设涉及土地建设、开发与规划，而把这几项政府职能合并在一个部门，就能在制定公共政策和发展规划时，避免或减少冲突，兼顾经济、社会和环境的共同发展需要。

（2）重视非政府组织在交通运输管理中的作用。

英国在交通运输事务的管理中不仅重视政府管理效率的问题，还非常重视非政府组织、社会中介团体等社会力量的参与。这些非政府组织依靠社会力量的捐助和政府资金的支持，为社会提供公共产品和混合产品，承担了部分原来由政府承担的工作，弥补了政府治理的缺陷，也减轻了政府管理的负担。

4. 法国

1）法国主要交通运输管理机构

法国的政府部门架构是典型的大部制，行政组织划分为中央、大区和地方省市区县各级，其职能根据法律严格划分，但并不限制多样化的合作方式。在交通运输管理体制发展过程中，法国在加强对运输、海洋、渔业的管理职能整合的基础上，于 2013 年成立了生态、可持续发展和能源部，这种设置理念在世界上都属于先进的。而法国交通运输管理所属部门自成立以来多次更名，并先后多次与其他政府部门合并、分离，如公共工程部、住房部、旅游部、国土整治部、海洋部等都先后被整合或划出。1944 年法国政府设立公共工程、运输部，此后经历了城市规划、住宅和运输部（1983 年），装备与运输部（1991 年），运输、装备、旅游和海洋部（1996 年），装备、运输、住房、旅游和海洋部（2001 年），装备、运输、国土整治、运输和海洋部（2005 年），运输、装备、旅游和海洋部（2006 年），生态、可持续发展和整治部（2009 年），生态、可持续发展、运输和住房（2011 年）。

2013 年开始的奥朗德执政时期，把能源放在突出位置，跟运输相关的中央政府部门更名为生态、可持续发展和能源部。该部包括总秘书处，可持续发展委员会，环境与气候总局，基础设施、运输与海洋总局，民事航空总局，海洋渔业及水产总局，发展、住房和自然资源总局，风险防范总局等下属机构。在基础设施、运输与海洋总局下又进一步设立运输基础设施局、运输局、海事局、行政管理与战略服务部门。

从运输管理所属部门名称的变化上明显可以看出法国政府部门架构是典型的大部制，在政府的部门设置中将那些职能相近的部门、业务范围趋同的事项相对集中，由一个部门统一管理，最大限度地避免政府职能交叉、政出多门、多头管理，从而提高行政效率，降低行政成本。法国政府的这种大部制的架构也不是固定的，随每一届政府机构的更迭而不断发生变化。当前法国的交通运输部门设置类似于日本，而且管理职能更加集中。在中央层面，全国交通运输相关工作由生态、可持续发展和能源部负责，该部门不仅搭建了大交通的管理框架，将多种运输方式都按门类进行管理，更是利用大部制管理手段，将住房、城市规划、交通、能源、环境、设备、生态、海洋等多个部门的职能进行整合，提高了行政管理效率。在地方层面，各省设有交通局，行使交通管理职能，市级以下不再专设交通局，具体交通事务由市级单位负责实施。法国交管部门除了行使行政管理职能外，也具有技术管理职能，负责制定具体的技术规范标准等，交通执法由警察负责。

2）法国交通运输管理体制的演变特点

（1）交通运输管理体制不断变革。

纵观100多年来法国交通运输管理体制的变革历程，发现政府更替、社会经济发展波动、政治体制变革都会造成交通管理体制的变化。未来一段时间，法国运输管理将与生态保护、能源节约、经济社会的可持续发展密不可分。

（2）采取大部制的交通运输管理体制。

世界上很多国家在交通运输管理上施行大部制，如德国的交通、建设与住房部，韩国的建设和交通部，日本的国土交通省等。但很少有像法国一样在交通运输管理体制演变上如此多变，包括住房部、旅游部、国土整治部、装备部等在内的多个部委都曾与之合并、分离过。这种灵活的大部制架构对法国政府行政管理效率的提升发挥了积极的作用，如萨科齐执政时政府将交通运输、基础设施建设及能源等多个部与环境部合并，以便在制定环境政策时更好地兼顾这些方面。自从创建这个大部委以来，重要的基础设施建设与环保、能源之间的权衡就在部内进行，减少了部际协调的复杂程序，节约了行政资源。

（3）包含交通运输管理在内的大部趋向综合、宏观、协调管理。

法国政府将交通运输与国土整治相结合，能够使交通运输发挥对区域经济发展和土地利用等的综合协调作用；与住房管理职能部门相结合，能够让交通运输对城市规划、城镇布局产生深远的影响；与生态、可持续发展和能源部门相结合，能够让交通运输在保护自然环境、消除负外部性、实现经济社会的可持续发展方面发挥积极的作用。可见，法国的大部制建在管理上，已经开始从社会发展和人类生存的诸多方面考虑与交通运输发展的关系，并将这些关系纳入一个统一的管理架构中统筹协调，在管理理念和管理方式上超越了单纯的交通运输管理，更趋向综合性、宏观、协调管理。

3）法国交通运输管理体制的特点

（1）法国设置了部委间的协调机构。在机构设置上，在海洋、可持续发展、道路安全、国土规划、环境保护等几个部门中设置了协调代表处，以便能够快速解决部门之间出现的需要沟通和协调的问题。

（2）实行陆上、水上运输综合管理，将各运输领域的交通政策统一起来，实现各种交通运输方式联合可持续发展。实践证明，其综合了公路交通、水路交通、铁路交通及公共交通运输管理模式，加强了运输方式之间的有效衔接，促进了法国运输业的快速发展。

（3）强调交通与环境资源可持续发展的关系。

法国在发展交通运输时，非常重视环境资源的可持续发展，采取相应的措施，促进"软"交通的发展，如发展联合交通、可持续发展交通，改善公共交通，鼓励合伙搭车和使用自行车，把交通运输作为土地规划与管理的一部分等，通过联合环境和可持续发展的相关部门，履行各自职责，共同促进交通运输可持续发展。

> **提示：** 法国政府在变革中推动交通运输不断发展的做法值得借鉴。法国交通运输管理经历了从侧重公路交通到重点发展公共交通和铁路交通，再到发展综合运输，实现交通运输可持续发展等几个阶段。法国的市场经济发展比较成熟，政府能够直接行使与市场经济要求相一致的公共行政职能，法国政府在适应本国国情的前提下，出台一系列法律，不断改革交通运输管理体制，不断调整交通运输政策。
>
> 法国交通运输的大部制管理体制特点就是大且综合，优点在于将需要部际协调的事宜变成部内裁决，缺点是一些重要决定可能避开总理进行，不利于监管。
>
> 从法国交通运输管理体制变革的经验来看，生态、可持续发展与能源是交通运输管理体制改革的重点方向，法国的交通运输管理已经完全置于生态、可持续发展和能源的大框架下。

6.3.2　发达国家交通运输管理体制的基本发展规律

交通运输作为经济社会发展的基础产业，在国民经济中具有先导性作用，对其认知上也经历了不断深化的过程，从最初的为少部分上层阶级服务，逐渐扩大到为大众服务，从国家控制行业逐渐转变为社会基础服务行业。其相应的管理方式、政府机构设置、行政职能及组织架构等也不断调整，以期适应这种转变。

1. 行政管理突出公共服务职能，关注运输服务能力提升

从西方发达国家的行政管理发展过程来看，政府的管理理念日益向"服务型"管理转变，在强调政府行政机构对中央政府负责和为地方政府服务的同时，突出实现社会公众利益。从世界各国交通行政建设的理念来看，政府应该充分认识到自身的公共服务职能，提高政府机关的办事效率，关注交通运输与自然、人类和谐共生等目标。从世界各国政府管理机构设置来看，各国在强调专业职能建设的同时，更加重视公众服务职能的建设。从世界各国制定的国家战略来看，发达国家的交通运输宗旨已经向交通自身的外部性效应优化转变，例如促进国民经济的增长、加强运输通行的机动性、保障交通运输安全、减少交通事故、减轻

交通运输带来的环境污染和破坏等。

2. 职能设置加强宏观调控，强调监督作用

政府职能设置是管理体制在完成顶层设计后，进一步设计并妥善处理部门权责、职能之间的相互关系，是体制设计的更深入要求。在调整职能设置的同时，强调通过绩效管理考核政府自身行为，体现出政府自我监督的建设导向。随着经济社会的发展，发达国家政府交通运输管理职能呈现出由分散到集约的发展趋势，行政权力也由专一集权向互相制约转变，其本质就是政府交通运输管理部门决策权、执行权和监督权之间相互独立又相互制约，加强宏观管理作用，突出市场基础性作用，减少对经济的干预，重视自我监督和社会监督。

3. 组织结构设置倾向扁平化，重视管理效能

分析国外政府交通运输管理部门行政组织结构变化趋势，可以看出政府职能一直在不断调整，政府机构设置上倾向于大部门，拓宽管理广度，减少纵向层级，重视机构之间的协调，杜绝臃肿的办事机构和人浮于事的办事作风。从交通运输管理机构的设置上看，扁平化的组织结构是大势所趋；从效能上看，有效利用行政资源，科学设计办事流程，在降低行政成本的基础上不断提高管理效率是各国交通运输体制改革的目的。

6.3.3　发达国家交通运输管理体制分析

1. 发达国家交通运输管理体制的优点

1) 采用大部门体制，实现综合运输管理

从各国交通运输行政管理机构设置来看，大多数经济发达国家在横向部门设置上实行大部制，推行综合运输管理，将公路、铁路、水路、航空、管道等各种运输方式集中统一协调管理，加强运输方式之间的衔接，避免了各种运输方式发展不平衡。日本、法国等为了实现更广范围内的综合管理，将城建、国土开发等部门与交通运输部门进行整合，保障交通运输事业的发展与其他方面发展的协调。

2) 中央和地方管理权限明确

虽然发达国家在对中央和地方交通运输管理权限的划分上并不一样，但总的特点是中央适当向地方放权，通过法律法规明确规定中央和地方政府的职责和权限，根据情况采用适合本国国情的管理模式。如英国、日本交通运输管理以中央部门管理为主，地方管理为辅；美国、法国行政区划多，实行中央与地方分级管理，以地方管理为主，地方可自行制定本地交通运输发展政策，但必须与国家交通运输政策和发展战略保持一致。

3) 交通运输法律法规完善，法治化程度高

交通运输法律法规是调整各种交通运输关系的重要手段，交通运输发达的国家无论是国家的运输政策，还是政府管理机构的设置和变更、权利义务的划分，以及资金的来源和分配，大多以法律形式来体现，通过法律法规来规范限制政府、社会、运输企业及个人的行为，各行为主体均按照法律要求行使职权，享受权利并履行相应的义务。完善的法律法规使得政府在执行交通运输事务时有法可依，规范执法；运输企业在法律的保护下自由竞争，用

户的合法权利受到保护。在交通执法手段上普遍采用综合执法，有专门的执法部门对交通运输事件进行行政执法处罚，而不是各个交通运输管理部门分别执法。综合执法的优势在于可精简政府机构和行政人员，提高权力运行效率，节约执法成本，避免执法扰民现象。

4) 重视交通安全管理和环境保护

国外发达国家政府在对交通运输的管理上非常重视安全管理，在各国交通运输管理机构设置和职能划分上体现得比较明显，比如美国联邦运输部下设有公路交通安全管理局、汽车运输安全管理局、管道和危险产品办公室；日本设有海上保安厅、海难审判厅，各国都把维护安全作为交通运输管理的重要职能。随着全球气候环境日益恶化，发达国家都认识到了环境保护的重要性，出台相应的法律法规和制度来保护环境，期望实现可持续发展。各国政府部门也把环境保护作为交通运输管理的一部分，如法国的交通运输归生态、可持续发展和能源部管理，从政府机构设置上就不难看出法国交通运输对环境保护的重视程度；日本综合政策局的一项重要任务就是解决环境问题，改善建筑工地环境条件，促进建筑副产品和汽车的循环利用，研究汽车、环保住宅和基础设施建设等。

5) 鼓励行业协会和非政府组织参与交通运输管理，减轻政府负担

受公共管理理念的影响，发达国家认识到由政府提供的公共物品和公共服务不一定全部由政府来直接供应，可以通过政府管制委托给公共企业、私人企业、非政府组织或者行业协会来提供，这样不但能够减轻政府的压力，更好地发挥政府对行业的宏观调控作用，还能促进社会治理能力的提高，激发市场活力。部分发达国家在交通运输的市场化改革中，将政府部门承担的一些专业技术含量较高的职能，通过委托或签订合同等方式，移交给非政府组织、行业协会和委员会来承担，如在英国运输部下设有非政府公共管理机构，政府资助一些非政府执行机构来管理交通事务；美国对州内运输企业的经济管理大都有独立的管理委员会负责。非政府组织可弥补政府机制与市场机制的缺陷，在政府与市场之间发挥独特作用。

2. 发达国家交通运输管理体制的局限性

1) 政治体制变革频繁导致交通运输政策多变，政府管理制度和机构设置不稳定

资本主义制度具有多政治派别轮流执政的政治特性，这会引起公共政策的变化。如日本在 1943 年成立运输通信省，1945 年改组为运输省，1945—2001 年间虽然运输省的基本框架不变，但管理体制上也进行了多次调整，2001 年又成立了国土交通省，是运输省、北海道开发厅、国土资源开发厅和建设省四个部门合并而成的；法国在 2007 年 5 月前，交通运输由法国运输、装备、旅游和海洋部来管理，在 2007 年 6 月新总统任职后，成立了生态、可持续发展和整治部来管理交通运输，后期新政府又进行了部门调整。

2) 市场化程度高，地方权力大，容易出现各自为政的局面

发达国家普遍实行市场经济体制，崇尚自由竞争，国家法律法规也较为完善，政府治理能力、社会自治水平、法治水平都比较高，其所采用的交通运输管理模式实现了集中统一、综合管理、协调发展，符合社会经济发展规律，政府把很多管理权力都移交于地方政府、非政府组织去行使，可以在一定程度上促进地方经济的发展，但不利于国家从整体上对市场进行宏观调控、对行业进行引导和管理，有时候会降低交通运输在国民经济发展中的作用。

6.3.4　国外交通运输管理体制的借鉴与启示

1. 从分散到融合再到深度融合的管理体制发展路径

发达国家的交通运输管理体制经历了多轮变革。在国家实力较弱的时候，各种交通运输方式管理职责散落在各个职能部门，这种管理体制有利于集中资源发展某一项业务，但是日趋成熟后，多种运输方式的不协调性暴露出来，促使交通运输管理体制走向大部制统一管理的格局。许多国家交通运输管理体制的发展都揭示了这样的趋势，从分散走向融合，从融合走向深度融合，这对我国的交通运输管理体制改革路径有很大的借鉴意义。

我国交通运输管理体制实行大部制时间较短，还处于综合交通运输管理的初期阶段。从发达国家经验来看，大交通管理体制的集中化程度越来越高，从美国的交通部门管交通，到日本的国土交通统筹管理，再到法国的与生态、环境、能源紧密相连的交通运输管理体制，体现了从大部制到更深度融合大部制的发展趋势，这对于我国今后发展大部制的交通运输管理体制有一定的参考借鉴价值。

2. 交通运输行政管理中决策和执行相分离

大多数发达国家的决策和执行是分开的，决策有决策部门，执行有具体业务部门，避免了可能的重复投资和资源浪费，也在一定程度上避免了寻租行为。以美国为例，基本上规划工作由联邦运输部直接负责，委托专业协会或研究机构进行规划研究，运输部负责综合交通运输顶层决策工作，而其他内设部门的职责主要集中在运行调度和安全监督；在地方层面，以加州为例，其交通运输管理部门的主要规划职能也集中在规划处的一个部门，决策和执行层面界限清晰。

对于我国目前的交通运输管理体制来说，决策层和执行层还存在一定程度上的交叉重合，可以借鉴国外经验进行机构设置方面的科学重组。

3. 交通运输管理功能逐渐从内部完善向外部效率延伸

发达国家已经走过了交通运输基础设施的大规模建设阶段，当前对于交通运输科学管理的需求相比于我国更大，其交通运输管理职责的内容已经从单纯的交通系统管理转向了交通运输的外部影响，比如交通安全和交通运输的环境影响。例如，美国在联邦运输部中设立了汽车运输安全管理局、公路交通安全管理局、管道和危险产品办公室三个部门负责交通运输安全监管。另外，各国大都在交通运输管理职能中突出控制交通运输污染的职能。

我国目前的交通运输管理职能主要集中在交通运输系统内部，这与我国目前的经济社会发展阶段有关，交通运输基础设施建设依然是重要任务，但是发达国家的这种发展趋势，应该是今后我国进一步优化交通运输管理职能可借鉴的方向。

4. 充分尊重市场、开放市场

发达国家的交通运输领域经营活动高度市场化。例如，日本从国营铁路转向民营铁路，进一步减少政府对铁路运营的干预，极大地减少了政府对铁路运营的补贴负担。民营化之后，劳动生产率大幅度提高，运营公司利润增长显著，国家财政补贴大幅减少。

我国交通运输管理体制进行了几轮改革，但是政企分离、职能完善还有待进一步深化。当前，我国公路、水路、航空领域的市场化改革正在深入推进，铁路领域股份制改造工作也在快速推动，逐步探索建立引进社会资本的企业经营模式，在 2017 年各铁路局集团公司改制的基础上，2019 年 6 月中国铁路总公司也正式改制成立中国国家铁路集团有限公司。在市场化改革的过程中，应该充分借鉴国外的经验。在借鉴先进经验的同时，交通运输管理体制改革必须紧密结合国情，依托我国国土实际、发展实际以及国家和地方分工实际，不能单纯套用其他国家的模式。

> **提示：** 综合发达国家的交通运输管理体制发展过程来看，大部制发展的趋势是大势所趋，我国的大部制发展应该借鉴吸收国外交通运输集中管理国家的先进经验，充分立足我国国情实际，科学规划，有序推进，逐步融合形成符合中国国情的交通运输大部制管理体制。

6.4

我国交通运输管理体制改革的原则

1. 坚持统筹兼顾

交通运输管理体制改革本身具有深远的影响，其在深化的过程中既要注重顶层设计，又要对实践积极探索总结，既要保障各方面的合法利益，又要保证改革的逐步推进，充分发挥中央和地方的改革合力，统筹兼顾是改革稳中求进的必然选择。

2. 坚持市场决定作用

在交通运输发展的长时间实践探索过程中，人们逐渐认识到市场规律在深化改革过程中的重要作用，所以在逐步深化交通运输管理体制改革的过程中，既要把握交通运输本身的基础性、先导性、服务性作用，又要结合市场发展规律，将政府与市场的界限逐步明确，做到既要保证市场对交通运输建设相关资源的优化配置，又能不断提升政府对交通运输体系宏观调控的能力。

3. 坚持依法推进

依法治国是我国的基本治国方略，交通运输管理体制改革不可能脱离法律实现，需要国家法律予以授权。法律是改革实施和推进的基本依据，依法推进改革是交通运输管理体制改革的基本要求。

4. 坚持注重实效

改革的目的是推动发展，交通运输管理体制改革的目的是为广大人民群众带来更高质量的服务，所以在深化改革的过程中应注重改革的实效，为争取更大的实效对实际问题进行优化解决。

6.5

我国交通运输管理体制深化改革的思路

1. 围绕"提升决策能力、决策效率"深化改革

在交通运输管理领域，对交通运输发展的规划指导必须依托交通运输行政管理部门。从进一步做好规划、加强顶层设计的层面，探索如何落实"大规划"的概念，将规划和规划审批职能统一设置，丰富交通规划部门的职能，逐步整合公路、铁路、水路、航空、管道的协同发展，实现一个部门管规划。将各种因素统筹考虑，作出优化决策。充分发挥我国集约式管理的优势，提高决策效率，分布实施推进，先理顺当前部门设置模式下决策环节设置不顺畅的地方，再逐步加强管理职能横向和纵向整合。同时，建立交通运输管理跨行政部门及中央与地方的协调机制，建立并不断完善交通运输部门内外协调机制。

2. 围绕"释放具体事务、加强行业监督"深化改革

从行业管理角度，对行业发展的具体事务，政府管理部门逐步以监管代替直接管理。可以讲，交通运输部已经下放了大量的具体管理和审批权限，但是从目前情况来看，还不够彻底。以长江、珠江航务管理为例，交通运输部直接管理，虽然可以统筹全流域的管理和建设工作，但当前各项设施建设已经相对完善，地方作为实际使用者，各省内部难以统筹各流域的发展。在这种管理体制下，长江、珠江航务管理职能在中央，和长江、珠江交汇的分支河流的管理职能在地方，在日常管理过程中，在河流交汇处很可能出现管理的混乱，要么重合，要么形成中央和地方两不管的真空地带。在交通运输管理体制改革中，可以把具体的管理工作和行政执法权力下放，交通运输部负责监管，统筹管理、协调各地方利益和各行业发展。

3. 围绕"优化部门设置、提高整合程度"深化改革

从部门再整合的角度，目前国家铁路局、中国民用航空局、国家邮政局都是交通运输部管理的副部级建制的国家局。借鉴国外经验，为了更好地实现协同发展，可以逐渐将这三个局演变成交通运输部的内设机构，更好地实现扁平化管理，实现"决策归决策、执行归执行"的管理模式。当前我国高铁、民航、邮政事业发展势头强劲，在一定的发展时期拥有一定的独立地位，但是从交通运输基础设施建设的长远发展规律看，进入平稳发展期后，协同发展的必要性更加突出，应该根据发展实际情况适时考虑部门再整合。

在交通运输管理部门和职能整合的过程中，一方面，要避免中央和地方管理的脱节。我国地域大，要素全，各地交通运输事业发展程度相差较大，需要中央发挥统筹协调和总体规划的作用，缩小各地交通运输发展的差距。另一方面，要避免重复合并，未来部门的重构将呈现多元化和碎片化，整体划转越来越少，更多的是部分功能、部分机构的重组，需要增强管理体制改革的规划性、前瞻性，从长远的角度出发，避免反复进行高成本的机构重组。

4. 围绕"突出市场主体、释放市场活力"深化改革

我国现在处于经济转型和政府职能改革时期，必须进一步开放市场经济进入交通运输体系建设的通道，正确处理好政府与市场的关系，把政府对经济的宏观调控作用与市场对社会经济运行和资源配置的基础性作用结合起来，转变政府职能，协调优化政府与社会、市场及内部各职能部门之间的关系，减少政府部门对经济的微观干预，突出市场主体，释放交通运输市场活力。对一些政府主导的经营性交通运输基础设施的建设和运行，应当降低民营资本进入的门槛，制定合理的政策和模式，吸引优质民营资本参与投资、运营和管理，只有充分融入市场经济，才能够进一步推动交通运输管理体制改革。

5. 完善交通运输法律法规，以法律手段保障深化改革

为了保障交通运输领域的有序发展，保障交通运输管理体制改革的顺利推进，有关立法机构应着重强调对交通运输相关法律法规的完善，不断推进规范交通运输综合执法程序，加快法治政府部门建设，降低政府管理成本，加强政府对市场的监管。同时，政府部门可以借鉴提高管理效率的成功经验，对执法队伍进行有效整合，缩减行政层次，提高交通运输部门的执法能力；拓展沟通渠道，鼓励民众参与完善政府部门执法程序；推行交通运输部门法律顾问制度，改革执法手段，建立重大决策责任追究制度、责任倒查机制等，促使综合交通运输系统发展中的重大决策更加科学完善，保障交通运输管理体制改革顺利推进。

思考题
1. 简述我国交通运输管理体制改革发展的过程。
2. 对比了解国内外交通运输业的管理体制。
3. 简述我国交通运输管理体制未来深化改革的思路。

7 第7章
交通运输法规

　　现实生活中交通运输所包含的内容极为广泛，所以交通运输法规也是一个较为复杂的系统。本章介绍交通运输法规的基本概念、特点、作用、法律关系和法规体系，总结我国交通运输法规的发展历程，系统梳理我国颁布的相关交通运输法律法规。

本章重点

- 交通运输法规的概念和特点；
- 交通运输法规的作用；
- 交通运输法律关系；
- 我国交通运输法规体系的构成；
- 我国交通运输法规的发展历程；
- 我国颁布的主要交通运输法律规范。

7.1

交通运输法规概述

7.1.1　交通运输法规的概念

所谓交通运输法规，是指国家立法机关为了加强交通运输管理而颁布的法律以及国家行政机关依照宪法和法律的有关规定制定和发布的行政法规、规章，是集行政法、民法和经济法于一体的调整交通运输关系的法律规范的总称。

交通运输法规是调整交通运输主管部门行政权力的创设、行使以及监督交通运输过程中发生的各种社会关系的法律规范。制定交通运输法规的目的是维护国家利益，规范交通运输秩序，保护公民、法人和其他组织的合法权益。

7.1.2　交通运输法规的特点

交通运输法规具有以下 6 个特点：

（1）管理性。交通运输法规的主要功能是对交通运输相关的公共事务进行管理，即对交通运输工具及与交通运输相关的公民、法人和其他组织进行管理，对违反交通运输法律的公民、法人和其他组织进行行政处罚。

（2）强制性。交通运输法规是国家意志的体现，由国家强制力保证实施。如果不能有效地实施交通运输法规，交通运输法规公布之后就依然属于一纸空文；如果不对违反交通运输法规的人加以处罚，交通运输法规就形同虚设，没有任何约束力。因此，必须通过国家强制力保证交通运输法规的贯彻实施。

（3）普遍性。交通运输法规是由国家意志单方面规定了行政行为相对人的权利和义务，任何行政行为相对人都必须严格履行义务，且不得以任何借口违反。也就是说，交通运输法规具有普遍约束力，违反交通运输法规要受到制裁和处罚。

（4）分散性。交通运输法规是一个总的名称，它分散在各个有关交通运输的法律规范之中，并由法律、行政法规、部门规章、地方法规和地方政府规章组成。

（5）复杂性。交通运输活动的广泛性和复杂性决定了交通运输规范的复杂性。交通运输法规包括横向的民事法律规范和纵向的行政法律规范，以及各种技术法律规范，因而交通运输法规本身就具有多样性。即使在同一类法规中，不同的运输方式、不同的运输主体，其权利、义务和责任都不相同。交通运输活动参与者的多样性也使得交通运输法律关系变得复杂。随着国际运输的发展，跨国运输活动会涉及很多国家，将会受到各个国家法律规范及国际公约、国际惯例的约束和调整，从而使交通运输法规呈现出复杂性的特点。

（6）变动性。由于社会关系、经济关系经常处于变动之中，交通运输管理权力及因交通运输管理权力形成的交通运输行政管理关系也必须随之变动。因此，交通运输的法律规范也要具有较强的变动性，需要适时地废、改、立。

7.1.3　交通运输法规的作用

1. 维护交通运输秩序

交通运输法规是规范交通运输行政管理权力的法律规范。首先，它通过规范交通运输行政权力来源、行使方式，达到维护交通运输秩序、保障社会公共利益的目的。在社会主义市场经济条件下，交通运输行政管理机关解决管理中的各种问题的手段就是交通运输行政法律规范。各种交通运输行政管理机关依照各自的职权通过行政立法、行政执法和行政裁判等手段，能够有效地规范、约束行政行为相对人的行为，促使其履行法定义务，制止行政行为相对人危害他人利益和公共利益的违法行为。交通运输行政管理机关通过建立和维护交通运输秩序，确保充分、有效地实施行政管理。

2. 监督行政权力主体，防止违法滥用行政职权

法律赋予交通运输行政管理机关和其他管理主体行政权力，用于维护交通运输秩序和社会公共利益。然而，由于行政权力客观上存在着对个人权力的侵犯性，所以就必须对行政权力加以监督和制约。在各类监督方式中，最为有效的监督就是法制监督。通过法规规定交通运输行政管理权力的范围、行使方式及法律责任等，可以有效地防止行政主体违法滥用行政权力。诸如行政复议、行政诉讼、国家赔偿等法律制度对于防止和纠正行政机关超越职权、失职渎职、滥用职权、不当行政等具有十分重要的作用。

3. 保护公民、法人和其他组织的合法权利

由于行政管理权力具有强制性、自我扩张性等特点，所以交通运输行政管理机关在行使行政管理权力的过程中，容易侵犯公民、法人和其他组织的合法权利，给行政行为相对人造成损失。为了保障公民、法人和其他组织的合法权利不受侵犯，并及时为合法权利受到侵害的公民、法人和其他组织提供补救，必须建立一系列的法律制度来保护公民、法人和其他组织的合法权利。例如，行政复议制度为合法权利受到侵害的公民、法人和其他组织提供了交通行政机关内部监督的机会；行政诉讼制度为公民、法人和其他组织提供了司法救济的手段；人民法院对违法行为有权作出撤销判决；交通行政处罚制度则通过规定行政处罚权的设定、行政处罚实施程序等方式，为受处罚人提供申辩、听证等多项权利；国家赔偿为受到国家行政机关违法行为损害的公民、法人和其他组织提供了获取赔偿的途径。这一系列制度都是用来保护公民、法人和其他组织权利的。由此可见，交通运输法规不仅能够起到维护公共利益、维持交通运输秩序、监督行政权力的作用，而且还能够为在交通运输行政管理中处于弱势地位的公民、法人和其他组织提供有效的权力保障。

7.2

交通运输法律关系

交通运输法律关系主要有交通运输经济法律关系、交通运输行政管理法律关系、交通运输劳动法律关系、交通运输社会保障法律关系、交通运输行政执法法律关系、交通运输涉外法律关系等。

根据交通运输服务的对象及业务范围，交通运输法律关系可以分为以下 5 类：

第一类，旅客运输法律关系。在这种法律关系中，主体是交通运输企业和旅客；客体是交通运输企业运送旅客，使旅客发生位移的劳务行为。

第二类，货物运输法律关系。其主体是交通运输企业、托运人和收货人；客体是交通运输企业运送的货物，使货物发生位移的劳务行为。

第三类，交通运输安全保护方面发生的侵权行为法律关系。其主体是侵犯交通运输企业合法权益的当事人或者被交通运输企业侵犯合法权益的当事人；客体是侵权行为。

第四类，交通运输行业内部组织之间发生的法律关系，如上下级组织之间的管理与被管理关系。在交通运输企业内部，下级有义务服从上级的调度指挥，有义务确保通过本单位的联运货物的运输安全等。

第五类，交通运输各级组织同其他单位发生的其他法律关系。

> **提示：** 我国交通运输法律关系中的内容还是比较详尽的，但也有一些不足之处，特别是表现在服务质量的问题上，没有完全适应市场经济的需求，侵犯旅客、收货人和托运人的权益的责任没能明确下来。例如在铁路运输中，对列车状况的规定、对列车有关服务项目的规定、对旅客财物安全保护的规定等都没有明确，或者说没能明确到具体的责任人上。因此，在我国交通运输法律关系的相关内容中，应进一步加强有关责任机制的建立。

7.2.1　交通运输经济法律关系

交通运输经济法律关系是指由交通运输法律法规和其他法律规范所确认和调整的交通运输企业与公民个人、其他企业法人、国家及其他社会组织之间因交通运输生产经营活动而发生的具有权利、义务内容的社会关系，其中主要涉及交通运营、交通建设的法律关系。涉及交通运输的法律关系主要是交通运输的客货运输关系，反映在法律上就是合同关系，它比较直接地反映了生产关系的要求。

（1）旅客运输关系。指交通运输部门在运送旅客过程中所发生的社会关系，这种运输关系反映在法律上主要就是旅客运输合同关系。它表明交通运输企业作为承运人，有义务将旅客运送到车票票面规定的到站，旅客则有义务支付相应的旅客运输费用。

（2）货物运输关系。将货物或行李、包裹从一地运送至另一地，使之发生位移时所产生的一切社会关系，反映在法律上主要是货物运输合同关系、行李运输合同关系和包裹运输合同关系。

客货运输关系在交通运输关系中占有特别重要的位置，它是交通运输法律规范所确认或调整的人与人之间的权利、义务关系的主要内容。此外，与交通运输关系比较密切的交通运输安全保护、交通运输部门各级组织之间的关系，以及交通运输企业同其他组织和个人之间所发生的侵权赔偿关系也是很重要的内容之一。

在交通运输经济法律关系中还涉及交通运输基础设施建设的内容，它是指由交通运输法律规范所确认和调整的交通运输企业、其他法人、其他社会组织、地方政府和国家在交通运输基础设施建设中发生的具有经济权利、义务的社会关系。在这个关系中，应明确各个主体在交通运输基础设施建设中的权利和义务，特别是要明确国家和交通运输企业的权利、责任和义务。目前，在这一方面我国有关的法律法规规定得比较粗糙，应积极借鉴国外的立法经验。

7.2.2　交通运输行政管理法律关系

交通运输行政管理法律关系，是指由交通运输法律规范及其他法律规范所确认和调整的交通运输企业与国家、政府部门以及交通运输企业内部组织、职工之间在交通运输管理活动中发生的社会关系。其主体有交通运输企业、国家、交通运输企业内部组织、职工等，其客体是各级管理行为和因管理发生的侵权行为，其内容主要包括各级政府部门及交通运输各主管部门各自的权利与义务。

过去，我国交通运输的管理基本上采用的是计划经济下"大一统"的行政管理办法。例如国家对铁路的管理，对铁路的基本运价进行严格的控制，铁路运输企业承担公用事业职能，这使得铁路运输企业的经营机制受到严重制约。另外，政企不分也成为影响我国运输行政管理体制改革的一个关键性问题。

在市场经济条件下，企业和政府的行为、动机是不完全一致的，应该严格加以区分。市场经济条件下的企业是具有自身特殊利益的经济实体，它要维持自身的生存，实现自我发展，就必须在市场活动中维护自身的利益，而在不确定的市场中，对自身利益的维护只能通过对最大利益的追求来实现，即企业行为应该明显地以利润为出发点或动机，通过采取各种正当的市场竞争手段，以追求自身最大利益为中心目标，而政府的责任则应是保证整个社会经济的发展，维护市场的秩序，保持公正和全社会的福利，诸如救灾、扶贫、照顾边远地区、少数民族政策等均属于政府行为。

政企不分会带来很多问题。一方面，让政府像企业那样以利润为动机，市场就无公平可言，因为权力部门在许多方面拥有一般企业所无法比拟的特权，同时也必然会导致腐败滋生；另一方面，让企业像政府那样去维护全社会的福利显然也是不合适的，例如从投资来说，企业有自己的投资动机和利益，如果完全按企业的动机和利益行事，很多边远地区的交通运输基础设施就建不起来。

因此，政府要处理好行政主体（国家机关）行使权力和市场主体（交通运输企业）享有权利的关系，不能直接干预企业的经营活动，但可以通过法律和经济手段来影响市场和企业行为。既要使政府部门从直接经营管理企业的惯性中摆脱出来，更加注重从政策、法规、标准、规划等方面对企业加强指导、协调、监督、服务，又要尽可能减少行政指令性要求，为企业自主经营创造良好的外部环境。

当前，我国交通运输行政管理体制的改革是我国交通运输部门改革的重点，其成败直接影响到交通运输的现代化进程。应根据市场经济的特点，采取市场经济管理办法变革交通运输行政管理体制，并用法律形式明确下来，使交通运输行政管理具有法律的保障和监督。

7.2.3　交通运输劳动法律关系

交通运输劳动法律关系是指由交通运输法律规范及有关劳动法律规范所确认和调整的交通运输企业与其职工之间在交通运营过程中产生的具有权利、义务内容的社会劳动关系。其主体是交通运输企业及其职工，其客体是交通运输企业和职工在劳动关系中所享有的权利和承担的义务所指向的物和行为，其内容是指交通运输企业和职工在交通运输劳动关系中应享有的权利和应承担的义务。

交通运输劳动法律关系作为交通运输法律关系的一个重要组成部分，其内容不仅要符合我国有关劳动法律的要求，而且应适应社会主义市场经济的发展。随着产业结构和生产布局的调整，特别是减员增效机制的建立，目前我国交通运输行业的劳动关系正在发生着极为深刻的变化。优化劳动组织，减少劳动用工，引入竞争机制，竞争上岗，优胜劣汰，正在成为新的用工主流。可以这样说，交通运输劳动关系的改革，顺应了交通运输劳动关系逐步适应社会主义市场经济劳动关系的要求，促进了交通运输劳动管理体制的改革。

7.2.4　交通运输社会保障法律关系

交通运输社会保障法律关系是指由交通运输法律规范和其他有关法律规范所确认和调整的国家、交通运输企业与职工之间因社会保障而发生的具有权利、义务内容的社会关系，其内容主要包括：交通运输企业服务社会应承担的权利与义务，交通运输企业对其职工所承担的有关社会保障的权利、义务等。

目前，社会保障的有关立法正在建立和完善之中，因而交通运输部门也应根据我国交通运输业的具体实际尽早加强这方面立法的实践和理论研究，以满足实现我国交通运输管理法制化、现代化的客观要求。因为我国在这方面的立法经验较少，所以应积极吸取国外有益的经验。

7.2.5　交通运输行政执法法律关系

交通运输行政执法法律关系是指由交通运输法律规范和其他法律规范所确认和调整的交通运输企业与公民、法人、有关社会组织及国家之间在交通运输行政执法过程中产生的具有权利、义务内容的社会关系。

交通运输行政执法法律关系的内容应明确执法机构的法律地位，明确其应享有的权利和应承担的义务。目前我国交通运输行政执法机构主要包括专门公安机关（如铁路公安机关等）、专门人民法院（如铁路运输法院、海事法院等）及其他运输行政执法部门。这些行政执法机关的设立，确保了交通运输的安全运营，对于我国交通运输的发展，对于保障交通运输企业、公民、其他法人、有关社会组织及国家利益是尤为重要的，应进一步加强专门人民法院与地方法院、专门公安机关与地方公安机关的配合、联系，明确各方的权利、义务，保证交通运输部门有法必依、执法必严，使交通运输行政执法符合社会主义市场经济的发展要求。

7.2.6　交通运输涉外法律关系

交通运输涉外法律关系包括由于国际联运发生的涉外法律关系和由于外国投资者建设经营铁路而发生的涉外法律关系。随着社会主义市场经济的发展、对外开放政策的深入，交通运输业也将逐步走向市场并逐步全面对外开放。同时，因为我国交通运输业的建设资金比较短缺，所以吸引外国投资者建设、经营交通运输业，对加快交通运输业建设、促进交通运输现代化将具有十分重要的意义。因而建立和完善相应的法律框架并规范运作，是规范涉外关系的前提条件。

1. 要明确建立交通运输涉外法律框架的原则

只有坚持以下原则，才能建立起符合现代法律要求的交通运输涉外法律框架：

（1）坚持国内法与国际法接轨的原则。经济立法是世界性的，随着世界经济贸易的发展，一国经济要想游离于世界贸易以外已经是不可能的。尽管世界贸易活动受各国国情、各国法律影响较大，但国际贸易的世界性要求有统一的规则，只有这样才能保持国际经济新秩序的健康发展。通过国内立法，确认世界贸易的基本规则，是各国经济立法的基本趋势。

（2）坚持公平、公正、合理的原则。因为主体的地位是平等的，所以立法必须便于各方都能通过国际合作而获利。

（3）坚持维护国家利益、公共利益和秩序的原则。对于侵害国家利益和公共利益的行为，国际法准则允许各国在国内立法时予以保留。

2. 要认真清理现行交通运输涉外方面的法律规范，摸清底数，研究对策

要对现行交通运输涉外法规进行分析，内容适合的，要充分利用其规定；已经过时的，要提出修改和补充意见；明显不适应的，要明确予以废止；对于一些法律空白，要抓紧制定，以便有法可依。

3. 针对新问题制定新政策

要认真研究交通运输对外开放出现的新问题，凡是需要法律规范其行为的，都要做出规划，组织专门班子，逐件予以落实。要抓紧立法规划，把政策引导与法律规范结合起来。凡是好的政策都要把它上升为法律规范，确保交通运输对外开放活动有法可依。抓紧制定有关交通运输业对外开放的专门的法律法规，建立符合我国交通运输需要的法律框架。

7.3

我国交通运输法规体系

7.3.1　我国交通运输法规体系的构成

新中国成立以来，特别是改革开放以来，我国交通运输事业取得了很大的发展，交通运输管理正逐步走向法制化、规范化，国家先后制定了大量管理交通运输的法律规范。这些法律法规和行政规章的颁布实施，对保障交通运输安全、强化运输生产管理、维护运输生产秩序起到了积极作用，尤其是全国人大及其常委会专门针对交通运输领域相继通过立法发布实施的《中华人民共和国铁路法》《中华人民共和国海商法》《中华人民共和国民用航空法》《中华人民共和国公路法》等普通法律，为交通运输行业法规体系的建立确立了基础。

我国现行交通运输法规体系的基本框架是：以《宪法》为基础，以交通运输普通法律为龙头、以交通运输行政法规为骨干、以交通运输行政规章为补充的纵横相结合的系统。

在这个系统中，横向构成包括与交通运输运营关系密切的各种法律规范，如《中华人民共和国民法典》《中华人民共和国铁路法》等一些普通法律；纵向构成则按照我国现行的立法权限、效力层次，分为交通运输普通法律、交通运输行政法规、交通运输行政规章三个层次，下面介绍纵向三个层次的具体情况。

第一个层次是全国人大常委会制定的管理交通运输的普通法律及相邻的其他法律，例如《中华人民共和国铁路法》《中华人民共和国公路法》《中华人民共和国民用航空法》等都是管理交通运输的普通法律，它们也是交通运输法规体系的基本法律。交通运输行业的一切行政法规都应当以此为基础，其内容不得与之相背。这里所谓相邻的其他法律，是指与交通运输关系比较密切的、其具体规定同样适应交通运输业的这一部分法律，如《中华人民共和国民法典》《中华人民共和国环境保护法》《中华人民共和国大气污染防治法》等法律，它们也是交通运输法规体系第一个层次中必不可少的组成部分。

第二个层次是由国务院制定或经国务院批准由交通行政主管部门发布实施的行政法规。按照国家宪法的规定，国务院有权根据有关交通运输法律和行政管理的需要，制定一些交通运输方面的行政法规，以保证交通运输行政管理活动能够顺利进行。这方面的法规在交通运输法规体系中占有很重要的位置，例如，为保障铁路运输安全，国务院于 2013 年 8 月发布了《铁路安全管理条例》；为确保公路运输的顺利进行，国务院 2004 年 4 月发布了《中华人民共和国道路运输条例》等。这些条例的颁布施行对保证交通运输安全畅通起到了重要作用。

第三个层次是由国务院交通运输各主管部门制定的行政规章，包括各种实施细则、规程、规则、办法和规定等。根据宪法的规定，国务院各部委有权根据法律和行政法规制定在本部门适用的行政规章。例如，铁道管理部门在几十年的铁路管理实践中，制定了大量的行政规章，对加强铁路的管理起到了一定的作用。在这个层次中，还包括一些交通行政主管部门与其他部委联合发布的一些交通运输管理方面的规章制度。必须指出的是，这个层次的行政规章都不得与上位法规定的内容相抵触，或者说，所有行政规章的制定都必须以法律、行政法规为依据。

7.3.2　21 世纪初我国交通运输法规中存在的问题及改进实践

从新中国成立到 21 世纪初，经过几十年的发展实践，我国交通运输行业的法规体系基本框架初步确立，我国也不断对相关交通运输法规进行了修改和完善，但从当时经济和社会发展的需要来看，交通运输法制建设仍然还存在着不少问题，主要表现在以下几个方面：

1. 交通运输立法相对落后于经济社会发展的要求

在计划经济时代，我国交通运输行业逐步制定了一系列法律、行政法规和行政规章，它们基本上反映和适应了计划经济发展的要求，为当时交通运输生产的顺利进行做出了贡献。随着经济体制的转轨，到 21 世纪初，我国逐步建立了许多适应市场经济发展要求的法律、行政法规，而交通运输部门原有的许多法律、行政法规、行政规章已不适应发展的要求，有的甚至与现实发生冲突。例如，1991 年 5 月 1 日实施的《中华人民共和国铁路法》，由于国家经济体制发生了根本性变化，与之相适应的许多基本经济关系也发生了相应的变化，迫切需要在法律上作出具体而明确的要求，如有关铁路与国家的关系、铁路运输企业的市场主体地位、合资铁路、外商投资建设经营铁路等问题都需要在《中华人民共和国铁路法》中作出明确规定。为此，根据 2009 年 8 月 27 日第十一届全国人民代表大会常务委员会第十次会议《关于修改部分法律的决定》对《铁路法》进行了第一次修正，根据 2015 年 4 月 24 日第十二届全国人民代表大会常务委员会第十四次会议《关于修改〈中华人民共和国义务教育法〉等五部法律的决定》第二次修正。2010 年以来，我国实现了铁路政企分开，"政"的管理职能由交通运输部下属的国家铁路局负责，"企"的运营职责由中国铁路总公司（2019 年 6 月改制为中国国家铁路集团有限公司）负责，铁路的规划建设、运营管理、投融资模式又发生了很大的变化。随着社会主义市场经济体制的不断健全和改革开放的不断深化，铁路成网，高铁的快速发展，使《中华人民共和国铁路法》中的不少内容又出现了不适应的情况。2019 年 7 月，国家铁路局发布《中华人民共和国铁路法（修订草案）》（征求意见稿），在全社会公开征求意见，以期新的《中华人民共和国铁路法》能更好地指导和规范我国铁路行业的发展。

2. 法律规范的层次低、效力不强

在实践中，对于交通运输活动具有直接操作性的法律规范大多集中在各部委和地方政府制定的行政法规和行政规章上。这部分法律规范数量繁多，且很多效力不强，与法律相比，其法律约束力即效力层次较低，普遍适用性较差，多数只适宜作为交通运输活动主体进行运输活动的参照性依据。例如在铁路法规体系中，据铁路管理部门初步统计，从 1949 年至 2005 年，国家有关部门共发布有关铁路运输管理的法律法规和行政规章达千余件。在 21 世纪初使用的 500 余件铁路法律规范中，经全国人大及其常委会以正式立法程序产生的铁路法律只有《中华人民共和国铁路法》1 件，经国务院批推由铁道部发布的行政法规约 30 件，其余都是由铁路主管部门制定发布的行政规章。显然，这种局面不利于从宏观上引导交通运输业的正确发展，也缺乏对运输活动主体的必要制约。为此，随着我国交通运输行政管理体制的改革，交通运输部也开始进行规范性文件清理工作，相关机构也积极推进有关铁路法律法规修订征求意见进程，推动基础性、重要性法律法规在全国人大及其常委会、国务院、交通运输部等层面的建立和完善，提高法律规范的层次和效力。

3. 各项法律规范之间的协调性不够

21 世纪以前，由于我国各种运输方式分别隶属于不同的主管部门，各部委大都从本部门的角度制定和发布相关规章，从而造成多头而分散的局面，以致在交通运输法规体系中有些法规、规章的内容存在着交叉重叠的现象，有的相互之间还存在着矛盾，有些规章在形式上也不规范，在一些交通运输管理工作方面还存在着无章可循的状况。为解决这方面的问题，我国不断深化行政管理体制改革，变交通运输多头管理为统一管理，在 2008 年 3 月成立了交通运输部，整合了原交通部、原中国民用航空总局的职责，以及原建设部中的指导城市客运职责，并负责管理国家邮政局和新组建的中国民用航空局；2013 年 3 月进一步将铁道部实行政企分开改革，将其行政职责划入交通运输部。随着交通运输行政管理体制改革的不断深化，交通运输法律规范制定和完善过程中的宏观管理体系更加合理，法律规范之间的协调将更加顺畅。

7.3.3　建立和完善交通运输法规体系

1. 建立和完善交通运输法规体系的必要性

随着我国市场经济体制改革的不断完善，对外开放进一步深化，"一带一路"发展倡议得到世界更多国家的支持，中国与世界的联系更加密切，经济与贸易的交往更为频繁，交通运输企业正全面走向市场，走向国际化。而交通运输企业要走向市场，按市场化规则运作，

必须从根本上变革其经营管理体制。然而，我们应意识到，经营管理体制的变革必须要有法律的规范与保障。纵观世界各国交通运输企业改革可以看到，发达国家和部分发展中国家在这方面都有立法的保证。例如美国铁路的改革，是以国会通过的《国家铁路客运法》《地区铁路改组法》《铁路复兴及规制改革法》《斯塔格斯铁路法》等一系列法律为基础的。德国铁路改革的具体措施之一就是修改《德国基本法》（即德国宪法）中有关铁路的条款，变铁路的国有性质为股份制、民营性。阿根廷铁路公司改革是在《国家改革与公共结构调整法》的指导下进行的。日本、英国的铁路改革也是在议会通过改革法以后才开始实施的。这些国家的做法很值得我们借鉴。社会主义市场经济也是法制经济，一切社会经济关系也应该靠法律来调整。

在新的历史条件下，交通运输要适应社会主义市场经济的发展，就必须高度重视法制建设，加强立法工作，抓紧建立和完善交通运输法规体系，这是交通运输适应经济体制转轨以及满足自身快速发展的迫切要求。

（1）交通运输企业在运营活动中产生的各种基本经济关系需要法律规范来确认。交通运输企业走向市场，自然会与各类市场主体产生经济活动，由此产生的各种基本经济关系需要法律来确认和调整。

（2）交通运输主体的权益需要法律的确认和保障。交通运输主体多元化，要求确立保护各类主体的合法权益、确立处理主体之间相互关系及主体地位的法律制度。只有对这些市场主体和政府机关及个人的权利、义务明晰化，才能为交通运输经营、管理体制完善提供健全的法律环境。

（3）维护运输市场的公平竞争和良好的秩序需要法律的规范和保障。由于运输市场是一个极易产生垄断和不公平交易的领域，为规范交通运输企业的竞争行为，维护运输市场的公平竞争，保障各类主体的合法权益，就必须健全交通运输法规体系，适应市场制度和市场法制。

（4）交通运输企业经营机制的转换、政府职能的转变，必须依法实施。我国改革的目的是要建立社会主义市场经济体系。交通运输企业走向市场既是新的经济体制的重要方面，又对新的经济体制的建立起到重要的作用，因而交通运输企业改革不能滞后。而交通运输企业要走向市场，必须转换其经营机制，这就需要法律强制力的促进，使之进入市场后的一切经营活动具有法律的保护。政企分开，政府对交通运输企业的管理，需要用法律来规范，需要在法律的规定下依法进行。另外，国家管理交通运输业的行政、经济和其他手段，也只有建立在法制基础之上才能充分发挥其作用。

（5）交通运输建设的投融资，必须有法律规范的保障。交通运输要快速发展，筹集建设资金是一个关键。随着运输市场的全面开放，交通运输企业走向市场，吸引国内外资金投资交通运输建设将成为一个重要途径。而这就必然涉及各种经济关系的调整。因此，必须建立合理、稳定、既符合国际惯例又符合我国交通运输实际情况的法律制度，以保障交通运输行业吸引内、外资的健康发展。

由此可见，如果没有法律的规范与保障，交通运输经营、管理体制的改革将是不可能的。因此，尽快建立和完善交通运输法规体系，并规范其运作，是深化交通运输企业改革，加快交通运输建设，促进交通运输现代化的一个重要前提。

2. 建立和完善交通运输法规体系的基本原则

交通运输法规体系是我国社会主义经济法规体系的一个组成部分，是调整交通运输领域内各方面社会关系的法律规范的有机组合，是按照一定的规律组合起来的、内部有机联系的、门类齐全、干支分明、互相协调的统一整体，是一个由法律、法规和规章组成的完整系统。从大的方面来看，建立交通运输法规体系应当遵循以下原则：

1）坚持以马克思主义法学理论为指导的原则

交通运输法规体系是我国社会主义经济法规体系的一个组成部分，是马克思主义法学思想和理论在我国交通运输法制实践中的具体应用。因此，在建立交通运输法规体系的时候，必须坚持以马克思主义法学理论为指导，坚持研究交通运输法规体系中的社会主义方向，运用马克思主义的法学研究方法，深入细致地研究交通运输法律问题，以便建立有交通运输特点的法规体系。

2）坚持理论联系实际的原则

交通运输法规体系的研究与建立，是加强我国交通运输立法工作和交通运输法制建设的一项重要任务。因此，在研究交通运输法规体系的过程中，应当把理论与实际紧密结合起来。从我国交通运输实际情况出发，进行科学总结分析，合理归纳，使交通运输法规体系具有一定的实际意义，既要使现有的交通运输法律、法规和规章在实际应用中发挥应有的作用，最大限度地发挥法律规范的功能，又要通过交通运输法规体系的建立，促进我国交通运输立法工作的发展，使交通运输的立法计划、立法项目能够充分反映交通运输的实际，切实可行，具有一定的可操作性。

3）坚持从全局出发，维护国家法制统一的原则

从全局出发，一方面要从交通运输建设事业发展的全局出发，使交通运输法规体系的内容与交通运输建设事业做到高度的协调一致；另一方面，又要使交通运输法规体系本身能够协调一致，自成体系，完整、系统、协调、科学和合理，使交通运输法律、法规和规章能够覆盖交通运输行业的各个领域，做到各个方面都有法可依、有章可循。在此基础上，还要考虑到交通运输法规体系是国家法规体系的一个组成部分，其法律原则不能违背国家法规体系的一般精神。要适应国家现行的立法体制的需要，既要处理好交通运输法规体系与国家法规体系的关系，又要处理好交通运输法规体系与其他部门法规体系的关系。由于交通运输行业是国民经济的一个部门，它要与其他经济部门、管理部门发生各种各样的联系，因此，在法律上很可能出现交叉的情况，所以要做好交通运输部门与其他部门的法律协调工作。只有处理好这些方面的关系，才能保证整个国家法制的协调统一。这也是建立交通运输法规体系的一项重要任务。

4）借鉴国外和国内有益经验的原则

发达国家交通运输立法比较完善，交通运输管理基本上实现了法制化，因此，借鉴他们在交通运输立法方面的有益经验，可以提高我国交通运输法制建设的工作效率，可以使建立的交通运输法规体系更有可行性，更切合交通运输现实的、将来发展的情况。同时，也应借鉴我国其他经济部门的立法经验，分析这些部门法规体系的结构、内容，可以使我们在交通运输法规体系立法过程中少走一些弯路。

3. 建立和完善我国交通运输法规体系的建议

1) 以立法方式推进和完善运输管理体制改革

我国运输管理体制改革的关键就是要深入贯彻实施政企分开、规范运输市场、建立现代企业制度。为此，政府应以立法的方式全面推进交通运输管理体制改革的步伐。我国实行市场经济体制以来，交通运输管理体制改革在各种运输方式之间的进程存在较大差距，尤以铁路运输管理体制改革的进程最为缓慢。在欧美发达国家的铁路改革中，为确保改革的顺利进行，无不是通过立法程序、依靠法律来加以保障的。我国铁路已经完成了政企分开改革，进入了公司制改革的关键阶段，为建立与市场经济相适应的管理体制和运行机制，为确保改革的顺利进行，更加迫切需要建立与之相配套的法律体系，形成与之相适应的法制环境。

2) 建立和完善适应市场经济要求的交通运输法规体系

从我国目前交通运输发展的实际来看，建立适应市场经济体制的交通运输法规体系主要应从以下几方面着手：

（1）交通运输主体法。主要指确立交通运输主体资格、明确交通运输活动各类主体的法律规范。交通运输主体包括投融资主体、建设施工主体、运营主体等，重点是确立各类主体市场准入方面的问题。

（2）交通运输行为法。主要指调整交通运输主体从事交通运输活动的行为的法律规范。

（3）宏观调控法。主要指调整国家与交通运输主体之间，以及各个运输主体之间特殊市场关系的法律规范。

（4）交通运输技术标准法。主要指确立与国际技术和管理标准体系接轨的我国交通运输技术与管理标准法规。

3) 建立、完善适应交通运输一体化和国际物流化发展需要的技术标准和法规体系

为适应交通运输一体化和国际物流化发展的要求，必须大力推广和普及国际标准体系，并在此基础上制定和完善与国际标准接轨的通用的国家标准，以实现交通运输和现代物流活动的合理化和现代化。从我国的实际情况来看，主要应在各种交通运输方式中建立与国际标准中的基础标准、安全标准、卫生标准、环保标准和贸易标准相吻合的标准体系，并依照相应的行业技术标准，把重点放在技术标准的制定与推行上，例如对集装箱、托盘、各种搬运和装卸设施等通用性较强的运输设施和装备的标准进行全面的梳理、修订和完善，并形成系统的标准法规体系，以满足交通运输一体化和物流国际化发展的需要。

4) 完善运输行业协会组织的职能

重视和加强运输行业协会组织的功能和作用，将政府过多的管理职能逐步交由行业协会行使。为此，应加强运输业发展中的行业协调和行业自律的作用，并从法规层面加以支持。对运输行业协会组织的功能、作用、职权，以及与政府相关部门的联络和沟通作用作出法律规定，使国家对运输行业协会的管理逐步与国际惯例接轨，以发挥民间组织所固有的协调功能和专业作用。

7.3.4　我国交通运输法规的发展途径

1. 深化交通运输法治政府部门建设

（1）深入贯彻落实习近平法治思想，以交通运输"法治政府部门建设"工程为载体，把法治贯穿交通运输规划、建设、运营、管理和安全生产全过程各方面。

（2）出台交通运输法治政府部门建设实施意见和评价制度，建立评价指标体系。

（3）健全公共决策机制，完善重大行政决策工作流程，扩大社会参与，提高交通运输科学民主依法决策水平。

（4）深入推进权力公开，公布实施权力和责任清单，依法实施政务信息公开，提高政府工作的透明度。

（5）法治宣传教育和普法等工作机制应逐步健全。

2. 完善综合交通法规体系

立足综合交通运输发展谋篇布局，促进不同运输方式法律制度的有效衔接，完善综合交通法规体系。《交通运输部关于完善综合交通法规体系的意见》（交法发〔2020〕109 号）提出，构建跨运输方式的综合交通法规体系，该法规体系由跨运输方式法规系统、铁路法规系统、公路法规系统、水路法规系统、民航法规系统、邮政法规系统等 6 个系统构成。

我国已制定出台铁路法、公路法、海上交通安全法、港口法、航道法、海商法、民用航空法、邮政法等行业龙头法，铁路交通事故应急救援和调查处理条例、收费公路管理条例、道路运输条例、国内水路运输管理条例、国际海运条例、内河交通安全管理条例、快递暂行条例等行政法规，出台了加强安全生产、服务群众出行、优化营商环境、防治污染等方面的部门规章。需进一步研究制定交通运输法、农村公路条例、城市公共交通条例、无人驾驶航空器飞行管理暂行条例等法律法规。

3. 严格规范公正文明执法

（1）深入推进交通运输综合行政执法改革，建立健全综合执法运行机制，推动形成权责统一、权威高效、监管有力、服务优质的交通运输综合行政执法体制。

（2）注重提升综合行政执法队伍素质能力，着力打造一支政治坚定、素质过硬、纪律严明、作风优良、廉洁高效的执法队伍。

（3）全面推行包括行政执法公示制度、执法全过程记录制度、重大执法决定法制审核制度的执法三项制度，推进严格规范公正文明执法。

（4）加强以基层执法队伍职业化、基层执法站所标准化、基础管理制度规范化、基层执法工作信息化为内容的"四基四化"建设，基层执法基础不断夯实。

（5）完善交通运输行政执法程序，规范行政处罚自由裁量权，强化执法评议考核与监督。

（6）持续优化全国交通运输行政执法综合管理信息系统，积极推进非现场执法，不断提升行政执法效能。

4. 推进综合交通运输标准化工作

注重统筹推进综合交通运输标准化管理工作，我国颁布了《交通运输标准化管理办法》（中华人民共和国交通运输部令 2019 年第 12 号），制定了交通标准化发展规划，完善了标准化政策制度；出台了《交通运输标准化体系》，发布了综合交通、安全应急、绿色交通、物流、信息化等五个专业标准体系，并聚焦高速铁路、多式联运、船型标准化、港口岸电、城市轨道交通、快递绿色包装等领域，推进一批重点标准的制修订。

7.4

我国交通运输法规历史回顾

我国早在西周、春秋战国时期，就有驿、置、邮、传等官办交通运输管理机构和相应的交通运输法律制度。当时的道路守卫和交通运输管理人员叫司空官。为了适应诸侯国之间政治和军事需要，在大道上设置驿站，备有良马好车，专门传递官府文书、接待往来官吏。

到了秦朝，除了对驿站委派管理官吏外，还制定了有关邮驿的规章法令。如使用的车辆有"车同轨"的制度。秦朝对违反交通运输管理法规、破坏道路设施的人实行非常严厉的制裁措施，据《法经》记载，那时有"弃灰于道，断其手"的法律条文，用现在的话来说，对于敢在道路上倾倒垃圾、设置障碍、影响交通运输的人，要受到砍下胳膊的处罚。

此后，历代封建统治者都对交通运输管理制定了相应的法规，内容更为翔实，便于操作。

清末以前，交通运输仍然离不开人力、畜力的羁绊。直到 20 世纪初，随着汽车的引进，1926 年 11 月北洋政府内政部发布了《修治道路条例》，开始修建供汽车行驶的公路；1936 年，国民政府内务部制定了《路上交通管理规则》等交通运输法规。

1937 年，日本侵略者在华北发动七七事变（又称卢沟桥事变），国民党实行不抵抗政策，沿海各省相继失守，国民政府被迫迁都重庆。此时，铁路、水路和道路交通中断，公路运输成为主要运输方式。为了适应战时交通运输的需要，国民政府于 1939 年组建了汽车牌照管理所，并制定了应对战时交通运输需要的法规。

新中国成立后，为满足国民经济发展的需要，交通运输得到了飞速发展，交通运输法规建设大致可分为以下几个阶段：

（1）1949—1956 年。这一时期，国家处于百废待兴、百业待举阶段。各级政府对交通运输工作十分重视，及时制定了一些相关法规。1950 年 2 月，中央人民政府政务院做出了《关于航务、公路工作的决定》，规定了交通运输管理工作的分工，成为保证交通运输秩序的重要法规依据。原交通部于 1952 年 4 月颁发的《汽车运输企业暂行技术标准与定额》，作为交通运输的一项重要的规范性文件，为建立全国统一的汽车维修制度提供了依据。1954 年 3 月，原交通部颁布了《公路汽车货物运输规则》《公路汽车旅客运输规则》两项行政规章，为规范道路客货运输提供了依据。

（2）1957—1960 年。这一时期，各项法规及规章制度没能得到有效的实施。由于过分地夸大人的主观能动作用，在运力严重不足的情况下，不按客观规律办事，只求多拉快跑，造成车辆技术状况低下、运输秩序混乱，运输事故大幅度上升。

（3）1961—1966 年。这一时期，国家提出以"调整"为中心的八字方针（"调整、巩固、充实、提高"），并恢复和建立相应的法规和规章制度，逐步恢复运输能力，以保证社会运输需要。

（4）1967—1976 年。这一时期，交通运输受到极"左"思潮的严重干扰，把交通运输法规及制度当作"管、卡、压"进行批判，交通运输管理机构遭受冲击，造成机构瘫痪、法规制度废止，无政府主义严重膨胀，交通运输秩序混乱。

（5）1977 年至今。党的十一届三中全会以来，随着国家经济的快速发展，交通运输在国民经济中发挥了越来越重要的作用，特别是 1984 年 2 月国务院发布《关于农民个人或联户购置机动车船和拖拉机经营运输的若干规定》以后，交通运输市场多种经济成分并存，为了规范交通运输经营秩序，加强交通运输法制建设，国务院及相关部委相继出台了一系列的行政法规，交通运输管理逐步走向法制化的轨道。

7.5

我国交通运输部分法律规范简介

随着交通运输业的不断发展，交通运输法律法规发挥的作用越来越重要，相关部门根据实际情况，围绕加强交通基础设施建设管理、规范运输市场和促进安全管理等方面制定并清理了一批法律规章制度。据 2021 年 10 月发布的交通运输部编制的《中国可持续交通发展报告》统计，截至 2020 年底，我国已经形成了包括 8 部法律、43 部行政法规、300 余部地方性法规、288 件部门规章、近 300 件地方政府规章的综合交通法规体系，使交通运输各领域、各门类基本做到有法可依。力争到 2035 年，基本形成系统完备、架构科学、布局合理、分工明确、相互衔接的综合交通法规体系。

7.5.1　与交通运输直接有关的部分法律

1. 中华人民共和国铁路法

《中华人民共和国铁路法》（以下简称《铁路法》）是为了保障铁路运输和铁路建设的顺利进行、适应社会主义现代化建设和人民生活的需要而制定的法律，1990 年 9 月 7 日第七届全国人民代表大会常务委员会第十五次会议通过，自 1991 年 5 月 1 日起施行。《铁路法》包括总则、铁路运输营业、铁路建设、铁路安全与保护、法律责任、附则共 6 章 74 条。

根据 2009 年 8 月 27 日第十一届全国人民代表大会常务委员会第十次会议《关于修改部分法律的决定》第一次修正。根据 2015 年 4 月 24 日第十二届全国人民代表大会常务委员会第十四次会议《关于修改〈中华人民共和国义务教育法〉等五部法律的决定》第二次修正。2019 年 7 月,交通运输部国家铁路局发布《中华人民共和国铁路法(修订草案)》(征求意见稿),由现行铁路法的 6 章 74 条修订为 8 章 93 条,拟对铁路运输、铁路建设、铁路安全管理等进行大幅度修订,包括鼓励社会资本投资建路、禁止强占座位、缺陷产品召回、行政约谈、信用规制监管等方面,并进一步报请全国人大常委会审议。

2. 中华人民共和国公路法

《中华人民共和国公路法》(以下简称《公路法》)是为了加强公路的建设和管理、促进公路事业的发展、适应社会主义现代化建设和人民生活的需要而制定的法律,1997 年 7 月 3 日第八届全国人民代表大会常务委员会第二十六次会议通过,自 1998 年 1 月 1 日起施行。该法适用于在中华人民共和国境内从事公路的规划、建设、养护、经营、使用和管理,其中所称公路包括公路桥梁、公路隧道和公路渡口。《公路法》包括总则、公路规划、公路建设、公路养护、路政管理、收费公路、监督检查、法律责任、附则共 9 章 87 条。后根据 1999 年 10 月 31日、2004 年 8 月 28 日、2009 年 8 月 27 日、2016 年 11 月 7 日、2017 年 11 月 4 日全国人民代表大会常务委员会的决定先后五次对《公路法》进行了修正。

3. 中华人民共和国民用航空法

《中华人民共和国民用航空法》(以下简称《民航法》)是为了维护国家的领空主权和民用航空权利、保障民用航空活动安全和有秩序地进行、保护民用航空活动当事人各方的合法权益、促进民用航空事业的发展而制定的法律,1995 年 10 月 30 日第八届全国人民代表大会常务委员会第十六次会议通过,自 1996 年 3 月 1 日起施行。《民航法》包括总则、民用航空器国籍、民用航空器权利、民用航空器适航管理、航空人员、民用机场、空中航行、公共航空运输企业、公共航空运输、通用航空、搜寻援救和事故调查、对地面第三人损害的赔偿责任、对外国民用航空器的特别规定、涉外关系的法律适用、法律责任、附则共 16 章215 条。后根据 2009 年 8 月 27 日、2015 年 4 月 24 日、2016 年 11 月 7 日、2017 年 11 月 4日、2018 年 12 月 29 日、2021 年 4 月 29 日全国人民代表大会常务委员会的决定先后六次对《民航法》进行了修正。

4. 中华人民共和国海上交通安全法

《中华人民共和国海上交通安全法》(以下简称《海上交通安全法》)是为加强海上交通管理、维护海上交通秩序、保障生命财产安全、维护国家权益所制定的法律,1983 年 9月 2 日第六届全国人民代表大会常务委员会第二次会议通过,自 1984 年 1 月 1 日起施行。《海上交通安全法》包括总则,船舶、海上设施和船员,海上交通条件和航行保障,航行、停泊、作业,海上客货运输安全,海上搜寻救助,海上交通事故调查处理,监督管理,法律责任,附则共 10 章 122 条,适用于在中华人民共和国管辖海域内从事航行、停泊、作业以及其他与海上交通安全相关的活动。后根据 2016 年 11 月 7 日、2021 年 4 月 29 日全国人民代表大会常务委员会的决定进行了修正、修订。修订后的《中华人民共和国海上交通安全法》自 2021 年 9 月 1 日起施行。

5. 中华人民共和国港口法

《中华人民共和国港口法》（以下简称《港口法》）是为了加强港口管理、维护港口的安全与经营秩序、保护当事人的合法权益、促进港口的建设与发展而制定的法律，2003 年 6 月 28 日第十届全国人民代表大会常务委员会第三次会议通过，自 2004 年 1 月 1 日起施行。《港口法》包括总则、港口规划与建设、港口经营、港口安全与监督管理、法律责任、附则共 6 章 62 条，适用于从事港口规划、建设、维护、经营、管理及其相关活动。后根据 2015 年 4 月 24 日、2017 年 11 月 4 日、2018 年 12 月 29 日全国人民代表大会常务委员会的决定先后进行了三次修正。

6. 中华人民共和国海商法

《中华人民共和国海商法》（以下简称《海商法》）是为了调整海上运输关系、船舶关系，维护当事人各方的合法权益，促进海上运输和经济贸易的发展而制定的法律，1992 年 11 月 7 日第七届全国人民代表大会常务委员会第二十八次会议通过，自 1993 年 7 月 1 日起施行。《海商法》包括总则、船舶、船员、海上货物运输合同、海上旅客运输合同、船舶租用合同、海上拖航合同、船舶碰撞、海难救助、共同海损、海事赔偿责任限制、海上保险合同、时效、涉外关系的法律适用、附则共 15 章 278 条。为更好地促进航运事业和经济贸易发展，推进"一带一路"和"交通跨国"等倡议的实施，2018 年 11 月交通运输部组织起草了《中华人民共和国海商法（修订征求意见稿）》公开征求意见，对是否将内河运输纳入《海商法》调整范畴，是否增补船舶污染损害赔偿专章，是否将受承运人委托、受货方委托在港区内从事货物作业的人纳入《海商法》范畴，是否需要将航次租船合同调整到租船合同予以定性和规范，以及赔偿责任限额的提高等问题，开展积极讨论，并进一步报请全国人大常委会审议。

7. 中华人民共和国石油天然气管道保护法

《中华人民共和国石油天然气管道保护法》（以下简称《石油天然气管道保护法》）是为了保护石油、天然气管道，保障石油、天然气输送安全，维护国家能源安全和公共安全而制定的法律，2010 年 6 月 25 日第十一届全国人民代表大会常务委员会第十五次会议通过，自 2010 年 10 月 1 日起施行。该法适用于中华人民共和国境内输送石油、天然气的管道的保护，城镇燃气管道和炼油、化工等企业厂区内管道的保护不适用该法。《石油天然气管道保护法》包括总则、管道规划与建设、管道运行中的保护、管道建设工程与其他建设工程相遇关系的处理、法律责任、附则共 6 章 61 条。《石油天然气管道保护法》实施以来，对规范油气管道规划建设和运行保护，督促相关部门、单位依法履职，保障油气管道安全运行发挥了重要作用。2018 年国家能源局在北京召开《石油天然气管道保护法》修订工作专家研讨会，标志着修法工作开始启动。根据 2017 年 5 月中共中央、国务院印发的《关于深化石油天然气体制改革的若干意见》，加快修订《石油天然气管道保护法》，切实加强管道保护法治建设，是深化油气领域改革发展，建立健全油气全产业链安全生产责任体系，进一步落实管道企业安全主体责任和政府部门监管职责，完善安全风险应对和防范机制的根本性举措。

8. 中华人民共和国邮政法

《中华人民共和国邮政法》（以下简称《邮政法》）是为了保障邮政普遍服务、加强对邮政市场的监督管理、维护邮政通信与信息安全、保护通信自由和通信秘密、保护用户合法权益、促进邮政业健康发展、适应经济社会发展和人民生活需要而制定的法律，1986 年 12 月 2 日第六届全国人民代表大会常务委员会第 18 次会议通过，自 1987 年 1 月 1 日起施行。2009 年 4 月 24 日第十一届全国人民代表大会常务委员会第八次会议通过了修订后的新的《邮政法》，自 2009 年 10 月 1 日起施行。新的《邮政法》包括总则、邮政设施、邮政服务、邮政资费、损失赔偿、快递业务、监督检查、法律责任、附则共 9 章 87 条。后根据 2012 年 10 月 26 日、2015 年 4 月 24 日全国人民代表大会常务委员会的决定对《邮政法》进行了两次修正。

7.5.2　与交通运输直接有关的部分法规条例

1. 铁路安全管理条例

为了加强铁路安全管理，保障铁路运输安全和畅通，保护人身安全和财产安全，2013 年 7 月 24 日国务院第 18 次常务会议通过《铁路安全管理条例》，2013 年 8 月 17 日中华人民共和国国务院令第 639 号公布，自 2014 年 1 月 1 日起施行。《铁路安全管理条例》包括总则、铁路建设质量安全、铁路专用设备质量安全、铁路线路安全、铁路运营安全、监督检查、法律责任、附则共 8 章 108 条。

2. 中华人民共和国道路运输条例

为了维护道路运输市场秩序，保障道路运输安全，保护道路运输有关各方当事人的合法权益，促进道路运输业的健康发展，2004 年 4 月 30 日中华人民共和国国务院令第 406 号公布，自 2004 年 7 月 1 日起施行。该条例适用于道路运输经营以及道路运输相关业务，其中道路运输经营包括道路旅客运输经营和道路货物运输经营，道路运输相关业务包括站（场）经营、机动车维修经营、机动车驾驶员培训。《中华人民共和国道路运输条例》包括总则、道路运输经营、道路运输相关业务、国际道路运输、执法监督、法律责任、附则共 7 章 83 条。后根据 2012 年 11 月 9 日、2016 年 2 月 6 日、2019 年 3 月 2 日、2022 年 3 月 29 日的国务院相关决定进行了四次修订。

3. 收费公路管理条例

为了加强对收费公路的管理，规范公路收费行为，维护收费公路的经营管理者和使用者的合法权益，促进公路事业的发展，2004 年 8 月 18 日国务院第 61 次常务会议通过《收费公路管理条例》，2004 年 9 月 13 日中华人民共和国国务院令第 417 号公布，自 2004 年 11 月 1 日起施行。《收费公路管理条例》包括总则、收费公路建设和收费站的设置、收费公路权益的转让、收费公路的经营管理、法律责任、附则共 6 章 60 条。随着收费公路条件的不断变化，原制度设计已不能完全适应保障公路可持续发展的需要，为完善收费公路管理制度，进一步适应全面深化改革，支撑交通强国建设，保障收费公路可持续发展，2018 年 12 月发布了《交通运输部关于〈收费公路管理条例（修订草案）〉公开征求意见的通知》，拟分别在以下几方面进行修订：提高收费公路设置门槛，建立收费公路发展刚性控制机制，明确政府收费高速公路偿债期限，经营性公路项目经营期限，完善政府收费公路"统借统还"制度，建立养护管理收费制度，明确车辆通行费收费标准及动态评估调整机制，取消省界收费站设置，进一步加强对收费公路的监管等。

4. 民用机场管理条例

为了规范民用机场的建设与管理，积极、稳步推进民用机场发展，保障民用机场安全和有序运营，维护有关当事人的合法权益，依据《中华人民共和国民用航空法》，2009 年 4 月 13 日中华人民共和国国务院令第 553 号公布《民用机场管理条例》，自 2009 年 7 月 1 日起施行。该条例适用于中华人民共和国境内民用机场的规划、建设、使用、管理及其相关活动。《民用机场管理条例》包括总则、民用机场的建设和使用、民用机场安全和运营管理、民用机场安全环境保护、法律责任、附则共 6 章 87 条。后根据 2019 年 3 月 2 日《国务院关于修改部分行政法规的决定》对《民用机场管理条例》进行了修订。

5. 中华人民共和国民用航空安全保卫条例

为了防止对民用航空活动的非法干扰，维护民用航空秩序，保障民用航空安全，1996 年 7 月 6 日中华人民共和国国务院令第 201 号发布《中华人民共和国民用航空安全保卫条例》，自发布之日起施行。该条例适用于在中华人民共和国领域内的一切民用航空活动以及与民用航空活动有关的单位和个人，以及在中华人民共和国领域外从事民用航空活动的具有中华人民共和国国籍的民用航空器（中华人民共和国缔结或者参加的国际条约另有规定的除外）。《中华人民共和国民用航空安全保卫条例》包括总则、民用机场的安全保卫、民用航空营运的安全保卫、安全检查、罚则、附则共 6 章 40 条。后根据 2011 年 1 月 8 日《国务院关于废止和修改部分行政法规的决定》进行了修订。

6. 中华人民共和国内河交通安全管理条例

为了加强内河交通安全管理，维护内河交通秩序，保障人民群众生命、财产安全，2002 年 6 月 28 日中华人民共和国国务院令第 355 号公布《中华人民共和国内河交通安全管理条例》，自 2002 年 8 月 1 日起施行。《中华人民共和国内河交通安全管理条例》包括总则，船舶、浮动设施和船员，航行、停泊和作业，危险货物监管，渡口管理，通航保障，救助，事故调查处理，监督检查，法律责任，附则共 11 章 95 条。《中华人民共和国内河交通安全管理条例》规定了国务院交通主管部门在中央管理水域设立的海事管理机构和省、自治区、直辖市人民政府在中央管理水域以外的其他水域设立的海事管理机构依据各自的职责权限，对所辖内河通航水域实施水上交通安全监督管理。后根据 2011 年 1 月 8 日、2017 年 3 月 1 日、2019 年 3 月 2 日《国务院关于修改部分行政法规的决定》对其进行了三次修订。

7. 国内水路运输管理条例

为了规范国内水路运输经营行为，维护国内水路运输市场秩序，保障国内水路运输安全，促进国内水路运输业健康发展，2012 年 10 月 13 日中华人民共和国国务院令第 625 号公布《国内水路运输管理条例》，自 2013 年 1 月 1 日起施行。该条例适用于经营国内水路运输以及水路运输辅助业务，其中国内水路运输指始发港、挂靠港和目的港均在中华人民共和国管辖的通航水域内的经营性旅客运输和货物运输，水路运输辅助业务指直接为水路运输提供服务的船舶管理、船舶代理、水路旅客运输代理和水路货物运输代理等经营活动。《国内水路运输管理条例》包括总则、水路运输经营者、水路运输经营活动、水路运输辅助业务、法律责任、附则共 6 章 46 条，后根据 2016 年 2 月 6 日《国务院关于修改部分行政法规的决定》、2017 年 3 月 1 日《国务院关于修改和废止部分行政法规的决定》进行了两次修订。

8. 中华人民共和国国际海运条例

为了规范国际海上运输活动，保护公平竞争，维护国际海上运输市场秩序，保障国际海上运输各方当事人的合法权益，2001 年 12 月 11 日国务院令第 335 号公布《中华人民共和国国际海运条例》，自 2002 年 1 月 1 日起施行。该条例适用于进出中华人民共和国港口的国际海上运输经营活动以及与国际海上运输相关的辅助性经营活动。《中华人民共和国国际海运条例》包括总则、国际海上运输及其辅助性业务的经营者、国际海上运输及其辅助性业务经营活动、外商投资经营国际海上运输及其辅助性业务的特别规定、调查与处理、法律责任、附则共 7 章 53 条，后根据 2013 年 7 月 18 日《国务院关于废止和修改部分行政法规的决定》、2016 年 2 月 6 日《国务院关于修改部分行政法规的决定》、2019 年 3 月 2 日《国务院关于修改部分行政法规的决定》对其进行了三次修订。

7.5.3 与交通运输相关的部分规则、规定、办法

1. 铁路危险货物运输安全监督管理规定

为了加强铁路危险货物运输安全管理，保障公众生命财产安全，保护环境，根据《中华人民共和国安全生产法》《中华人民共和国铁路法》《铁路安全管理条例》《危险化学品安全管理条例》等有关法律、行政法规制定本规定。

2015 年 2 月 27 日经交通运输部第二次部务会议通过，2015 年 3 月 12 日中华人民共和国交通运输部令 2015 年第 1 号公布《铁路危险货物运输安全监督管理规定》，自 2015 年 5 月 1 日起施行。《铁路危险货物运输安全监督管理规定》包括总则、运输条件、运输安全管理、监督检查、法律责任、附则共 6 章 52 条。

2. 高速铁路基础设施运用状态检测管理办法

为了加强高速铁路基础设施运用状态检测管理工作，提高检测、维修和运输效率，预防事故和减少故障，确保铁路运输安全，根据《中华人民共和国安全生产法》《中华人民共和国标准化法》《中华人民共和国铁路法》《铁路安全管理条例》等法律、行政法规制定本办法。

2018 年 8 月 27 日经交通运输部第 14 次部务会议通过，2018 年 8 月 31 日中华人民共和国交通运输部令 2018 年第 19 号公布《高速铁路基础设施运用状态检测管理办法》，自 2018 年 10 月 1 日起施行。《高速铁路基础设施运用状态检测管理办法》包括总则、职责与分工、检测内容及检测设备、组织与实施、监督检查、附则共 6 章 37 条。

3. 道路旅客运输及客运站管理规定

为规范道路旅客运输及道路旅客运输站经营活动，维护道路旅客运输市场秩序，保障道路旅客运输安全，保护旅客和经营者的合法权益，依据《中华人民共和国道路运输条例》及有关法律、行政法规的规定制定本规定。

自 2005 年 7 月 12 日交通部发布《道路旅客运输及客运站管理规定》以来，根据 2008 年 7 月 23 日、2009 年 4 月 20 日、2012 年 3 月 14 日、2012 年 12 月 11 日、2016 年 4 月 11 日、2020 年 7 月 6 日、2022 年 9 月 26 日《交通运输部关于修改〈道路旅客运输及客运站管理规定〉的决定》对该规定进行了 7 次修订，最新版本 2022 年 9 月 26 日发布。新的《道路旅客运输及客运站管理规定》包括总则、经营许可、客运经营管理、班车客运定制服务、客运站经营、监督检查、法律责任、附则共 8 章 108 条。

4. 农村公路建设管理办法

为了规范农村公路建设管理，促进农村公路可持续健康发展，根据《公路法》《公路安全保护条例》《建设工程质量管理条例》《建设工程安全生产管理条例》等法律、行政法规和国务院相关规定，制定本办法。本办法适用农村公路新建、改建、扩建的管理。这里所称的农村公路是指纳入农村公路规划，并按照公路工程技术标准修建的县道、乡道、村道及其所属设施，包括经省级交通运输主管部门认定并纳入统计年报里程的农村公路。公路包括公路桥梁、隧道和渡口。县道是指除国道、省道以外的县际间公路以及连接县级人民政府所在地与乡级人民政府所在地和主要商品生产、集散地的公路。乡道是指除县道及县道以上等级公路以外的乡际间公路以及连接乡级人民政府所在地与建制村的公路。村道是指除乡道及乡道以上等级公路以外的连接建制村与建制村、建制村与自然村、建制村与外部的公路，但不包括村内街巷和农田间的机耕道。2006 年 1 月 27 日中华人民共和国交通部令 2006 年第 3 号公布《农村公路建设管理办法》，自 2006 年 3 月 1 日起施行。

2017 年 12 月 27 日经第 25 次部务会议通过，并经财政部同意，2018 年 4 月 8 日中华人民共和国交通运输部令 2018 年第 4 号公布修订版的《农村公路建设管理办法》，自 2018 年 6 月 1 日起施行，原 2006 年版同时废止。新的《农村公路建设管理办法》包括总则、规划管理、建设资金、建设标准和设计、建设施工、质量安全、工程验收、法律责任、附则共 9 章 51 条。

5. 民用航空危险品运输管理规定

为加强危险品航空运输管理，促进危险品航空运输发展，保证航空运输安全，根据《中华人民共和国民用航空法》和有关法律、行政法规，制定本规定。

《民用航空危险品运输管理规定》于2016年4月7日经第7次部务会议通过，2016年4月13以交通运输部令2016年第42号公布，自2016年5月14日起施行。本规定包括总则、危险品航空运输的限制和豁免、危险品航空运输许可程序、危险品航空运输手册、危险品航空运输的准备、托运人的责任、经营人及其代理人的责任、危险品航空运输信息、培训、其他要求、监督管理、法律责任、附则共13章145条。本规定适用于国内公共航空运输经营人，以及与危险品航空运输活动有关的任何单位和个人。

6. 民用航空器飞行机械员合格审定规则

为了规范民用航空器飞行机械员的合格审定工作，保障民用航空器飞行安全，根据《中华人民共和国民用航空法》，制定本规则。

2018年8月27日经交通运输部第14次部务会议通过，2018年8月31日中华人民共和国交通运输部令2018年第15号公布《民用航空器飞行机械员合格审定规则》，自2019年1月1日起施行。

《民用航空器飞行机械员合格审定规则》包括总则、飞行机械员合格审定、法律责任、附则共4章。本规则适用于民用航空器飞行机械员执照的申请、颁发与管理，以及民用飞行器飞行机械员执照与等级的申请和权利行使。

7. 水运建设市场监督管理办法

为规范水运建设市场秩序，保障水运建设市场各方当事人合法权益，根据《中华人民共和国港口法》《中华人民共和国航道法》《中华人民共和国招标投标法》《建设工程质量管理条例》等法律、行政法规，制定本办法。本办法适用于在中华人民共和国境内从事水运建设活动及对水运建设市场实施监督管理，这里的水运建设是指水路运输基础设施，包括港口、码头、航道及相关设施等工程建设。

2016年11月30日经交通运输部第28次部务会议通过，2016年12月6日中华人民共和国交通运输部令2016年第74号公布《水运建设市场监督管理办法》，自2017年2月1日起施行。《水运建设市场监督管理办法》包括总则、水运建设市场主体及行为、监督检查、法律责任、附则共5章42条。该办法对水运建设市场主体的行为及责任作了全面规定；明确了各级交通运输主管部门的监管职责；对有较严重违规行为及存在重大质量、安全事故隐患的项目单位或从业单位，规定了约谈制度；对信用管理机制作了较全面规定，充分发挥信用管理在事中、事后监管中的作用；细化明确了违法处罚措施，加大了市场主体的违法违规成本。

8. 邮政业寄递安全监督管理办法

为加强邮政业寄递安全管理，维护邮政通信与信息安全，保障从业人员、用户人身和财产安全，促进邮政业持续健康发展，根据《中华人民共和国邮政法》《快递暂行条例》等法律、行政法规，制定本办法。本办法适用于在中华人民共和国境内经营邮政业务、快递业务，接受邮政服务、快递服务，以及对邮政业寄递安全实施监督管理。

2019 年 12 月 18 日经交通运输部第 30 次部务会议通过，2020 年 1 月 2 日中华人民共和国交通运输部令 2020 年第 1 号公布《邮政业寄递安全监督管理办法》，自 2020 年 2 月 15 日起施行。《邮政业寄递安全监督管理办法》共 43 条，主要内容包括完善收寄验视制度、安全检查制度、视频监控制度、协议用户管理制度、寄递信息安全管理制度，邮件快件寄递过程中有关生态安全的事项，寄递安全统一管理制度、安全教育培训制度、寄递安全监督检查制度和邮政业应急管理制度，明确了委托实施邮政行政处罚的相关事项、优化行政处罚措施等。

9. 城市轨道交通运营管理规定

为规范城市轨道交通运营管理，保障运营安全，提高服务质量，促进城市轨道交通行业健康发展，根据国家有关法律、行政法规和国务院有关文件要求，制定本规定。本规定适合地铁、轻轨等城市轨道交通的运营及相关管理活动。2018 年 5 月 14 日经交通运输部第 7 次部务会议通过，2018 年 5 月 21 日中华人民共和国交通运输部令 2018 年第 8 号公布《城市轨道交通运营管理规定》，自 2018 年 7 月 1 日起施行。《城市轨道交通运营管理规定》包括总则、运营基础要求、运营服务、安全支持保障、应急处置、法律责任和附则共 7 章 56 条，主要内容包括夯实行业管理基础、提升运营服务能力、加强安全支持保障、强化应急处置能力等。

7.5.4 与交通运输相关的部分其他法律规范

除了与交通运输直接相关的法律外，还有许多其他法律与交通运输有着或多或少的关系，从不同程度上规范着人们的行为，指引交通运输业的建设与发展。

（1）《全面推进依法行政实施纲要》《国务院关于全面推进依法行政的决定》将依法行政写入法律，有利于加强交通运输方面的法制建设，是各项法律顺利实施的保障。

（2）《行政法规制定程序条例》《规章制定程序条例》规范了相关部门法规制定的流程，减少不负责行为的发生，使制定的法律法规更规范合理，保障了人们的合法权益。

（3）《中华人民共和国民法典》《中华人民共和国国家赔偿法》《中华人民共和国行政复议法》《中华人民共和国行政许可法》《中华人民共和国行政处罚法》中与交通运输相关的条款从各个方面规定了人们进行交通运输活动的行为规范，更好地调节了人们进行交通运输活动出现的纠纷，使交通运输更加井然有序。

（4）交通运输是环境污染的主要源头之一，也是资源消耗的主要渠道之一，所以保护环境、节约资源也是交通运输的一大任务。《中华人民共和国环境影响评价法》《中华人民共和国环境保护法》《中华人民共和国海洋环境保护法》为环境保护的顺利进行提供了法律保障。

（5）交通运输事故拆散了幸福和睦的家庭，同时也会带来较大的经济损失，所以保证安全是交通运输的另一大任务。《危险化学品安全管理条例》《中华人民共和国道路交通安全法》《中华人民共和国海域使用管理法》《中华人民共和国道路交通安全法实施条例》《国务院关于特大安全事故行政责任追究的规定》《中华人民共和国安全生产法》的制定，对遏制事故的发生、保护人们的生命健康权提供了法律保障。

（6）《中华人民共和国政府采购法》《中华人民共和国招标投标法》《中华人民共和国土地管理法》《建设工程质量管理条例》《建设工程勘察设计管理条例》《中华人民共和国建筑法》《中华人民共和国公司法》从政府采购、土地利用、工程设计管理运行方面规范了进行交通设施建设的行为，为各项建设的顺利进行提供了法律依据。

思考题

1. 交通运输法规的特点是什么？

2. 交通运输有哪些法律关系？

3. 列举几个与交通运输相关的法律，了解我国的交通运输法规体系。

8

第 8 章
交通运输可持续发展政策

　　随着全球环境的日益恶化，资源的逐渐枯竭，可持续发展越来越受到人们的关注。交通运输系统在满足人们便捷、舒适、快速、大容量交通运输需求的同时，也带来了交通拥堵、环境污染、能源枯竭等一系列的问题。人类社会要走上可持续发展的道路，必须对交通运输业所带来的环境污染和资源消耗问题给予足够的关注，建立交通运输与环境协调发展的政策体系。

　　本章介绍交通运输与环境、土地资源、能源的关系、现状及相关政策，以及我国交通运输可持续发展政策实践。

本章重点

- 交通运输与环境的关系及可持续的交通环境政策；
- 交通运输与土地资源的关系及交通用地政策；
- 交通运输与能源的关系及交通能源政策；
- 我国交通运输可持续发展的政策实践。

8.1

交 通 运 输 与 环 境

8.1.1　交通运输与环境的关系

现代交通运输出现以后，交通运输便与人们的出行和生产紧密地联系在一起，成为人们生活中必不可少的一部分，大力促进了社会经济的发展。但是，交通运输对环境的负面影响也不容忽视。交通运输对环境的影响概括起来有两方面：一是交通建设占用、损坏自然资源，从而破坏生态环境；二是运输过程中排放的污染物污染环境，造成生态环境破坏。

高密度交通已经成为大多数城市和地区的特征，交通拥挤现象和事故屡见不鲜。交通运输在城市中占据了大量的空间，并不断向城市周边地区扩展。交通运输基础设施特别是道路和机场的建设，长期以来是人们关注的问题，其产生的负面影响包括：建设所造成的噪声侵扰、占用大量耕地和公共场地、由于道路建设而产生隔离屏障及车辆噪声和安全问题，还可能对自然环境和建筑产生有害的影响，如视觉侵扰、物种失去栖息地、对历史建筑物的破坏等。

近年来，人们更为担心的是每天发生在身边的环境问题。例如，车辆排放不仅对周围环境有影响（排放有毒的一氧化碳），而且对区域环境也有影响（地面臭氧），甚至产生国家间的影响（酸雨），以及全球性的影响（如二氧化碳改变气候造成温室效应）。现代交通运输对稀有能源和材料资源的大量消耗也令人担忧。另外，交通运输的影响还包括对城市形态和结构的影响、城市的无限扩展及最终对生活质量的影响等。目前，环境问题在发展中国家尤其严重。在发展中国家，重大交通事故死亡人数较欧洲国家要高出 $10 \sim 20$ 倍。由于柴油比例高和燃油质量低的关系，发展中国家的交通运输排放的有害污染物占全球排放的 $1/3$，包括 CO、NO、HC、Pb、TSP 等。

发达国家所经历的交通运输发展趋势及其对环境的影响，未来很可能会在我国发生，而且已经在某些城市发生了。随着经济的继续增长，我国在客货运输上将会有更高的增长率，小汽车保有量将会有显著的增长，随之相伴的是交通拥挤，各种各样的环境问题也将会出现。但是有理由相信，只要对交通系统加以适当的管理，经济、交通的增长与环境质量的提高之间的冲突不会一直持续下去，二者是能够并行实现的。

8.1.2　交通运输发展与环境保护

交通运输的可持续发展，要求其既要满足当代人对交通运输的需求，又不能损害后代人满足交通运输需求的能力。我们要掌握交通运输发展与环境保护的关系，实现交通运输发展与环境保护的双赢。

1. 交通运输规划与环境保护

交通运输是国民经济的重要组成部分，交通运输可持续发展与经济社会的发展及交通行业自身的发展都有密切关系。一方面，交通运输发展要与经济社会发展相协调，国家在生产力布局规划时要充分考虑交通运输的布局规划，而交通运输的布局规划应与生产力布局规划相协调，尽可能减少重复、迂回运输，降低运输强度，减少交通运输资源的过分占用，从而减少交通运输对环境的损害；另一方面，要加强各种交通运输方式间的统一规划，按照各种交通运输方式的特点，充分发挥各自的优势，形成较合理的综合运输体系，把交通运输对环境的影响降到最低，实现交通运输可持续发展。

在编制交通运输规划时，首先，要处理好交通设施与自然环境之间的协调关系，尽量避开自然环境保护地带，减少对具有自然价值的植物、野生动物和地形地质等构成的自然生态系统的破坏；其次，要通过各种有效措施来控制和减少交通公害，如合理布局道路系统、设置隔声设施、增加绿化等。

2. 交通运输技术发展与环境保护

随着交通运输技术的发展，通过采用先进的现代信息技术、通信技术和交通运输智能系统，可以大大提高交通运输的效率和水平；采用集装箱多式联运、现代物流等先进技术，使交通运输损耗率明显下降，同时还能减少对环境的污染。因此，要不断提高交通运输的科技含量，大力发展现代交通运输体系。

3. 交通运输管理与环境保护

要加强交通运输管理，控制和减少交通运输对环境的影响，以行之有效的法律和强有力的行政手段来加以控制，如强制使用轻污染型技术和污染预防技术等，并在生产经营管理中加以强制管理，确保污染能得到有效控制和限制。同时，需要对交通运输以石油为主的能耗结构进行改进，改进的方向是节油和使用清洁能源。铁路运输应大力发展能力大、成本低、污染少的电力机车牵引。汽车运输应在推广无铅汽油的基础上，积极研制开发新能源汽车。船舶动力要积极研究开发煤液化技术和煤液化燃料。

4. 交通运输政策与环境保护

从世界城市发展的经历可知，城市交通与环境问题的重要性与影响已远远超出了交通与环境问题本身。造成城市环境恶化的政策因素包括：经济政策追求短期利益，对基础设施服务价格补贴而导致资源浪费，土地利用失去控制，采用不适当的技术引起对环境的影响，污染整治投资不足，环境法规执行不力。因此，大力发展城市轨道交通政策、城市生态和环境保护政策、综合交通与公共交通政策，这三项宏观交通运输业指导性政策的规划与实施对环境保护十分重要。在经济性政策上主要是继续加大交通环保投入，还可以采取一定的经济惩罚措施限制交通运输中的高污染、高能耗问题。例如，针对二氧化碳的过量排放导致的温室效应问题，可研究实行碳税，即根据化石燃料的碳含量比例及在燃烧时产生二氧化碳的潜力而征收的税种。另一项重要政策是提高交通运输技术，发展轻污染型技术、污染预防及应急技术，如在铁路运输中推行电气化；在公路运输中探索新型汽车动力装置，采用电动汽车；在水路运输中采用双层船壳以及应用污水分离装置，利用各种新技术处理燃油泄漏、生活垃圾、生活污水等。

8.1.3　可持续的交通环境政策

1. 交通可持续发展

1）交通可持续发展的核心

交通可持续发展是可持续发展在交通运输部门中的代名词，是各项交通运输政策制定与调整的依据，其内涵包括追求经济与财务、环境与生态、社会发展的可持续性。应强调指出，交通可持续发展的核心问题与传统的交通政策构思截然不同，它不在于交通发展的本身，而在于有限资源的合理使用和环境容量的可扩展性。可持续交通运输区别于传统交通运输的具体表现有以下几个方面：

（1）环境成本内部化。

传统交通运输发展观中都是将环境成本外部化，交通运输消耗的环境成本由外部承担，而又未通过市场给予补偿。

可持续交通运输在经济上尽量使交通运输外部成本内部化，对各种交通运输方式的定价考虑该交通运输方式对能源、资源的需求及对环境造成的影响，把交通运输生产所造成的环境污染和生态破坏的环境成本纳入交通运输市场价格之中。可持续交通运输通过市场手段将运价失真的地方调整过来，理顺综合交通运输体系中各种交通运输方式的运价定位，真实地反映它们各自的成本。

（2）将社会进步确定为第一目标。

传统的经济模式把自然资源排除在经济成本预算之外，不惜以牺牲自然资源为代价，在过度使用自然资源和环境污染中实现经济增长，导致经济持续发展潜力降低。可持续的经济增长模式则以不断的非物质化为特点，充分利用技术、组织和能力等人力资源，而不是损耗性地使用自然资源推动经济发展，社会生活方式将引导生产者更多地销售服务而不是物品，第三产业的发展将达到更高的水平。

可持续交通运输向资源节约型交通运输结构转变，使有限的环境容量支持更大的交通运输需求。根据可持续交通运输的思想，未来的交通运输结构应该是资源节约型的，综合运输网结构能使综合资源消耗最低，且各种交通运输方式内部结构也具备综合资源节约性。

（3）谋求综合平衡。

可持续交通运输从传统交通运输单纯以生产的高速增长为目标转向以谋求综合平衡条件下的可持续发展为目标，鼓励环境友好型交通运输的发展，实现更加优化的交通运输发展。

2）城市交通可持续发展

城市交通可持续发展要求从政策上、观念上、技术上协调居民出行需求、交通设施、环境质量、城市经济发展之间的关系。在政策方面，在可持续发展战略及其指导下，制定能保证城市交通规划得以实现的政策，确定可行的交通环境量化评价指标，必要时以法制等手段保障；在观念方面，从战略角度研究有限资源与环境的关系，协调交通供需关系；在技术方面，目标是最终形成既满足居民的出行需要又对环境负面作用最小的一种体系，将环境因素与经济因素结合起来评价城市交通规划框架，加强交通系统的弹性，并为居民提供人性化的环境空间。

鉴于我国的交通基础条件、交通需求与服务特点、交通行为、技术水平及交通建设投资等实际情况，智能交通的基本实现还要经历一个过程。相比之下，交通需要管理较为适合我国现阶段的交通基础设施建设，对现有交通网络可着重于挖潜增效，实现可持续交通运输发展战略。

2. 建立可持续发展的综合运输体系

1）政策法规与各相关因素的协调

交通发展战略是政府在市场经济条件下的一种宏观调控。这种调控是在战略目标的指导下，通过制定交通政策法规来实现的，应充分体现公平性原则、协调性原则、有序性原则、平衡性原则和延续性原则。在可持续发展的目标下，交通发展战略应该能够通过优化交通结构、合理利用有限的空间与环境资源、协调交通供需关系、引导公共交通建设等政策的制定，对整个经济系统的长远发展产生积极的影响。要研究各种交通运输方式在不同的区域通道、不同规模城市交通中的地位和作用，建立相适应的综合交通体系。要理顺交通供求关系，充分考虑交通供给因素。此外，交通供给还受到环境容量、土地资源、能源条件等因素的制约，不只是资金投入的问题。

2）可持续交通与生态城市

可持续交通的定位是遵照可持续发展的原则，发展多元化的都市交通，建立起降低交通拥挤、减少环境污染、促进社会公平、节省时间成本的交通运输系统。可持续交通运输这一理念已逐渐成为世界各国交通运输的共同目标。

要实现可持续发展，单是维持本地区的环境是不够的。个别地区以牺牲其他地区的生态质量来维持自己的环境质量，推行片面和孤立的环境计划，如推行以取悦视觉而不是以生态质量为目标的城市绿化，既改善不了本地环境，也说不上推动大范围的生态可持续发展。不痛下决心来处理资源再生和消耗的平衡问题，只会导致大范围的非可持续发展。

在世界任何地区，城市往往都是最大的资源消耗地，也常常是最大的污染源，所以城市应对环境的破坏负最大的责任。在世界任何地区，城市往往都是最多的资金、最先进的技术、最高素质的人才和对自然环境破坏最为关心的人的集中地。只有城市才有能力减轻或消除污染，实现资源的再生和生态的恢复。城市以外的其他地区和其他地区的人不会也没有能力为城市处理排出的废弃物，无法提供不断再生的资源。片面的城市环保政策的必然结果是造成全球环境恶化。

人类活动对环境所造成的破坏，往往是因为这些活动只注重产出，忽视了资源积累。可持续发展的目标是使人的活动重新回到生态循环过程中。当一个城市开始注重在内部最大限度地实现平衡，并对城市以外的地区的资源减少和环境破坏进行补偿时，可持续发展才真正有了意义。

生态城市的本质就是可持续发展城市，它提出城市应如生态系统一样，在一个确定的范围内实现内部平衡。其中最主要的措施是确立一个平衡的空间，在这个空间内最大限度地将废物就地转化为新的资源。对不得不在城市之外进行的资源开采和由此造成的环境破坏，要进行补偿，使资源再生，使生态恢复平衡。只有在确信废弃物和污染源可以被消化吸收，而不会影响更大范围的生态平衡时，才可以将内部处理不了的废物和污染物转移出去。生态学家指出，减少资源消耗（reduce）、增加资源的重复使用（reuse）和资源的循环再生（recycle），是走向生态城市的三个不可缺少的步骤。

生态城市应是一个高密度的城市，只有这样才可能最大限度地节约资源、能源，提高效率；生态城市应是一个农场，为自己提供所需的水源和食品；生态城市应是一个废物的回收和加工地，它的资源再生区应和工业、商业区总和一样大。现行的城市概念、城市运作方式、功能组合、城市形态和模式，乃至城市规划和设计都将彻底改变。

3）综合运输构架的环境可持续性

（1）铁路运输和城市轨道交通。

铁路运输和城市轨道交通分别在大交通（客货运输）与城市交通中起到骨干作用，它们在综合运输构架中的地位是其他交通方式无法取代的。轨道交通是一种可持续性很好的运输方式，具有运量大、速度快、对环境影响小等优势。

目前，世界上修建高速铁路的热潮仍在继续，城市交通中地铁、地面轻轨与通勤铁路、有轨电车等轨道运输方式也得到许多城市的青睐而迅速发展，城市轨道交通线路长度不断增加，服务品质也得到提升。在我国，城市轨道运输方式发展速度也在加快。

（2）地面公共交通（汽车）。

公共汽车在城市交通中也是应当提倡的运输工具，公交优先的原则已经得到人们的普遍认同。公共运输的投资与经营管理，在计算其成本效益时，除考虑交通运输功能外，应纳入城市空气质量、出行者需求与选择、线路与停车场土地利用等因素，使公共交通真正体现出比私人交通更低的运营总成本。

在城市公共交通中，电动汽车（简称电车）以其尾气零排放、无污染、低噪声及使用清洁能源的优势，成为公交车型的首要选择。从发展可持续运输的角度来看，以无轨电车和新能源电动公交车为主的公共交通有显著的环保效应。

（3）步行与自行车。

步行与以自行车为交通工具是完全没有环境污染的，且对身体健康有益。提高步行与自行车在交通出行中的比例，可以更有效地降低空气污染，改善环境品质。

8.2

交通运输与土地资源

交通运输与土地资源利用的基本关系是相互联系、相互影响。尤其城市交通运输，它的发展在很大程度上取决于所在城市的用地结构和布局，并由此产生了不同种类的基于交通的城市布局模式。在交通规划中，通过建立土地利用模型，可实现交通用地的定量规划。研究表明，土地利用和交通运输两者在一定的时间周期内协调发展，对区域经济和城市发展都具有良好的影响。

我国对交通用地尚未做到科学化、合理化，不少特大城市的中心区交通用地矛盾突出。香港被称为世界上交通最拥挤的城市，交通用地尚占 21% 以上，而我国大多数城市平均交通用地仅占 8%，应制定相关政策加以引导。同时，制定交通用地政策时需要注意邻近区的土地升值效应、科技应用、公众参与意识等影响因素。

我国人均占有土地资源较少。为合理利用土地资源，应以发展可持续交通运输为目标，采取加快铁路建设、支持内河航运、控制公路运输等交通用地政策，促进各交通运输方式有序发展。在人口密集的大城市，采用以轨道交通为骨干、公共交通为主导的发展模式，充分利用城市立体空间，提升停车场的设计、规划理念，可实现用最少的土地资源保证城市交通的高度可达性，并对环境污染最少。

8.2.1　交通运输与土地资源的关系

土地资源是生产要素和生存生活的物质基础和来源，是不可替代的稀缺资源，更是生态环境的基本要素。交通运输与土地资源利用之间是一种相互联系、相互影响的复杂关系：如果发展协调，交通发展与土地资源利用可以相互促进；但如果发展不协调，将导致两者的相互制约。

从交通规划的角度来说，各种交通运输方式的线路和场站等基础设施都需要占用一定的土地资源。不同的土地利用形态，决定了交通发生量和吸引量，决定了交通分布形态，也在一定程度上决定了交通结构和形式。如果土地利用不合理或者土地利用强度过高，将会导致土地资源的浪费或交通容量无法满足交通需求。这种现象在我国和国外许多大城市中都有发生，制约了城市经济发展，制约了人们生活质量的提高及城市环境的改善，引发了诸多城市发展问题。

从土地资源利用的角度来说，交通运输的发展将引起城市用地结构的变化。决定城市用地结构的要素有地理特征、相对可达性、动态作用等，其中相对可达性是衡量土地利用与交通运输之间关系的一项重要指标。有的地方很容易便能到达，有的地方到达比较困难；相对可达性是一个地方的可达性与另一个地方的可达性相比较而得出的。在其他因素相同的条件下，相对可达性高的地方比相对可达性低的地方出行吸引量大，这样，就可能产生新的城市中心或副中心，从而改变城市结构。

相对可达性与动态作用这两项要素都与交通有关，反映出交通运输对城市布局具有反馈作用，具体表现为：利用交通运输系统扩大出行范围，可使得城市中心区高度密集的居住人口逐渐向城市周边地区疏散，城市商业中心、工业区规模和分工更加合理，土地利用的功能划分更加明确。

交通与土地资源利用的这种关系使人们越来越重视研究它们之间的相互作用，注重二者的协调发展，注重土地资源利用规划和交通规划的优化。

8.2.2　基于交通的城市布局模式

由上一节的分析可知，城市土地资源利用对交通运输的影响主要表现为城市的用地结构和布局决定着城市交通的发展。外国学者通过大量研究将以交通为分类特征的城市布局分为以下 5 种：

（1）充分发展小汽车交通模式。此类模式不强调市中心的作用，以美国的洛杉矶、底特律等城市为代表。这种布局模式就业区比较分散，与之相对应的路网以棋盘式为主要形式，快速干道在城市内形成网络，适应小汽车出行。从土地利用角度看，这种布局模式的城市道路用地所占比重很大，城市土地利用率较低。

（2）保持强大的市中心，同时又有多个副中心交通模式。这种模式主要适用于特大、古老而又人口高度集中的城市，在城市市中心和多个副中心间，需要强大的城市公共交通系统来支持，典型城市为巴黎、东京、纽约等。其交通运输网络可划分为 3 个层次，一是市中心发达的公交系统路网，二是缓解市中心交通的环路，三是密集的道路网络系统，适应市中心社会活动人群的集散。

（3）限制市中心区发展交通模式。此类模式以澳大利亚的墨尔本、丹麦的哥本哈根等城市为代表，是当市中心发展到一定程度后，为缓解市中心区的交通拥挤而采用的一种折中手段，其办法是建立环路以减轻市中心区的交通压力。在这种模式下，既强调市中心的作用——维持和保证城市的繁荣，又要缓解市中心区的交通拥挤。

（4）在市中心之外建次中心交通模式。这种模式实际上没有固定的规律，是经济不发达国家城市扩大后解决交通问题的一种思路，它也限制市中心区发展，以建次中心来分散和减小市中心区交通运输的压力，同时发展花钱少而又有较大运输能力的公交系统。

（5）限制小汽车交通模式。这种模式以伦敦、香港等城市为代表。城市有多级中心，减少出行距离，避免各种活动过分集中，通过各种手段限制小汽车在市中心的使用，在市中心大力发展公共交通。

由此可见，城市用地布局不同，会直接影响交通模式。城市的土地利用强度对交通有较大的影响，过度的土地利用，则会导致城市交通拥挤。

8.2.3　交通用地与交通拥挤

1. 城市交通用地的刚性特点

城市交通运输系统是城市土地利用中最具先导性也最具刚性的部分。它是城市发展的基础。城市一切建筑物和管线，都是在城市道路网这个基础上发展起来的，规划路网框架必须具有足够的远见，才能在宽广的基础上使城市发展不受局限。

通常，一般建筑物规划失误还可以改作他用，即使推倒重来，也只会造成局部的个别损失。而城市路网框架一旦按规划建设起来，道路两侧就会迅速按规划红线建起一连串建筑，道路地下随之铺设大量各种功能的管线，若事后发现其不适应城市交通运输增长和城市发展需要，再要拓宽、新辟、改道时，就不得不拆毁上面已有建筑物，重铺地下已铺好的管线，一两年甚至数年内使交通陷于混乱、商铺停业，人们生活受到影响。面对改变路网、拓宽车道、重新选线等所要付出的代价，决策者又往往难下决心，有时甚至要在发生交通事故这样惨痛的教训之后，才被迫采取各种不得已的措施，效果可能还非常不理想。

现代化的立交桥、高架线、快速道路、地下铁道等交通基础设施，刚性更强，造价也更高，除地铁外占地都更多，在进行交通规划时必须加以更科学的研究，否则造成的损失和影响可能更大。北京西直门立交桥在 20 世纪 70 年代刚建成时，曾得到过称赞；不过 10 多年的时间，就因为经常堵车、交通事故频发，不得不拆除重建，即为一反面例子。

国外先进经验和已有的教训告诉我们，城市规划与城市交通规划都必须预留一定的弹性，居住区与路网在建设时应充分考虑未来发展，因难以预测而必须留有一定的灵活机动性。比如，相距百余米可设多向互通的道路，既有利于房地产开发的多样性，有利于提供更多的临街商铺门面，也有利于交通运输多方向疏解，必要时可改设单行道。同时还可根据市场变化及时灵活调整用途配置。

2. 交通用地政策的相关因素

1）交通用地邻近区的升值效应

交通运输系统结点周围的地价升值效应须引起相关部门的重视。地铁、轻轨的站点和快速道路、高架线的进出口附近，往往在拟建期间地价就会迅速上涨。城市规划和交通规划在政策上应控制好这些地段的合理利用。

城市土地利用规划必须和交通运输系统的发展紧密结合，实现良性互动。对此，交通部门和城市规划部门必须携手，制定相关的政策法规等。

2）交通政策和交通条件的影响

未来城市交通运输系统的发展存在许多未知因素，难以准确把握。这其中最主要的因素是未来城市人均机动车拥有量很难预测，国外不同城市机动车数量的发展也没有统一的规律，其增长量很难与人口和 GDP 挂钩，在很大程度上受到交通政策（鼓励或限制）和交通条件（通行条件与停车条件）的影响，带有很大的主观期望成分。

城市交通运输系统规划建设具有超前性和较大的刚性，而严格地预测如何发展又很难做到，所以交通用地的规划应有较大的弹性，为未来发展的多种可能性留有必要的余地。

除强化动态规划观念外，还需要加强规划间的协调，使交通运输系统规划和土地利用规划在各种不同层次上密切配合。从城市发展的层次上，使路网框架、主次干道、用地功能布局等都得以兼顾；从区域发展的层次上，协调城市内外交通系统的布局；从分区规划与城市交通建设层次上，能实现互动和反馈等。

对城市交通用地的不同问题，应当采取有针对性的措施加以解决。对城市住宅小区普遍存在的停车难问题，可考虑停车场向地下空间发展的措施；新建住宅小区时要考虑居民购置小汽车的需要，按居民户数的一定比例规划小汽车停车用地。对已规划、尚未兴建的道路红线宽度、立交桥、停车场等，要采取有效的预留措施，使需要拆迁时损失最小。

3）交通用地中的科技应用

旧城改建、更新和开发利用，是城市交通规划和土地政策的重要领域。如何利用和节约有限的旧城土地，在许多方面取决于现代科技。例如，利用多层高效停车系统，开发多层立体交通空间，使交通运输系统和城市许多功能得到直接结合；协调车辆和行人的换乘组合；等等。城市中心地段地价高昂，城市土地相对无法再生，在该区域节约土地使用，应具有显著经济效果，有利于现代科技的发展和应用。

为了促使规划的协调并走向规范化、具体化，需要加强科学的标准制定，完善各种技术标准，研究各种周密的技术措施。

4）公众参与意识

土地利用规划与交通规划都应当遵循可持续发展的原则，从"以人为本"出发，倡导全体公众的参与。城市是城市居民共同居住和生活的场所，交通用地规划将对城市居民的切身利益产生影响，因此，除领导者从政策和管理上促进交通用地规划的协调外，公众有权利也有义务参与规划，支持城市交通用地规划的合理发展。

报刊、电视、广播、网络等传媒应当加强舆论导向，提高公众参与意识，将节约用地和合理用地紧密结合起来。

8.2.4　制定合理的交通用地政策

在交通基础设施建设中，应以发展可持续交通为目标，珍惜土地资源，合理利用土地。

1. 限制公路运输超比例用地

为了保护土地资源和生态环境，欧共体各国在20世纪80年代就提出对公路发展予以强制性限制，并付诸实施，同时着手修建高速铁路。我国应切实总结世界各国发展交通运输事业的经验，吸取教训，少走弯路，在规划交通运输网络时，应充分重视保护土地资源及生态环境。

2. 促进各种交通方式有序发展

国家对交通运输业的发展应进行综合性政策研究，根据合理分工、有序发展的原则，进行统一规划。在规划时，应尽可能准确地预测客货运量，重视既有路网改造，防止重复建设。对于各种交通运输工具来说，其运量分配应有利于促进国民经济全面发展，采取加快铁路建设、支持内河航运、控制公路建设、促进各种交通方式有序发展等对策，有利于扬长避短、协调配合，有利于土地资源和生态环境的保护，有利于充分发挥投资综合效益。

1）控制公路建设规模的政策

从公路网密度与客货运量、运输负荷等因素考虑，目前我国公路建设相对于国民经济发展总体上已超前。因此，现在就应从交通政策的高度郑重提出建议：我国已经发展到了必须控制公路建设规模的时期了。今后公路建设应做好总体规划，特别是让过热的高速公路建设缓下来，着重改善现有线路，调整路网布局，实现稳定协调发展，具体如下：

（1）重点解决地区分布上的不均衡，加速发展西部地区公路的公路建设，控制沿海经济发达地区的公路建设，保护经济发达、人口密集地区的珍贵国土资源和生态环境。

（2）严格限制占地多、造价高、污染重的高速公路发展，重视既有路网改造，避免重复占用土地。

（3）改善公路路况，提高管理水平，规范运营管理，禁止长距离运程、超重货物使用公路运输方式。

（4）重视农村公路建设，促进农村经济发展。

2）加快铁路建设的政策

我国铁路无论从路网密度还是从社会需求等方面考虑，均须加速发展，特别是高速铁路。在制定我国交通运输事业发展规划时，应毫不犹豫地奉行对长途客货运规划以铁路运输为主的政策。

国家应当加大对铁路建设的投入资金，或者允许铁路建设拥有筹集资金的权利，促进铁路建设的发展。从国家交通政策的层面上看，如果对节能、高效、安全好、污染少的铁路运输事业不予以实实在在的优先发展，我们就会重蹈西欧一些国家花大量财力、物力治理汽车带来的资源紧张和环境污染问题的覆辙。况且，我国的能源与环境问题业已矛盾突出，不能局限于局部利益而放弃长远考虑。

3）支持内河航运的政策

水运具有成本低、运量大、污染小等优点。为促进我国内河航运事业的发展，必须对河道加以整治，采取支持内河运输的政策，改善经营管理，提高服务质量，提高水运综合竞争能力。

3. 提升停车场的设计、规划理念

在城市交通用地中，立交桥和停车场的修建基本上都要占用大量的土地资源，使得本来已经很拥挤的道路更加拥挤，形成恶性循环。在这一点上，我们应该完善交通政策，通过交通流的分配来减少立交桥的修建，通过停车场的合理规划与建设来改变现有停车场的不合理布局，推行"中心城区从紧，郊区充分供给，市郊接合部适度供给"的城市停车场用地政策。

在停车场的规划和设计理念上，新加坡把停车场作为与道路网系统同等重要的基础设施进行建设和管理，其成功经验值得我们借鉴。

1）停车楼

停车楼包括大型建筑底层自带停车场、独立的综合停车楼等。例如，新加坡在大型建筑底层都设置了停车场，在金融商业中心、大型活动场所和住宅小区设置了独立的综合停车楼。这些停车场的容量高，出入车辆频繁，经过规划设计，对外部交通不构成任何影响。

2）地面停车场

新加坡的地面停车场数量多，但比较分散，既有上百个停车位的大型停车场，也有小到几个停车位的路边临时停车场，这些停车场分布在道路的两侧或者远离城市中心区的公共活动场所。在市中心区，由于用地条件的限制，绝大部分停车场设置在建筑物内，路边仅设计一些小型的临时停车场，并且这些小型停车场的设置与绿化融为一体，在小型停车位之间种植花草树木，并设有标志牌引导。

3）路侧停车带

路侧停车带的停车容量很少，主要分布在非主要公路和高速公路的指定地段上，并有明确的标志线，极大地方便了使用者。这种设置方式在相当程度上完善了交通法规，明确了道路的使用功能。

4. 充分利用城市立体空间

城市土地利用存在地面、上部和地下三维空间的协调扩展问题。城市用地应当做到地下、地上统筹规划，近期与远期相结合，充分利用立体空间解决交通拥挤问题。1991 年，东京宣言指出，21 世纪将是地下空间的世纪，地下空间是造福子孙后代的重要空间。日本、美国、加拿大等发达国家早已利用地下空间，建立起发达的地下交通网络。而我国城市地下空间的规划利用尚不充分。

开发城市地下空间，可提高土地利用率，缓解城市中心区高密度交通问题，将行人和车辆立体分流，提高交通安全程度。此外，充分利用地下空间，还可以保持城市景观，减少对地面的环境污染。

在高密度利用城市土地资源解决交通问题上，香港模式值得借鉴。香港充分利用城市地下土地资源，大力发展以轨道交通为骨干的公共交通系统，在保证城市交通的高度可达性的同时，产生最少的污染，真正实现了可持续发展的要求。这种模式对我国其他地区的土地资源利用和城市交通用地规划具有很好的参考价值。

5. 高效使用土地资源

土地资源并非无限量供应，城市中工业化进程的加快和基础设施的大规模建设将使土地资源的供求矛盾逐渐突出。

土地利用规划的政策思路，应以空间垂直利用代替平面利用，开发地下和高架空间，以公共交通网络为骨架，在总体规划层次上执行以公交为导向的土地开发模式；合理安排郊区城镇化的进程和方式；创造均衡、配套的社区发展模式，保持中心区和各个地区的功能多样化；采用定量分析和模拟技术，探讨低交通需求、高可达性的土地利用交通系统发展模式；将交通用地预测的重点从交通量预测转向对合理的交通容量和交通结构的分析；重视开展交通发展策略的经济评价、环境评价和社会评价，在尽可能满足经济社会发展需求的前提下，降低经济与环境成本。

在交通用地规划中，还要强调对土地价值的认识。土地价值是"土地资源"和"土地资本"的统一体，是在土地这一物质概念上附加了人类劳动的投资，随着投资增加，土地资本也会增加，土地价值就应"增值"。土地价值还包括生态价值，在城市中心区，生态绿地可提升周边地带土地价值，进而提高地区土地整体价值，可收到良好的环境经济效益。过去我们对土地价值认识不足，致使部分土地使用不当、投入产出比低，城市用地结构失衡，降低了城市的综合功能和活力。

在重视土地价值的基础上，应挖掘土地资源的使用潜力，尽量减少空间置换，避免因不合理用地造成的间接浪费。站在可持续发展的高度上，提高城市交通用地的同时，也要对绿化用地做好规划预留，保证城市生态环境平衡，这实际上节省了在环境恶化后再采取挽救措施所投入的巨大资金，也避免了难以估计的有形和无形损失。

对轨道交通沿线的土地，政府可以适当给予轨道交通运营部门一定的开发权，或者也可以将土地开发的收益作为资金投入，扶持轨道交通发展。城乡接合部、交通干线两侧和近郊区，是最具潜质的城市发展用地，土地潜在价值很高，也应充分开发利用。

在研究交通和土地政策时，要考虑与环境的和谐统一，既要不断改善交通条件，又要形成具观赏特色的城市人文景观，减少对自然环境的破坏，使得整个区域的生态环境趋于平衡，使城市本身的舒适性呈良性发展。

8.3

交通运输与能源

全球性能源紧张及气候变化已成为国际社会普遍关注的重大问题，节能减排已经成为国际社会的共同责任。我国作为世界上最大的发展中国家，正日益成为全球关注的对象。机动车尾气排放已成为城市大气的主要污染源，在我国一些大城市中机动车污染物排放占大气污染物的比重高达 60%～70%。加强交通节能减排成为缓解我国能源环境压力的必然选择之一。

8.3.1　交通运输与能源的关系

1. 能源布局与交通运输布局

能源储量分布的不均匀和能源消耗需求的广泛性促成了世界范围的能源贸易市场。为了使能源贸易正常进行，保证能源供需调配的有序性，各种交通运输方式成为连接能源供应地和消费地的重要工具，因而能源运输在整个交通运输业中是一个较为特殊的分支。

对于像我国这样领土广阔、地理条件复杂的国家来说，能源布局和能源需求之间的矛盾势必对能源运输提出更高的要求，并进而影响到交通运输设施和线路的布局。

2. 能源运输的经济性与安全性

在选择能源运输方式时，应考虑经济性与安全性两大要素。不同品类的能源运输应当采用与之相适应的交通运输方式，扬长避短，充分发挥出各种运输方式的优势。依照这一原则，形成了目前世界能源运输方式的普遍模式：铁路运输是陆上能源（特别是煤炭）运输的主要方式，水运则肩负着完成水上能源运输和国际能源贸易的任务，而在流体能源（石油、天然气等）运输中管道运输占有极为重要的地位。考虑能源运输的经济性，航空运输显然不适合用来大量运送能源，公路运输则在能源运输的安全性和运输能力上无法超过铁路运输。

由于能源是整个国民经济的命脉，必须时刻保证能源运输的正常进行，在制定综合运输体系规划时，应注意在保障完成能源运输任务的前提下，预留一定的运力，以应对紧急情况的发生。当然，还要尽量减少能源运输中交通基础设施的重复建设，避免出现不必要的投资浪费。

8.3.2　我国的能源与交通运输情况

1. 能源运输的特点

交通运输的布局必须结合能源运输的实际情况，适应国家能源业和运输业的产业结构、产销联系、运输特点。

1）能源产地与消费地的分布

我国的能源储量分布具有明显的相对集中性，而消费地和加工地的地理分布则相当广泛，大多在我国东南沿海一带。为解决经济发达地区能源短缺问题，北煤南运、西气（电）东输等工程耗资巨大，且需要调动大批人力资源，多个部门协调配合，加上能源运输具有运量大、运距长的特点，致使能源布局的不均衡对交通运输布局产生重大影响。铁路的运煤通道，水路的煤炭港口、码头及航线，管道运输中线路铺设等，均需要根据能源布局及产销联系而展开。

2）能源运输单位运量收入低

由于能源特别是煤炭属于粗杂品，本身价格偏低，虽然其单位产值的运量很大，但其单位运量的运输收入并不高，这给运输部门的运力结构、运输组织和企业经营效益带来相当大的影响。

3）铁路客货共线运输的特点

我国铁路运输有些是客货共线运行的，考虑到这一特点，在客运繁忙季节特别是节假日运输中，为了保证高峰时段旅客列车运行的畅通，经常采取"先客后货""停货开客"的调度措施，将货物运输放在低峰时段（如夜间）进行，造成了铁路能源运输的不均衡性。

2. 交通运输的能源消耗

公路、水路、航空、铁路等各种交通运输方式在运输过程中都要消耗大量的能源，交通运输部门历来是能源消耗的主要部门之一。交通运输耗能主要包括场站耗能、线路耗能和交通运输工具耗能。

1）场站耗能

场站是指铁路客货运站、公路客货运站、港口和飞机场。场站耗能分为场站建设耗能和场站营运耗能，即建设场站所消耗的能源和场站装卸设备（如吊车、铲车、传输带）所消耗的能源，以及场站采暖、通风、照明、制冷及管理设施的耗能等。

2）线路耗能

线路耗能主要包括线路建设耗能和线路维修耗能。

线路建设耗能和场站建设耗能一样，指开辟和建设线路时所消耗的能源。线路维修耗能是在线路维修时发生的，不同交通运输方式的线路维修有各自的特点：铁路维修主要包括排除路基险情、道砟清筛更新、更换轨枕和钢轨等；道路维修主要包括日常养护（如路面清扫、洒水、路基养护、绿化、道路标志冲洗及油漆等）、路面修理、路面材料再生等；内河航道的维护包括疏浚淤泥和清理沉船等；航空线是由地面指示系统维护的，航空线的维修就是维护这些地面设施设备。由此可以看出，交通运输线路的维修很大程度上都是靠机械维修，机械维修就得消耗能源。随着机械维修的成分越来越大，能源消耗也就越来越多。

3）交通运输工具耗能

交通运输工具耗能分为交通运输工具制造耗能和交通运输工具运行耗能。交通运输工具制造耗能是在交通运输工具制造过程中所消耗的能源，交通运输工具运行耗能是交通运输工具在运行过程中所消耗的能源。影响交通运输工具运行耗能效率的主要因素有以下几个：

（1）交通运输工具本身。不同交通运输方式下的交通运输工具，运行耗能效率是不一样的。在目前的技术条件下，管道最高，其后依次是船舶、机车、汽车、飞机。

（2）交通运输工具的动力装置类型。运行耗能效率同交通运输工具的动力装置类型有关，如内燃机车的效率就高于蒸汽机车，而电气机车又高于内燃机车。现阶段发展的清洁能源交通运输工具，如以电能、天然气、太阳能等为动力的运输工具，在能源消耗量及对环境污染的影响等方面都有一定优势，但技术仍有待进一步提高。

（3）交通运输工具的大小。交通运输的规模效应的特点是：运输量越大，交通运输工具单位耗能则越小。如大型船舶运行耗能效率高于中小型船舶，大型汽车运行耗能效率也比小型汽车高得多，这正是交通运输工具规模经济性的重要方面。

（4）交通运输工具的运行速度。无论哪一种交通运输工具，当运行速度达到一定水平时，交通运输耗能效率就随速度的进一步提高而迅速降低。以船舶运输为例，在正常的航速范围内，能耗与航速之间就有以下经验公式所示的关系：

$$F = F_d (v/v_d)^3$$

式中，F 是航速为 v 时的单位时间耗油量；F_d 为船舶以设计航速航行时的单位时间耗油量；v 为航速；v_d 为船舶的设计航速。

由上式可见，提高航速引起的周转量增长远不及油耗的增长，所以提高航速可使运行耗能效率迅速下降。

另外，交通运输工具的运输路径和技术水平等也是交通运输能源消耗的重要影响因素。

8.3.3　城市交通的能源问题分析

城市中道路、停车场等大量的市政基础设施都是由政府建设，作为公共基础设施来使用的，这不仅增加了政府的财政负担，而且等于是间接为大量使用这些设施的交通工具提供补贴，助长了这些交通工具的发展势头。同时，各种可再生和不可再生资源的使用和废弃物的堆放也是无偿的，这又是一种政府的间接补贴方式，从另一个方面助长了大量使用能源、土地资源和产生大量废弃物的交通工具的发展。而这些交通工具又大部分是高收入人员使用的，小轿车就是一个典型的例子。这一不公平现象的存在是影响各种交通工具成本-效益的重要因素。

解决城市交通能源问题的对策主要包括政策性措施、经济性措施、技术性措施和法律措施等。

1. 宏观政策指导

政策性措施的主要作用是为调整供需关系提供应遵循的原则，特别是在城市快速与高速道路系统的建设与发展上，应当以人员和物资的双重流动为基础，各种交通运输工具合理发展，优化城市公交网络的布局。政策性措施只能起到宏观控制的原则性作用，还必须依靠详尽的经济性措施、技术性措施和法律措施才能使政策性措施得以实现。

2. 支持低能耗、公益性交通工具发展

经济性措施可采取价格、税收、费用、补贴等不同的手段，对有一定社会效益的交通运输方式或能耗低的交通运输工具加以支持，对能耗大的交通运输方式或交通运输工具进行控制。

法律措施是一种带有强制性的管理措施，主要通过法律、法规等的制定和执行来约束那些经济措施作用较小的方面，从而可以很好地解决某些具有较强时间性和区域性的问题。

经济性措施和法律措施在解决城市交通能源问题中的作用将越来越重要。

3. 征收道路占用费、城市拥挤费及停车场使用费

要体现市场条件下的公平竞争的原则，就必须解决能源使用中的不公平问题。对道路和停车场等间接能源消耗的公共设施，应当收取使用费，使公共设施的各种成本反映到交通工具的成本构成中去，解决公平性问题。此外，对直接能源消耗收取资源使用费和废弃物堆放费，将有助于资源的合理使用和物质的循环利用，同时也消除了不公平因素。

8.3.4　交通能源的相关政策

1. 能源运输政策

从我国的国情出发，能源运输要贯彻"以煤炭运输为重点，输煤、输电和输油气并进，充分发挥铁路、水运、管道等各种交通运输方式的优势，发展综合运输系统"的战略方针。能源运输必须从国民经济发展的全局出发，考虑交通运输业的综合发展，吸收国内外先进经验。当前的关键是要大幅度提高我国的能源运输能力，冲破运输能力不足这一阻碍能源工业发展的"瓶颈"。

提高能源运输能力的技术性政策如下：

（1）发展重载铁路，提高煤炭运输的效率。

（2）对石油等液态能源产品的输送，推广采用高效、安全的管道运输方式，在管道铺设上加大投资。

（3）推行煤、电、运一体化建设，将一次能源转变为二次能源输送，争取能源运输的最大效率。

（4）响应国家西部大开发战略的号召，尽快完善西部地区交通基础设施建设，解决西南、西北地区的能源运输问题。

2. 开发新能源政策

1）未来新能源

化石燃料不应该是能源的唯一选择，人类文明要继续维持和发展下去，就必须积极探索新能源。进入 21 世纪之后，人类将从化石燃料时代迈向新能源时代。能源专家认为，氢能、生物能、太阳能、风能、水能、地热能、核能等可再生的新能源，将是未来能源的主流代表，以下是几种主要的未来能源及其在交通运输领域开发利用的建议：

（1）氢能。氢是宇宙中含量最丰富的元素之一，通过分解水就可以得到氢能，因此氢称得上是一种取之不尽用之不竭的可再生新能源。纯氢发热量最高，密度小，运输方便，它燃烧后的唯一产物是水，不对环境产生任何污染。专家认为，未来氢可以与天然气结合使用，如在天然气中加入 15% 的氢，制成"氢甲烷"燃气。氢能源开发的最新进展出现在汽车工业。用氢制造的氢动力燃料电池可作为汽车的动力来源，彻底解决汽车环保问题。利用氢能需要解决的关键问题是降低技术成本。目前分解水的技术还不是很成熟。科学家预测，随着科技的发展，再过 50 年，纯净氢将成为我们最主要的能源之一。

（2）生物能。生物能是一种以生物质为载体的能量，直接或间接地来源于植物的光合作用。生物能的开发同时解决了两方面的问题：垃圾处理和能源短缺。家庭、餐饮业、食品加工业等产生的有机垃圾从过去的废物变成了现在宝贵的"资源"。可以通过焚烧发热和发酵产生可燃气体发电两种方式加以充分利用。在一些比较注重环保或者高污染的地区，例如意大利、澳大利亚的重污染地区，已开始使用生物柴油。

（3）太阳能。太阳能指太阳的热辐射能，是一种可再生能源。太阳能小型、分散的利用形式包括太阳能集热供暖、供热水，以及用太阳能电池驱动交通工具和其他动力装置等。

（4）风能。风能是指利用风力产生电能或机械能的能源，具有清洁、无公害、可再生的特点，应用于交通运输等多个领域。

（5）地热能。地热能是由地壳抽取的天然热能，这种能量来自地球内部的熔岩，并以热力形式存在。地热发电目前主要是利用地下冒出的天然蒸气进行发电，地热发电系统大多设置在温泉地带。世界上已有近 200 座地热发电站投入了运行，装机容量数百万千瓦。研究表明，地热能的蕴藏量相当于地球煤炭储热能的 1.7 亿倍，潜力巨大。

（6）水能。水能蕴含甚广，有潮汐能、潮流能、波浪能等，目前世界上海洋水能利用的主要形式是海洋潮汐发电。20 世纪 80 年代中期挪威成功地建成一座小型潮汐发电站，让涨潮的海水冲进有一定高度的储水池，池水下溢即可发电。

（7）核能。核能的动力来源是核燃料（铀或钚），相比于煤或石油其优点是无空气污染、无漏油，但它具有致命的放射性污染，一旦泄漏将产生可怕的后果。为了保证安全，要求反应堆所产生的放射性废物与环境隔离。核能是一种潜力巨大的清洁能源。

（8）可燃冰。可燃冰是一种另类天然气，点火就能燃烧。它是天然气分子（除氢、氦和氖外）充填在水的晶体笼架中形成的冰状固体物，以甲烷为主要成分，含量大于 90%。充填甲烷的可燃冰 1 m³ 可产气 164 m³ 和水 0.8 m³，其能量密度很高，是煤和黑色页岩的 10 倍左右。要形成可燃冰，必须同时具备低温（0～10℃）、高压（大于 10 MPa 或水深至少为 300 m）、充足的气源这三个条件。迄今，世界上至少有 30 多个国家和地区进行可燃冰的研究与调查勘探，近年来，日本、美国、德国、印度等国相继着手制定了可燃冰的详细发展路线图，并将其纳入国家能源中长期发展规划。我国已于 2002 年在南海发现了这种新型能源，2008 年利用自主研发的"海洋六号"在南海北部成功提取可燃冰实物。根据中国战略规划对可燃冰勘探开发的安排，2006—2020 年是调查阶段，2020—2030 年是开发试生产阶段，2030—2050 年，中国的可燃冰将进入商业生产阶段。

以上能源类别大多属于可再生资源，在交通运输领域的能源消费结构中，它们将逐渐取代现有的石油、煤炭等矿石燃料，成为交通运输工具的主要能源。由于它们同时又是污染少的绿色能源，所以其应用不但可以解决能源紧张问题，还可以大幅度减少环境污染，起到较好的环境保护作用。

2）我国的未来新能源

我国可再生能源和新能源储量丰富，且大多具有良好的开发条件和应用价值。据统计，太阳能年辐照总量大于 $5.02×10^6$ J/m²、年日照时数在 2 200 h 以上的地区约占我国国土面积的 2/3 以上。风能资源可开发储量为 2.53 亿 kW。地热资源的远景储量相当于 2 000 亿 t 标准煤[①]以上，已勘探的 40 多个地热田可供中低温直接利用的热储量相当于 31.6 亿 t 标准煤。还有包含甚广的生物能资源：农作物秸秆产量每年约 7 亿 t，可用作能源的资源量约为 2.8 亿～3.5 亿 t；薪材的年合理开采量约为 1.58 亿 t；此外还有大量的可产生沼气的禽畜粪便和工业有矾废水资源，其他如可用作能源的固体废弃物、潮汐能、波浪能、潮流能、温差能源等，都属于新能源。

在开发新能源时，鼓励各地区因地制宜，发展合适的清洁能源和可再生能源。能源紧缺的地区和广大农村还可以综合利用，多能互补。

我国目前在太阳电池、风力发电、地热勘测和低温地热利用、生物质能转换和生物柴油等新能源利用方面已经达到较高的技术水平，并进入大规模市场开发阶段。在燃料电池、废弃物发电、生物质液化、海洋能发电等与新能源开发有关的技术上须进一步加大力度。

新能源的利用为我们展现了一个崭新的局面，自 2006 年 1 月 1 日《中华人民共和国可再生能源法》实施以来，我国逐步建立了对可再生能源开发利用的价格、财税、金融等一系列支持政策，可再生能源产业进入快速发展期。根据《BP 世界能源统计年鉴 2020》的数据，截至 2019 年，我国可再生能源（含水电）消费总量达到 17.95 艾焦（相当于 4.99×

---

① 标准煤是指热值为 29.27 MJ/kg 的煤炭。

10^{12}kWh），在全球可再生能源（含水电）消费量中的占比高达 26.9%。2006—2019 年，我国可再生能源消费量年均增长 11.5%，而同期我国化石能源消费量年均增速为 3.4%。2019 年，我国继续保持世界第一大可再生能源消费国和生产国的地位，可再生能源（含水电）消费总量分别相当于美国（全球第二）的 2.2 倍、巴西（全球第三）的 3.2 倍。特别是，我国可再生能源发展为全球碳减排做出了重要贡献，2019 年消费的可再生能源（含水电）避免的二氧化碳排放量为 16.5 亿 t，占我国当年二氧化碳排放总量的 16.5%。

8.4

我国交通运输可持续发展政策实践

交通运输是国民经济中基础性、先导性、战略性产业和重要的服务性行业，是推动可持续发展的重要支撑。交通运输的发展也面临着环境污染、交通安全、能源危机等问题，据统计全球近四分之一的温室气体排放来自交通运输。交通运输的可持续发展与我国社会经济的可持续发展息息相关，在一系列的政策文件中对促进交通运输可持续发展都有相关表述。我国交通运输的可持续发展要立足新发展阶段，贯彻"创新、协调、绿色、开放、共享"新发展理念，构建高质量发展新格局。

8.4.1 我国部分政策文件中的交通运输可持续发展政策

早在 2013 年，交通运输部就印发了《加快推进绿色循环低碳交通运输发展指导意见》，以节约资源、提高能效、控制排放、保护环境为目标，加快推进绿色循环低碳交通基础设施建设、节能环保运输装备应用、集约高效运输组织体系建设、科技创新与信息化建设、行业监管能力提升，将生态文明建设融入交通运输发展的各方面和全过程，加快建成资源节约型、环境友好型交通运输行业，实现交通运输绿色发展、循环发展、低碳发展。

2019 年 9 月，中共中央、国务院印发的《交通强国建设纲要》提出：①推进装备技术升级，打造绿色高效的现代物流系统，大力发展智慧交通；②建设绿色发展、节约集约、低碳环保的交通系统，促进资源节约集约利用；③强化节能减排和污染防治；④强化交通生态环境保护修复。

2020 年 9 月 22 日，习近平主席在第七十五届联合国大会上郑重宣布，中国将提高国家自主贡献力度，采取更加有力的政策和措施，二氧化碳排放力争在 2030 年前达到峰值，努力争取 2060 年前实现碳中和。碳达峰、碳中和"双碳"行动与交通运输业发展息息相关。碳达峰是指社会经济活动主体的碳排放在某一个时点达到峰值，之后逐步回落，在由升转降的过程中碳排放的最高点为碳峰值。碳中和即净零排放，指人为碳排放与人为碳吸收达到平衡，碳吸收行为包括林业管理碳汇、碳捕获与封存技术实施等，碳中和目标可以设定在全球、国家、城市、企业、活动等不同层面。

2021 年 10 月 24 日，出台《中共中央　国务院关于完整准确全面贯彻新发展理念做好碳达峰碳中和工作的意见》（以下简称《工作意见》）；2021 年 10 月 26 日，出台《国务院关于印发 2030 年前碳达峰行动方案的通知》（国发〔2021〕23 号，以下简称《行动方案》）。《工作意见》明确了我国"双碳"工作的时间表、路线图，提出了"碳达峰碳中和十大重点任务"：推进经济社会发展全面绿色转型、深度调整产业结构、加快构建清洁低碳安全高效能源体系、加快推进低碳交通运输体系建设、提升城乡建设绿色低碳发展质量、加强绿色低碳重大科技攻关和推广应用、持续巩固提升碳汇能力、提高对外开放绿色低碳发展水平、健全法律法规标准和统计监测体系、完善政策机制。《行动方案》规划了"碳达峰十大行动"：实施能源绿色低碳转型行动、节能降碳增效行动、工业领域碳达峰行动、城乡建设碳达峰行动、交通运输绿色低碳行动、循环经济助力降碳行动、绿色低碳科技创新行动、碳汇能力巩固提升行动、绿色低碳全民行动、各地区梯次有序碳达峰行动。将碳达峰贯穿于经济社会发展全过程和各方面。

2021 年 2 月，中共中央、国务院印发的《国家综合立体交通网规划纲要》提出：①推进交通基础设施网与能源网融合发展，促进交通基础设施网与智能电网融合，适应新能源发展要求；②推进交通绿色发展，促进交通基础设施与生态空间协调，构建生态化交通网络；③加强科研攻关，改进施工工艺，从源头减少交通噪声、污染物、二氧化碳等排放；④加大交通污染监测和综合治理力度，加强交通环境风险防控，落实生态补偿机制；⑤优化调整运输结构，推进多式联运型物流园区、铁路专用线建设，形成以铁路、水运为主的大宗货物和集装箱中长距离运输格局；⑥促进交通能源动力系统清洁化、低碳化、高效化发展。

2021 年 3 月发布的《中华人民共和国国民经济和社会发展第十四个五年规划和 2035 年远景目标纲要》提出：①要加快建设交通强国，建设现代化综合交通运输体系，推进各种运输方式一体化融合发展，提高网络效应和运营效率；②要提高能源供给保障能力，完善煤炭跨区域运输通道和集疏运体系，加快建设天然气主干管道，完善油气互联互通网络；③要推动绿色发展，促进人与自然和谐共生，实施可持续发展战略。

2022 年 1 月，《国务院关于印发"十四五"现代综合交通运输体系发展规划的通知》（国发〔2021〕27 号）提出发展模式更可持续，要求全面推进绿色低碳转型，交通运输领域绿色生产生活方式逐步形成，铁路、水运承担大宗货物和中长距离货物运输比例稳步上升，绿色出行比例明显提高，清洁低碳运输工具广泛应用，单位周转量能源消耗明显降低，交通基础设施绿色化建设比例显著提升，资源要素利用效率持续提高，碳排放强度稳步下降。

2022 年 3 月，《交通运输部　科学技术部关于印发〈"十四五"交通领域科技创新规划〉的通知》（交科技发〔2022〕31 号）提出要发展绿色交通，聚焦国家碳达峰碳中和与绿色交通发展要求，突破新能源与清洁能源创新应用、生态环境保护与修复、交通污染综合防治等领域关键技术，加快低（零）碳技术攻坚。

8.4.2　我国交通运输可持续发展政策实践

2021 年 10 月 14 日，在北京召开的第二届联合国全球可持续交通大会发布了交通运输部编制的《中国可持续交通发展报告》（以下简称《报告》），介绍了在国家政策规划指导下我国可持续交通发展的实践成就。《报告》以"创新、协调、绿色、开放、共享"新发展理念为主线，展现中国交通在落实联合国 2030 年可持续发展议程提出的"人类、地球、繁荣、和平、伙伴"理念方面的探索和实践，体现中国对可持续发展的理论创新和对联合国可持续发展目标任务的落实。《报告》共分七章，第一章对中国可持续交通发展总体进展、总体思路进行概述，第二章至第七章分别从新发展理念五个方面、统筹发展和安全方面对中国可持续交通进展与成效进行了阐述，主要内容包括促进综合交通运输协调发展、推进交通运输创新驱动发展、推动交通运输绿色低碳转型、加强交通对外开放与交流合作、让人民共享交通运输发展成果、生命至上与安全发展等。

思考题
1. 理解交通运输与环境的关系。
2. 理解交通运输与土地资源的关系。
3. 理解交通运输与能源的关系。
4. 谈谈你对交通运输可持续发展的理解。

9 第9章
我国交通运输政策的发展

　　交通运输业具有建设周期长和运行寿命长的特性，同时国家的交通运输战略关系着国家的战略布局、经济安全、军事安全和能源安全。因此，交通运输政策的健康发展相当重要。

　　本章介绍交通运输政策的发展战略及规划，包括经营型交通运输政策、城市交通发展政策、综合运输体系发展政策、国家对交通运输业的投融资政策等。总结前期尤其是"十五""十一五""十二五"期间交通运输政策的具体表现，并结合交通运输领域"十三五""十四五"规划对交通运输政策进行后期展望。

本章重点

- 交通运输政策的发展战略和规划；
- 我国前期交通运输政策；
- 我国交通运输政策后期展望。

9.1

交通运输政策的发展战略及规划

　　交通运输业具有建设周期长和运行寿命长的特点，同时国家的交通运输战略关系着国家的战略布局、经济安全、军事安全和能源安全。尽管交通运输的政策战略如此重要，但迄今为止我国交通运输规划从政策上却普遍缺乏统一性和协调性。在交通运输基础设施建设方面，各交通行业部门之间、各省市之间，甚至同一城市内也是各自为政、重复建设，这些现象的出现导致了交通运输的低效率，有的甚至还与国家的长远利益严重抵触。从长远来看，这些现象影响了国家整体竞争力的提高。交通运输政策的发展战略和规划的制定要体现出以下政策原则或要求：

　　（1）长期性。交通运输项目建设周期长，具有较强的刚性。其战略和规划要有长远的政策眼光，要有长期的打算，战略和规划的时间应覆盖 30 年。

　　（2）综合性。交通运输业是具有较强的综合性、协调性的产业，它的健康发展和高效运行，需要不同运输方式之间的政策协调，需要地区之间、城市之间、城乡之间及境内外的衔接与协调。

　　（3）适应性。交通运输作为国民经济的基础产业，必须服从于国家的长远发展政策，必须适应国土开发和城市化进程需要的长期发展战略。

　　（4）可持续性。交通运输业的可持续发展政策，不仅是国家可持续发展战略的组成部分，还涉及国家能源发展战略、土地利用战略、环境保护战略、综合运输战略及经济发展战略等，更是我国各种交通运输方式协调持续发展的关键。

9.1.1　经营型交通运输政策

　　交通运输业所提供的服务常常具有很大的社会效益，但并非所有的交通运输产业都能保证自身的经济效益，有些项目经济效益很低，甚至在相当长的时期内没有经济效益，如国土开发型的铁路、用于国防目的的铁路、用于扶贫目的的铁路和某些城市铁路等。

　　那些以追求经济效益为主要目标的交通设施，被称为经营型交通基础设施；以追求社会效益为主要目标的交通设施，被称为社会公益型交通基础设施。世界各国特别是交通运输业大国都广泛存在着这两种性质的交通基础设施。

　　经营型运输企业必须在经营策略上引进竞争机制，必须加强对交通基础设施的投资来源、投资主体、投资回报的研究，尤其是对战略规划方面的研究，并提供和培育特殊的政策环境。

　　交通运输业的经营应遵循"基础设施与运营分开"的交通政策。基础设施网络的管理职责主要由政府或政府委托的机构承担，交通运营职责主要由企业承担。同时，政府要制定明确的竞争规则、市场进入条件，并承担起规范市场竞争秩序的责任。

交通运输管理体制改革的目的不是放弃政府对交通运输业发展和运营的管理，而是提高政府管理的有效策略。交通运输业是特殊行业之一，其网络性、战略性是国民经济命脉的特点，决定了在运输主干线路建设、路网建设和管理等方面政府或政府委托的机构要起主导作用；公益型交通运输和经营型交通运输并存的现实，决定了政府和市场都必须在交通运输业的发展中起到应有的作用。在基础设施投资方面，社会公益型项目的投资要实行政府主导的政策，或通过各种配套的鼓励措施引导企业进行；新的经营型交通设施中的重要干线建设，建议实行由国家或国有企业控股的交通政策。

另外，在市场经济和社会化大生产条件下，每种商品都不是孤立的，不同商品的价格之间都具有一定的联动作用。建立运价与物价联动的科学体系，使运价与物价同升同降，补偿因物价上升而引起的成本增长，是市场经济的内在要求。具体定价时，还应当依据有关商品或者服务的社会平均成本、国民经济与社会发展要求及社会承受能力，并实行包括区域运价、季节浮动价、协议运价等的多层次运价体系，从而使运价适应市场变动，并能反映市场供求。

9.1.2　城市交通发展政策

为准确把握我国城市交通的发展机遇，使城市交通发展能适应城市社会和经济发展的需要，引导我国城市交通健康有序地发展，应从以下几个方面入手，制定适合我国城市交通发展的政策。

1）综合发展政策

城市交通发展政策的制定不能只着眼于解决城市交通问题，要统筹兼顾，把解决城市交通问题、促进城市合理布局、强化城市（区域）间协调发展、实现城市交通的可持续发展作为制定城市交通发展政策的首要选择。

（1）城市合理布局。建设完善的城市交通系统，以解决日趋紧张的城市交通状况，同时在有条件的城市注重轨道交通建设对城市发展的引导作用。轨道交通可以增加土地使用效益，带来沿线土地高强度的开发，成为城市或地区土地的开发轴心或发展轴心。因此，城市轨道交通建设应结合城市总体规划，对轨道交通周边地区的用地性质及规划要作出相应的调整，为促进城市合理布局创造条件。没有条件的城市要注重地面公交系统合理规划布局的引导和支撑作用。

（2）区域间协调发展。为了有效引导城市合理布局的形成，必须改变城市间旅客运输和城市公共交通在空间和时间上的约束，选择速度快、容量大、占地少、无污染的城际快速铁路和城市轨道交通作骨干，以拉大城市发展的框架，扩大城市规模，最终促进区域城市带的形成，进而带动城市区域经济的发展。因此，应对城市交通和区域之间的快速轨道交通（城际轨道交通）进行综合规划建设，并实现有机衔接配合，加强轨道交通综合性枢纽的规划建设，加快大城市（区域）间文化和技术的交流，保障区域间的协调发展。

（3）可持续发展。根据城市的社会经济发展水平，确定不同时期城市交通的建设规模和服务水平。城市交通的建设投资一般都很高，尤其是轨道交通，即使是经济发达国家，在策划建设地铁或轻轨项目时，也是保持极其审慎的态度。一个城市适不适合建设轨道交通，或者在什么时期建设轨道交通，不仅需要科学分析论证，还需要考虑城市的社会经济发展水平，并将其作为建设轨道交通的基本前提条件，对轨道交通的规划建设、经济、环境等诸多方面进行详尽的战略性评估，实现城市交通建设在社会、经济、环境上的可持续发展。

2）以轨道交通为骨干的公交优先发展政策

针对我国大城市不同的发展时期，应制定不同的公交优先交通政策。根据国内外的经验，结合城市经济和社会发展的具体情况，对轨道交通系统及常规公共交通系统在城市交通发展的不同阶段中承担的作用进行合理的定位，进而制定适合城市发展的公交优先的管理措施及发展政策。

现阶段，我国很多城市交通仍以常规公共交通为主，因而近期城市交通的发展仍以优先发展常规公共交通为主，同时加强对城市轨道交通的投入和规划建设，实现轨道交通与常规公共交通的并重发展。

远期对轨道交通实施投资倾斜，加快城市轨道交通的建设步伐，尤其是大城市的轨道交通建设，逐步确立轨道交通在公共交通中的骨干地位，最终改善公共交通系统的综合服务水平，建立多层次、立体化的城市交通体系。

3）城市交通市场化政策

（1）政府主管部门按照政企分开的原则，转变政府职能，依法对城市交通企业进行监督和管理，为企业提供服务。

（2）城市交通企业享有充分的经营自主权，依靠现代管理手段和技术装备提供优质的服务。

（3）引入竞争机制，在统一规划和管理下，积极吸引社会参与，实行招标、有偿转让和专营权等制度，建立完善的市场经营机制。

（4）在保障最大限度满足居民出行的前提下，进一步完善促进我国城市交通良性发展的价格与价值补贴政策。

4）经济政策与体制创新

（1）健全城市交通建设的投融资评价体系，进一步完善城市交通项目建设的经济政策、优惠条件、扶持政策等。若城市交通项目引进外资，应制定专项引资政策。

（2）建立与政策配套的投融资体制，实施发行城市基础设施长期债券政策；系统地建立城市交通建设基金；制定合理的票制、票价，建立可行的投资回报机制；拓宽投融资渠道，规范投融资标准，在用地、税收、政府贴息和担保等方面建立系统化和长期有效的政策法规。

5）城市布局及用地政策调整

为适应今后城市的发展，城市交通规划建设作为城市总体规划的重要组成部分，在政策制定上要充分发挥城市交通对城市布局的宏观引导作用，促进城市合理布局；对于用地规划，应赋予城市公共交通建设一定的优先权，同时要对轨道线路周边用地性质进行适当调整，实现土地使用与轨道交通建设"捆绑式"的综合性开发利用。

6）城市公共交通一体化政策

根据未来区域和城市交通发展趋势，对城市交通和对外交通进行综合规划，重点将城市公共交通与对外快速轨道交通及对外交通枢纽有机地衔接起来，实现公共交通（内、外）的集约化、交通枢纽及场站布局的合理化、旅客运输高效化。以城市公共交通网为基础骨架，并通过快速轨道网向外辐射，建设成现代化的一体化城市公共交通网络体系。

9.1.3　综合运输体系发展政策

21世纪是综合运输的时代。经济全球化使贸易往来增加，并使经济互补性增强，国际经济将形成物流系统综合化的格局。新的运输模式将打破传统的各种交通运输方式各自为政的局面，各种交通运输方式在提高服务质量、应用先进技术装备等方面，充分发挥自身技术经济优势，实现有序竞争的动态平衡。要想完善综合运输体系，必须制定明确的法律法规，制定有关的经济和管理政策，鼓励不同交通运输方式之间的联营、协作、竞争，鼓励通过兼并、重组等手段实现交通运输职能的交叉，协调铁路、公路、民航、远洋、内河、管道运输等的战略规划、设施建设和管理规范制定等工作。

铁路是占用土地最少、能源消耗最小、对环境污染最轻的交通运输方式，在安全方面也具有优越性。大力发展铁路运输符合建立资源节约型、环境保护型、可持续发展型社会的要求，坚持发展以铁路为骨干的综合运输体系具有战略意义。

对于以汽车为主导的城市交通运输方式所造成的环境负效应，已达成了共识。许多国家的交通政策都明确宣布大力发展城市轨道交通，发展市郊铁路。铁路（轨道交通）向市内运输延伸是铁路发展的重要方面，积极发展城际交通，在客运走廊形成以轨道交通为主的交通体系。用轨道交通把城市间交通和城市内交通联系起来也是一个重要发展趋势。

城际交通和市郊运输系统必须以大容量的快速轨道交通（地铁和轻轨等）为主体，在交通政策上可明确提出抑制私人小汽车运量的增长，以达到缓解城市交通的目的。城市交通基础设施的建设要特别注重解决交通枢纽的问题，如机场、火车站等重要交通枢纽之间、不同交通运输方式之间及城市间和城市内的连接、换乘；优化城市交通网络结构，应加强综合运输规划，优化交通结构，避免重复建设，提高综合运输体系的经济效益。

从交通政策的大局看，我国的综合运输系统有两个环节还很不适应，一是各种交通运输方式之间的换装、衔接方面缺乏协调；二是交通运输信息的及时传递和处理、单证的流转等方面易出现脱节。

9.1.4　国家对交通运输业的投融资政策

1. 投资政策是各种因素综合作用的结果

交通运输业及相关的投资决策，应综合考虑经济趋势、社会趋势、技术趋势、环境影响、政府职能、国家安全等诸多因素，引导交通运输系统协调发展与完善，在推动社会与经济成长、保护环境、增加就业等方面发挥作用。

2. 政府资助和扶持是交通运输系统发展的基础

政府通过直接投资或者资助等途径参与交通运输业的建设和维护，要广开交通基础设施融资渠道，确立多元化投融资体系，保证交通运输系统的投资来源。政府投资政策的取向对交通运输系统有重大影响，如美国政府曾长期投资和资助公路、航空等运输方式，使铁路几乎完全退出了客运市场，并带来了交通拥堵、环境恶化等问题；在苏联解体前后的 20 多年的时间里，他们在铁路方面的投资严重不足，导致设备老化严重，使得整个铁路系统处于超期服役状态，运输能力严重不足。

9.1.5　加强交通运输的环保意识

1. "谁污染谁治理"的环境政策

发挥市场机制的调节作用，实行"谁污染谁治理"的交通环境政策，用逐步提高燃料税等税收手段促进交通运输的清洁化和节能化。·

汽车是造成周围环境污染的重要来源，因此，汽车的质量与使用方式将直接关系到与交通运输有关的环境政策取向。

要利用市场的力量，采用经过调整的、反映社会成本（含环境成本）的价格，使交通运输价格与税收成为落实环保政策强有力的手段，使生产者和消费者都朝有利于环境保护的方向努力。

2. 交通运输的价格应该反映社会成本

交通运输的价格应该等于直接成本加上社会成本。如驾驶私人小汽车排放出来的废气，对环境产生污染，对健康不利，导致社会医疗费用增加、生产率下降、交通堵塞等，那么使用私人小汽车的人应当分担这些外加给社会的费用。环境费用、安全费用等应该在交通运输政策中有所体现。

3. 改善交通运输的能耗结构

改善交通运输以石油为主体的能耗结构。铁路运输应大力发展能力大、成本低、无污染的电力机车牵引技术，电气化是主要方向；汽车运输应坚持能源安全与清洁能源的方向，推广无铅汽油，开发液化天然气和煤液化燃料等代用燃料，积极采用新能源汽车等。

4. 节能和环保减污措施

寻找替代能源是对交通运输价格手段的必要补充，否则，交通运输就会陷于使用低质能源和持续污染的两难境地。当然，以价格为基础的交通政策本身就会刺激人们投资节能和环保减污技术。政府还应通过交通产业，实施相关的鼓励、引导和限制政策，加强汽车与石油化工等行业的配合。

5. 建立土地利用与环保同步的法律

以前的交通规划多偏重于经济效益和技术可行性，未来的交通规划应将环境保护作为主要因素予以考虑。在生态脆弱区、环境敏感区的交通设施的建设，应与生态恢复、生态保护工程同步进行。

9.1.6　现代物流的发展政策

现代物流从采购物流开始，经过生产物流，再进入销售物流，经由包装、运输、仓储、装卸、加工、配送等一系列过程到达消费者手中，最后以回收物流结束。物流具有综合性，在物流业的四大环节（交通运输、储运、加工、配送）中，交通运输承担着实现货物的空间位移的主要任务。

为了物流的发展，交通运输企业需要提高客户意识和服务质量，实现合理交通运输，改善与客户的关系；逐步建立与客户间的长期合作伙伴关系；重视不同交通运输方式之间的衔接和服务范围的拓展，发挥各种交通运输方式在物流中各自的特殊作用。

总体上说，各种交通运输方式都有着独特的运营体系和优势。各种交通运输方式之间的分工是通过在交通运输价格定位和提高交通运输服务质量方面的竞争来实现的，并通过国家的宏观调控和行业管理与企业组织间的市场竞争两条途径的结合来调整。应将综合交通和现代物流结合起来，确定各种交通运输方式的合理服务范围，平衡各种交通运输方式的竞争关系，实现合理的物流流向，建设全国物流服务供应体系。

9.1.7　交通科技的发展政策

科学技术是第一生产力，它对人类社会的各个领域正产生着广泛而深刻的影响。交通运输作为社会的一个子系统，其全部的历史进程无不经历科学技术的渗透。社会的进步，经济的发展，人民生活水平的提高，使人们对交通的需求和期望值也在日益变大，反过来又促使交通运输业通过科学技术推动自己向前发展，因此交通与科技相关的政策在 21 世纪显得尤为重要。

科学技术已被广泛应用于交通运输系统中，如智能交通系统、全球定位系统、地理信息系统、蓝牙技术、纳米技术等，它们对发展交通运输起到了很大的作用。但科技在交通中的进一步应用离不开交通政策的引导，需要政府从政策的角度给予肯定和扶持，必须制定合理的交通科技政策来确保交通运输快速有效发展。

9.1.8　国家对交通运输业的监管调控

交通运输业的宏观调控手段，主要以经济手段、法律手段为主，国家的调控主要体现在制定行业发展规划、审批重大建设项目、确定产品和服务价格水平，以及规定收费原则等方面，因而需要改变单一的国家所有制形式。

经过股份化改造以后，交通运输企业集团由国有控股的形式，逐步变成公众持股的所有形式。应按市场经济规律进行投资决策，组建国家级交通投资公司，从事重大基础性交通项目的投资建设。同时，应适时建立股份制的、以非公有投资为主的交通投资公司。

9.1.9　人本位的交通政策定位

交通运输的服务对象是人和物，而不是车辆，因此线路、航道、道路应该根据输送人和物的效率优先安排交通运营。如在城市交通领域，公共交通、自行车、行人应该取得道路优先占用权，特别是突出公共交通优先的原则。交通发展应以"人本位"的政策定位为方向，有别于过去"车本位"的政策定位。总之，需要根据输送人和物的效率优先安排。

以城市交通为例，无论是从各种交通方式占用道路的面积来看，还是从各种交通方式承载的人数多少来看，公共交通均是有利的（见表9-1），这也说明必须采取公交优先的政策。

表 9-1　各种交通方式人均占地与一次运送乘客的比较

比较项目	交通方式				
	公交	自行车	摩托车	出租车	小汽车
人均占地面积/m^2	1.0	3.75	11.66	10.5	14
一次运送乘客/人次	35	1	1.5	2	1.5

9.2

我国交通运输政策的前期总结

"十五"时期以前，我国交通运输政策散见于各种经济政策，系统的交通运输政策尚未形成。第十个五年计划，国家明确地提出"十五"综合交通运输政策，《国民经济和社会发展第十个五年计划综合交通体系发展重点专项规划》的提出，标志着我国交通运输政策的演变进入到第二阶段，代表着综合交通体系发展政策措施的正式形成。"十一五"期间，系统提出了我国综合交通运输政策的框架体系。"十二五"期间，提出整合交通资源，适度超前规划，统筹各种交通运输方式发展，建设综合交通运输体系。

9.2.1　"十五"期间交通运输宏观政策

2001 年 3 月第九届全国人民代表大会第四次会议批准通过了《中华人民共和国国民经济和社会发展第十个五年计划纲要》。"十五"时期是我国进行经济结构战略性调整、完善社会主义市场经济体制和扩大对外开放的重要时期。这一时期,我国继续克服亚洲金融危机和国内有效需求不足带来的影响,充分利用加入世界贸易组织、经济全球化所带来的进一步融入世界经济体系的机会,社会发展进入全面建设小康社会,交通运输业的发展在其中发挥着重要基础性作用。

纲要第二篇"经济机构"第七章"加强基础设施建设,改善布局和结构"第二节"健全综合交通体系"中对交通运输业发展明确了宏观规划内容。纲要指出,交通建设要统筹规划,合理安排,扩大网络,优化结构,完善系统,推进改革,建立健全畅通、安全、便捷的现代综合运输体系。

2001 年 5 月 25 日,国家计委发布了经国务院审定的《国民经济和社会发展第十个五年计划综合交通体系发展重点专项规划》(以下简称《专项规划》),对纲要做了进一步细化和具体化。《专项规划》确定"十五"期间我国交通体系发展指导思想是:以市场经济为导向,深化交通运输改革;以扩展网络为重点,继续加快交通基础设施建设;以适应市场变化为目标,加强结构调整;以科技创新为动力,全面提高交通运输的现代化水平和安全水平;以效益为中心、服务为宗旨,最大限度地满足用户的需求。"十五"综合交通体系发展方针是:深化改革,扩大网络,优化结构,完善系统,提高质量,开发西部。我国交通运输发展的长期战略目标是:以市场经济为导向,以可持续发展为前提,建立客运快速化、货运物流化的智能型综合交通运输体系。为实现这一长期目标,"十五"期间的阶段性目标为:通过深化改革,基本建立比较完善的交通运输市场体系;综合运输能力继续增强,结构进一步趋于合理,运输质量明显提高;初步形成大城市间的快速客运系统、多种运输方式协调配套的集装箱运输系统、大宗散货运输系统和特种物资运输系统;以信息化、网络化为基础,加快智能型交通的发展,在市场机制较完善、交通基础设施较发达的地区,推进现代物流系统的形成。

《专项规划》提出了"十五"期间各种交通运输方式的具体建设规划重点。为促进、保障规划落地和重点项目建设,《专项规划》提出的主要政策和措施涉及以下几个方面:进一步深化改革,建立比较完善的交通运输市场体系;广开资金渠道,加快交通基础设施建设;交通价格改革;推进交通运输技术进步;扶持西部地区交通发展。

9.2.2　"十一五"期间交通运输宏观政策

2006 年 3 月第十届全国人民代表大会第四次会议批准了《中华人民共和国国民经济和社会发展第十一个五年规划纲要》。"十一五"时期是全面建设小康社会的关键时期,规划提出"十一五"期间要优先发展交通运输业。

规划第四篇"加快发展服务业"第十六章"拓展生产性服务业"第一节"优先发展交通运输业"中对交通运输业发展明确了宏观规划内容。规划指出：

（1）统筹规划、合理布局交通基础设施，做好各种运输方式相互衔接，发挥组合效率和整体优势，建设便捷、通畅、高效、安全的综合运输体系。

（2）加快发展铁路运输。重点建设客运专线、城际轨道交通、煤运通道，初步形成快速客运和煤炭运输网络。扩展西部地区路网，强化中部地区路网，完善东部地区路网。加强集装箱运输系统和主要客货枢纽建设。建设铁路新线 1.7 万 km，其中客运专线 7 000 km。

（3）进一步完善公路网络。重点建设国家高速公路网，基本形成国家高速公路网骨架。继续完善国道、省道干线公路网络，打通省际间通道，发挥路网整体效率。公路总里程达到230 万 km，其中高速公路 6.5 万 km。

（4）积极发展水路运输。完善沿海沿江港口布局，重点建设集装箱、煤炭、进口油气和铁矿石中转运输系统，扩大港口吞吐能力。改善出海口航道，提高内河通航条件，建设长江黄金水道和长江三角洲、珠江三角洲高等级航道网。推进江海联运。

（5）优化民用机场布局。扩充大型机场，完善中型机场，增加小型机场，提高中西部地区和东北地区机场密度。完善航线网络。建设现代化空中交通管理系统。

（6）优化运输资源配置。强化枢纽衔接和集疏运配套，促进运输一体化。开发应用高速重载、大型专业化运载、新一代航行系统等高新技术，推广集装箱多式联运和快递服务。应用信息技术提升运输管理水平，推广智能交通运输体系。发展货运代理、客货营销等运输中介服务。建设上海、天津、大连等国际航运中心。

规划明确了交通基础设施重点工程。

9.2.3　"十二五"期间交通运输政策

1.《中华人民共和国国民经济和社会发展第十二个五年规划纲要》中的交通运输政策

2011 年 3 月第十一届全国人民代表大会第四次会议通过了《中华人民共和国国民经济和社会发展第十二个五年规划纲要》。"十二五"时期是全面建设小康社会的关键时期，是深化改革开放、加快转变经济发展方式的攻坚时期。"十二五"时期也是构建综合交通运输体系的重要时期。

规划第三篇"转型升级　提高产业核心竞争力"第十二章"构建综合交通运输体系"中对交通运输业发展明确了宏观规划内容。

规划指出，按照适度超前原则，统筹各种运输方式发展，基本建成国家快速铁路网和高速公路网，初步形成网络设施配套衔接、技术装备先进适用、运输服务安全高效的综合交通运输体系。具体内容包括完善区际交通网络、建设城际快速网络、优先发展公共交通、提高运输服务水平等方面的发展规划。

规划明确提出了"十二五"期间铁路、城市轨道交通、公路、沿海港口、内河水运、民航、综合交通枢纽等方面交通建设的重点内容。

2. 《交通运输"十二五"发展规划》简介

2011年4月13日交通运输部发布了《交通运输"十二五"发展规划》（以下简称《发展规划》）。《发展规划》依据《国民经济和社会发展第十二个五年规划纲要》制定，由交通运输部组织编制和发布。《发展规划》以科学发展为主题、以加快转变交通发展方式为主线、以交通运输结构调整为主攻方向、以科技进步和创新为重要支撑、以保障和改善民生为根本出发点和落脚点、以建设资源节约型环境友好型交通运输行业为着力点、以改革开放为强大动力，积极推进现代交通运输业的发展。《发展规划》包含了综合运输、公路交通、水路交通、民用航空、邮政服务以及城市客运管理等方面，反映了加快交通基础设施网络建设，提高运输服务水平，加强养护管理，强化科技进步和信息化建设，构建绿色交通体系，提高安全与应急保障能力，推进行业精神文明建设，大力提高行业发展软实力等内容，体现了交通运输业发展的时代要求，描绘了交通运输未来发展的蓝图，提出了交通运输发展的行动纲领，对"十二五"时期交通运输发展具有重要的指导意义。

《发展规划》全文由前言和十章组成，共分为四个部分。第一部分是指导思想和发展目标，主要分析了"十二五"交通运输发展需求，明确了"十二五"交通运输发展的指导思想、基本原则和发展目标。第二部分是专业篇，包括综合运输、公路交通、水路交通、民用航空、邮政业五章内容，提出了推进综合运输体系建设的主要任务以及公路、水路、民航和邮政发展的目标、任务和重点。第三部分是专题篇，包括交通科技与信息化、绿色交通、安全与应急保障三章内容，这部分是行业健康、可持续发展的保障体系，也是对经济社会和交通运输发展时代特征与要求的集中体现。第四部分是保障措施，主要从加强组织领导，强化规划的指导性；完善投资政策，加强资金保障；深化体制机制改革，健全法规体系；加强人才队伍建设，提供人才保障和智力支持；加强精神文明建设，提供精神动力和思想保障等五个方面，提出了保障行业发展规划目标实现的政策措施。

《发展规划》提出了"十二五"时期交通基础设施建设的重点任务。

3. 《"十二五"综合交通运输体系规划》简介

2012年3月21日国务院通过了《"十二五"综合交通运输体系规划》（国发〔2012〕18号，以下简称《体系规划》）。《体系规划》根据《中华人民共和国国民经济和社会发展第十二个五年规划纲要》制定，并与《综合交通网中长期发展规划》等衔接。《体系规划》指出，"十二五"时期是我国全面建设小康社会的关键时期，是深化改革、加快转变经济发展方式的攻坚时期，也是构建综合交通运输体系的重要时期，必须抓住机遇，迎接挑战，努力开创交通运输科学发展的新局面。《体系规划》提出，加快转变交通发展方式，实现各种运输方式从分散、独立发展转向一体化发展，初步形成网络设施配套衔接、技术装备先进适用、运输服务安全高效的综合交通运输体系，总体适应经济社会发展和人民群众出行需要。

《体系规划》确定我国"十二五"时期综合交通运输体系发展的主要目标是：

（1）初步形成以"五纵五横"为主骨架的综合交通运输网络，总里程达490万 km。

（2）基本建成国家快速铁路网，营业里程达 4 万 km 以上，运输服务基本覆盖 50 万以上人口城市；加强煤运通道建设，强化重载货运网，煤炭年运输能力达到 30 亿 t；建设以西部地区为重点的开发性铁路；全国铁路运输服务基本覆盖大宗货物集散地和 20 万以上人口城市。

（3）基本建成国家高速公路网，通车里程达 8.3 万 km，运输服务基本覆盖 20 万以上人口城市；国道中二级及以上公路里程比重达到 70% 以上；农村公路基本覆盖乡镇和建制村，乡镇通班车率达到 100%、建制村通班车率达到 92%。

（4）完善煤炭、进口油气和铁矿石、集装箱、粮食运输系统，海运服务通达全球；70% 以上的内河高等级航道达到规划标准，运输效率和服务水平显著提升。

（5）扩大和优化民用航空网络，80% 以上的人口在直线距离 100 km 内能够享受到航空服务。

（6）形成跨区域、与周边国家和地区紧密相连的原油、成品油和天然气运输网络。

（7）强化城市公共交通网络，市区人口 100 万以上的城市实现中心城区 500 m 范围内公交站点全覆盖。

（8）基本建成 42 个全国性综合交通枢纽。

（9）增强邮政普遍服务能力，发展农村邮政，实现乡乡设所、村村通邮。

《体系规划》从基础设施、技术装备、运输服务、安全保障、节约环保等方面提出了"十二五"时期综合交通运输体系建设和发展的主要任务；从深化体制改革、加强法制建设、推动科技创新、拓宽融资渠道、健全标准体系、完善规划体系等方面提出了具体的政策措施保障。

9.3

"十三五"期间交通运输政策

9.3.1　《中华人民共和国国民经济和社会发展第十三个五年规划纲要》中的交通运输政策

2016 年 3 月，《中华人民共和国国民经济和社会发展第十三个五年规划纲要》正式发布，其中第七篇"构筑现代基础设施网络"第二十九章"完善现代综合交通运输体系"对"十三五"时期的交通运输发展提出了具体规划指导。

1. 规划指导内容

"十三五"期间将继续完善现代综合交通运输体系，坚持网络化布局、智能化管理、一体化服务、绿色化发展，建设国内国际通道联通、区域城乡覆盖广泛、枢纽节点功能完善、运输服务一体高效的综合交通运输体系。

1）构建内通外联的运输通道网络

构建横贯东西、纵贯南北、内畅外通的综合运输大通道，加强进出疆、出入藏通道建设，构建西北、西南、东北对外交通走廊和海上丝绸之路走廊。打造高品质的快速网络，加快推进高速铁路成网，完善国家高速公路网络，适度建设地方高速公路，增强枢纽机场和干支线机场功能。完善广覆盖的基础网络，加快中西部铁路建设，推进普通国省道提质改造和瓶颈路段建设，提升沿海和内河水运设施专业化水平，加强农村公路、通用机场建设，推进油气管道区域互联。提升邮政网络服务水平，加强快递基础设施建设。

2）建设现代高效的城际城市交通

在城镇化地区大力发展城际铁路、市域（郊）铁路，鼓励利用既有铁路开行城际列车，形成多层次轨道交通骨干网络，高效衔接大中小城市和城镇。实行公共交通优先，加快发展城市轨道交通、快速公交等大容量公共交通，鼓励绿色出行。促进网络预约等定制交通发展。强化中心城区与对外干线公路快速联系，畅通城市内外交通。加强城市停车设施建设。加强邮政、快递网络终端建设。

3）打造一体衔接的综合交通枢纽

优化枢纽空间布局，建设北京、上海、广州等国际性综合交通枢纽，提升全国性、区域性和地区性综合交通枢纽水平，加强中西部重要枢纽建设，推进沿边重要口岸枢纽建设，提升枢纽内外辐射能力。完善枢纽综合服务功能，优化中转设施和集疏运网络，强化客运零距离换乘和货运无缝化衔接，实现不同运输方式协调高效，发挥综合优势，提升交通物流整体效率。

4）推动运输服务低碳智能安全发展

推进交通运输低碳发展，集约节约利用资源，加强标准化、现代化运输装备和节能环保运输工具推广应用。加快智能交通发展，推广先进信息技术和智能技术装备应用，加强联程联运系统、智能管理系统、公共信息系统建设，加快发展多式联运，提高交通运输服务质量和效益。强化交通运输、邮政安全管理，提升安全保障、应急处置和救援能力。推进出租汽车行业改革、铁路市场化改革，加快推进空域管理体制改革。

2. 交通建设重点工程规划

1）高速铁路

加快完善高速铁路网，贯通哈尔滨至北京至香港（澳门）、连云港至乌鲁木齐、上海至昆明、广州至昆明高速铁路通道，建设北京至香港（台北）、呼和浩特至南宁、北京至昆明、包头银川至海口、青岛至银川、兰州（西宁）至广州、北京至兰州、重庆至厦门等高速铁路通道，拓展区域连接线。高速铁路营业里程达到 3 万 km，覆盖 80% 以上的大城市。

2）高速公路

加快推进由 7 条首都放射线、11 条北南纵线、18 条东西横线，以及地区环线、并行线、联络线等组成的国家高速公路网建设。提高长江经济带、京津冀地区高速公路网络密度和服务水平，推进高速公路繁忙拥堵路段扩容改造。新建改建高速公路通车里程约 3 万 km。

3）"四沿"通道

基本贯通沿海高速铁路、沿海高速公路和沿江高速铁路，加快建设沿边公路，建设和田至若羌铁路、东北沿边铁路和川藏铁路等沿边铁路。推进与周边国家跨境通道和"一带一路"沿线通道建设，建设乌鲁木齐、兰州重要节点城市铁路国际班列物流平台。建设深中通道。

4）民用机场

打造国际枢纽机场，建成北京新机场，建设京津冀、长三角、珠三角世界级机场群，加快建设哈尔滨、深圳、昆明、成都、重庆、西安、乌鲁木齐等国际航空枢纽，强化区域性枢纽机场功能。实施部分繁忙干线机场新建、迁建和扩能改造工程，建设支线机场和通用机场。建设郑州等以货运功能为主的机场。新增民用运输机场 50 个以上。

5）港航设施

优化提升环渤海、长三角、珠三角港口群，加快长江、珠江—西江、淮河、闽江等内河高等级航道建设，大力推进上海、天津、大连、厦门等国际航运中心建设，有序推进沿海港口集装箱、原油、液化天然气等专业化泊位建设，稳步推进海南凤凰岛等国际邮轮码头建设，提高港口智能化水平。

6）城市群交通

建设城市群中心城市间、中心城市与周边节点城市间 1～2 小时交通圈，打造城市群中心城市与周边重要城镇间 1 小时通勤都市圈。基本建成京津冀、长三角、珠三角、长江中游、中原、成渝、山东半岛城市群城际铁路网，建设其他城市群城际铁路网主骨架。实施市域（郊）铁路示范工程。

7）城市交通

完善优化超大、特大城市轨道交通网络，加快 300 万以上人口城市轨道交通成网，优化城市公共交通系统，建设集约化停车设施。新增城市轨道交通运营里程约 3 000 km。畅通城市道路与对外公路繁忙出入口，具备条件的城市规划建设绕城公路。

8）农村交通

继续加强农村公路建设，有条件的地区推进联网，加强县乡道提级改造、农村公路安全防护设施建设和危桥改造，加大农村公路养护力度，实现具备条件的建制村通硬化路和班车。完善农村和西部地区邮政、快递基础设施，实现村村直接通邮。

9）交通枢纽

以高速铁路、城际铁路和机场等为重点，打造一批开放式、立体化综合客运枢纽，推进同台换乘、立体换乘，加强城市内重要客运枢纽间的快速通道建设，减少换乘距离和时间。建设一批多式联运货运枢纽，提升换装效率。鼓励依托交通枢纽建设城市综合体，推进整体开发。

10）智能交通

推进交通基础设施、运输工具、运行信息等互联网化，加快构建车联网、船联网，完善故障预警、运行维护和智能调度系统，推动驾驶自动化、设施数字化和运行智慧化。推动铁路、民航、道路客运"一站式"票务服务系统建设，建设综合运输公共信息服务平台和交通大数据中心。

9.3.2　《"十三五"现代综合交通运输体系发展规划》简介

　　《"十三五"现代综合交通运输体系发展规划》（以下简称《十三五发展规划》）是我国 2013 年新一轮大部制改革后我国首个综合交通运输五年发展规划，是《中华人民共和国国民经济和社会发展第十三个五年规划纲要》的 22 个国家重点专项规划之一，由国务院于 2017 年 2 月 3 日印发，是指导"十三五"时期我国交通运输发展的纲领性文件。《十三五发展规划》统筹铁路、公路、水运、民航和邮政业发展，立足于交通运输基础设施发展、服务水平提高和转型发展的黄金时期，提出了"十三五"时期综合交通运输体系发展思路、任务和保障措施。《十三五发展规划》的出台，对于推进交通运输供给侧改革，加快构建现代综合交通运输体系具有重要意义。《十三五发展规划》指出，"十三五"时期，我国交通运输发展处于支撑全面建成小康社会的攻坚期、优化网络布局的关键期、提质增效升级的转型期，将进入现代化建设新阶段。要坚持交通运输服务人民的根本宗旨，以提高发展质量和综合效率为中心，以优化服务供给结构为主线，着力完善基础设施网络、加强运输服务一体衔接、提高运营管理智能水平、推行绿色安全发展模式，加快完善现代综合交通运输体系，更好发挥交通运输对经济社会发展的支撑引领作用，为全面建成小康社会奠定坚实基础。

1. 主要目标

　　到 2020 年，基本建成安全、便捷、高效、绿色的现代综合交通运输体系，部分地区和领域率先基本实现交通运输现代化。

　　（1）网络覆盖加密拓展。高速铁路覆盖 80% 以上的城区常住人口 100 万以上的城市，铁路、高速公路、民航运输机场基本覆盖城区常住人口 20 万以上的城市，内河高等级航道网基本建成，沿海港口万吨级及以上泊位数稳步增加，具备条件的建制村通硬化路，城市轨道交通运营里程比 2015 年增长近一倍，油气主干管网快速发展，综合交通网总里程达到 540 万 km 左右。

　　（2）综合衔接一体高效。各种运输方式衔接更加紧密，重要城市群核心城市间、核心城市与周边节点城市间实现 1～2 h 通达。打造一批现代化、立体式综合客运枢纽，旅客换乘更加便捷。交通物流枢纽集疏运系统更加完善，货物换装转运效率显著提高，交邮协同发展水平进一步提升。

　　（3）运输服务提质升级。全国铁路客运动车服务比重进一步提升，民航航班正常率逐步提高，公路交通保障能力显著增强，公路货运车型标准化水平大幅提高、货车空驶率大幅下降，集装箱铁水联运比重明显提升，全社会运输效率明显提高。公共服务水平显著提升，实现村村直接通邮、具备条件的建制村通客车，城市公共交通出行比例不断提高。

　　（4）智能技术广泛应用。交通基础设施、运载装备、经营业户和从业人员等基本要素信息全面实现数字化，各种交通方式信息交换取得突破。全国交通枢纽站点无线接入网络广泛覆盖。铁路信息化水平大幅提升，货运业务实现网上办理，客运网上售票比例明显提高。基本实现重点城市群内交通一卡通互通，车辆安装使用 ETC 比例大幅提升。交通运输行业北斗卫星导航系统前装率和使用率显著提高。

（5）绿色安全水平提升。城市公共交通、出租车和城市配送领域新能源汽车快速发展。资源节约集约利用和节能减排成效显著，交通运输主要污染物排放强度持续下降。交通运输安全监管和应急保障能力显著提高，重特大事故得到有效遏制，安全水平明显提升。

2. 重点任务

《十三五发展规划》提出了现代综合交通运输体系发展的 8 项重点任务。

（1）完善基础设施网络化布局。建设多向连通的综合运输通道，构建高品质的快速交通网，强化高效率的普通干线网，拓展广覆盖的基础服务网。

（2）强化战略支撑作用。打造"一带一路"互联互通开放通道，构建区域协调发展交通新格局，发挥交通扶贫脱贫攻坚基础支撑作用，发展引领新型城镇化的城际城市交通。

（3）加快运输服务一体化进程。优化综合交通枢纽布局，提升客运服务安全便捷水平，促进货运服务集约高效发展，增强国际化运输服务能力，发展先进适用的技术装备。

（4）提升交通发展智能化水平。推动智能化运输服务升级，优化交通运行和管理控制，健全智能决策支持与监管，加强交通发展智能化建设。

（5）促进交通运输绿色发展。推动节能低碳发展，强化生态保护和污染防治，推进资源集约节约利用。

（6）加强安全应急保障体系建设。加强安全生产管理，加快监管体系建设，推进应急体系建设。

（7）拓展交通运输新领域新业态。积极引导交通运输新消费，培育壮大交通运输新动能，打造交通物流融合新模式，推进交通空间综合开发利用。

（8）全面深化交通运输改革。深化交通管理体制改革、推进交通市场化改革，加快交通投融资改革。

3. 政策支持保障

《十三五发展规划》强调，要加强规划组织实施，完善相关配套政策措施；加大政策支持力度，加强土地、投资、补贴等组合政策支撑保障；完善法规标准体系；强化交通科技创新，提高科技含量和技术水平；培育多元人才队伍，培养急需的高层次、高技能人才。

9.3.3　《交通强国建设纲要》简介

建设交通强国是以习近平同志为核心的党中央立足国情、着眼全局、面向未来作出的重大战略决策，是建设现代化经济体系的先行领域，是全面建成社会主义现代化强国的重要支撑，是新时代做好交通工作的总抓手。为统筹推进交通强国建设，中共中央、国务院于 2019 年 9 月印发了《交通强国建设纲要》（以下简称《强国纲要》）。《强国纲要》明确提出：建成"人民满意、保障有力、世界前列的交通强国"，打造"三张交通网""两个交通圈"，建设形成"发达的快速网、完善的干线网、广泛的基础网"，建设形成"全国 123 出行交通圈"和"全球 123 快货物流圈"。

1. 指导思想

以习近平新时代中国特色社会主义思想为指导，深入贯彻党的十九大精神，紧紧围绕统筹推进"五位一体"总体布局和协调推进"四个全面"战略布局，坚持稳中求进工作总基调，坚持新发展理念，坚持推动高质量发展，坚持以供给侧结构性改革为主线，坚持以人民为中心的发展思想，牢牢把握交通"先行官"定位，适度超前，进一步解放思想、开拓进取，推动交通发展由追求速度规模向更加注重质量效益转变，由各种交通方式相对独立发展向更加注重一体化融合发展转变，由依靠传统要素驱动向更加注重创新驱动转变，构建安全、便捷、高效、绿色、经济的现代化综合交通体系，打造一流设施、一流技术、一流管理、一流服务，建成人民满意、保障有力、世界前列的交通强国，为全面建成社会主义现代化强国、实现中华民族伟大复兴中国梦提供坚强支撑。

2. 发展目标

到 2020 年，完成决胜全面建成小康社会交通建设任务和"十三五"现代综合交通运输体系发展规划各项任务，为交通强国建设奠定坚实基础。从 2021 年到本世纪中叶，分两个阶段推进交通强国建设：

（1）到 2035 年，基本建成交通强国。现代化综合交通体系基本形成，人民满意度明显提高，支撑国家现代化建设能力显著增强；拥有发达的快速网、完善的干线网、广泛的基础网，城乡区域交通协调发展达到新高度；基本形成"全国 123 出行交通圈"（都市区 1 h 通勤、城市群 2 h 通达、全国主要城市 3 h 覆盖）和"全球 123 快货物流圈"（国内 1 天送达、周边国家 2 天送达、全球主要城市 3 天送达），旅客联程运输便捷顺畅，货物多式联运高效经济；智能、平安、绿色、共享交通发展水平明显提高，城市交通拥堵基本缓解，无障碍出行服务体系基本完善；交通科技创新体系基本建成，交通关键装备先进安全，人才队伍精良，市场环境优良；基本实现交通治理体系和治理能力现代化；交通国际竞争力和影响力显著提升。

（2）到本世纪中叶，全面建成人民满意、保障有力、世界前列的交通强国。基础设施规模质量、技术装备、科技创新能力、智能化与绿色化水平位居世界前列，交通安全水平、治理能力、文明程度、国际竞争力及影响力达到国际先进水平，全面服务和保障社会主义现代化强国建设，人民享有美好交通服务。

3. 九大重点任务

（1）基础设施布局完善、立体互联。建设现代化高质量综合立体交通网络，构建便捷顺畅的城市（群）交通网，形成广覆盖的农村交通基础设施网，构筑多层级、一体化的综合交通枢纽体系。

（2）交通装备先进适用、完备可控。加强新型载运工具研发和特种装备研发，推进装备技术升级。

（3）运输服务便捷舒适、经济高效。推进出行服务快速化、便捷化，打造绿色高效的现代物流系统，加速新业态新模式发展。

（4）科技创新富有活力、智慧引领。强化前沿关键科技研发，大力发展智慧交通，推动新技术与交通行业深度融合，完善科技创新机制。

（5）安全保障完善可靠、反应快速。提升本质安全水平，提升关键基础设施安全防护能力，推进精品建造和精细管理；完善交通安全生产体系；强化交通应急救援能力。

（6）绿色发展节约集约、低碳环保。促进资源节约集约利用，强化节能减排和污染防治，强化交通生态环境保护修复。

（7）开放合作面向全球、互利共赢。构建互联互通、面向全球的交通网络，加大对外开放力度，深化交通国际合作，积极推动全球交通治理体系建设与变革。

（8）人才队伍精良专业、创新奉献。培育高水平交通科技人才，打造素质优良的交通劳动者大军，建设高素质专业化交通干部队伍。

（9）完善治理体系，提升治理能力。深化行业改革，优化营商环境，扩大社会参与，培育交通文明。

4. 保障措施

（1）加强党的领导。充分发挥党总揽全局、协调各方的作用，建立统筹协调的交通强国建设实施工作机制。

（2）加强资金保障。深化交通投融资改革，完善政府主导、分级负责、多元筹资、风险可控的资金保障和运行管理体制。鼓励采用多元化市场融资方式，拓宽融资渠道。

（3）加强实施管理。科学制定配套政策和配置公共资源，促进交通强国建设与自然资源、环保、财税、金融、投资、产业、贸易等政策协同。部署若干重大工程、重大项目，合理规划交通强国建设进程。鼓励有条件的地方、企业在交通强国建设中先行先试。

9.3.4　《铁路"十三五"发展规划》简介

2017 年 11 月，国家发展改革委、交通运输部、国家铁路局、中国铁路总公司联合发布《铁路"十三五"发展规划》，该政策旨在加强铁路基础设施网络建设，发挥铁路骨干优势作用，提升铁路运输服务品质，提高铁路发展质量和效益。文中指出，到 2020 年，路网布局优化完善，装备水平先进适用，运输安全持续稳定，运营管理现代科学，创新能力不断提高，运输能力和服务品质全面提升，市场竞争力和国际影响力明显增强，适应全面建成小康社会需要。

1. 路网建设

全国铁路营业里程达到 15 万 km，其中高速铁路 3 万 km，复线率和电气化率分别达到 60% 和 70% 左右，基本形成布局合理、覆盖广泛、层次分明、安全高效的铁路网络。

（1）高速铁路扩展成网。在建成"四纵四横"主骨架的基础上，高速铁路建设有序推进，高速铁路服务范围进一步扩大，基本形成高速铁路网络。

（2）干线路网优化完善。东部路网持续优化完善，中西部路网规模继续扩大，西部与东中部联系通道进一步拓展，区域内部联系更加紧密，中西部路网规模达到 9 万 km 左右。对外通道建设有序推进，与周边国家铁路互联互通取得积极进展。

（3）城际、市域（郊）铁路有序推进。经济发达、人口稠密、城镇密集地区形成城际、市域（郊）铁路骨架网络，其他适宜区域因地制宜、量力而行布局建设，城际和市域（郊）铁路规模达到 2 000 km 左右。

（4）综合枢纽配套衔接。建成一批设施设备配套完善、现代高效的综合交通枢纽，建设支线铁路约 3 000 km，铁路与其他运输方式一体衔接效率明显提升，基本实现客运"零距离"换乘和货运"无缝化"衔接。

2. 运输服务

（1）覆盖范围更为广泛。全国铁路网基本覆盖城区常住人口 20 万以上城市，高速铁路网覆盖 80% 以上的大城市。

（2）旅客出行更为便捷。动车组列车承担旅客运量比重达到 65%。实现北京至大部分省会城市之间 2～8 h 通达，相邻大中城市 1～4 h 快速联系，主要城市群内 0.5～2 h 便捷通勤。

（3）货物运输更为高效。货运能力基本满足跨区域能源、资源等物资运输需要，重载、快捷及集装箱等专业化运输水平显著提高，"门到门"、快速送达的全程物流服务体系初步形成。铁水、铁公、铁空等多式联运比重大幅提升。

3. 信息化建设

（1）客货服务网络化。客运网上售票比例达 80%，实现货物受理、电子支付、物流追踪等货运业务网上办理。

（2）运输组织智能化。以铁路地理信息平台为依托、服务铁路建设运营管理的数字化铁路基础框架加快建设，调度指挥智能化水平进一步提高，基本实现运输生产全过程信息化。

（3）安全监控自动化。集监测、监控和管理于一体的安全监管信息系统基本建立，实现安全生产动态信息的实时监测监控，提升铁路运输安全监测专业化、自动化水平。

9.3.5　《国家公路网规划》简介

1. 2014 年版《国家公路网规划》

为加快建设综合交通运输体系，促进现代物流业发展，构建布局合理、功能完善、覆盖广泛、安全可靠的国家公路网络，2014 年 1 月国家发展改革委发布《国家公路网规划（2013 年—2030 年）》，这是我国第一个集高速公路和普通公路于一体的国家中长期公路网布局规划，是指导我国公路长远发展的纲领性文件。

1）规划目标

规划中指出了未来到 2030 年的发展目标：形成布局合理、功能完善、覆盖广泛、安全可靠的国家干线公路网络，实现首都辐射省会、省际多路连通，地市高速通达、县县国道覆盖。1 000 km 以内的省会间可当日到达，东中部地区省会到地市可当日往返、西部地区省会到地市可当日到达；区域中心城市、重要经济区、城市群内外交通联系紧密，形成多中心放射的路网格局；有效连接国家陆路门户城市和重要边境口岸，形成重要国际运输通道，与东北亚、中亚、南亚、东南亚的联系更加便捷。

2）规划方案

国家公路网规划总规模 40.1 万 km，由普通国道和国家高速公路两个路网层次构成。

（1）普通国道网。

由 12 条首都放射线、47 条北南纵线、60 条东西横线和 81 条联络线组成，总规模约 26.5 万 km。按照"主体保留、局部优化，扩大覆盖、完善网络"的思路，调整拓展普通国道网：保留原国道网主体，优化路线走向，恢复被高速公路占用的普通国道路段；补充连接地级行政中心和县级节点、重要的交通枢纽、物流节点城市和边境口岸；增加可有效提高路网运行效率和应急保障能力的部分路线；增设沿边沿海路线，维持普通国道网相对独立。

（2）国家高速公路网。

由 7 条首都放射线、11 条北南纵线、18 条东西横线，以及地区环线、并行线、联络线组成，约 11.8 万 km，另规划远期展望线约 1.8 万 km。按照"实现有效连接、提升通道能力、强化区际联系、优化路网衔接"的思路，补充完善国家高速公路网：保持原国家高速公路网规划总体框架基本不变，补充连接新增 20 万以上城镇人口城市、地级行政中心、重要港口和重要国际运输通道；在运输繁忙的通道上布设平行路线；增设区际、省际通道和重要城际通道；适当增加有效提高路网运输效率的联络线。

3）保障措施

保障措施主要包括修订公路法律法规、完善投资融资政策、节约资源和保护环境、科技引领提升服务、促进公路协调发展。

2. 2022 年版《国家公路网规划》

为贯彻落实《国民经济和社会发展第十四个五年规划和 2035 年远景目标纲要》《国家综合立体交通网规划纲要》，优化完善国家公路网络，有力支撑现代化经济体系和社会主义现代化强国建设，经国务院批准，2022 年 7 月 4 日，国家发展改革委、交通运输部联合印发《国家公路网规划》（发改基础〔2022〕1033 号）。该规划立足新发展阶段，完整、准确、全面贯彻新发展理念，对国家公路网络布局进行了优化完善，规划期至 2035 年，远景展望到本世纪中叶。

1）规划目标

到 2035 年，基本建成覆盖广泛、功能完备、集约高效、绿色智能、安全可靠的现代化高质量国家公路网。

展望到 2050 年，高水平建成世界一流国家公路网，与现代化高质量国家综合立体交通网相匹配，与先进信息网络相融合，与生态文明相协调，与总体国家安全观相统一，与人民美好生活需要相适应，有力支撑全面建成现代化经济体系和社会主义现代化强国。

2）规划方案

国家公路网规划总规模约 46.1 万 km，由国家高速公路网和普通国道网组成，其中国家高速公路约 16.2 万 km（含远景展望线约 0.8 万 km），普通国道约 29.9 万 km。

（1）国家高速公路网。由 7 条首都放射线、11 条北南纵线、18 条东西横线，以及 6 条地区环线、12 条都市圈环线、30 条城市绕城环线、31 条并行线、163 条联络线组成。

（2）普通国道网。由 12 条首都放射线、47 条北南纵线、60 条东西横线，以及 182 条联络线组成。

3）保障措施

保障措施包括加强规划衔接协调、强化规划实施保障、完善资金保障机制、优化规划实施管理。

4）实施要求

实施要求包括节约集约利用资源、推进绿色低碳发展、注重创新赋能发展、注重与产业融合发展、严控地方政府债务风险。

9.3.6　《中国民用航空发展第十三个五年规划》简介

2016 年 12 月，中国民用航空局、国家发展改革委、交通运输部联合发布《中国民用航空发展第十三个五年规划》。规划中指出，到 2020 年，基本建成安全、便捷、高效、绿色的现代民用航空系统，满足国家全面建成小康社会的需要。航空运输持续安全，航空服务网络更加完善，基础设施保障能力全面增强，行业治理能力明显加强，运输质量和效率大幅提升，国际竞争力和影响力不断提高，创新能力更加突出，在国家综合交通运输体系中的作用更加凸显。

（1）安全水平保持领先。全面建成具有中国特色的民航安全管理体系和运行机制，运输航空每百万小时重大及以上事故率低于 0.15。

（2）战略作用持续增强。民航对国民经济贡献不断提高，航空运输在综合交通中的比重进一步提升，旅客周转量比重达到 28%。运输周转量达到 1 420 亿 t·km，旅客运输量7.2 亿人次，货邮运输量 850 万 t，年均分别增长 10.8%、10.4% 和 6.2%。

（3）保障能力全面提升。运输机场数量达到 260 个左右，基本建成布局合理、功能完善、安全高效的机场网络。空域不足的瓶颈制约得到改善，空管保障能力稳步提高，年起降架次保障能力达到 1 300 万。

（4）服务品质明显改善。全面提升运行质量，航班正常率力争达到 80%，全面提升服务水平，打造民航"真情服务"品牌，增进旅客对民航真情服务的获得感。

（5）通用航空蓬勃发展。基础设施大幅增加，标准体系基本建立，运营环境持续改善，服务领域不断扩展。通用机场达到 500 个以上，通用航空器达到 5 000 架以上，飞行总量达到 200 万 h。

（6）绿色发展深入推进。建成绿色民航标准体系，资源节约、环境保护和应对气候变化取得明显成效，吨公里能耗和二氧化碳排放量五年平均比"十二五"下降 4% 以上。

9.3.7　《水运"十三五"发展规划》简介

水运业是经济社会发展的基础性、先导性产业和服务性行业，是综合交通运输体系的重要组成部分，在支撑国民经济平稳较快发展、优化国土开发和产业布局、促进对外贸易和国际竞争力提升、维护国家权益和经济安全等方面发挥了重要作用。交通运输部于 2016 年 5 月发布《水运"十三五"发展规划》，该规划是"十三五"时期水运发展的纲领性文件，也是行业主管部门履行宏观指导和公共服务职责的行动指南，各级水运行业政府部门和相关市场主体应遵照执行。

1. 指导思想

紧紧围绕"四个全面"的总体要求，牢固树立创新、协调、绿色、开放、共享发展理念，围绕解决内河水运发展短板和港口功能拓展等重点领域的突出问题，以供给侧结构性改革推进水运转型升级，提高水运供给体系的质量和效率，充分发挥好水运在海陆双向开放和综合运输体系中的重要作用，打造具有区域带动力、国际影响力的现代水运业，为实施三大战略提供坚实的水运保障。

2. 发展目标

规划指出，到 2020 年，长江黄金水道等内河高等级航道功能显著提升，主要港口战略支点地位进一步强化，国际航运中心建设取得重点突破，海运大国向海运强国迈进，基本形成保障充分、服务高效、平安绿色、国际影响力强的现代化水运体系，适应经济社会发展和全方位对外开放需要。

1）设施保障

（1）沿海港口。区域港口和主要货类专业化码头布局更加完善，煤炭、铁矿石、原油、集装箱等专业化码头通过能力适应度大于1，重点港区进港航道适应船舶大型化发展，码头设施现代化水平进一步提高。

（2）内河航道。新增和改善航道里程 4 500 km，规划的高等级航道基本建成，达标率 90% 以上，以高等级航道为骨干，通江达海、干支衔接的航道体系形成。航道养护里程达到 12 万 km 以上，养护水平明显提升。长江、西江、京杭运河等干线航道在综合运输大通道中的地位进一步提高，长江黄金水道功能显著提升。

（3）内河港口。重庆长江上游、武汉长江中游航运中心和主要港口建成一批规模化、集约化港区，集疏运条件明显改善，区域辐射力、产业支撑力明显增强。

2）运输服务

（1）服务功能。主要港口现代物流、航运服务等功能明显拓展，口岸服务水平和效率明显改善。集装箱干线港在国际海运集装箱网络中的枢纽地位巩固，集装箱国际中转量达到

1 500 万 TEU。港口对区域产业支撑力和辐射力明显增强，在全方位对外开放的战略支点地位进一步强化。

（2）运输组织。多式联运加快发展，开放融合的水运体系趋于完善，沿海主要港口集装箱海铁联运比例超过 2%，内河运输组织化程度进一步提高。

3）航运市场

（1）航运中心。以上海为代表的国际航运中心建设取得重点突破，初步形成较为完善的航运金融、航运经纪、航运信息、船舶管理、海事仲裁等航运服务体系，以及具有国际影响力的运价指数、船舶交易指数，国际影响力明显提升。

（2）国际海运。海运船队运力结构进一步优化，海运服务贸易出口额明显增加。外贸进口物资运输保障能力显著提升，国轮承运比重提高。主要港航企业国际竞争力进一步提高。

（3）内河船舶。运输船舶标准化、专业化、大型化水平进一步提升，船型标准化率达到 70%，货运船舶平均吨位提高到 1 000 t。

4）平安绿色

（1）平安水运。港口亿吨吞吐量事故件数较 2015 年下降 5%；水上交通安全监管和救助系统覆盖我国全部水域，重点海域离岸 100 海里以内海域应急到达时间不超过 90 min。

（2）绿色发展。资源节约集约利用和有效保护继续推进，绿色低碳发展取得新进展；船舶能源消耗和污染物排放管理取得新突破，重点海域设立船舶排放控制区。营运船舶单位运输周转量能耗和二氧化碳排放分别降低 6%、7%，港口生产单位吞吐量综合能耗和二氧化碳排放均降低 2%。

9.3.8　管道运输相关政策简介

管道运输主要是服务于我国石油运输和天然气运输的，因此管道运输发展相关的政策规划主要体现在我国石油和天然气发展相关政策规划文件中。2016 年 12 月国家发展改革委、国家能源局印发了《能源发展"十三五"规划》；2016 年 12 月国家发展改革委印发《石油发展"十三五"规划》（以下简称《石油规划》）、《天然气发展"十三五"规划》（以下简称《天然气规划》）。

1. 规划目标

《石油规划》提出要构建开放条件下的多元石油供应安全体系。"十三五"期间，中国将建成原油管道约 5 000 km，新增一次输油能力 1.2 亿吨/年；建成成品油管道 12 000 km，成品油管道里程将从 2.1 万 km 提高到 3.3 万 km，形成一次输油能力 3 亿吨/年。

针对天然气基础设施建设落后的局面，《天然气规划》提出，"十三五"期间，新建天然气主干及配套管道 4 万 km，天然气管道总里程将从 6.4 万 km 提高到 2020 年的 10.4 万 km，管道一次运输能力从 2 800 亿 m^3 提高到 2020 年的 4 000 亿 m^3。

2. 《石油规划》中的管道运输建设任务——推进原油、成品油管网建设

推进原油、成品油管网建设整体规划、科学布局，充分发挥市场在资源配置中的决定性作用，优化管输流向，加强多元供应，提高管输比例和运行效率，有效降低物流成本。原油管道重在优化和提升陆上、海上原油进口能力，成品油管道重在解决区域油品不平衡问题和提高管输比例。加强科技创新，提高管道装备制造和工程技术水平，推进装备国产化，加快实现管道系统智能化、网络化。落实管道第三方公平开放，优先考虑利用现有管道向目标市场输送资源。加强管道保护和安全隐患治理。着力构建布局合理、覆盖广泛、安全高效的现代石油管道网络。

1）推进原油管道建设

统筹原油管道与炼化基地、储备基地协同发展，保障炼厂原油供应、储备基地收储和动用。

（1）拓展陆上原油进口通道。建成中俄原油管道二线和中缅原油管道国内段，研究完善中哈原油管道增输配套设施，开展中哈原油管道延伸到格尔木项目前期工作。

（2）优化和提升海上原油接转能力。优化码头布局，提高东部沿海原油码头接卸能力，配套建设外输管道。统筹长江经济带管网布局，加快建设沿江主干管道，配套输配体系和仓储设施，开展大亚湾—长岭原油管道项目前期工作。鼓励新取得进口配额的原油加工企业通过管道输送进口原油，规划配套新建管道。

（3）推进其他原油管道建设。统筹国内资源开发，配套新建国内原油输送通道。与规划建设的炼化基地、炼油项目、国储基地等配套新建管道。

（4）实施管道隐患治理及改造。以东北、华北、华南等地区老旧管道为重点，加快实施以新代老、隐患治理等管道改造整改工程。

2）加快成品油管道建设

就近供应、区域互联。推进东北到华北华中、华南到西南等跨区管道建设，解决油品资源不平衡和运输瓶颈问题。加快布局云南等西南地区、山西等华北地区成品油管道，提高区域成品油管输供应。依托长三角炼化基地集群和沿江炼厂，加快完善长江经济带管网布局，减少长江水路运输。与规划建设的炼油及升级改造项目、煤制油项目、成品油中转库和储备库、航油油库等配套新建管道。统筹军事需求，根据军队油料需求计划和分输地要求，在管道适当位置预留分输口或结合已有站场建设分输设施，改扩建格尔木—拉萨成品油管道。

结合不同运输方式在石油运输中的优势和特点，加强管道运输与公路、铁路、水运等运输方式的高效衔接，提升油品周转效率。在满足管道输送能力规模和经济性的前提下，鼓励建设替代现有水运、公路、铁路的管道项目。落实管道第三方公平开放，优先考虑利用现有管道向目标市场输送资源，鼓励企业间油品资源串换。提升管道运输技术与运行管理自动化水平，提高油品顺序输送能力。

3. 《天然气规划》中的管道运输建设任务——加快天燃气管网建设

要统筹国内外天然气资源和各地区经济发展需求，整体规划，分步实施，远近结合，适度超前，鼓励各种主体投资建设天然气管道。依靠科技进步，加大研发投入，推动装备国产

化。加强政府监管，完善法律法规，实现管道第三方准入和互联互通，在保证安全运营前提下，任何天然气基础设施运营企业应当为其他企业的接入请求提供便利。

1）完善四大进口通道

西北战略通道重点建设西气东输三线（中段）、四线、五线，做好中亚 D 线建设工作。东北战略通道重点建设中俄东线天然气管道。西南战略通道重点建设中缅天然气管道向云南、贵州、广西、四川等地供气支线。海上进口通道重点加快 LNG 接收站配套管网建设。

2）提高干线管输能力

加快向京津冀地区供气管道建设，增强华北区域供气和调峰能力。完善沿长江经济带天然气管网布局，提高国家主干管道向长江中游城市群供气能力。根据市场需求增长安排干线管道增输工程，提高干线管道输送能力。

3）加强区域管网和互联互通管道建设

进一步完善主要消费区域干线管道、省内输配气管网系统，加强省际联络线建设，提高管道网络化程度，加快城镇燃气管网建设。建设地下储气库、煤层气、页岩气、煤制气配套外输管道。强化主干管道互联互通，逐步形成联系畅通、运行灵活、安全可靠的主干管网系统。

9.3.9　《邮政业发展"十三五"规划》简介

邮政业是国家重要的社会公用事业，是推动流通方式转型、促进消费升级的现代化先导性产业，在国民经济中发挥着基础性作用。邮政业持续健康发展，对于保障用邮权益、降低流通成本、服务生产生活、促进创业创新和推动经济转型升级具有重要的意义。为建成与小康社会相适应的现代邮政业，2016 年 12 月，交通运输部国家邮政局、国家发展改革委联合印发了《邮政业发展"十三五"规划》，提出"贯穿一条主线，实现两个转变，打造三个优势，实现五个跨越"的推动行业发展基本思路，即以推动行业改革和创新发展为主线，转变发展路径和发展方式，打造邮政业在推动流通方式转型、促进社会消费升级、引领物流发展等三个方面的优势，推动邮政业在发展规模、创新能力、服务能力、服务水平、竞争实力等五个方面实现大幅跨越。规划提出了以下明确的发展目标：

（1）发展规模。实现"上百、过千、超万、破十万"。即，五年全行业累计新增就业岗位 100 万个以上，年服务用户超过 1 000 亿人次，行业业务总量和收入超越 1 万亿元，支撑网络零售交易规模突破 10 万亿元。行业收入占国内生产总值的比重达到 1%。

（2）创新能力。坚持需求导向和产业化方向，加快提升行业在科技研发应用、服务网络建设、产品体系拓展、商业运营模式等方面的创新能力，业内主要企业率先实现服务功能多样化、寄递服务便捷化、内部作业自动化、生产组织信息化。

（3）服务能力。构建形成覆盖全国、网络共享、功能集成的邮政普遍服务网络，保障邮政基本公共服务均等化和便利化。构建形成普惠城乡、联通国际、安全高效的快递服务网络。壮大快递航空运输机队规模。打造联通亚太、辐射全球的国际快递航空枢纽，布局建设邮件快件进出境通道。提高农村快递网络覆盖率，基本实现乡乡有网点、村村通快递。

（4）服务水平。邮政普遍服务达到服务标准，建制村实现村村直接通邮。寄递服务产品体系更加丰富，承诺时限产品比重进一步提升，重点快递企业国内重点城市间实现 48 h 送达。快件延误率、损毁率、丢失率、用户申诉率控制在目标值以内。遏制发生重特大安全事故。邮政普遍服务满意度位居国内公共服务前列，快递服务满意度稳步提升。

（5）竞争实力。中国邮政集团公司在世界 500 强的排名进一步上升，进入全球邮政前 2 名，成为世界一流邮政企业。积极打造"快递航母"，形成若干家年业务量超百亿件或年业务收入超千亿元的快递企业集团。企业国际化发展水平显著提升，国际业务大幅拓展。

9.3.10　《快递业发展"十三五"规划》简介

快递业是现代服务业的重要组成部分，是推动流通方式转型、促进消费升级的现代化先导性产业。"十三五"时期是快递业改革创新的攻坚时期，根据《国民经济和社会发展第十三个五年规划纲要》和《邮政业发展"十三五"规划》，2017 年 2 月 13 日，交通运输部国家邮政局发布了《快递业发展"十三五"规划》（以下简称《快递业规划》）。《快递业规划》是指导我国快递业适应经济发展新常态、把握发展新定位的行动纲领，是贯彻落实《国务院关于促进快递业发展的若干意见》的具体部署。《快递业规划》提出到 2020 年基本建成普惠城乡、技术先进、服务优质、安全高效、绿色节能的快递服务体系，形成覆盖全国、联通国际的服务网络。《快递业规划》将快递业的主要目标细化为以下 6 个方面：

（1）在产业能力方面，快递市场规模要稳居世界首位，服务网络进一步健全，基本实现乡乡有网点、村村通快递。建设一批辐射国内外的航空快递货运枢纽，积极打造"快递航母"，形成 3～4 家年业务量超百亿件或年业务收入超千亿元的快递企业集团，培育 2 个以上具有国际竞争力和良好商誉度的世界知名快递品牌。

（2）在科技创新方面，科技应用水平进一步提高，客户服务、企业运营、行业管理的信息化水平基本达到国际先进水平。建成一批工程技术中心和 3～5 个行业科研基地，创新型人才队伍不断壮大。

（3）在服务品质方面，寄递服务产品体系更加丰富，承诺时限产品比重进一步提升，国际快递服务通达范围更广，速度更快。快递标准化程度提升，行业整体信用水平明显提升。

（4）在安全水平方面，全面落实"三项制度"，实现寄递流程可跟踪、隐患可发现、事件可预警、风险可管控、责任可追溯等目标，遏制重特大事故的发生。

（5）在绿色低碳方面，快递生产方式绿色低碳水平大幅提升，能源资源利用效率大幅提高，快件包装标准化、绿色化水平显著提升，包装材料循环利用率不断提高。

（6）在综合效益方面，快递服务普及程度大幅提高，有力带动社会就业。快递服务领域不断延伸，服务内涵不断深化，对国民经济贡献不断增强。

《快递业规划》指出，当前供给侧结构性改革为快递业转型升级提供了新动能，"互联网+"行动计划为快递业创新发展提供了新引擎，开放型经济新体制为快递业国际化发展提供了新机遇，"放管服"改革为快递业健康发展提供了新助力，资源环境制约对快递业绿色发展提出了新要求。但是，快递在发展的同时也面临诸多挑战。快递消费需求与有效供给不匹配、要素成本攀升等问题明显；网购人口红利逐步衰减，快递增长的结构性风险加大；新旧市场主体间资源争夺日趋激烈，市场格局不确定性增加；模式创新与现行法规之间碰撞日趋频繁，对政府治理提出新挑战；传统安全威胁和非传统安全威胁交织，行业安全风险加大。

为解决问题、实现目标，《快递业规划》布置了七项任务和九大工程。七项任务是壮大市场主体，打造快递航母；强化服务能力，加快普惠发展；深化"互联网+"快递，推进创新发展；拓展海外市场，加速国际化发展；加强寄递渠道综合治理，保障安全发展；加快信用建设，推进诚信发展；高效利用资源，推动绿色发展。九大工程为航空快递枢纽工程、快递专业类物流园区建设工程、快递"三上"工程、城乡惠民综合服务平台建设工程、"快递下乡"工程、快递业与相关产业联动发展工程、寄递渠道安全监管"绿盾"工程、快递业信用管理信息化工程、快递绿色发展工程。

《快递业规划》提出了完善规划标准、推进依法治业、优化政策环境、促进科技创新、加快人才培养、强化运行监测、加大行业宣传、加强党的建设等保障措施。

9.3.11　《城市公共交通"十三五"发展纲要》简介

城市公共交通是满足人民群众基本出行需求的社会公益性事业，与人民群众生产生活息息相关，是政府应当提供的基本公共服务和重大民生工程。交通运输部 2016 年 7 月印发《城市公共交通"十三五"发展纲要》，在总结"十二五"时期城市公共交通发展成绩和面临主要问题的基础上，分析了"十三五"时期面临的新形势和新要求，明确了城市公共交通发展的总体思路、发展目标和重点任务，是"十三五"时期推进城市公共交通优先发展的指导性文件。

纲要指出，到 2020 年，初步建成适应全面建成小康社会需求的现代化城市公共交通体系。在具体目标上，纲要根据不同人口规模对城市进行分类，按照"数据可采集、同类可比较、群众可感知"原则，分别提出了"十三五"时期各类城市的公交发展指标。纲要指出，坚持"以人为本、提质增效，政府主导、市场运作，规划引导、统筹发展，深化改革、依法治理，因地制宜、分类指导"的基本原则，深入贯彻落实公交优先发展战略，以公交都市建设为抓手，以改革创新为动力，全力推进城市公交体制机制改革和供给侧结构性改革，加快提升城市公交引导城市发展能力、服务保障能力、可持续发展能力和综合治理能力，努力打造高效便捷、安全舒适、经济可靠、绿色低碳的城市公交系统，不断满足人民群众基本出行需要，实现好、维护好、发展好人民群众的基本出行权益。

纲要提出了"十三五"时期我国城市公共交通发展的 5 大任务：

（1）全面推进"公交都市"建设。建立城市公交引导城市发展新机制，总结推广公交都市建设工作经验，丰富公交都市建设内涵。"十三五"时期，交通运输部将在地市级以上城市全面推进公交都市建设专项行动，并对各公交都市建设城市内符合条件的综合客运枢纽建设给予支持。大力推进新能源城市公交车的推广应用。

（2）深化城市公交行业体制机制改革。推进城市公交管理体制改革和城市公交企业改革，建立政府购买城市公交服务机制、票制票价制定和调节机制，健全公共交通用地综合开发政策落实机制。

（3）全面提升城市公交服务品质。扩大公交服务广度和深度，完善多元化公交服务网络，提升公交出行快捷性、便利性、舒适性和安全性。

（4）建设与移动互联网深度融合的智能公交系统。建设城市公交智能化应用系统，推进"互联网+城市公交"发展。

（5）缓解城市交通拥堵。通过合理选择交通疏导、改善慢行交通出行环境、加强城市静态交通管理、落实城市建设项目交通影响评价制度等多项举措，引导城市建立差异化交通拥堵治理措施。

9.3.12　《智能汽车创新发展战略》简介

当今世界正经历百年未有之大变局，新一轮科技革命和产业变革方兴未艾，智能汽车已成为全球汽车产业发展的战略方向。为加快推进智能汽车创新发展，2020 年 2 月，由国家发展改革委、中央网信办、科技部、工业和信息化部、公安部、财政部、自然资源部、住房城乡建设部、交通运输部、商务部、市场监管总局联合制定《智能汽车创新发展战略》。

战略提出，到 2025 年，中国标准智能汽车的技术创新、产业生态、基础设施、法规标准、产品监管和网络安全体系基本形成。实现有条件自动驾驶的智能汽车达到规模化生产，实现高度自动驾驶的智能汽车在特定环境下市场化应用。智能交通系统和智慧城市相关设施建设取得积极进展，车用无线通信网络（LTE-V2X 等）实现区域覆盖，新一代车用无线通信网络（5G-V2X）在部分城市、高速公路逐步开展应用，高精度时空基准服务网络实现全覆盖。展望 2035 年到 2050 年，中国标准智能汽车体系全面建成、更加完善。安全、高效、绿色、文明的智能汽车强国愿景逐步实现，智能汽车充分满足人民日益增长的美好生活需要。

9.3.13　我国新能源汽车发展政策

"十三五"时期是我国新能源汽车发展的关键突破期，在前期国家的各种政策措施规划指导和扶持激励下，在行业内相关企业的开拓创新锐意进取下，"十三五"时期我国新能源汽车产业链不断健全，新能源汽车产业化进程跨越式发展，产业和市场发展水平达到一个新的台阶，我国逐渐成为新能源汽车产业链最完善、市场规模增长最快、新能源汽车保有量最多的国家。

1. 我国"十三五"前颁布的新能源汽车发展相关政策文件

"十三五"以前，我国为促进新能源汽车的发展，相继颁布了许多政策法规文件，部分代表性文件如表9-1所示。

表9-1　我国新能源汽车发展代表性政策文件

发展阶段	发布时间	政策文件名称	政策目标	政策主要涉及对象
政府主导的宏观战略阶段	2001	"863"计划电动汽车重大专项	新能源汽车产业形成"三纵三横"的开发布局	国家新能源汽车技术研发
	2004	汽车产业发展政策	要突出发展节能环保和可持续发展的汽车技术	国家新能源汽车产业
	2005	优化汽车产业结构，促进发展清洁汽车和电动汽车政策措施	明确了2010年和2030年电动汽车保有量占汽车保有量的发展目标	国家新能源汽车产业
汽车厂商主导的行业规范阶段	2007	新能源汽车生产准入管理规则	对新能源汽车进行了定义，对行业准则的具体内容作了具体的规定	新能源汽车生产商
	2007	产业结构调整指导目录（2007年本）	明确了新能源汽车及相关技术先进零部件项目，新能源汽车正式进入发展改革委的"鼓励产业目录"	新能源汽车生产商
消费者主导的汽车市场推广阶段	2009	节能与新能源汽车示范推广财政补助资金管理暂行办法、"十城千辆"节能与新能源汽车示范推广试点工作的通知	公布财政补贴的具体标准，确定北京、上海等13个城市作为国家首批试点城市	新能源汽车消费者和消费市场
	2009	汽车产业调整和振兴规划	提出新能源汽车的战略，推动电动汽车及其关键零部件的产业化	国家新能源汽车产业
	2010	关于开展私人购买新能源汽车补贴试点的通知	对私人购买新能源汽车补贴进行了规定和说明	新能源汽车消费者
	2011	关于节约能源　使用新能源车船税政策的通知	对使用新能源车船税进行了规定和说明	新能源汽车消费者
	2012	新能源汽车产业技术创新工程财政奖励资金管理暂行办法	推进我国新能源汽车重大关键技术突破与产业化进程	国家新能源汽车产业
	2013	关于继续开展新能源汽车推广应用工作的通知和关于加快新能源汽车推广应用的指导意见	进一步落实财政补贴，确定在推动公共服务领域率先推广应用，即扩大公共服务领域新能源汽车应用规模	新能源汽车消费者和消费市场
	2014	关于免征新能源汽车车辆购置税的公告	确定了自2014年9月1日至2017年12月31日，对购置的新能源汽车免征车辆购置税	新能源汽车消费者和消费市场
	2015	国家重点研发计划新能源汽车重点专项实施方案（征求意见稿）	计划到2020年，建立起完善的电动汽车动力系统科技体系和产业链	国家新能源汽车产业
	2015	关于加快推进新能源汽车在交通运输行业推广应用的实施意见	指出要争取当地人民政府支持，对新能源汽车不限行、不限购	新能源汽车消费者和消费市场

2. "十三五"期间颁布的新能源汽车发展相关政策文件

"十三五"期间，结合新能源汽车发展现状以及社会环境的变化，我国又相继颁布了国家及地方层面的诸多政策文件，不断完善对新能源汽车发展的支持政策和保障条件，努力以经济手段促进新能源汽车市场的健康发展。

1）《关于"十三五"新能源汽车充电基础设施奖励政策及加强新能源汽车推广应用的通知》介绍

2016 年 1 月，国家财政部、科技部、工业和信息化部、发展改革委 、国家能源局等联合下发了《关于"十三五"新能源汽车充电基础设施奖励政策及加强新能源汽车推广应用的通知》，其核心议题是按照《国务院办公厅关于加快新能源汽车推广应用的指导意见》《国务院办公厅关于加快电动汽车充电基础设施建设的指导意见》等文件要求，为加快推动新能源汽车充电基础设施建设，培育良好的新能源汽车应用环境，2016—2020 年中央财政将继续安排资金对充电基础设施建设、运营给予奖补。

（1）奖补对象。中央财政充电基础设施建设运营奖补资金是对充电基础设施配套较为完善、新能源汽车推广应用规模较大的省（区、市）政府的综合奖补。奖补条件如下：新能源汽车推广规模较大、配套政策科学合理、市场公平开放。

（2）奖补资金使用范围。奖补资金应当专门用于支持充电设施建设运营、改造升级、充换电服务网络运营监控系统建设等相关领域。地方应充分利用财政资金杠杆作用，调动包括政府机关、街道办事处和居委会充电设施建设和运营企业、物业服务等在内的相关各方的积极性，对率先开展充电设施建设运营改造升级、解决充电难题的单位给予适当奖补，并优先用于支持《国务院办公厅关于加快电动汽车充电基础设施建设的指导意见》确定的相关重点任务。

2）免征新能源汽车车辆购置税的政策文件介绍

为贯彻落实党的十九大精神，进一步支持新能源汽车创新发展，2017 年 12 月，财政部、税务总局、工业和信息化部、科技部联合发布了《关于免征新能源汽车车辆购置税的公告》。为进一步支持新能源汽车产业发展，促进汽车消费，2020 年 4 月 16 日，财政部、税务总局、工业和信息化部发布《关于新能源汽车免征车辆购置税有关政策的公告》。这两个文件主要在以下几个方面做了规定：

（1）免征时间。两个文件规定的时间分别是 2018 年 1 月 1 日至 2020 年 12 月 31 日、自 2021 年 1 月 1 日至 2022 年 12 月 31 日。

（2）免征车型。通过发布《免征车辆购置税的新能源汽车车型目录》（以下简称《目录》）实施管理。而且均规定了以前列入目录的车型继续免征。

（3）列入《目录》的新能源汽车须符合的相关条件。

（4）企业材料申报、审查的相关规定。

（5）办理免征车辆购置税的手续。

（6）对企业提高虚假信息、工作人员违法违规办理业务的惩罚和行政、法律责任追究的规定。

3）《新能源汽车产业发展规划（2021—2035 年）》介绍

2020 年 10 月 20 日，国务院办公厅发布《新能源汽车产业发展规划（2021—2035年）》，针对我国新能源汽车发展面临核心技术创新能力不强、质量保障体系有待完善、基础设施建设仍显滞后、产业生态尚不健全、市场竞争日益加剧等问题的现状，提出相应的发展规划，力争经过 15 年的持续努力，使我国新能源汽车核心技术达到国际先进水平，质量品牌具备较强国际竞争力。

规划指出，坚持电动化、网联化、智能化发展方向，以融合创新为重点，突破关键核心技术，优化产业发展环境，推动我国新能源汽车产业高质量可持续发展，加快建设汽车强国。到 2025 年，我国新能源汽车市场竞争力明显增强，动力电池、驱动电机、车用操作系统等取得重大突破，安全水平全面提升。纯电动乘用车新车平均电耗降至 12.0 kWh/百 km，新能源汽车新车销售量达到汽车新车销售总量的 20% 左右，高度自动驾驶汽车实现限定区域和特定场景商业化应用。到 2035 年，纯电动汽车成为新销售车辆的主流，公共领域用车全面电动化，燃料电池汽车实现商业化应用，高度自动驾驶汽车实现规模化应用，有效促进节能减排水平和社会运行效率的提升。

规划部署了 5 项战略任务：

（1）提高技术创新能力。坚持整车和零部件并重，强化整车集成技术创新，提升动力电池、新一代车用电机等关键零部件的产业基础能力，推动电动化与网联化、智能化技术互融协同发展。

（2）构建新型产业生态。以生态主导型企业为龙头，加快车用操作系统开发应用，建设动力电池高效循环利用体系，强化质量安全保障，推动形成互融共生、分工合作、利益共享的新型产业生态。

（3）推动产业融合发展。推动新能源汽车与能源、交通、信息通信全面深度融合，促进能源消费结构优化、交通体系和城市智能化水平提升，构建产业协同发展新格局。

（4）完善基础设施体系。加快推动充换电、加氢等基础设施建设，提升互联互通水平，鼓励商业模式创新，营造良好使用环境。

（5）深化开放合作。践行开放融通、互利共赢的合作观，深化研发设计、贸易投资、基础设施、技术标准等领域的交流合作，积极参与国际竞争，不断提高国际竞争能力。

规划要求，要充分发挥市场机制作用，促进优胜劣汰，支持优势企业兼并重组、做大做强，进一步提高产业集中度。落实新能源汽车相关税收优惠政策，优化分类交通管理及金融服务等措施，对作为公共设施的充电桩建设给予财政支持，给予新能源汽车停车、充电等优惠政策。2021 年起，国家生态文明试验区、大气污染防治重点区域的公共领域新增或更新的公交、出租、物流配送等车辆中新能源汽车比例不低于 80%。到 2025 年，我国新能源汽车新车销售量要达到汽车新车销售总量的 20% 左右。

规划强调，要充分发挥节能与新能源汽车产业发展部际联席会议制度和地方协调机制作用，强化部门协同和上下联动，制定年度工作计划和部门任务分工，抓紧抓实抓细规划落实工作。

9.4

"十四五"及以后交通运输相关政策

9.4.1 《中华人民共和国国民经济和社会发展第十四个五年规划和 2035 年远景目标纲要》中的交通运输政策规划

"十四五"时期是我国全面建成小康社会、实现第一个百年奋斗目标之后，乘势而上开启全面建设社会主义现代化国家新征程、向第二个百年奋斗目标进军的第一个五年。"十四五"时期往后，我国进入新发展阶段，发展基础更加坚实，发展条件深刻变化，进一步发展面临新的机遇和挑战。2021 年 3 月，《中华人民共和国国民经济和社会发展第十四个五年规划和 2035 年远景目标纲要》正式发布，其中第三篇"加快发展现代产业体系　巩固壮大实体经济根基"第十一章"建设现代化基础设施体系"第二节"加快建设交通强国"对"十四五"及以后时期的交通运输发展提出了具体规划指导。

1. 规划指导内容

建设现代化综合交通运输体系，推进各种运输方式一体化融合发展，提高网络效应和运营效率。完善综合运输大通道，加强出疆入藏、中西部地区、沿江沿海沿边战略骨干通道建设，有序推进能力紧张通道升级扩容，加强与周边国家互联互通。构建快速网，基本贯通"八纵八横"高速铁路，提升国家高速公路网络质量，加快建设世界级港口群和机场群。完善干线网，加快普速铁路建设和既有铁路电气化改造，优化铁路客货布局，推进普通国省道瓶颈路段贯通升级，推动内河高等级航道扩能升级，稳步建设支线机场、通用机场和货运机场，积极发展通用航空。加强邮政设施建设，实施快递"进村进厂出海"工程。推进城市群都市圈交通一体化，加快城际铁路、市域（郊）铁路建设，构建高速公路环线系统，有序推进城市轨道交通发展。提高交通通达深度，推动区域性铁路建设，加快沿边抵边公路建设，继续推进"四好农村路"建设，完善道路安全设施。构建多层级、一体化综合交通枢纽体系，优化枢纽场站布局，促进集约综合开发，完善集疏运系统，发展旅客联程运输和货物多式联运，推广全程"一站式""一单制"服务。推进中欧班列集结中心建设。深入推进铁路企业改革，全面深化空管体制改革，推动公路收费制度和养护体制改革。

2. 交通强国建设工程规划

1）战略骨干通道

建设川藏铁路雅安至林芝段和伊宁至阿克苏、酒泉至额济纳、若羌至罗布泊等铁路，推进日喀则至吉隆、和田至日喀则铁路前期工作，打通沿边公路 G219 和 G331 线，提质改造川藏公路 G318 线。

2）高速铁路

建设成都重庆至上海沿江高铁、上海经宁波至合浦沿海高铁、京沪高铁辅助通道天津至新沂段和北京经雄安新区至商丘、西安至重庆、长沙至赣州、包头至银川等高铁。

3）普速铁路

建设西部陆海新通道黄桶至百色、黔桂增建二线铁路和瑞金至梅州、中卫经平凉至庆阳、柳州至广州铁路，推进玉溪至磨憨、大理至瑞丽等与周边互联互通铁路建设。提升铁路集装箱运输能力，推进中欧班列运输通道和口岸扩能改造，建设大型工矿企业、物流园区和重点港口铁路专用线，全面实现长江干线主要港口铁路进港。

4）城市群和都市圈轨道交通

新增城际铁路和市域（郊）铁路运营里程 3 000 km，基本建成京津冀、长三角、粤港澳大湾区轨道交通网。新增城市轨道交通运营里程 3 000 km。

5）高速公路

实施京沪、京港澳、长深、沪昆、连霍等国家高速公路主线拥挤路段扩容改造，加快建设国家高速公路主线并行线、联络线，推进京雄等雄安新区高速公路建设。规划布局建设充换电设施。新改建高速公路里程 2.5 万 km。

6）港航设施

建设京津冀、长三角、粤港澳大湾区世界级港口群，建设洋山港区小洋山北侧、天津北疆港区 C 段、广州南沙港五期、深圳盐田港东区等集装箱码头。推进曹妃甸港煤炭运能扩容、舟山江海联运服务中心和北部湾国际门户港、洋浦枢纽港建设。深化三峡水运新通道前期论证，研究平陆运河等跨水系运河连通工程。

7）现代化机场

建设京津冀、长三角、粤港澳大湾区、成渝世界级机场群，实施广州、深圳、昆明、西安、重庆、乌鲁木齐、哈尔滨等国际枢纽机场和杭州、合肥、济南、长沙、南宁等区域枢纽机场改扩建工程，建设厦门、大连、三亚新机场。建成鄂州专业性货运机场，建设朔州、嘉兴、瑞金、黔北、阿拉尔等支线机场，新增民用运输机场 30 个以上。

8）综合交通和物流枢纽

推进既有客运枢纽一体化智能化升级改造和站城融合，实施枢纽机场引入轨道交通工程。推进 120 个左右国家物流枢纽建设。加快邮政国际寄递中心建设。

9.4.2　《国家综合立体交通网规划纲要》简介

改革开放特别是党的十八大以来，在以习近平同志为核心的党中央坚强领导下，我国交通运输发展取得了举世瞩目的成就。基础设施网络基本形成，综合交通运输体系不断完善；运输服务能力和水平大幅提升。交通运输发展有效促进国土空间开发保护、城乡区域协调发展、生产力布局优化，为经济社会发展充分发挥基础性、先导性、战略性和服务性作用。同时，我国交通运输发展还存在一些短板，不平衡、不充分问题仍然突出。世界正经历百年未有之大变局，国际环境日趋复杂，不稳定性、不确定性明显增加。我国已转向高质量发展阶段，国内国际新形势对加快建设交通强国、构建现代化高质量国家综合立体交通网提出了新的更高要求。为加快建设交通强国，构建现代化高质量国家综合立体交通网，支撑现代化经济体系和社会主义现代化强国建设，中共中央、国务院正式印发了《国家综合立体交通网规划纲要》，规划期为 2021 年至 2035 年，远景展望到本世纪中叶。

1. 发展目标

到 2035 年，基本建成便捷顺畅、经济高效、绿色集约、智能先进、安全可靠的现代化高质量国家综合立体交通网，实现国际国内互联互通、全国主要城市立体畅达、县级节点有效覆盖，有力支撑"全国 123 出行交通圈"（都市区 1 h 通勤、城市群 2 h 通达、全国主要城市 3 h 覆盖）和"全球 123 快货物流圈"（国内 1 天送达、周边国家 2 天送达、全球主要城市 3 天送达）。交通基础设施质量、智能化与绿色化水平居世界前列。交通运输全面适应人民日益增长的美好生活需要，有力保障国家安全，支撑我国基本实现社会主义现代化。

到本世纪中叶，全面建成现代化高质量国家综合立体交通网，拥有世界一流的交通基础设施体系，交通运输供需有效平衡、服务优质均等、安全有力保障。新技术广泛应用，实现数字化、网络化、智能化、绿色化。出行安全便捷舒适，物流高效经济可靠，实现"人享其行、物优其流"，全面建成交通强国，为全面建成社会主义现代化强国当好先行。

2. 主要任务

规划提出了 3 个方面 12 项主要任务。

1）优化国家综合立体交通布局

（1）构建完善的国家综合立体交通网。国家综合立体交通网连接全国所有县级及以上行政区、边境口岸、国防设施、主要景区等。到 2035 年，国家综合立体交通网实体线网总规模合计 70 万 km 左右（不含国际陆路通道境外段、空中及海上航路、邮路里程）。其中铁路 20 万 km 左右、公路 46 万 km 左右、高等级航道 2.5 万 km 左右、沿海主要港口 27 个、内河主要港口 36 个、民用运输机场 400 个左右、邮政快递枢纽 80 个左右。

（2）加快建设高效率国家综合立体交通网主骨架。依据国家区域发展战略和国土空间开发保护格局，结合未来交通运输发展和空间分布特点，将重点区域按照交通运输需求量级划分为 3 类重点区域，主骨架实体线网里程 29 万 km 左右，规划 6 条主轴、7 条走廊、8 条通道。

（3）建设多层级一体化国家综合交通枢纽系统。建设综合交通枢纽集群、枢纽城市及枢纽港站"三位一体"的国家综合交通枢纽系统。建设面向世界的京津冀、长三角、粤港澳大湾区、成渝地区双城经济圈 4 大国际性综合交通枢纽集群。加快建设 20 个左右国际性综合交通枢纽城市以及 80 个左右全国性综合交通枢纽城市。推进一批国际性枢纽港站、全国性枢纽港站建设。

（4）完善面向全球的运输网络。发展多元化国际运输通道，重点打造新亚欧大陆桥、中蒙俄、中国—中亚—西亚、中国—中南半岛、中巴、中尼印和孟中印缅等 7 条陆路国际运输通道。发展以中欧班列为重点的国际货运班列，促进国际道路运输便利化。强化国际航运中心辐射能力，完善经日韩跨太平洋至美洲，经东南亚至大洋洲，经东南亚、南亚跨印度洋至欧洲和非洲，跨北冰洋的冰上丝绸之路等 4 条海上国际运输通道。依托国际航空枢纽，构建四通八达、覆盖全球的空中客货运输网络。建设覆盖五洲、连通全球、互利共赢、协同高效的国际干线邮路网。

2）推进综合交通统筹融合发展

（1）推进各种运输方式统筹融合发展。包括统筹综合交通通道规划建设，推进综合交通枢纽一体化规划建设，推动城市内外交通有效衔接。

（2）推进交通基础设施网与运输服务网、信息网、能源网融合发展。包括推进基础设施、装备、标准、信息与管理的有机衔接，提高交通运输网动态运行管理服务智能化水平；加强交通基础设施与信息基础设施统筹布局、协同建设；推进交通基础设施与能源设施统筹布局规划建设。

（3）推进区域交通运输协调发展。包括推进重点区域交通运输统筹发展，推进东部、中部、西部和东北地区交通运输协调发展，推进城市群内部交通运输一体化发展，推进都市圈交通运输一体化发展，推进城乡交通运输一体化发展。

（4）推进交通与相关产业融合发展。包括推进交通与邮政快递、现代物流、旅游、装备制造等相关产业融合发展。

3）推进综合交通高质量发展

（1）推进安全发展。包括提升安全保障能力、提高交通基础设施安全水平、完善交通运输应急保障体系。

（2）推进智慧发展。包括提升智慧发展水平，加快提升交通运输科技创新能力，推进交通基础设施数字化、网联化；加快既有设施智能化，利用新技术赋能交通基础设施发展，加强既有交通基础设施提质升级，提高设施利用效率和服务水平。

（3）推进绿色发展和人文建设。包括推进绿色低碳发展，促进交通基础设施与生态空间协调，构建生态化交通网络，改进施工工艺从源头减少交通污染，加大交通污染监测和综合治理力度，优化调整运输结构，加强可再生能源、新能源、清洁能源装备设施更新利用和废旧建材再生利用，加强交通运输人文建设。

（4）提升治理能力。包括深化交通运输行业改革，深化简政放权、放管结合、优化服务改革，持续优化营商环境；建立健全适应国家综合立体交通高质量发展的体制机制，完善综合交通运输发展战略规划政策体系。完善交通运输与国土空间开发、城乡建设、生态环境保护等政策协商机制。加快制定综合交通枢纽、多式联运、新业态新模式等标准规范，推动标准国际互认，构建综合交通运输新型治理机制。加强交通运输法治建设，坚持法治引领，深化交通运输法治政府部门建设。加强交通运输人才队伍建设。

3. 保障措施

规划提出了以下 5 个方面的保障措施：

（1）加强党的领导。充分发挥党总揽全局、协调各方的领导核心作用，始终把党的领导贯穿到加快建设交通强国全过程。

（2）加强组织协调。加强实施组织保障体系建设，建立健全实施协调推进机制，强化部门协同和上下联动，推动各类交通基础设施统筹规划、协同建设。

（3）加强资源支撑。加强规划项目土地等资源供给，建立国土空间规划等相关规划与交通规划协调机制和动态调整管理政策。

（4）加强资金保障。建立完善与交通运输发展阶段特征相适应的资金保障制度，创新投融资政策，引导社会资本积极参与交通基础设施建设。

（5）加强实施管理。建立综合交通规划管理制度，实施过程中要加强与国民经济和社会发展、国土空间、区域发展、流域等相关规划衔接，与城乡建设发展相统筹，强化实施进展统计与监测工作。

9.4.3　《"十四五"现代综合交通运输体系发展规划》简介

交通运输是国民经济中具有基础性、先导性、战略性的产业，是重要的服务性行业和现代化经济体系的重要组成部分，是构建新发展格局的重要支撑和服务人民美好生活、促进共同富裕的坚实保障。为加快建设交通强国，构建现代综合交通运输体系，根据《中华人民共和国国民经济和社会发展第十四个五年规划和 2035 年远景目标纲要》《交通强国建设纲要》《国家综合立体交通网规划纲要》，国务院于 2021 年 12 月 9 日正式印发《"十四五"现代综合交通运输体系发展规划》。在分析过去五年的经验和当前发展形势的基础上，规划提出了"十四五"现代综合交通运输体系发展的指导思想与基本原则，制定了发展目标，明确了九个方面的主要任务和五个方面的保障措施。

1. "十三五"时期我国综合交通运输系统发展情况

"十三五"时期的五年里，我国交通运输基础设施网络日趋完善，综合交通网络总里程突破 600 万 km，"十纵十横"综合运输大通道基本贯通，高速铁路运营里程翻一番，对百万人口以上城市覆盖率超过 95%；高速公路对 20 万人口以上城市覆盖率超过 98%；民用运输机场覆盖 92% 左右的地级市；超大特大城市轨道交通加快成网；港珠澳大桥、北京大兴国际机场、上海洋山港自动化码头、京张高速铁路等超大型交通工程建成投运。战略支撑能力不断增强，中欧班列开行列数快速增长，京津冀一体化交通网、长江经济带综合立体交通走廊加快建设，交通扶贫百项骨干通道基本建成，新建、改建农村公路超过 147 万 km，新增通客车建制村超过 3.3 万个，具备条件的乡镇和建制村全部通硬化路、通客车，快递网点基本覆盖全部乡镇，建制村实现直接通邮。运输服务质量持续提升，旅客高品质出行比例不断提高，航班正常率大幅上升，集装箱铁水联运量年均增长超过 20%，快递业务量翻两番、稳居世界第一。新技术新业态蓬勃发展，具有完全自主知识产权的全系列复兴号动车组上线运行，C919 客机成功试飞，ARJ21 支线客机规模化运营，跨海桥隧、深水航道、自动化码头等成套技术水平跻身世界前列，船舶建造水平持续提升，网约车、共享单车、网络货运平台等新业态快速发展、治理能力不断增强。"放管服"改革持续深化，铁路、空域、油气管网等领域重点改革任务扎实推进，高速公路省界收费站全面取消，交通物流降本增效成效显著。绿色交通、平安交通建设稳步推进，新能源汽车占全球总量一半以上，营运货车、营运船舶二氧化碳排放强度分别下降 8.4% 和 7.1% 左右，民航、铁路安全水平保持世界领先，道路运输重大事故数量和死亡人数分别下降75%和69%左右。

与此同时，我国综合交通运输发展不平衡、不充分问题仍然突出。综合交通网络布局不够均衡、结构不尽合理、衔接不够顺畅，重点城市群、都市圈的城际和市域（郊）铁路存在较明显短板。货物多式联运、旅客联程联运比重偏低，定制化、个性化、专业化运输服务产品供给与快速增长的需求不匹配。智能交通技术应用深度和广度有待拓展，部分关键核心产品和技术自主创新能力不强。交通运输安全形势仍然严峻，产业链供应链保障能力不足。绿色低碳发展任务艰巨，清洁能源推广应用仍需加快。综合交通运输管理体制机制有待健全完善，制约要素自由流动的体制机制障碍依然存在。

2. 发展目标

1）到2025年目标

到2025年，综合交通运输基本实现一体化融合发展，智能化、绿色化取得实质性突破，综合能力、服务品质、运行效率和整体效益显著提升，交通运输发展向世界一流水平迈进。

（1）设施网络更加完善。国家综合立体交通网主骨架能力利用率显著提高。以"八纵八横"高速铁路主通道为主骨架，以高速铁路区域连接线衔接，以部分兼顾干线功能的城际铁路为补充，主要采用250 km及以上时速标准的高速铁路网对50万人口以上城市覆盖率达到95%以上，普速铁路瓶颈路段基本消除。7条首都放射线、11条北南纵线、18条东西横线，以及地区环线、并行线、联络线等组成的国家高速公路网的主线基本贯通，普通公路质量进一步提高。布局完善、功能完备的现代化机场体系基本形成。港口码头专业化、现代化水平显著提升，内河高等级航道网络建设取得重要进展。综合交通枢纽换乘换装效率进一步提高。重点城市群一体化交通网络、都市圈1 h通勤网加快形成，沿边国道基本贯通。

（2）运输服务更加高效。运输服务质量稳步提升，客运"一站式"、货运"一单制"服务更加普及，定制化、个性化、专业化运输服务产品更加丰富，城市交通拥堵和"停车难"问题持续缓解，农村和边境地区运输服务更有保障，具备条件的建制村实现快递服务全覆盖。面向全球的国际运输服务网络更加完善，中欧班列发展质量稳步提高。

（3）技术装备更加先进。第五代移动通信（5G）、物联网、大数据、云计算、人工智能等技术与交通运输深度融合，交通运输领域新型基础设施建设取得重要进展，交通基础设施数字化率显著提高，数据开放共享和平台整合优化取得实质性突破。自主化先进技术装备加快推广应用，实现北斗系统对交通运输重点领域全面覆盖，运输装备标准化率大幅提升。

（4）安全保障更加可靠。交通设施耐久可靠、运行安全可控、防范措施到位，安全设施完好率持续提高。跨部门、跨领域的安全风险防控体系和应急救援体系进一步健全，重特大事故发生率进一步降低。主要通道运输安全和粮食、能源、矿石等物资运输安全更有保障，国际物流供应链安全保障能力持续提升。

（5）发展模式更可持续。交通运输领域绿色生产生活方式逐步形成，铁路、水运承担大宗货物和中长距离货物运输比例稳步上升，绿色出行比例明显提高，清洁低碳运输工具广泛应用，单位周转量能源消耗明显降低，交通基础设施绿色化建设比例显著提升，资源要素利用效率持续提高，碳排放强度稳步下降。

（6）治理能力更加完备。各种运输方式一体融合发展、交通基础设施投融资和管理运营养护等领域法律法规和标准规范更加完善，综合交通运输一体化融合发展程度不断提高，市场化改革持续深化，多元化投融资体制更加健全，以信用为基础的新型监管机制加快形成。

2）展望 2035 年目标

展望 2035 年，便捷顺畅、经济高效、安全可靠、绿色集约、智能先进的现代化高质量国家综合立体交通网基本建成，"全国 123 出行交通圈"（都市区 1 h 通勤、城市群 2 h 通达、全国主要城市 3 h 覆盖）和"全球 123 快货物流圈"（快货国内 1 天送达、周边国家 2 天送达、全球主要城市 3 天送达）基本形成，基本建成交通强国。

3. 主要任务

规划明确提出了 9 个方面的主要任务，具体如下：

1）构建高质量综合立体交通网

按照国家综合立体交通网"6 轴 7 廊 8 通道"主骨架布局，构建完善以"十纵十横"综合运输大通道为骨干，以综合交通枢纽为支点，以快速网、干线网、基础网多层次网络为依托的综合交通网络，加快推进存量网络提质增效，聚焦中西部地区精准补齐网络短板，稳步提高通达深度，畅通网络微循环，勾画好美丽中国的"交通工笔画"。

2）夯实城乡区域协调发展基础支撑

充分发挥交通运输对国土空间开发保护的支撑引领作用，增强对实施区域重大战略、推动区域协调发展、全面推进乡村振兴的服务保障能力。

3）推进城市群和都市圈交通现代化

深入推进以人为核心的新型城镇化，分层分类完善交通网络，加强互联互通和一体衔接，促进城市群、都市圈和城市内交通运输协同运行，推动城市群和都市圈交通运输率先实现现代化，提升城镇化发展质量。

4）扩大优质运输服务供给

顺应人民美好生活新期待，统筹考虑旅客运输和货物运输的不同发展趋势及阶段性特征，兼顾基本需求和多样化需求，推动运输服务多元化、品质化发展，扩大经济高效安全的运输服务产品供给，逐步实现人享其行、物畅其流。

5）加快智能技术深度推广应用

坚持创新驱动发展，推动互联网、大数据、人工智能、区块链等新技术与交通行业深度融合，推进先进技术装备应用，构建泛在互联、柔性协同、具有全球竞争力的智能交通系统，加强科技自立自强，夯实创新发展基础，增强综合交通运输发展新动能。

6）全面推进绿色低碳转型

坚持绿水青山就是金山银山理念，坚持生态优先，全面推动交通运输规划、设计、建设、运营、养护全生命周期绿色低碳转型，协同推进减污降碳，形成绿色低碳发展长效机制，让交通更加环保、出行更加低碳。

7）提升安全应急保障能力

坚持总体国家安全观，落实国家安全战略，维护和塑造国家安全，将安全发展贯穿于综合交通运输各领域、各环节，牢牢守住安全底线，夯实安全发展基础，提升突发事件应急保障能力，筑牢国家安全屏障。

8）推动高水平对外开放合作

坚持开放合作，推进互联互通，加强基础设施"硬联通"、制度规则"软联通"，保障国际物流供应链安全，提升国内大循环效率和水平，塑造参与国际合作竞争新优势。

9）加强现代化治理能力建设

坚定不移推进改革，聚焦制约综合交通运输高质量发展的深层次矛盾问题，优化完善管理体制、运行机制、法律法规和标准体系，建设高水平人才队伍，推进治理能力现代化，持续增强综合交通运输发展动力和活力。

4. 保障措施

规划提出 5 个方面的保障措施，具体如下：

（1）充分发挥党总揽全局、协调各方的领导核心作用，加强党对交通运输发展各领域、各方面、各环节的领导。

（2）强化部门协同、上下联动，做好规划衔接落实。

（3）有序推进交通强国建设试点示范，加大对试点示范项目的支持力度。

（4）完善跨部门、跨区域重大项目协同推进机制，强化重点项目资源要素保障。

（5）做好规划评估和督导，确保规划落地见效。

9.4.4　铁路"十四五"发展规划简介

"十三五"末和"十四五"初期，交通运输部国家铁路局和相关研究机构开始编制和完善铁路"十四五"发展规划。据交通运输部信息，截止到 2021 年底已经编制完成了铁路"十四五"发展规划初稿并经交通运输部部务会议进行了研究审议，但正式文件未对外公开发布。编制完成的规划将是指导铁路行业"十四五"发展的纲领性文件。

1. "十四五"铁路科技创新规划

2021 年 12 月，国家铁路局发布《"十四五"铁路科技创新规划》（国铁科法〔2021〕45 号）在这个规划中明确"十四五"时期我国铁路科技创新工作的指导思想、基本原则、发展目标和重点任务。此规划是我国铁路领域关于科技创新的首个五年发展规划，对促进铁路科技自立自强、推动铁路高质量发展，支撑建设科技强国、交通强国具有重要意义。

1）发展目标

到 2025 年，铁路创新能力、科技实力进一步提升，技术装备更加先进适用，工程建造技术持续领先，运输服务技术水平显著增强，智能铁路技术全面突破，安全保障技术明显提升，绿色低碳技术广泛应用，创新体系更加完善，总体技术水平世界领先，并提出 7 个方面主要目标，同时对 2035 年远景目标进行展望。

2）重点任务

（1）技术装备方面，重点推动更高速度轮轨技术研发，强化先进载运装备技术研发，加强现代工程装备技术研发，加快关键核心技术攻关。

（2）工程建造方面，重点推进勘察设计一体化技术应用，强化工程建造技术攻关，深化工程防灾减灾技术应用。

（3）运输服务方面，重点推动旅客运输服务技术创新，加快货物运输服务技术升级，深化运输效能提升技术研发。

（4）智能铁路方面，重点推动前沿技术与铁路领域深度融合，加强智能铁路技术研发应用，推进交通运输大数据协同共享。

（5）安全保障方面，重点深化主动安全防控系统技术研发应用，推动设备设施运维养护技术工程应用，提升安全应急救援保障能力水平。

（6）绿色低碳方面，重点深化能效提升及能源供给技术研发，加强生态环保与修复技术研发，提升污染综合防治技术水平。

2. "十四五"铁路标准化发展规划

2021 年 12 月，国家铁路局发布《"十四五"铁路标准化发展规划》（国铁科法〔2021〕47 号），该规划明确了"十四五"时期我国铁路行业标准化工作的指导方针、主要目标、重点任务、保障措施，是"十四五"时期铁路标准化工作的纲领性文件，对铁路标准化工作具有重要的战略意义。

1）发展目标

到 2025 年，铁路标准体系谱系化、一体化水平显著提升，铁路标准体系进一步优化整合，更加系统完备、协调完善。标准更加先进适用，发布实施铁道国家标准和铁道行业标准 200 项以上，团体标准和企业标准质量显著提升。更好满足铁路建设发展、安全运营等实践需要。参与国际标准化活动能力不断增强，主持及参与国际标准数量进一步上升，国际影响力和贡献度大幅提升，适用国际标准转化率达到 95% 以上。标准化基础不断夯实，工作体制机制更加健全，标准化技术机构管理更加规范，标准化专业人才满足发展需要。标准实施监督机制更加完善，实施成效更加显著。

2）重点任务

（1）构建铁路标准体系新格局。从"优化装备技术标准子体系，提质工程建设标准子体系，健全运输服务标准子体系"3 方面推进政府主导制定标准，鼓励团体标准、企业标准创新发展。

（2）强化重点领域标准制修订。围绕"装备技术、工程建设、运输服务"领域设置 3 个专栏，提出机车车辆、勘测、运输组织等 18 个方面重点标准。

（3）深化铁路标准化交流合作。提出积极参与国际标准制修订，开展国际标准化宣传，跟踪国际标准动态，加强标准翻译管理等 4 方面任务。

（4）加强铁路标准化基础研究。从安全管理、系统装备、基础设施、安全防灾、绿色低碳等 7 方面开展核心技术研究，推动标准化与科技创新互动发展。

3. "十四五"铁路安全发展规划

2022 年 3 月，中国国家铁路集团有限公司印发了《"十四五"铁路安全发展规划》该规划系统梳理了"十四五"时期铁路安全发展的基础和形势，确定了发展目标、重点任务和研究方向。

1）发展目标

到 2025 年，铁路安全发展理念深入人心，安全治理体系基本建立，安全双重预防控制体系不断完善，人防、物防、技防"三位一体"安全保障体系健全有力，预防预控、基础保障、应急处置和救援能力大幅提升，外部环境综合治理机制有效运行，重大安全风险全面可控，高铁和旅客列车安全得到有效保障，管理基础、人员素质、设备质量和环境治理全面达标，铁路本质安全水平、运输安全可靠性和安全治理水平全面提升。

2）重点任务

重点任务涉及 4 个方面，包括坚持强基达标，夯实安全管理基础；强化安全生产关键管控；加强应急保障；强化铁路安全综合保障，并根据铁路安全发展实际对每项任务进行细化分解。

3）重点研究方向

重点研究方向共 14 个，囊括了铁路安全治理体系及理论深化研究、高铁和旅客列车重大安全风险研究、提升铁路本质安全水平关键措施研究等内容，将通过一系列有针对性的研究课题，为铁路安全发展提供改进完善建议，进一步汇聚广大干部职工守护铁路安全的强大合力，共同推动铁路高质量发展。

9.4.5　《公路"十四五"发展规划》简介

2022 年 2 月，交通运输部印发了《公路"十四五"发展规划》，这是《交通强国建设纲要》《国家综合立体交通网规划纲要》印发后，出台的第一个公路交通领域的五年发展规划，在这个规划中明确了"十四五"时期我国公路交通发展的总体思路、发展目标、重点任务和政策措施，涵盖建设、管理、养护、运营、运输等多个领域，是指导"十四五"时期公路交通高质量发展的纲领性文件。

"十四五"时期，是开启加快建设交通强国新征程，推动公路交通高质量发展的关键期。从需求规模和结构看，在运输量稳步增长的同时，随着运输结构的调整，公路中长途营业性客运和大运量长距离货运占比将逐步下降。从需求质量看，将由"保基本、兜底线"向"悦其行、畅其流"转变。从需求类型看，将在全国不同区域呈现出更加多样化、差异化的发展态势。从发展重点看，基础设施建设任务仍然较重，同时提质增效升级和高质量发展要求更加迫切。从发展动力看，将由依靠传统要素驱动向更加注重创新驱动转变。这个规划提出，"十四五"时期公路交通发展要坚持"服务大局、共享发展，统筹协调、融合发展，深化改革、创新发展，绿色集约、安全发展"四个基本原则，进一步明确了"补短板、优供给、强服务、增动能"的"十二字"发展思路，为"十四五"时期公路交通高质量发展指明了方向和主要着力点。

1. 发展目标

1）到 2025 年目标

到 2025 年，安全、便捷、高效、绿色、经济的现代化公路交通运输体系建设取得重大进展，高质量发展迈出坚实步伐，设施供给更优质、运输服务更高效、路网运行更安全、转型发展更有力、行业治理更完善，有力支撑交通强国建设，高水平适应经济高质量发展要求，满足人民美好生活需要。具体表现在以下 5 个方面：

（1）设施供给更优质。高速公路通达城区人口 10 万以上市县，基本实现"71118"国家高速公路主线贯通，普通国道等外及待贯通路段基本消除，东中部地区普通国道基本达到二级及以上公路标准，西部地区普通国道二级及以上公路比重达 70%，沿边沿海国道技术等级结构显著改善，乡镇通三级及以上公路、较大人口规模自然村（组）通硬化路比例均达到 85% 以上，路网结构进一步优化，网络覆盖更加广泛。

（2）运输服务更高效。路况水平进一步改善，高速公路优等路率保持在 90% 以上，普通国道、普通省道优良路率分别达到 85% 和 80% 以上，农村公路优良中等路率达到 85% 以上。城乡交通运输一体化发展水平进一步提高。"一站式"旅客出行得到广泛应用，旅客出行体验显著改善。多式联运加快推广，"一单制"服务方式积极推进，内外联通、安全高效的物流网络加快形成。出行信息发布更加及时、精准、高效，信息发布方式更加丰富多样，公路出行信息服务水平大幅提高。

（3）路网运行更安全。设施安全防护水平进一步提高，高速公路一、二类桥梁比例达到 95%，普通国省干线公路一、二类桥梁比例达到 90%，国省干线公路新发现四、五类桥梁（隧道）处治率达 100%，到 2023 年底和 2025 年底，分阶段完成国省干线公路和农村公路 2020 年底存量四、五类桥梁（隧道）改造。道路运输较大及以上等级行车事故万车死亡人数下降率达 20%。路网运行监测覆盖范围更加广泛，公路交通应急救援体系基本建成。

（4）转型发展更有力。公路交通数字化、智能化水平显著提升，传统基础设施建设与"新基建"融合创新发展取得突破，基础设施和运载装备全要素、全周期的数字化升级迈出新步伐，全程电子化出行服务体系基本形成。绿色交通发展取得显著成效，资源集约节约利用水平明显提升，先进适用的新能源和清洁能源装备全面推广，公路交通运输领域碳排放强度和污染物排放强度明显下降。

（5）行业治理更完善。行业管理体制机制进一步完善，法律法规、标准规范更加健全。"放管服"改革深入推进，事中事后监管能力持续增强，信用体系建设进一步深化。信息系统安全防护水平进一步提升。人才发展环境更加优化，公路交通人才队伍更加精良专业。人民群众对公路交通运输服务的满意度显著提高。

2）展望 2035 年目标

展望 2035 年，基本建成安全、便捷、高效、绿色、经济的现代化公路交通运输体系，基础设施网络趋于完善，运输服务质量效率全面提升，先进科学技术深度赋能公路交通发展，平安、绿色、共享交通发展水平和行业治理能力明显提高，人民满意度大幅提升，支撑"全国 123 出行交通圈""全球 123 快货物流圈"和国家现代化建设能力显著增强。

2. 重点任务

为实现发展目标，该规划提出"十四五"时期要实施八项重点任务，可概括为"四提升、两增强、两推进"，具体如下：

（1）提升基础设施供给能力和质量。以构建现代化高质量综合立体交通网络为导向，加强公路与其他运输方式的衔接，协调推进公路快速网、干线网和基础网建设。以沿边沿海公路、出疆入藏骨干通道、西部陆海新通道、革命老区公路等为重点，着力提升通道能力，优化路网结构，扩大覆盖范围，全面提升公路基础设施供给能力和质量。

（2）提升公路养护效能。以提升路况水平为导向，加强养护实施力度，加快建成可靠耐久的供给体系、规范高效的管理体系、绿色适用的技术体系和长效稳定的保障体系，全面提升公路养护效能，深入推进公路养护高质量发展。

（3）提升路网管理运行和服务水平。围绕治理完善、基础补强、管理升级、服务创新等，着力提升路网运行通畅水平和服务品质。

（4）提升道路运输服务品质。落实高质量发展要求，加强公路与其他运输方式的融合发展，构建快速便捷的客运服务系统和经济高效的货运物流系统，有效促进从业人员群体稳定，不断提升道路运输服务品质。

（5）增强创新发展动力。坚持创新驱动发展战略，注重科技创新赋能，促进公路交通数字化、智能化，推动公路交通发展由传统要素驱动向更加注重创新驱动转变，增强发展新动能。

（6）增强安全应急保障能力。统筹发展和安全，牢固树立红线意识和底线思维，以提升运行安全水平、完善安全生产体系和强化应急救援能力为重点，增强公路交通安全和应急保障能力。

（7）推进公路绿色发展。贯彻落实绿色发展理念，推动公路交通与生态保护协同发展，继续深化绿色公路建设，促进资源能源节约集约利用，加强公路交通运输领域节能减排和污染防治，全面提升公路行业绿色发展水平。

（8）推进行业治理能力全面提升。贯彻落实全面深化改革要求，加快推动行业重点领域改革，综合应用法律法规、标准规范、规制机制、行政管理等手段，实现行业治理能力和水平全面提升。

9.4.6　《"十四五"民用航空发展规划》简介

2021 年 12 月，中国民用航空局、国家发展和改革委员会、交通运输部联合印发《"十四五"民用航空发展规划》（民航发〔2021〕56 号）。

"十四五"时期是全面开启社会主义现代化建设新征程和多领域民航强国建设开局起步的第一个五年。规划依据《中华人民共和国国民经济和社会发展第十四个五年规划和 2035年远景目标纲要》《交通强国建设纲要》《国家综合立体交通网规划纲要》《"十四五"现代综合交通运输体系发展规划》《新时代民航强国建设行动纲要》等编制，阐明未来一段时期民航发展战略意图和重点任务，是指导民航发展的纲领性文件。规划综合考虑行业发展现状、发展环境以及新形势和新要求对行业发展赋予的新特点和新任务，坚持目标导向和问题导向相结合，对行业"十四五"发展作出系统谋划和部署。

规划坚持安全发展底线和智慧民航建设主线，明确"十四五"时期民航"一二三三四"总体工作思路，即践行一个理念、推动两翼齐飞、坚守三条底线、构建完善三个体系、开拓四个新局面，同时坚持安全发展、创新驱动、改革开放、系统观念和绿色人文的基本原则，确定了"六个新"发展目标，构建六大体系、实施六大工程，加快构建更为安全、更高质量、更有效率、更加公平、更可持续的现代民航体系。

1. 发展目标

1）到 2025 年目标

"十四五"期间，着力构建六大体系，加快实施六大工程，实现航空运行更加安全高效，保障能力更加坚实可靠，航空服务更加优质公平，行业与产业融合更加紧密，治理体系和治理能力更加完善，民航数字化水平显著提升，科技创新体系基本成型，民航发展动能明显转换，确保量的稳步增长和质的快速提升，具体表现在以下 6 个方面：

（1）航空安全水平再上新台阶。安全理论科学完善，风险管控精准可靠，安全文化与时俱进，技术支撑先进有力，民航安全发展更加自信从容，运输航空连续安全飞行跨越 1 亿小时大关。

（2）综合保障能力实现新提升。形成布局完善、功能完备、保障有力、智慧高效的现代化综合机场体系。空管运行效率有效提升，保障能力满足发展需要。实现信息共享化、维修产业化、航油市场化，综合保障能力大幅提升。

（3）航空服务能力达到新水平。培育超大规模国内民航市场，打造安全品质、盈利能力、品牌形象、服务质量世界一流的航空公司，大众化、国际化、多元化的航空服务体系更加完善。国内网络高效通达，国际通道广泛畅通，客运网络互联互通，货运网络自主可控。通用航空服务丰富多元。

（4）创新驱动发展取得新突破。民航科教创新攻关联盟的主力军作用更加突出，形成以企业为主体、民航科教创新园区和若干产业集群为支撑的创新体系。行业发展急需重点领域关键核心技术实现突破，科技创新和成果转化能力显著增强。

（5）绿色民航建设呈现新局面。绿色民航政策、标准和评价体系更加完善，能源利用效率和结构持续提升优化，应对气候变化积极有为，环境污染综合治理能力不断提高，机场噪声防治科学有力，民航发展与生态环境更加和谐。

（6）行业治理能力取得新成效。民航法治体系和行政管理体系更加完善，重点领域改革取得实效，行政效率和公信力显著提升，民航信用体系基本健全，防范化解重大风险体制机制更加有效，统筹国际竞争与合作能力显著增强。

2）展望 2035 年目标

展望 2035 年，民航将实现从单一航空运输强国向多领域民航强国跨越的战略目标。民航综合实力大幅提升，航空公司全球领先，航空枢纽辐射力强，航空服务国际一流，通用航空功能完善，空中交通智慧高效，安全保障经济可靠，创新能力引领国际。民航对扩大对外开放、支撑产业发展、促进区域协调、保障国家安全、满足民生需求等方面的基础性作用更加突出，有力支撑我国基本实现社会主义现代化。

2. 重点任务

与六大目标相呼应，"十四五"期间民航发展要着力构建以下六大体系：

（1）构建一流的民航安全体系。围绕运行、空防、适航、信息等民航安全链条，系统提升理论创新能力、风险防控能力、依法监管能力、安全保障能力和科技支撑能力，持续提升民航安全总体水平。

（2）建设一流的基础设施体系。以突破资源容量瓶颈为重点，着力提升质量效率，更加注重创新驱动，实施容量挖潜提升工程，加快构建现代化的国家综合机场体系和空中交通管理体系，发挥整体协同效应，为民航高质量发展奠定坚实基础。

（3）发展一流的航空服务体系。以服务国家战略和满足人民需要为目标，着力内部挖潜和外部协同，强化枢纽支撑，拓展服务领域，提升服务质量，构建运输航空和通用航空一体两翼、覆盖广泛、多元高效的航空服务体系。

（4）健全生态友好的绿色发展体系。坚持以实现碳达峰、碳中和为引领，更加注重科技创新的战略支撑作用，从技术、运行、市场机制等方面统筹推进行业绿色发展，加快形成绿色低碳循环发展格局，不断拓展行业发展空间。

（5）构筑坚实有力的战略支撑体系。坚持以科技创新为第一动力，以人才为第一资源，突破制约发展的瓶颈，坚持对外开放，促进区域协调，形成民航与产业协同发展新格局，支撑民航高质量发展。

（6）打造现代化民航治理体系。坚持正确处理政府和市场的关系，注重运用改革的办法和市场化手段，大力破除制约民航要素资源配置水平的体制机制障碍，完善民航法规体系，提高行政效能，加强文化建设，推进民航行业治理体系和治理能力现代化。

规划围绕主要目标和重点任务，针对行业发展的堵点、痛点、痒点和难点，聚焦全局带动面广、问题针对性强和旅客切身感受最直接的领域，设置了 6 个重大工程专栏，包括容量挖潜提升工程、航空运输便捷工程、民航绿色低碳工程、科技创新引领工程、人才强业工程、产业协同示范工程，作为十四五期间的"工程单"和"政策包"。

9.4.7　《水运"十四五"发展规划》简介

2021 年 11 月，交通运输部发布《水运"十四五"发展规划》。规划根据《中华人民共和国国民经济和社会发展第十四个五年规划和 2035 年远景目标纲要》和《交通强国建设纲要》《国家综合立体交通网规划纲要》，按照"十四五"综合交通运输体系发展规划总体要求制定。规划立足新发展阶段，完整、准确、全面贯彻新发展理念，服务构建新发展格局，紧紧围绕加快建设交通强国、构建现代化高质量综合立体交通网的目标，对标"四个一流"，以贯彻国家战略要求为导向，加强阶段特征分析，突出综合交通融合发展，提升管理和服务水平，遵循强化支撑保障、推进创新驱动、加强统筹协调、促进开放融合、坚持绿色安全的基本原则，切实指导"十四五"时期水运行业发展的各项工作。

1. 发展目标

1）到 2025 年目标

2025 年，安全、便捷、高效、绿色、经济的现代水运体系建设取得重要进展，水运基础设施补短板取得明显成效。新增国家高等级航道 2 500 km 左右，基本连接内河主要港口。世界一流港口建设提质增效，保障能力适度超前。智慧绿色安全发展水平显著提升，支撑国家战略能力明显增强。

（1）基础设施保障有力。新增及改善内河航道里程 5 000 km 左右，其中新增国家高等级航道 2 500 km 左右，打通主要瓶颈和碍航节点，延伸通达范围，提升管理养护水平。进一步增强港口基础设施保障能力，沿海大型专业化码头通过能力适应度大于 1.1，提高内河港口专业化集约化发展水平。补齐港口集疏运短板，实现长江干线主要港口铁路进港全覆盖，沿海主要港口铁路进港率达到 90% 以上。

（2）运输服务经济高效。集装箱、原油、矿石、LNG 等主要货类运输系统不断完善。进一步提高集装箱干线港国际互联互通水平。大力发展铁水联运，集装箱铁水联运量年均增长 15%。推动水上客运多元化发展，提升服务品质，加快推进琼州海峡港航一体化。

（3）创新智能水平提升。强化水运基础研究，提高关键核心技术攻关能力。推广互联网、大数据、人工智能、5G 等深度应用，继续加快智慧港口和数字航道建设。

（4）绿色安全水平提高。提高水路货物周转量占比，深入推进港口集疏运"公转铁""公转水"，进一步降低港口铁矿石公路疏运比例。完善水运安全保障和应急救援体系，提升风险防控能力和应急保障水平。

（5）支撑引领能力增强。不断提升津冀、长三角、粤港澳大湾区港口群整体竞争力，加快构建辐射全球的航运枢纽。持续增强上海等国际枢纽海港和长江、西江黄金水道在畅通国内国际双循环中的支撑作用，增强水运对冶金、石化等产业布局优化调整的促进作用。培育一批具有较强国际影响力的码头运营商、航运企业和物流运营商。提高我国在国际海事组织等国际机构中的影响力和话语权。

2）展望 2035 年目标

展望 2035 年，安全、便捷、高效、绿色、经济的现代水运体系基本建成，为建设人民满意、保障有力、世界前列的交通强国做好支撑。内河水运完成国家高等级航道网 2.5 万 km 预期目标，充分发挥在"6 轴 7 廊 8 通道"综合立体交通网主骨架中的通道作用。沿海港口在国家发展中的"硬核"作用凸显，在全球航运和物流体系中的枢纽地位突出，基本建成世界一流强港。

2. 重点任务

（1）集中攻坚，重点建设高等级航道。以高等级航道为核心，补齐短板、发挥优势，加快长江干线、西江航运干线、京杭运河等大通道扩能升级，推动高等级航道未达标段攻坚，稳步推进运河连通工程前期论证和建设。重点支持国家高等级航道（含通航设施）建设，兼顾其他航道（含通航设施）、航电枢纽、公共锚地、中西部地区库湖区便民交通码头建设。

（2）强基优能，打造高能级港口枢纽。坚持一流标准，以国际枢纽海港、主要港口为重点，优化存量资源配置，扩大优质增量供给，提升服务功能和支撑能力，打造高能级港口枢纽。建设津冀、长三角、粤港澳大湾区世界级港口群，更好服务国家重大区域战略实施。中央资金重点支持进出港航道、防波堤、锚地等公共基础设施建设。

（3）统筹融合，推动联运高质量发展。按照一体化融合发展的要求，加强统筹协调，推进港口枢纽一体化规划建设，完善集疏运体系，大力发展铁水联运、水水中转，推动联程运输高质量发展。

（4）降本增效，发展高水平水路运输。按照加快发展现代服务业的要求，发展现代物流，提高内河运输船舶标准化专业化水平，丰富客运服务产品，提升客运服务品质，推动水路运输服务再上新台阶。

（5）创新驱动，引领智慧水运新发展。实施创新驱动战略，以数字化、智能化为主线，推动水运"新基建"，推广 5G、大数据、区块链、人工智能、物联网等在水运行业深度应用，促进生产运营智能化、公共服务便利化，提升水运智慧化发展水平。

（6）巩固提升，推进绿色平安新发展。加强资源集约节约利用，持续深入推进港口船舶污染防治，构建清洁低碳的港口船舶能源体系，推进水运绿色发展。统筹发展和安全，将平安中国建设要求有机融入到水运发展中，建设平安港口、平安航道。

（7）开放拓展，提升水运国际竞争力。提升港航服务国际化水平，完善全球海运互联互通网络，提高海运船队国际竞争力，深化港航、海事国际合作，更好服务高水平开放、"一带一路"高质量发展和交通国际竞争力建设。

（8）深化改革，提升管理能力与水平。围绕管理体系和管理能力现代化的总目标，完善行业管理体系，推动有效市场和有为政府更好结合，提升行业管理能力与水平，持续增强行业发展动力和活力。

9.4.8　"十四五"其他相关交通运输政策

在加快建设交通强国和实施"十四五"规划的开局之年，政府相关部门陆续出台了一系列促进交通运输业高质量发展的规划政策文件，如《交通运输领域新型基础设施建设行动方案（2021—2025 年）》《数字交通"十四五"发展规划》《交通运输"十四五"立法规划》《综合运输服务"十四五"发展规划》《"十四五"交通气象保障规划》等。

1. 《交通运输领域新型基础设施建设行动方案（2021—2025 年）》简介

为加快建设交通强国，推动交通运输领域新型基础设施建设，2021 年 8 月 31 日，交通运输部发布了《交通运输领域新型基础设施建设行动方案（2021—2025 年）》（以下简称《方案》）。

1）行动目标

到 2025 年，打造一批交通新基建重点工程，形成一批可复制推广的应用场景，制修订一批技术标准规范，促进交通基础设施网与运输服务网、信息网、能源网融合发展，精准感知、精确分析、精细管理和精心服务能力显著增强，智能管理深度应用，一体服务广泛覆盖，交通基础设施运行效率、安全水平和服务质量有效提升。

2）主要任务

主要任务涉及以下 7 个方面：智慧公路建设行动、智慧航道建设行动、智慧港口建设行动、智慧枢纽建设行动、交通信息基础设施建设行动、交通创新基础设施建设行动、标准规范完善行动。

2. 《数字交通"十四五"发展规划》简介

2021 年 12 月，交通运输部办公厅印发《数字交通"十四五"发展规划》（交办法〔2021〕69 号），规划提出，到 2025 年，"交通设施数字感知，信息网络广泛覆盖，运输服务便捷智能，行业治理在线协同，技术应用创新活跃，网络安全保障有力"的数字交通体系深入推进，"一脑、五网、两体系"的发展格局基本建成，交通新基建取得重要进展，行业数字化、网络化、智能化水平显著提升，有力支撑交通运输行业高质量发展和交通强国建设。其中，一脑指打造综合交通运输"数据大脑"；五网指构建交通新型融合基础设施网络，部署北斗、5G 等信息基础设施应用网络，建设一体衔接的数字出行网络，建设多式联运的智慧物流网络，升级现代化行业管理信息网络；两体系指培育数字交通创新发展体系、构建网络安全综合防范体系。

3. 《综合运输服务"十四五"发展规划》简介

2021 年 11 月，交通运输部正式印发《综合运输服务"十四五"发展规划》（以下简称《规划》），以加快建设交通强国为总目标，加快构建便捷顺畅、经济高效、开放共享、绿色智能、安全可靠的现代综合运输服务体系。

1）总体目标

到 2025 年，"全国 123 出行交通圈"（都市区 1 h 通勤、城市群 2 h 通达、主要城市 3 h 覆盖）和"全球 123 快货物流圈"（国内 1 天送达、周边国家 2 天送达、全球主要城市 3 天送达）加快构建，多层次、高品质的旅客出行服务系统和全链条、一体化的货运物流服务系统初步建立，现代国际物流供应链体系不断完善，运输结构进一步优化，运输装备水平大幅提高，绿色化、数字化发展水平明显提高，安全应急保障体系更加健全，治理能力显著提升，服务支撑经济社会发展能力进一步增强。

2）主要任务

"十四五"时期，为推进综合运输服务高质量发展，需凝聚各方面的力量和智慧，统筹谋划、开拓创新，着力构建"五个系统"、打造"五个体系"。"五个系统"指构建协同融合的综合运输一体化服务系统、构建快速便捷的城乡客运服务系统、构建舒适顺畅的城市出行服务系统、构建集约高效的货运与物流服务系统、构建安全畅通的国际物流供应链服务系统，"五个体系"指打造清洁低碳的绿色运输服务体系、打造数字智能的智慧运输服务体系、打造保障有力的安全应急服务体系、打造统一开放的运输服务市场体系、打造精良专业的从业人员保障体系。

4. 《交通运输标准化"十四五"发展规划》简介

2021 年 10 月 28 日，交通运输部、国家标准化管理委员会、国家铁路局、中国民用航空局、国家邮政局联合印发了《交通运输标准化"十四五"发展规划》，规划为综合交通运输领域的专项规划，覆盖综合交通运输、铁路、公路、水路、民航和邮政六大领域，涵盖国家、行业、地方、团体、企业标准五个层级，包括政策制度、技术标准、国际化、实施监督、支撑保障等五个方面，指导全行业"十四五"时期的标准化工作。

1）发展目标

到 2025 年，基本建立交通运输高质量标准体系，政府主导制定的标准与市场自主制定的标准协同发展，标准化与科技创新深度融合，标准化发展基础更加坚实，我国成为国际标准的重要参与者和贡献者，国际影响力大幅提升，标准化支撑加快建设交通强国、构建国家综合立体交通网的作用更加突出。

2）重点任务

重点任务涉及以下 7 个方面：加强标准化管理体系建设、构建适应高质量发展的标准体系、加快服务国家重大战略标准研制、加强重点领域高质量标准有效供给、推进国际标准共建共享、创新标准实施应用和监督管理机制、加强计量与检验检测和认证认可体系建设。

5. 《"十四五"交通气象保障规划》简介

2021 年 11 月，中国气象局、公安部、交通运输部、国家铁路局、国家邮政局联合发布了《"十四五"交通气象保障规划》（气发〔2021〕112 号）。

1）总体目标

到 2025 年，聚焦公路、铁路、内河水运、海上交通、多式联运五大重点方向，综合交通气象监测站网布局更加优化，基于交通安全影响的气象监测预报预警能力显著提升，气象在交通路网规划、设计、施工、运行各环节的保障服务作用有效发挥，多部门协同规划、协同部署、协同实施、协同保障的综合交通气象服务格局基本形成。

2）主要任务

主要任务涉及以下 6 个方面：构建交通气象精密监测系统、开展交通气象灾害风险普查、打造高质量交通气象服务体系、提升交通气象服务支撑能力、推动交通气象科技创新、强化"一带一路"综合交通运输气象保障等。

6. 《交通运输"十四五"立法规划》简介

2021 年 10 月，交通运输部办公厅印发了《交通运输"十四五"立法规划》（交办法〔2021〕69 号）。规划明确了"十四五"时期立法工作的总体思路、发展目标、主要任务和保障措施，为交通成为中国现代化的开路先锋提供法治支撑和保障。

1）发展目标

到 2025 年，交通运输重点领域重大立法项目取得突破性进展，"一法两条例"等法律、行政法规颁布实施；一批服务交通运输高质量发展、保障交通运输安全、回应人民群众期待、细化落实上位法规定的部门规章印发实施；交通运输立法质量进一步提升，综合交通法规体系在更高层次、更高水平、更高质量上得到进一步完善，立法工作对交通运输改革发展稳定的引领、推动、支撑、保障作用进一步加强。这里的"一法"指的是《中华人民共和国公路法》，两条例指的是《公路收费管理条例》《农村公路条例》。

2）主要任务

主要任务涉及以下 5 个方面：深入贯彻党中央战略决策部署，全力协调推动重点领域重大法律法规项目颁布实施；聚焦行业改革发展实践需求，着力推动重点法律法规项目取得重要进展；准确把握经济社会和交通运输发展规律，切实深化法律法规项目前瞻性、储备性研究；细化补充落实上位法规定，聚焦解决现实问题，全力推进规章制修订工作；加强统筹衔接，坚持立改废释并举，切实维护国家法制统一。

思考题

1. "十一五"以来我国每个国民经济和社会发展五年规划中对交通运输业的宏观规划政策有哪些？

2.《交通强国建设纲要》提出的我国推进交通强国建设的发展目标是什么？

3.《交通强国建设纲要》提出的我国推进交通强国建设的九大重点任务是什么？

4. 2000 年以来，我国政府出台了一系列促进新能源汽车发展的政策文件，试结合新能源汽车的技术经济发展情况分析相关政策演化的特点。

5.《交通强国建设纲要》中提出，《国家综合立体交通网规划纲要》中再次明确的"全国 123 出行交通圈"和"全球 123 快货物流圈"具体内容是什么？

6.《"十四五"现代综合交通运输体系发展规划》中提出的九个方面的主要任务是什么？

10 第10章
国外交通运输政策法规借鉴

　　由于世界各国的经济发展水平、资源、文化背景各不相同，各国的交通运输政策法规发展也有不同的侧重点，但共同点是各国都力求促进各种交通运输方式之间的协调和高效发展。不同的政策法规对交通运输的发展速度、发展质量的影响是不同的。

　　近年来，随着中国经济的快速发展与改革的不断深化，我国交通运输政策法规从制定到实施都在逐步与世界接轨，研究国外的相关交通运输法规政策将对我国综合交通运输体系发展政策的制定具有重要的借鉴意义。本章主要介绍美国、日本及欧洲部分国家交通运输政策法规制定的背景、特点等，阐释了对我国的借鉴和启示。

本章重点

- 各国交通运输政策法规的特点；
- 不同国家的交通背景及应对策略；
- 不同国家交通运输政策法规的理念；
- 通过学习国外的交通运输政策法规，掌握我国可以得到的借鉴和启示。

10.1

美国交通运输政策法规借鉴

美国是当今世界上经济最发达的国家，在短短 200 年的时间里从英国的殖民地发展成为世界经济强国，其成功原因是多方面的，其中交通运输对经济发展所起的巨大促进作用不能不说是重要原因之一。基于美国经济发展的需要和交通运输系统发展的现状，美国交通运输政策法规旨在为国内外居民、企业和政府提供一个更加安全、均衡和高效的交通运输系统。

10.1.1　美国交通运输政策的演变历程

随着美国交通运输业的不断发展，美国政府及美国运输部对其采取的政策也在不断变化。美国交通运输发展政策制定的基本出发点有两个：一是以人为本，体现公平；二是支持社会的可持续发展，执行严格的环境保护政策。美国交通运输发展政策主要通过各类与交通相关的法案体现，具体落实与实施通过两条途径：一条是由各级交通部门主管的交通规划编制和交通建设资金分配，另一条是由各级环境保护部门监督实施的各类交通环境保护政策。

1. 演变路径

从美国交通运输 100 多年的发展史来看，美国政府及运输主管部门对交通运输的政策大致经历了扶持、引导和战略规划三个阶段。

1）扶持阶段

在 20 世纪 80 年代以前，美国政府及美国运输部对交通运输的政策主要是资助、扶持，促使其迅速发展，其发展较多地依赖于政府行政机制的激励作用，具体表现形式为：税收优惠（减免财产税）、贷款担保（提供贷款担保，降低私人银行贷款风险）、低息贷款（专项低息贷款，较低的担保贷款利息）、运营补贴（补贴营运收益与成本之间的赤字）、劳保提供（向运输失业人员支付劳保基金、为运输退休人员筹集退休劳保基金）、研发基金提供（向从事运输行业工作的私人及政府机构提供科研基金）、技术支持（在交通规划、设计、建设过程中给予技术支援）、其他资助（公路、航道、机场的养护与更新，航空设备的提供，对运输经营者提供气象预报服务，对运输制造业的支持）等。

2）引导阶段

20 世纪 80 年代初至 90 年代初，美国政府及美国运输部对交通运输的政策主要是引导，促使其顺利发展，政府更多的是发挥市场机制的作用。政府放松对交通运输业的管制，减少对交通运输业的资助和扶持，如削减扶持基金、运营亏损补贴、船舶制造差价补贴，增加水运及公路使用税、燃料税，增加地方政府在港口投资方面的比例等。

3）战略规划阶段

20世纪90年代以来，美国政府及美国运输部对交通运输的政策主要是战略规划，以促使其持续发展。美国运输部2000年9月制定并颁布了《2000—2005年交通运输战略规划》，明确制定了交通运输发展的各项战略目标。其中，第一是安全战略目标；第二是畅通战略目标；第三是经济增长战略目标；第四是环境战略目标；第五是国家安全战略目标。2003年9月，美国运输部又颁布了《美国运输部战略计划（2003—2008年）》。20世纪90年代以来，美国的交通运输政策、战略和法规体系已经逐渐完善与成熟，取得了十分显著的成效。

> **提示：**美国经历了现代交通运输业完整的发展过程，其政府的交通运输管理也随着交通运输业的成长而不断调整。其间经历了以铁路运输为主时代、公路运输兴起、水路运输恢复、航空运输条件改善时代。1950—1970年，开始实施州际公路建设、机场和航空运输改造、海运振兴计划等。为适应交通运输业大规模快速发展的要求，1966年，美国第36任总统约翰逊提出组建运输部并经国会批准于次年4月1日正式成立，从而将原分散在商业部、财政部等八个部委、三个局处的交通管理职能和相关事务集中，实现了对全国交通运输事务的综合管理。

2. 演变特点

交通运输产业在美国国民经济体系中处于基础性地位，是保证其国民经济正常运转必须优先发展的产业，是其国民经济体系中其他各产业、人民生活、文化交流及国防事业的先行官，这些行业的发展无不依赖于交通运输业的超前发展。美国交通运输演变具有以下特点：

1）与交通运输产业周期相吻合

交通运输产业周期与其他产业生命周期一样，也经过形成期、发展期、成熟期、衰退期等几个阶段。美国政府及美国运输部在不同时期采用了不同的政策：形成期主要采用扶持政策，发展期主要采用引导政策，成熟期主要采用战略政策。

2）与科学技术的发展相协调

科学技术的发展推动交通运输的发展。美国历来重视科研的投入，现正大力发展智能交通（智能车辆、无缝连接的多式陆上智能运输系统、电子收费系统、GPS定位导航、GPS和GIS与遥感技术的集成等），其运输科研的投入及未来发展的方向需要政府及运输部高瞻远瞩的战略规划来指导。

3. 政策理念

1）交通运输政策的宗旨是以人为本，实现交通可持续发展

长期以来，美国交通发展政策的制定主要围绕两个基本出发点。一是以人为本，体现公平，即在各类交通发展政策的制定中充分强调不论种族、肤色、受教育程度，均应享受相对平等的交通出行权，政府交通投资效益应当最大限度地为大多数人平等享受；同时在交通发展的过程中，越来越重视交通安全，重视人性化交通服务，充分考虑残疾人、老年人、儿童的安全和出行方便。二是支持社会的可持续发展，执行严格的环境保护政策。在进行公路等

交通基础设施建设时，进行严格的交通环境影响评价，绝不允许以环境破坏为代价来提供交通出行的便利；对水环境、空气环境、重要的湿地、濒临灭绝物种实行严格保护，与环境相冲突的项目不能获得立法机构的资金批准，将国家交通发展与社会经济发展需要、国家能源政策与环境保护统筹协调规划。

2）政策的核心是"大交通"

美国交通运输采用的是"大交通"的管理体制，即铁路、公路、水运、航空、管道等各种运输方式统一由美国运输部进行综合管理，通过政策的导向调整各种运输方式的运力，大力发展综合运输。

3）政策实施的手段是"两只手"

美国交通运输的发展依靠市场和政府"两只手"，但不同时期"两只手"运用的程度不一样。扶持政策时充分发挥政府的作用，引导政策和战略政策时充分发挥市场的作用。

4. 美国现行的主要交通运输发展政策法规

美国现行的交通运输发展政策由三部主要法律、五部相关法律组成。三部主要法律为《清洁空气法（1990 年修正案）》《多模式地面交通运输效率法案》《面向 21 世纪交通平衡法案》。

《清洁空气法（1990 年修正案）》是美国交通环保政策上里程碑式的法律文件。《清洁空气法案》最初于 1963 年制定，后历经多次修正与完善。现行的《清洁空气法案（1990 年修正案）》制定了对汽车等交通工具移动污染源的严格控制措施，要求各州制定降低空气污染的规划，设定空气质量改善标准和期限，实行大型排污的许可制度，允许美国环境保护总署对污染罚款，给州、地方政府以及企业设定标准和达到标准的期限，鼓励公众参与环境保护，制定保护空气的奖励措施，要求获得联邦资助的交通项目必须符合空气清洁标准。

20 世纪 60 年代开始，美国的交通运输政策由过去的过分强调州际间交通运输，并且主要是州际公路运输，转向特别重视城市化区域、大都市区域的综合交通运输规划与统筹协调。1991 年颁布的《多模式地面交通运输效率法案》（简称"冰茶法案"）是美国交通发展政策发生重大转变的重要标志，代表美国交通运输发展转入以可持续发展为目标的综合运输发展阶段。"冰茶法案"所强调的政策主要包括以下几个方面：交通发展资金分配柔性化，实现了由国家级运输系统向地方运输设施的转变；交通基础设施由以公路建设为主转向公交、铁路等多种运输设施及联运；交通运输系统由以基础设施建设为主转向建设、安全与管理并重；交通运输发展的目标由支持国防与社会经济发展转向支持人的发展、高质量的社区生活，最终走向社会的全面可持续发展；建立都市区交通规划组织，进行都市化区域交通运输系统统筹协调发展，规定对于人口大于 5 万的城市化区域，都市区交通规划组织是运输系统规划与设计机构，该机构在区域交通运输发展中扮演重要角色，担当重要责任；强调开展利用高新技术对传统运输系统进行改造以提高传统交通运输系统的效率，重点支持智能交通系统研究。

1998 年美国又在"冰茶法案"的基础上制定了《面向 21 世纪交通平衡法案》（简称"续茶法案"）。该法案将改善交通安全摆在美国交通运输发展的首要位置，制定了提高安全带与安全气囊使用率和使用效果、加强酒后驾车执法、加强货运交通安全管理、应用高新技术改善交通安全等全面改善交通运输安全的综合措施。为重塑美国交通运输系统，"续茶法案"从法律上安排了大笔的资金预算，计划 6 年提供 2 173 亿美元进行地面交通运输设施投资。环境保护在"续茶法案"中也得到高度重视，安排 81.2 亿美元来降低交通拥堵，改善空气质量。"续茶法案"的另一特点就是，随着冷战的结束，美国霸主地位的确立以及经济全球化、一体化进程的发展，在法案中明确提出需要建立确保美国全球竞争力的交通运输支持保障体系，主要包括提供一个平衡发展、可达性高、一体化以及高效率的运输系统，确保美国的经济增长以及美国企业在全球的竞争力，进一步加强维系国防安全的公路，进一步加强建设国家重要贸易通道。该法案同时也强调交通运输行业作为国民经济中的基础性产业，其经济规模和就业人口在国民经济中占有重要地位，交通运输发展应尽可能多地为社会创造、提供就业机会。同时该法案也强调交通规划的重要性，要求都市区交通规划组织和州政府必须提供二十年运输发展规划和三年运输改善规划。该法案强调公众参与的重要性，要求一种主动式的公众参与过程，包括公众参与完成技术工作、及时将政策信息告知公众，以及对关键决策信息的完全可获取、对长期规划与运输改善规划项目中的前期参与和连续参与的支持。

5 部相关法律为：

（1）1969 年国家环境政策法，该法要求获得联邦资金资助的交通建设项目必须进行环境影响评估。

（2）美国残疾人法，该法规定运输设施和服务必须为残疾人提供服务。

（3）清洁水法，该法严格禁止运输设施和服务影响水质量的保护和湿地保护。

（4）濒危物种法案，该法案从法律上确立交通运输设施和服务不能影响保护濒临灭绝的物种。

（5）公民权利法案，该法案着力强调公民应平等享受交通运输投资产生的利益。

5. 不同交通方式的政策导向

1）铁路：贷款担保政策

（1）政府提供一定额度的贷款担保，供铁路公司向银行贷款。

（2）铁路公司均为上市公司，通过发行和出售股票来获取资金支持。

（3）各铁路公司还可以发售债券来筹集资金，长期债券的期限可达 30 年。

（4）铁路公司也可以用运输设备做抵押，向银行借贷高达 80% 的设备购置费。

（4）货运铁路公司一般将收入的 20% 用于铁路的改造和发展，基本上得不到政府的直接投资。

2）公路：新融资政策

1956 年美国开始了州际高速公路计划，规定建设经费由联邦政府负担 90%，所在州负担 10%，费用超过了 1 500 亿美元。

20 世纪 90 年代，美国实行了新的融资政策，包括：增加机动车燃料税、汽车销售税、汽车登记费等税费；充分利用暂时闲置的公路财政资金；扩大债券发行；鼓励土地所有者和开发商捐赠路权；对公路沿线新建住宅及商业设施征收建设开发费，对原有设施征收工程受益费；对收费公路沿线土地征收土地增值税；鼓励私人出资建设收费公路等。

　　3）城市公共交通：运营补贴政策

美国的快速城市化进程使城市交通问题日益突出，最终导致了联邦政府的干预。1964年制定的《城市交通运输法》是国会制定相关交通政策的开始。该法令规定，给大城市公共交通以不超过其成本 2/3 的运营补贴。1974—1980 年先后四次修改《联邦公共交通法》，大幅度增加政府拨款，每年多达 30 多亿美元，其中部分款源来自高速公路信托基金。

　　4）航空：改善机场与航线法令

美国国会于 1970 年、1982 年两次通过了改善机场和航线的法令，建立了特别航空信托基金，作为改善机场和航线的经费来源，并规定继续征收航空税。1982—1987 年，为改善机场、航线以及航线的运行和维护，政府拨款共计 190 亿美元以上。

　　5）水路：征收航道燃料税与发行债券政策

1970 年，美国国会通过了《商用海运法》，联邦政府在 10 年内资助建造 300 艘性能先进的商船，并制定了数十亿美元的政府担保贷款和抵押债券计划。1978 年，美国国会批准对主要内河征收航道燃料税，让使用者负担改进河道的部分开支。

美国把内河航道作为国家基础设施的一部分，由联邦政府出资建设，投资无须偿还。在港口建设上，各州有较大的自主权。联邦政府仅负责港口界限以外的进港航道的建设和维护，费用纳入联邦政府预算。发行债券成为美国港口筹集建设资金的一个重要渠道。

10.1.2　美国现代交通运输发展战略

2015 年美国发布了题为《超越交通——趋势和选择 2045》的报告，提出未来 30 年要建设一个强大、顺畅、智能、环保的交通系统的交通发展战略，支持美国国家经济繁荣，创造美好未来。该报告的主要内容如下：

1. 打造顺畅、智能、高效的旅客运输系统

实行扩能、挖潜并举，完善交通基础设施，畅通美国运输网络，打造更加顺畅、智能、高效的客运系统。具体措施如下：

（1）增加基础设施能力。在交通量快速增长和高度拥堵的走廊建设新的道路、铁路等基础设施。建设连接巨型城市群的城际高速铁路系统、连接城市的城际快速铁路系统。加强对既有设施的养护维修，发挥既有设施的潜力。州际公路交通走廊应用车联网技术进行基础设施改造。应用下一代飞机导航系统等先进技术提高基础设施使用效率。发布实时公众出行信息，有效平衡交通需求和交通供给的时空分布。

（2）进行交通需求管理。实行基于不同时段、不同费率的交通服务定价机制，实施商业和居住性土地混合开发战略，鼓励企事业单位实行远程办公制和弹性工作时间制，促进减少交通总量或拥堵时段交通量。推广小型车使用，发展汽车共享服务。应用自动驾驶、下一代飞机导航等新技术减少拥堵。

（3）提倡公共交通、自行车、步行等交通出行。

2. 构建高效、顺畅、先进、环保的物流系统

构建通达全球、连通城乡、高效顺畅、成本合理、先进环保的物流系统，增强美国经济的全球竞争力。具体措施如下：

（1）制定发展规划和政策，推进货运运营高效化。规划建设关键货运走廊项目，改善港口的连接通道、配送中心、过境通道，并且发展全国范围的货车专用路网。

（2）进行交通基础设施建设、设备更新和服务流程改造，疏通港口、物流中心、联运中心与城区，特别是大都市区的城区连接处道路、铁路等货运瓶颈。

（3）创新体制机制，解决"第一公里"和"最后一公里"货运问题，对配送中心、多式联运中心、"货运村"进行战略布局。建立跨区域的货运流程和标准，促进货运流程简化、运单标准化、物流高效化。

3. 推广交通新技术、新设备

鼓励交通新技术、新设备的应用，改进交通性能，确保交通系统的安全性、适应性、灵活性和可靠性。具体措施如下：

（1）解决新技术的应用障碍，建立支持新技术应用的基础设施、运输工具的技术标准，确保政策引领而非跟随交通技术的发展。制定推广应用下一代航空导航系统、车联网、电动车、自动驾驶、汽车防撞预警、飞机无人驾驶等技术政策、技术标准、监管政策，有效控制新技术带来的安全、环境等潜在风险。

（2）从收集管理大数据转向根据大数据进行投资决策。

4. 发展绿色低碳的交通系统

积极应对全球气候变化挑战，减少对石油等化石能源的依赖，减少交通活动对空气、水、土地等环境要素的影响。具体措施如下：

（1）减少排放。通过提高交通工具的运输效率、使用替代燃料、减少汽车交通量等措施，减少对进口石油的依赖。鼓励铁路、水运、公共交通等低排放强度的运输方式发展。发展电动汽车及可再生能源，提高轻型车、重型汽车和卡车的燃油经济性标准。

（2）调整成本和激励手段。通过交通规划与土地利用规划相协调，征收碳税等手段引导促进运输向集约、环保运输方式转移。

（3）设计和构建适应性更强的基础设施，抵御气候变化带来的高温、风暴等侵害。

（4）避免在环境脆弱区域建设基础设施。

5. 改革交通基础设施建设投融资的体制机制

进行交通基础设施建设投融资的体制机制改革，开辟资金来源。改变联邦和各州之间的交通投融资关系，对交通建设实行前瞻性投资。具体措施如下：

（1）建立鼓励民营资本投资公共设施的激励机制。研究提高燃油税税率，或将燃油税与通货膨胀率挂钩。研究按汽车行驶里程收取碳税、燃油销售税、联邦车辆登记税等新的资金来源。

（2）按照绩效标准进行投资决策，重点支持地方交通拥堵收费、智能交通系统创新、交通技术推广等能显著提高交通运输系统效益的项目。

（3）完善投资体制机制。

10.1.3　对我国的启示

1. 目标的设定具有动态性、指导性

美国战略计划重点围绕人身安全、机动性、全球连通性、环境保护、国家安全等基本战略目标，制定出各自的投资战略、有效性战略、有关法规和法律的战略、信息和分析战略，以及研究和开发战略，目标清晰，责任明确，指导性强。同时，也体现出一种动态的概念，强调运输体系应伴随着国家发展状况和人民生活水平的发展而不断发展。

美国交通发展战略目标的设定具有明显的导向性特征，各目标从一定角度来确定未来交通运输体系应该发展的方向，而不是以一系列的数量指标来规定交通体系所应该达到的规模。

美国交通政策目标体系由指导性目标和动态性目标构成。交通运输领域是一个特殊的经济领域，在我国社会主义市场经济体系改革已经进入深层次改革阶段的背景下，综合交通运输体系发展政策应该以导向性的目标体系为主，同时使设定的目标能够根据时代、环境的变化不断调整，以动态性目标代替传统的静态性目标。

2. 战略规划具有很强的可操作性

美国运输部明确各个基本战略下各管理局所面临的管理方面的挑战，找出需要解决的问题，有的放矢，制定出解决各具体问题的详细时间表和里程碑，从而避免战略规划成为纸上谈兵，具有很强的可操作性。这种政策体系使得从政策的宏观导向作用，到政策的具体执行、对主要影响因素的考虑，再到政策执行的监控等各个环节都得到了充分的保障。在我国综合交通运输体系发展政策的制定中，学习和吸收美国交通战略规划的制定经验，对于按照科学发展观要求转变政策制定模式、探索新的历史时期下交通运输政策的体系框架，具有重要指导意义。

3. 交通运输政策具有系统性与整合性

美国运输部从经济、环境、技术、政治、社会等方面，阐明各个影响因素对美国交通系统的影响，美国联邦政府、州政府及地方政府在美国交通系统发展中所应扮演的角色，国际和国内贸易壁垒的降低及国际标准的统一所带来的新形势，人口分布和人口结构组成的变化与美国交通需求之间的关系等，这些都是美国交通战略规划必须考虑的外部因素。

美国交通战略规划的核心是"大交通"。美国交通运输采用的是"大交通"管理体制，铁路、公路、水运、航空、管道等各种运输方式统一由美国运输部进行综合管理。通过政策的导向调整各种运输方式的运力，大力发展综合运输。从综合运输体系的高度对未来交通运

输的发展进行通盘考虑，在将各种交通运输方式进行有效整合的基础上，使各种交通运输方式构成竞争合作的态势，协调发展。

4. 强调运输部门与其他相关部门之间的协作

为了改善交通系统的安全性，提供更方便快捷的交通，配合经济的增长、有效保护和合理利用资源，美国交通部门很重视同各社会组织、州、地方政府及其他利益相关者的合作。通过各部门之间的合作，更好地促进交通方式下的安全行为，更好地构思安全激励机制等。例如，和技术公司的合作，通过它们的研究规划和设计，改善基础设施建设，提高基础设施性能，减少车辆行驶中的安全隐患，从而减少事故的发生，更好地保护行人，既达到人身安全的目标，又为旅客和货物的流动提供高效的运输。再如，为提高全国范围内汽车安全带的使用，交通部门联合一些地方政府和有关机构共同执法；为减少酒后驾车和驾车时药品的使用，交通部门联合卫生部门和药品管理部门共同执法。充分发挥相关部门的作用，有效监督违规行为，减少事故发生率和人身伤亡。我国在交通产业政策的制定过程中，应寻求广泛的与企业和公众合作的机会，以更有效的工作早日实现交通安全、便利、畅通的目标。

5. 政策设计的系统思想与权变思想

（1）美国政府及运输部对交通运输业的政策全盘考虑，有轻重之分。政策的方案设计结合了美国的经济发展状况、科技发展水平等，比较实事求是。

（2）美国政府及运输部依据运输市场主体、客体、环境的动态变化，政策的设计有主有次，管理的重心也有所侧重，体现权变管理的思想，具有较强的灵活性。

6. 相对完备的政策实施评价体系

（1）美国交通政策的评价体系相对完善，运输部的绩效运算包括了每一绩效指标详细的范围、来源、绩效标的、限制及统计事项等，充分完善了安全工作指标、机动性具体指标、全球连通具体指标、环境和谐具体指标和国家安全具体指标，以衡量其在交通工作方面取得的进展。

（2）每一时期的工作重点也很明确，这样有助于相关部门对政策作出综合评定。政策评价体系关系到交通部门的运作效率，而交通部门的政策实施结果与人们的利益息息相关，所以对政策实施评价是十分必要的。

我国交通运输政策评价体系起步较晚，更应当借鉴发达国家的成功经验，更好地服务于我们的交通政策体系建设。

10.2

加拿大交通运输政策法规借鉴

加拿大是北美地区第二大经济强国，也是世界经济强国之一，其经济的发展同样得益于较完善和细化的交通系统。加拿大交通运输管理职能按照各种运输方式的特性主要分为联邦政府和州政府两个层次，铁路、航空、海运等因为属于跨地区运输方式，相关政策、法律等规则都由联邦运输部负责制定并监督实施；公路运输由于主要发生在各个地区，而且不同地区情况千差万别，因此，联邦政府将公路运输的部分职能委托给州政府代行管理，形成联邦政府与州政府共同管理的格局。加拿大交通部是代表联邦政府行使管理职能的专门机构。

回顾加拿大政府在交通运输管理方面走过的道路可以发现，随着社会经济的发展和市场竞争机制的完善，以及交通运输服务水平的提高，政府只是逐步放松而并未放弃对交通运输的管理。直到今天，加拿大政府仍然对交通运输中的某些行为实行严格管理，尤其是在交通运输安全方面进行严格管制。此外，加拿大政府的交通运输管理职责完全以社会发展和国民需求为目标，在社会公平方面坚持维护交通运输使用者的利益，为各社会集团、各地区和全体国民提供优质的运输服务。

10.2.1　加拿大交通运输战略规划

加拿大交通部致力于为加拿大公众提供一个世界上最安全、可靠、高效和环境友好型的交通运输系统。2016 年 11 月发布的《加拿大交通运输战略规划（2030 年）》对加拿大未来交通发展的规划集中在以下几个方面：

1. 以人为本的交通运输系统

居于战略规划五大主题之首的便是出行者，因此未来交通发展将建立以人为本的交通运输系统，更多地考虑交通使用者的权益，为出行者提供更多的选择、更好的服务、更低的成本和更多的权利。交通使用者是加拿大第二大消费群体，2015 年加拿大交通运输产生的总消费为 1 726 亿美元，其中加拿大航空客运产生的收入为 1.31 亿美元；铁路客运产生的客运收入为 382 万美元。此外，由加拿大和美国边界的客运车辆产生的收入大约为 5 500 万美元。因此，更好地为交通出行者服务，将成为交通发展的首要目标。

2. 安全为先的交通运输管理

加拿大政府认识到，现在更需要一个安全可靠的交通系统来保持一个健康和有竞争力的经济。一个安全可靠的交通系统不但可以保护人们免受生命、健康和财产的损失，还可以促使旅客和货物的有效流动，保护人们不受事故和危险货物的侵害，保护环境免遭污染，有利于提高人民健康、生活质量和经济繁荣。加拿大交通部主要负责机场服务，民航、海事安全和安保，铁路安全，道路安全，安全和急救准备，运输危险货物安全，以及铁路和城市轨道交通安全。

加拿大交通部以三个主要方式促进安全管理，即制定规则、建立监督机制和推广安全意识。制定规则包括：①提出和实施法律、法规、标准和政策，②监督机制包括发放许可证、证书，注册许可证；实施审计、检查和监督；违规时采取相关措施。③安全意识推广主要是通过宣传教育帮助公众提高安全意识。

3. 可持续发展的绿色交通

加拿大交通部致力于提供一个安全、可靠、高效和环境友好型的交通运输系统，并且不希望因交通行为对加拿大的温室气体和污染产生重大影响。因此，加拿大交通部一直以来倡导绿色交通，采取严格的措施解决交通部门的尾气排放以及其他环境影响问题。2030 年加拿大的交通系统将变得越来越电气化，支持像氢这样的替代燃料，越来越多地使用可再生燃料。为了推动一个环境友好型的交通系统，加拿大交通部推出三个重点项目：气候变化和清洁空气、环境评估、环境保护和修复。此外，加拿大政府启动了港口动力技术，这项技术允许客轮接入当地电网，为船舶提供动力，而不是在停靠时使用辅助柴油机。此外，加拿大政府还将进一步研究、支持和推广公共交通（公共汽车、火车、拼车）和节能汽车。

4. 更具创新性的智能交通系统

未来交通系统将更加智能化，世界各国都在投资公共交通网络，以及智能城市，建设先进的数字基础设施，包括智能道路、智能车、无人机以及分布式能源系统等。因此，加拿大政府积极鼓励交通部门内部创新，资助交通创新项目；建立加拿大交通创新中心，支持、激励其他所有交通方式的创新和试验；努力发展与工业界和学术界（包括加拿大和国外）的伙伴关系，支持采用和引进先进交通技术，比如车辆联网和自动驾驶。

5. 推动国家经济发展

加拿大是英联邦国家之一，同时也是八国集团、20 国集团、北约、联合国、法语国家组织、世界贸易组织等国际组织的成员国。加拿大因其丰富的自然资源和高度发达的科学技术，成为一个高度发达的资本主义国家，也是世界上拥有最高生活水准、社会最富裕、经济最发达的国家之一。在全球供应链快速发展的时代，应该用高效快捷的运输系统将加拿大与世界连接起来，把加拿大的产品、服务推向全球市场，促进加拿大经济健康发展。市场的全球化意味着新的运输模式和趋势。例如，当船只和飞机变得越来越大时，它们对港口和机场以及连接它们的道路和铁路系统提出了新的要求，要求必须有现代化的机场和航空公司，并提供有竞争力和高质量的服务。根据 2017 年财政预算，加拿大政府将在 11 年的时间里向贸易和运输项目投资 101 亿加元。这项投资将建设更强大、有效的连接国际市场的运输走廊，帮助加拿大企业提高竞争力，为加拿大中产阶级创造更多就业机会。

10.2.2　对我国的启示

1. 在政策中贯彻可持续发展战略

工业革命以来，由于生产力的飞速发展，人类的物质财富得到了前所未有的积累。与此同时，人类也为大量消耗资源、毫无限制地破坏环境付出了沉重的社会代价，例如人口激增、自然资源枯竭、环境严重退化，传统的经济发展模式已经很难继续下去了，必须选择新的发展途径——走可持续发展之路。可持续发展不仅是指经济持续不断地增长与发展，而且更主要是指在经济发展的同时控制人口增长，提高人口素质，合理利用资源，保护和改善环境，使社会与经济能够持续、快速、健康发展的多元目标互相协调的一种新型战略。

在加拿大的交通政策中处处可以看到这一思想，例如，作为政策制定者的加拿大交通部，自身的工作目标之一便是为加拿大人民提供一个可持续发展的交通系统（一个安全、高效、环保的交通系统）。此外，在政策文件中强调环境保护战略，要求政府在制定政策时一定要考虑到环境的问题。

2. 在管理上采用多层协调机制

在事前进行充分的沟通协调，可以避免很多不必要的麻烦。这在交通运输政策的制定中也尤为重要。一个交通问题的解决离不开多级政府，一个政策的制定更离不开各级政府及社会团体、私人部门的帮助。加拿大交通部在其政策中充分体现了这一点。在其政策文件的正文中处处可以看到与合作伙伴协调的要求。例如，在解决城市问题时的多级政府协调，在环境保护问题上与其他职能部门协调，在跨境交通问题上与美国政府协调，等等。

3. 拥有严格的安全管理体制

美国"9·11"事件之后，北美的交通安全环境骤变，加拿大政府为了防止这样的灾难在本国发生，加强了相关领域的安全保卫工作。例如，成立加拿大航空交通运输安全管理局，主要负责登机前的乘客安检工作，监视乘客不能进入的受限区域及管理机场中的所有设备，包括爆炸物监测设备；安排加拿大皇家骑警队（RCMP）机场执勤；承担机场警察的费用；与机场管理部门联合管理受限区域。此外，加拿大交通部还积极与美国及其他国家和组织（包括国际海事组织和国际民航组织）合作，以制定新的国际安全公约，使人员、货物在空中、水上、陆上的流动和周转更加安全、有效。

近些年来，随着国际恐怖组织、宗教极端组织、分裂组织的疯狂活动，安全问题也越来越受到政府的重视。而交通公共设施是最易受到攻击的目标，所以加强这些设施的保护是非常必要的。

4. 重点关注危险品运输

加拿大交通部已经将危险品运输作为今后重点关注的主要问题。

危险品运输存在很大风险，一旦发生交通事故或者造成泄漏情况，后果将不堪设想。我国同样面临着相似的问题，参照加拿大的处理模式，建立与危险品运输相关的道路安全系统是非常必要的。

10.3

欧盟交通运输政策法规借鉴

欧洲联盟（简称欧盟）正式成立于 1993 年 1 月 1 日，随着《欧洲联盟条约》的生效，原欧洲共同体正式更名为欧洲联盟，欧盟如今已经成为拥有 27 个成员国的最强大的地区性国际组织。交通运输在促进欧洲统一上曾作出了重要的贡献，在 1957 年的《罗马条约》中，就制定了欧共体内陆运输——公路、铁路、内陆水运方面的共同交通运输政策作为主要宗旨，将交通运输领域置于重要地位，推行促进欧洲统一市场的政策，并将区域内道路运输系统的竞争条件和促进自由化放在重点位置上。随着欧盟的不断扩大，资源要素流动范围扩大且联系加深，欧盟很快认识到交通运输是欧盟得以存在和运转的一个重要基石。

自 1992 年起欧盟基本每隔 10 年发布一期关于交通运输政策的白皮书，白皮书的编制以国民经济发展阶段为依据，引导欧盟在未来一段时间内公路、铁路、水运、航空、管道运输的发展方向。考虑到欧盟作为全球第二大经济体的重要地位和物流业的基础性、战略性作用，白皮书的公布对世界范围内的交通运输与物流行业都具有重大影响力。欧盟于 2001 年制定了《面向 2010 年的欧洲联盟交通运输政策：时不我待》，2011 年制定了交通运输政策白皮书《迈向统一欧洲的运输发展之路：构建更有竞争力、更高能效的交通运输系统》，文件提出欧盟到 2050 年建立起具有竞争力和可持续发展的交通运输系统，计划在未来 40 年实现以下具体目标：在不影响运输效率和降低机动性的前提下，打破目前交通运输行业依赖石油的行业格局，实现较 1990 年减排 60% 的减排目标；构建多式联运网络，增加铁路方面的投资和发展沿海港口，将这些节点作为连接欧盟和世界的物流中心，提高海铁联运能力；兑现 10 项量化减排工作的指标。其中 10 项指标的内容包括：发展和配备可持续型燃油与推进系统、优化基于多式联运的供应链链条、通过信息化和市场激励机制提高交通运输和基础设施运转的效率。

10.3.1　欧盟新交通运输政策的特点

欧盟新交通运输政策的指导思想是：首先要协调运输与社会经济之间的关系，然后协调交通运输体系内部的关系，提供符合社会经济发展需要的运输服务。下面介绍欧盟新交通运输政策的特点。

1. 由欧盟成员国共同制定

欧盟交通运输政策由各成员国共同制定，具有法律地位，是指导各成员国的政策性文件，这是欧盟新交通运输政策区别于其他国家交通运输政策最为突出的特点。除欧盟外，世界其他地区还没有类似的交通运输政策文件。因此，欧盟交通运输政策被称为共同交通运输政策。

欧盟的共同交通运输政策，符合运输的网络特性和规模经济特性。共同交通运输政策不仅在政治上促进了联盟内部的统一，而且也改善了联盟内部的联系，降低了经济发展中的物流成本，方便了成员国公民的出行，增加了欧盟各国公民的效用，提高了社会的总体福利水平。

2. 涵盖所有运输方式

欧盟交通运输政策不是仅仅针对某一种运输方式，而是涵盖了所有运输方式，包括城市交通，并将市内交通与城际交通统筹考虑，将边远地区的交通与繁华地区的交通统筹考虑，以提高边远地区与繁华地区之间的通达性。

3. 通过各种经济和非经济手段调整交通运输结构

欧盟各成员国都实行市场经济体制，但它们对运输结构的调整并不完全采用经济或市场手段。在研究或实践证明某运输方式、交通运输活动更为有利以后，也采用一些非经济手段，如技术标准、运输安全措施、环境影响标准等来促进该运输方式的发展。这一方面说明欧盟需要将交通运输体系调整到一个理想状态，另一方面也表明交通运输问题不可能完全依靠市场力量来解决。

4. 交通运输政策的核心是可持续发展和以人为本

欧盟希望解决交通拥堵问题，但这不是交通运输政策制定的唯一目标，其根本目标是实现可持续发展和以人为本的发展。

欧盟已经认识到集中力量解决一个或几个交通运输问题（如拥堵、污染、市场化不足等），并不能从根本上解决交通运输与社会经济发展之间的矛盾，一个交通运输矛盾的解决可能意味着另一个矛盾的激化或新矛盾的出现。在这一次的共同交通运输政策中，并没有完全以解决交通拥堵问题为核心，而是希望以解决交通拥堵问题为突破口，实现各种交通运输方式协调发展，提高社会经济发展的可持续性。

5. 着力建设发挥各种运输方式比较优势的综合交通运输体系

欧盟非常强调不同运输方式的比较优势，尤其是强调了水运、铁路应占有更大的市场份额，打破公路的强势局面，建设各种运输方式协调发展的综合交通运输体系，解决面临的各类运输问题。

虽然铁路是欧盟所极力推崇的运输方式，但欧盟并没有简单地扶持铁路，而是通过一系列的研究，进一步发挥各种交通运输方式的优点，改进其不足，通过针对不同交通运输方式的政策调整，实现某一种交通运输方式（铁路）的更快发展。欧盟以实现可持续发展和社会公平为目标，支持有助于实现这一目标的交通运输方式，并随着对运输、社会经济发展规律认识的不断深入而逐步调整交通运输政策。

10.3.2　对我国的启示

尽管欧盟的交通运输政策是建立在欧盟交通运输及经济、社会发展的现状之上，与我国的具体国情有所不同。但是，其政策制定原则、政策基础和部分措施，对我国综合交通运输体系发展政策的制定有着多方面的启示。

1. 有明确的政策目标

政策指向十分明确，例如欧盟委员会提出重新平衡各种运输方式的比例结构、消除基础设施瓶颈、实现以人为本和全球化管理的四项主要的工作任务，每项任务的表述含义都十分清晰。

在各项任务的详细表述中，其政策措施更加清晰具体，例如在重新分配各种运输方式的比例方面，明确提出重新振兴铁路运输业、促进海运与水运的发展、改善公路运输的服务质量、控制空运的增长。在消除瓶颈方面，提出将赋予货运优先权和发展高速客运网络，增加20%的跨欧洲运输网络建设预算；在强化使用者的权利和义务方面，指出针对空运中的超额预订、延误、航班取消等行为，将制订新的规则，并将航空旅客的权力扩展到铁路、海运和城市交通方式当中；在交通运输的全球化管理方面，指出如何利用私人投资的方式及欧盟经济体的财政体系确保足够的公共预算，用于支撑新成员国的交通基础设施建设，同时这部分也包括了监管和执法队伍的建设问题。

我国在很多领域都面临着与欧盟同样的发展问题，上述的很多措施对于我国具有很强的借鉴意义。我国的交通运输同样存在交通方式间的不协调现象。各种交通运输方式的交通拥堵情况大不相同，导致了一系列问题，如何平衡和协调各种交通运输方式的拥堵问题，同样是我国综合交通运输体系发展政策需要解决的重要问题之一。

2. 减少不必要的交通增长

通常，经济增长与交通增长之间存在较高的关联度。经济增长会自动派生出对交通的巨大需求，交通的增长亦会有效地促进经济的增长。

欧盟交通运输政策提出，逐步打破经济增长与交通增长之间的固定联系。打破传统上经济增长与交通增长之间的固定联系，其内涵即为通过加强管理和协调，减少不必要的交通增长，充分利用现有的交通运输设施和运输工具，并通过各交通方式间的协调，在现有容量下更好地满足经济增长的需要；或者在较小的交通增长率下满足更大的经济增长需求。

我国交通运输业在不少方面仍是经济发展的瓶颈，在我国现阶段，大力发展交通运输业还是必需的。不过，在加大基础设施投资力度的同时，我们必须同时加强对现有设施的利用，充分挖掘现有设施的潜力，在基础设施投资项目方面，应加强可行性与必要性研究。

3. 创新基础设施建设融资制度

欧盟委员会意识到交通基础设施建设的最大障碍并不是技术与环境问题，而是资金的筹集。在国家预算资金量较少和公共、私人投资受限的现状下，需要一个基于基础设施收费的创新型解决方案。在交通政策中依据不同基础设施的社会收益、经济收益确定公共资金的最低投资比例。针对中小投资者以及金融集团对于尽早实现投资回报并减少投资风险的要求，提出在新的基础设施开始运行、产生运营收益之前，基础设施的资金来源必须要以国家或地区的税收资金或整个地区（整个线路）的使用者收费中获得。

　　我国的交通运输基础设施建设同样面临着资金的巨大缺口，这就需要在融资方面予以创新，应致力于形成国家预算、地方公共资金与民间资本三元投资主体并重的投资格局。另外，收费制度亦应进行改革，在市场化的大背景下，如何改革交通税费体系，是交通运输基础设施建设与运营面临的一个重要问题，这方面同样可以参照欧盟的类似做法，欧盟所进行的投融资制度创新一个首要方法就是将现有基础设施所带来的额外收益投入到其他需要建设的基础设施中，这种收益的转移也包括方式间的转移，如将公路的燃油税收益及对公路重型卡车的收费收益转移到铁路的建设中。欧盟的这些做法对于我国当前迫切需要解决的基础设施资金缺口问题有很强的借鉴意义。

4. 外部成本内部化

　　欧盟非常关注可持续发展问题，对于交通运输的外部成本研究非常深入，并有详细的研究成果和社会成本的具体研究数据。在欧洲，解决温室效应问题、增加基础设施投入、改善交通安全及减少对环境的冲击都用价格反映出来。因为交通运输中存在的不均衡和非效率问题都来自价格未能真实反映出行成本，这是造成交通运输需求虚高的真正原因，所以，欧盟制定了反映社会成本的价格结构，包括针对公路、铁路、航空都有详细的各项社会成本的测算依据，并落实到基础设施的收费制度之中。

　　对于我国而言，这些做法非常值得借鉴和参考。一方面，应加大交通经济相关理论研究力度；另一方面，各种交通方式的主管部门应建立相应的测度体系，获得相关具体数据资料，并落实到相关政策措施当中，在促进可持续发展的同时，使基础设施的使用逐步实现最优化。

5. 对燃油税政策进行细致的分类研究

　　燃油税政策是关系到交通运输方方面面利益的一项重要决策，也是政府用来调节交通运输市场的一个重要工具。欧盟燃油税主要是用来把交通运输使用所产生的外部成本纳入交通运输使用者所支付的价格当中，特别是温室气体的成本。欧盟针对各国能源使用结构的不同，仅订立一个费用的下限，给予各国一定的费率自主权。同时欧盟还允许成员国在某些领域减少或者免除燃油税，比如商业航空领域及其他鼓励新技术与清洁能源技术相关的领域，对于生物燃料及氢化物燃料采取免税的措施等。

　　燃油税问题是关系我国未来整体能源战略的重要议题，燃油税的调整必然涉及社会利益的重新分配，如何使燃油税政策满足交通运输发展与节能环保两方面的要求，可以借鉴欧盟的一些成功经验，进行充分的外部成本分析，并采取分类指导的方式，研究在每个具体领域中征收燃油税可能带来的影响与效果。

6. 有较为完善的"以人为本"体现

　　欧盟的交通运输政策重视研究以人为本的交通运输问题，并将此作为欧盟交通运输政策的一个重要目标。欧盟的交通运输政策提出：欧洲居民有权利以可支付的价格得到高质量的整合服务。

10.4

日本交通运输政策法规借鉴

伴随着第二次世界大战后日本经济的迅速起飞，交通基础设施建设也相应得到快速发展，早在 20 世纪 70—80 年代就已经基本完成了贯穿南北、连接都市和各经济区域的高速公路与高速铁路干线的建设工作，如今已经基本形成较为完善的交通运输网络，步入典型的后工业化时期，所以日本交通运输政策的制定和执行都已经发展得相对成熟，在政策环境识别、目标设计、基础设施规划、运营计划、资金安排等方面都积累了丰富的经验。进入 21 世纪，为应对头 10 年的社会经济、文化环境剧烈变革，日本国土交通省在 2000 年 9 月颁布《21 世纪初日本综合交通政策的基本方向：以机动性的革命促进经济社会的变革》，该文件是对自 20 世纪 80 年代以来所制定的交通政策方向的重要转变。

日本国土交通省在分析 21 世纪初日本综合运输体系所面临的形势时，主要总结出了 4 个方面的挑战：

（1）从总体需求来看，随着日本未来人口的老龄化与低出生率的发展趋势，运输需求的增长将逐步放缓，同时需求呈现多样化。

（2）在市场规制方面，随着各种交通运输方式的发展成熟，供给与需求规制都有待放松以促进竞争环境的实现。

（3）在可持续发展方面，交通部门产生的温室气体已经成为全球变暖的主要原因之一，由于小汽车造成的环境污染、噪声问题已经成为各大都市居民关心的问题之一。

（4）远程办公、电子商务、Internet 等信息技术革命对于交通运输的供给与需求都产生深刻的影响。

此外，经济全球化、交通安全、生活环境质量、区域分工以及交通运输业劳动力不足的问题也都在一定程度上构成影响日本综合交通运输体系的重要因素。

10.4.1　日本经济发展各时期的交通运输政策

1. 20 世纪中期的交通运输政策

日本颁发了《国土综合开发法》，用法律的形式将国民经济综合发展的各大方面加以规范化、系统化，使交通运输的重要地位、作用及与国家发展计划的关系等重要问题得以阐明，为日本交通政策的制定奠定了良好的基础。

2. 经济高速增长时期的交通运输政策

日本制定了《第二个全国综合发展计划》，标志着经济高速增长时期的开始。为了更好地实现经济发展目标，日本制定了重点改善港口（包括工业港口）和主要交通干线的交通政策，国家重点投资港口设施，扩建港口能力，同时集中资金修建高速公路、电气化铁路等，并着手建设东京至新大阪的高速铁路。1970 年，日本颁布了《全国建设新铁路干线法》，而后又制订了大规模的交通工程计划，包括修建东北和上越新干线等。这些政策对于消除交通瓶颈、促进国民经济迅速发展起到了至关重要的作用。

3. 经济稳定增长时期的交通运输政策

1977 年，日本政府制订了第三个《全国综合发展计划》，其发展以有限的国土资源为前提，以改善人的生存环境、尊重地方的历史和传统文化、发展人与人之间的协调关系为目标，强调各级地方政府率先改善本地区的生态环境和条件，控制人口和产业向大城市集中，力求国土的平衡利用。

这一时期的交通政策重点是改变集中在东京地区的交通干线体系，建立全国范围内的综合主干线结构，形成纵横交错的立体的支线交通网。

4. 面向 21 世纪的交通运输政策

20 世纪 80 年代日本政府制订了第 4 个《全国综合发展计划》，因为当时整个日本社会经济又出现了新的变化：地区间收入差距缩小成为普遍趋势；人口出生率的下降，使人口老龄化问题日益突出；国内铁路和公共汽车运输比重下降，出现了小汽车化的趋势，同时国内旅客运输开始下降。针对新形势，日本政府提出了《日本：21 世纪的展望》的报告，并在此基础上制订了计划，提出的发展目标是使全国土地结构从目前的"单一的东京集中型"转变为"多级的分散型"，围绕这一目标的交通政策是：建立全国范围内的密集综合高速交通网络，除了主要大城市、地区城市和地区核心城市之间集中的纵向线路外，还要建立地区城市之间的横向连接网络，使整个国家的交通网络从 20 世纪的"树干型"转变为全面完善的"覆盖型"。

日本在其经济发展的各个时期，其交通政策不仅是明确的，而且是作为实现其经济发展目标的重要途径和手段，它也使日本的交通事业蓬勃发展起来。

5. 现代交通运输发展政策

2014 年 7 月日本国土交通省出台国土交通远景发展规划《国土大设计 2050：形成促进对流的国土形态》，国土规划是以交通体系等国土基础设施规划建设为主要实现手段的，基本反映了日本交通发展的战略方向。

1）建设由磁浮新干线和新联络线支撑的巨型都市圈

建设时速 500 km 的磁悬浮中央新干线，连接东京、名古屋和大阪三大都市圈，融合东京都市圈的国际功能、名古屋城市圈的制造业优势，以及大阪都市圈的历史、文化底蕴和商业功能，构建东京到大阪 1 h 交通圈；强化磁浮交通与其他交通网络的连接，将磁浮中央新干线的效果向日本全境辐射，支撑世界超级大都市圈利用 4 个国际机场、2 个国际港口等交通资源，更好地发挥全球人才、物资、资金、信息等要素的集聚扩散功能，创造出新的价值，领先世界发展。

2）打造国际客货运输大通道，支持国际间客货运交流

在日本地理政治学区位改变的趋势背景下，不仅要重视太平洋侧的发展，也要重视日本海一侧国土的利用。利用北冰洋航路、西伯利亚铁路等形成连接亚洲和欧洲的西伯利亚大陆桥、巴拿马运河扩建等契机，在日本海和太平洋两侧加强与世界各国的联系，构建国土两侧的国际资源、能源物流海上运输通道，并进一步降低物流成本。为适应不断增长的国外观光客流，加强首都圈的机场吞吐能力，发展低成本航空，增加直达航班，积极利用各地机场和沿海水运资源，发展游轮旅游。

3）提升交通运输功能，促进高密度流动社会的形成

实施高效率、高效果管理，构建世界一流的交通基础设施系统。以磁浮新干线为主干，新建公路、铁路等交通基础设施连接日本北部、西部和南部的大中城市，建立各种运输方式无缝衔接、流动顺畅的交通系统，支撑"集聚+网络"的国土构架。推进铁路、公共汽车等公共交通设施及运输工具的无障碍化，适应老龄化社会发展需求。完善大容量城间客运网络、城市公共交通网络，实现各铁路公司间相互直通运行。构建顺畅、准时、高效便捷、无缝衔接的客运服务系统。推进大型船舶运输、大型车辆运输，实行共同配送、扩大次日配送圈范围，提高物流服务的便利性和时效性，构筑跨越国境的供应链，高效支持经济社会发展，提升人民生活水平。

4）推广应用先进技术，建设安全、智能、环保型的交通系统

为灵活应对巨大灾害危机，保持日本国际竞争力，积极运用先进技术，与既有交通基础设施网络相融合，促进基础设施的智能化发展。道路运输方面，通过交通情报通信系统灵活运用大数据、精细控制交通量。推广自动驾驶技术，促进超小型交通工具的普及。道路死伤事故率降低到一般道路的1/10，二氧化碳排放量为一般道路的2/3。航空方面，实行航空管制区域重组，积极引进出发−到达最优化的跑道技术，构建未来航空交通系统。水运方面，增强抗震性能，提升港口功能，改进港口集疏运系统。应用 IT 技术，使集装箱物流信息在业间公开共享，促进物流高效化。推进起重机械的远程操作系统建设，实现港口码头高效运作。

5）吸收民间活力，推进融资模式改革

最大限度地利用民间资本、技术、技能，基础设施建设采取 PPP、PFI 模式。以技术创新为基础，构建举国技术开发体制，开发适应社会需求的技术。创建财政投融资支持制度，应用大数据支持地方公共交通的经营改革，支持地区铁路的安全性和灵活性提升。

10. 4. 2　对我国的启示

1. 充分考虑交通运输对于环境的影响问题

日本是一个对生态环境保护十分重视的国家，在交通运输政策的拟订上也处处体现了综合交通运输体系对于环境影响的考虑。面对温室效应已成为全球变暖的主要原因之一、小汽车出行的日益增长带来的一系列问题，以及各大都市区居民对环境污染、噪声问题的关注，

日本国土交通省提出：必须摆脱对汽车社会的依赖，推动汽车交通的绿色化并加强对于尾气排放的规制。此外，在政策文件中还专辟章节阐述如何在交通运输领域促进循环型社会的形成。

在我国，可持续发展已经提上重要的议事日程，交通运输的长远战略目标也明确提出将构建可持续的综合交通运输体系，日本的许多政策措施无疑能对我国交通运输体系与环境的和谐发展提供许多有益的借鉴。

2. 充分体现"以人为本"，特别是对老年人和残障人士的普遍服务

日本在 21 世纪初已经步入后工业化社会，其综合交通运输政策也带有十分典型的后工业化时期的特点。日本国土交通省在其政策目标中曾提出：确保运输能力已经不再是这一时期交通运输政策的重点，这部分政策内容的比重逐渐缩小，而移动的便捷性、运送的效率性、环境和谐性及安全性等交通质量方面的比重大大增加。政策内容通篇都体现了对于居民舒适生活环境需求的考虑，而且政策内容的大部分篇幅用在旅客运输方面，货运方面的物流政策也是以居民的需要为出发点。政策强调运输服务的多样化主要是针对老年人、残障人士等弱势群体的特殊交通要求，特别提出了普遍服务的概念，要求交通运输必须确保这部分群体的出行需要。

3. 针对严重的城市交通拥堵问题提出可行的治理措施

交通领域的划分是一种基于城市圈层的划分，城市交通是日本交通政策的最主要部分，针对城市圈内部交通运输需求的特点，对铁路、公共汽车、出租车及家用汽车的未来发展导向在政策文件中分别进行了详细阐述，同时还提出各种交通运输方式实现无缝衔接是解决城市交通拥堵问题的一个重要手段，这部分内容对我国当前所面临的大中城市交通拥堵问题有可以借鉴的地方。

4. 高度重视科技在交通运输系统中的重要地位

许多科学技术特别是信息技术的发展都与交通运输系统息息相关，科学技术特别是信息技术是促进交通运输系统高级化的重要手段，日本认识到随着信息技术的飞速发展，陆海空的很多问题都有可能通过信息技术得以解决，包括政府审批的电子化、信息搜集手段的现代化、先进交通运输设备的开发与普及、运行管理系统的高度自动化等，信息技术的开发与应用被日本视为 21 世纪初 4 个重点的政策措施之一。

我国综合交通运输体系也以智能化作为未来的长期战略方向，借鉴日本在科技开发与应用方面的具体措施，对于迅速提升我国综合交通运输体系的整体运行效率将有很大的帮助。

5. 遵循"环境分析—政策目标—主要方向—重点措施"的政策体系架构

在内容组织上，日本面向 21 世纪的交通政策首先进行经济社会环境分析，阐明了未来经济社会环境对于交通运输系统的影响；在此基础上提出未来一段时间政策预期实现的目标；第三步是提出未来的主要政策导向；第四步是在政策文件中再进一步阐述政策的重点及具体措施。这种逻辑顺序与我国"十一五"综合交通体系发展政策十分相近，可为我国交通运输发展政策的编制提供一种可供参考的逻辑思路。

思考题

1. 简单归纳美国、加拿大、欧盟、日本的交通建设经验。

2. 美国交通运输政策理念及给我们的启示是什么？

3. 欧盟的交通运输政策带给我们哪些启示？

4. 你觉得日本的交通管理体系有哪些值得我们借鉴的地方？

参 考 文 献

[1] 高家驹. 综合运输概论[M]. 北京：中国铁道出版社，1993.

[2] 季令. 交通运输政策[M]. 北京：中国铁道出版社，2003.

[3] 殷勇，鲁工圆. 交通运输设备[M]. 成都：西南交通大学出版社，2014.

[4] 黄民，张建平. 国外交通运输发展战略及启示[M]. 北京：中国经济出版社，2007.

[5] 聂宝璋，朱荫贵. 中国近代航运史资料：第 2 辑[M]. 北京：中国社会科学出版社，2002.

[6] 黄家城，陈雄章. 交通与历史横向发展变迁[M]. 北京：人民交通出版社，2000.

[7] 孙启鹏. 综合运输理论与方法：运输方式动态技术经济特性[M]. 北京：经济科学出版社，2010.

[8] 中华人民共和国交通运输部，《中国交通运输改革开放 30 年》丛书编委会. 中国交通运输改革开放 30 年：综合卷[M]. 北京：人民交通出版社，2008.

[9] 中华人民共和国交通运输部，《中国交通运输 60 年》编委会. 中国交通运输 60 年[M]. 北京：人民交通出版社，2009.

[10] 胡思继. 交通运输学[M]. 2 版. 北京：人民交通出版社股份有限公司，2017.

[11] 国家发展和改革委员会综合运输研究所. 中国交通运输发展改革之路：改革开放 30 年综合运输体系建设发展回顾[M]. 北京：中国铁道出版社，2009.

[12] 毛保华. 城市轨道交通系统运营管理[M]. 2 版. 北京：人民交通出版社股份有限公司，2017.

[13] 陈元. 现代综合交通运输体系建设研究[M]. 北京：研究出版社，2008.

[14] 徐剑华. 运输经济学[M]. 北京：北京大学出版社，2009.

[15] 王庆云. 交通运输发展理论与实践[M]. 北京：中国科学技术出版社，2006.

[16] 欧国立. 轨道交通运输经济[M]. 北京：中国铁道出版社，2010.

[17] 郑国华. 交通运输法教程[M]. 北京：中国铁道出版社，2006.

[18] 张永杰，陈海泳. 交通运输法规[M]. 北京：人民交通出版社股份有限公司，2021.

[19] 张晓永，孙林，张长青，等. 交通运输法[M]. 北京：北京交通大学出版社，2008.

[20] 国家发展和改革委员会综合运输研究所. 中国交通运输发展改革之路：改革开放 30 年综合运输体系建设发展回顾[M]. 北京：中国铁道出版社，2009.

[21] 贾顺平. 交通运输经济学[M]. 3 版. 北京：人民交通出版社股份有限公司，2019.

[22] 孙智君. 产业经济学[M]. 武汉：武汉大学出版社，2010.

[23] 何莹，金辰虎. 论发展城市轨道交通所需要的扶持政策[J]. 城市轨道交通研究，2001(2)：12.

［24］ 荣朝和 . 西方运输经济学［M］. 2 版 . 北京：经济科学出版社，2008.

［25］ 荣朝和 . 简明市场经济学［M］. 2 版 . 北京：高等教育出版社，2004.

［26］ 何玉宏 . 中国城市交通问题的理性思考［J］. 中州学刊，2005（1）：103-106.

［27］ 陆建，王炜 . 面向可持续发展的城市交通系统综合评价方法研究［J］. 土木工程学报，2004，37（3）：
99-104.

［28］ 许光清 . 北京交通拥堵的外部性及其政府解决方法初探［J］. 地理科学进展，2006，25（4）：
129-136.

［29］ 刁町，兰秉洁，冯静 . 政策学［M］. 北京：中国统计出版社，2000.

［30］ 刘吉发 . 产业政策学［M］. 北京：经济管理出版社，2004.

［31］ 吴金明，荣朝和 . 对运输业属性认识的理论综述［J］. 铁道学报，2004，26（5）：107-114.

［32］ 刘廷平 . 中国交通运输外部性的影响及对策［J］. 经济学动态，1999（8）：24-26.

［33］ 毛保华，等 . 城市轨道交通［M］. 北京：科学出版社，2001.

［34］ 宋瑞 . 交通运输设备［M］. 北京：中国铁道出版社，2003.

［35］ 秦四平 . 运输经济学［M］. 北京：中国铁道出版社，2004.

［36］ 简新华，杨艳琳 . 产业经济学［M］. 2 版 . 武汉：武汉大学出版社，2009.

［37］ 郑翔，张长青 . 交通运输法［M］. 北京：北京交通大学出版社，2018.

［38］ 张静丽 . 大部制下交通运输行政管理体制改革研究［D］. 西安：长安大学，2015.

［39］ 朱琛 . 在新一轮机构改革背景下深化交通运输行政管理体制改革研究［D］. 南京：南京大学，
2019.

［40］ 李聪，王显光，孙小年 . 德国交通管理体制变迁及特点［J］. 工程研究——跨学科视野中的工程，
2013，5（4）：395-406.

［41］ 周紫君，付宇，王辉 . 法国不断变革的交通运输管理体制及启示［J］. 工程研究——跨学科视野
中的工程，2013，5（4）：418-427.

［42］ 李可，王伟 . 法国综合运输管理体制及协调发展研究［J］. 综合运输，2014（9）：62-69.

［43］ 张清 . 道路运输管理机构职能研究［D］. 西安：长安大学，2014.

［44］ 周紫君 . 英国交通运输发展的新动态及新趋势［J］. 工程研究——跨学科视野中的工程，
2017，9（2）：139-147.

［45］ 李晔，张红军 . 美国交通发展政策评析与借鉴［J］. 国外城市规划，2005，20（3）：46-49.

［46］ 王济钧，田芳，刘玥彤 . 美国、欧盟、日本和俄罗斯交通发展变迁规律研究［J］. 中国市场，2019
（13）：4-12.

［47］ 朱彤 . 构建“新”能源体制是“十四五”我国可再生能源发展中的关键任务［J］. 风能，2020
（9）：12-14.

［48］ 李茜 . 发达国家及地区交通运输长期发展战略分析［J］. 综合运输，2016，38（7）：86-90.

［49］ 张亚 . 加拿大交通运输战略规划（2030 年）重点及未来交通发展趋势简析［J］. 科技视界，2018
（23）：264-266.

［50］ 张琛 . 欧盟交通运输行业引导政策的借鉴与启示［J］. 交通企业管理，2015，30（6）：73-76.

［51］ 谷雨 . 90 年代德国和欧洲的运输政策［J］. 经济研究参考，1992（Z2）：1045-1056.